本书为国家社科基金重大项目"吴语语料库建设和吴语比较研究"（20&ZD301）的成果之一

遂昌方言研究

王文胜 著

复旦大学出版社

"吴语重点方言研究丛书"编纂委员会

学术顾问：许宝华　王福堂　游汝杰　潘悟云　刘丹青
主　　编：陶　寰
副 主 编：盛益民
委　　员：崔山佳　黄　河　黄晓东　雷艳萍　李旭平　林晓晓
　　　　　　凌　锋　卢笑予　阮桂君　阮咏梅　施　俊　孙宜志
　　　　　　王洪钟　王　健　王文胜　吴　众　徐　波　徐丽丽
　　　　　　袁　丹　张　薇　赵　庸　郑　伟

新描写主义与吴语的调查研究
——"吴语重点方言研究丛书"序

陶　寰　盛益民

一、方言材料的重要性

语言学是经验科学,材料(语料)是研究的根本。语料之于语言学,就如实验数据之于物理学、化学、生物学。相较于标准语,方言语料有以下三方面的特点:

第一,变异丰富。每个方言都是一个独立的语言系统,汉语有多少种方言也即有多少个语言系统,每个语言系统都带着它独特的类型学信息和历史文化信息。同一个方言内部,不同的人群之间也有丰富的变异,这些变异反映了丰富的社会信息和语言演变信息。

第二,口语性强。方言几乎没有独立的书面语形式,只存在于口语之中,瞬间即逝。这就意味着,没有当下的记录,后人就无法窥见这个时代方言的面貌。

第三,文献稀少。历代书面语的记录基本都是标准语的记录,方言记录不成系统,且经常与标准语相错出。由于记录者多为旧时文人,他们的记录中多以方言的上层变体即文读音为主,方言中的下层变体也即土俗成分的记录不够充分。近代以来有了传教士用罗马字记录的方言材料,但失之简略,记录的水平也参差不齐。

因此,用现代语言学方法进行的方言调查和方言描写就更具无可比拟的重要性,中国现代意义上的方言学研究甚至语言学研究正是从描写方言学发端,不是没有原因的。

二、吴语调查的紧迫性

时代的剧变常常导致语言的剧变,汉语史已经为我们提供了鲜活的证据。自改革开放以来,中国的社会形态发生了急剧的变化,表现为:

第一,传统的农业社会开始解体,农民大量外出打工甚至移居城镇,农村人口外流严重。外流的人口产生了大量的双语双方言人群,原先的方言正在磨损。

第二,传统生活和传统观念开始发生变化。旧式家具、农具和各种工匠用具被新式的家具、农具、工匠用具和电器所取代,宗族社会、大家庭被现代小家庭取代,戏曲被流行歌曲和电影、电视取代。表示这些现代器物和观念的词语基本上都来自普通话,很大程度上消弭了方言差异。

第三,教育和现代传媒、通讯的普及使得"语同音"有了确定的标准和快速传播的渠道,很多地方普通话成了日常生活中接触到的最频繁的语码。20世纪80年代以后出生的人从三岁左右开始进入幼儿园一直到二十多岁大学毕业,大部分语言交流时间都是在校园里度过的,由于校园里(尤其是在城市的学校里)极少允许使用方言交流,造成语言学习的关键时期得不到足够的方言刺激。

第四,人口不仅有外流,也有输入,因而语言、方言接触的加剧,双语码人群扩大,在城市里这一点尤其明显。双语码人群除了频繁出现语码转换或语码混合之外,语言的宽容度也逐渐扩大。

这几个方面的因素促使方言的语音、词汇、语法系统同时发生了剧烈的变化,表现为:首先,方言的词汇大量更替,旧词语大量消亡,词汇语音系统中那些依托于旧词语的早期语音层次失落严重;其次,由于普通话这种优势语码的加入,方言的表达功能也开始残缺,语码混合现象增多;最后,方言的使用域开始退缩,公共社交领域,尤其是比较正式的场合使用方言的频率明显减少。随着方言使用域的衰退,方言的社会地位进一步降低,生存空间愈加狭小,从而形成一种万劫不复的恶性循环。

方言的衰退消亡有时代的必然,也有很强的人为因素。所谓时代的必然,乃指汉语丰富复杂的地域方言本身就是过去交通不便、高频交际范围的空间较小造成的结果。得益于交通通信手段的现代化,人们活动空间的增大,不同语码接触的频度上升,地域方言之间的差距越来越小是必然的趋势。而20世纪50年代以来的一系列政策和措施又大大加速了方言衰退的进程。

当然,要完全消灭方言是不可能的,方言差异首先根植于语言的个人变异。可以设想,普通话在各地仍会形成各种变体,这些变体同样会形成各地固有的特色,也即地域方言。只是这些新形成的方言不再是目前各种"旧时代方言"(姑且用这个名称)直接的传承罢了。我们所处的这个时代是这两类方言交替的时期,旧时代的方言仍是许多中老年人的日常交际工具,但年轻一代中许多人已不能熟练使用,因此记录还活着的旧时代方言就成了眼下最紧迫的任务。吴语地区是中国改革开放政策的得风气之先者,社会经济的发展尤为迅速,教育水平也领先于全国其他地区,从一定程度上说,吴语区人民的语言忠诚度也较其他地区为低,很乐意接受标准语的影响,因而伴随着这些社会经济文化优势的就是吴语的衰变消退速度也远高于其他方言。吴语调查记录的迫切性是催生这一丛书最根本的动力。

近年来,汉语方言的处境已得到语言学界、社会以及政策制定者的高度重视,中国语言资源保护计划的启动,其目的也正在于抢救危机中的非物质文化遗产,而方言正是其中最重要的一种。该计划从宏观方面着眼,对于单个方言来说,尚有许多无法顾及的方面,我们的丛书是想从更微观的角度对方言进行深入挖掘,对该计划进行补充完善。

三、吴语调查研究的既有基础与拓展空间

吴语研究开启了现代意义上汉语方言研究的先河,也是今天汉语方言研究的重要组成部分。自赵元任《现代吴语的研究》(1928)诞生以来,吴语研究的学者一直在孜孜不倦地调查、发现问题,尝试用各种方法来研究问题,完善我们对吴语的认识。其所涉及的领域、使用的方法、研究的深度,可以说处在汉语方言研究的前沿。

这是值得骄傲的,但同时我们也不能不看到吴语研究上仍然存在大量的空白领域和不足。首先,就研究对象而言,北部吴语特别是苏沪两地所受的关注较多,南部吴语(尤其是处衢地区)和宣州吴语所受的关注较少;中心城市的方言得到关注较多,农村地区特别是边远地区得到的关注较少。其次,就研究层面来说,吴语研究所涉及的面十分广泛,语音、词汇、语法、历史演变、语言变异等都有大量的论著,但系统的语料仍不够充分。再次,就研究特色来说,吴语研究方法多样,发掘较深,但基础语料出版不够;在出版的论著中,语音(字音)材料比较丰富,词汇、语法材料相对缺乏。

就我们所见,词典和单刊著作有:丹阳、苏州、吴江、江阴、靖江、吕四(启东)、上海市区、松江、嘉定、崇(明)启(东)海(门)、杭州、嘉善、海盐、绍兴、萧山、桐庐、余姚、宁波、鄞县、镇海北仑、舟山、天台、温岭、温州、金华、义乌、雁翅(宣城)等,篇幅大小不一,侧重各有不同。其中上海、苏州两地,研究材料最为丰富,已为深入研究奠定了良好的基础。另外,一些业余爱好者也出版了不少方言著作,如南上海(旧上海县,今闵行区)、奉贤、海宁、桐乡、余杭、德清、绍兴、萧山、嵊州、宁波、慈溪、宁海、乐清、缙云、庆元、衢州、江山,等等。后一类著作通常词汇材料比较丰富,对于了解地方文化很有帮助,但很难满足高水平方言学研究的需要。

在成片的研究方面,赵元任《现代吴语的研究》之后,最早公开出版的是颜逸明先生的《浙南瓯语》;之后,钱乃荣的《当代吴语研究》沿着赵元任的足迹,记录了33个点的语音、词汇、语法材料;曹志耘先生的课题组,十多年来陆续出版了《吴语处衢方言研究》和《吴语婺州方言研究》,收录了南部吴语十多个点的方言材料,填补了西南部吴语研究的一个空白;秋谷裕幸发表了江山、广丰、兰溪、东阳四个点的调查材料;徐越出版了杭嘉湖地区方言的研究成果;王文胜对处州(丽水地区)方言进行了较为深入的比较研究;宣州吴语方面有蒋冰冰的《吴语宣州片方言音韵研究》。

总的来说,这些研究的字音材料较为丰富,词汇材料相对较为简略,语法材料仍不敷深入探讨之用。由于研究的不平衡性,一提到吴语,学界的印象总不出上海、苏州等北部吴语的范围,而忽略了吴语内部的巨大差异。因此,想要全面反映吴语的事实,提升研究的层次,我们仍需发掘更多的语言事实。

本丛书选点方面尽量选择非中心城市,并向南部吴语的婺州、瓯江和处衢三片倾斜。选点是开放的,只要有合适的作者,我们都欢迎加盟。

本丛书定位于描写方言学著作。在当代中国语言学研究中,"描写"这个词曾引起不少争议,如此定位,是基于我们对方言学的一种认识,也是近年来学科发展的一个新趋势。

四、新描写主义的理念与方法

在我们看来,解释也是一种描写,两者没有本质上的区别。"太阳东升西落"是对现象的描写,"地球绕着太阳转"是对这种现象的解释,但也可以看作太阳和地球相对关系的一种描写。它背后隐藏着的是万有引力定律,万有引力定律描写了物体之间引力与它们的质量、距离之间的关系。每一层级的描写都是对前一层级现象的解释,层层深化,推动着我们对世界的认识。交叉学科的研究也不例外,社会语言学、实验语音学、心理语言学、神经语言学等领域的研究都是从另外一些角度对于语言现象的观察描写,同时也是从其他学科的角度来解释语言现象。描写与解释相辅相成。相关的讨论也可参看刘丹青(2017)。

理论与现象的关系也是如此。生成语言学主张句法具有独立性,所以他们从形式的角度描写他们的普遍语法(UG),并以此来解释各种语言中的现象;功能语法认为语法不独立于人类的其他认知模块,所以他们描写其他认知模块中的现象与语言现象之间的关系,总结出一些原则,并以此来解释语言现象。当然,同样是描写,采用不同的描写框架,其结果是完全不同的。这大概就是"横看成岭侧成峰"吧。

总之,在经验科学里描写与解释、理论与现象之间并非互相脱离的两端。理论是我们描写现象、解释现象的框架,现象总是需要通过一定的理论术语才能呈现出来。

尽管如此,在具体研究中理论导向的研究和事实导向的研究仍是泾渭分明的,特别是随着范式的转变,总会有一个时期,研究者会把更多的精力放在新理论的建构上,有时甚至削足适履。近年来,不少研究者意识到,"峰"和"岭"毕竟是客观存在的东西,不因理论的不同而自身有所变化,要想获得更完整的对于"峰""岭"的认知,必须抛弃一些现有理论上的成见,回到更为客观的事实上来,更何况有时候理论上的纷争仅仅出于我们对于事实了解的不足。于是有学者就提出了"新描写主义"的概念,另一些学者虽然没有使用这个术语,主旨却是大体相同的。有意思的是,我们所知的有相似主张的汉语研究学者中,胡建华(2017)和张洪明(2017)两位主要从事生成语言学研究,而陈平(私人交流)则倾向于功能主义,颇有殊途同归的意思,也可见这种面向事实的语言学研究是目前学界的共同心声。前不久,罗仁地在《光明日报》上刊文《尊重语言事实 提倡科学方法》指出,"以经验主义思想为依据,提倡跨学科、多领域的研究范式,并以语言功能为出发点进行解释",是21世纪语言学的重要特征。这可以看作是新描写主义的另一种表达。

新描写主义目前只是一个笼统的认识,尚未有完整清晰的表述,所以下面结合本丛书,从方言调查和研究的角度简单谈一下我们对新描写主义的一些认识。新描写主义包括理念和方法两个层面,理念方面大体有两点:

第一,相对的理论中立。语言事实为研究者的基础,但基于某一派理论的事实描写往往不能为其他流派的学者所用,这就是所谓的理论的"不可通约性"。作为方言学者,我们的任务首先是把未经记录的语言(生语料)记录下来,转写为可供研究者使用的语料(熟语料)。我们的记录和描写并不针对某一特定的理论流派,所以需要尽可能保持理论中立。这就意味着,在描写语料的时候,我们尽可能使用迄今为止语言学界已普遍接受的概念和术语,尽量减少某些理论的特设概念。

第二,类型学的视野。吕叔湘先生曾经强调过语言对比对于语言研究的重要性,很多语言现象在单一系统内很难描写清楚,有了另一个语言系统作为参照,其价值就能得到充分的展现。朱德熙先生则把"普—方—古"的对比研究付诸实践。这种观念与实践跟类型学观念是不谋而合的,但后者建立在一个更广阔的平台之上,目的是给每一个语言系统在世界语言中进行定位。类型学虽非独立的描写框架,但它把每个语言系统放在世界语言之中进行考量的做法则一方面开拓了单一语言系统描写的宽度,另一方面也增加了挖掘的深度。

从方法上来说,生语料的获取和熟语料的研究仍有所不同。

对于生语料的获取,我们推崇所见即所得的调查和验证。以往语言描写基本上站在单一的语言学家立场上,我们主张语言调查描写是语言学家和调查对象互动的结果,因而是一种基于语言使用者的描写。语言学研究发展到今天,我们对于语言的认识已经达到了一个新的高度,理论洞见远远超出语言直觉之上。想要验证一个结论,往往需要一系列专门的实验或测试。实验和测试往往又需要控制一系列的参数,或者进行大样本的调查与统计。我们不否认这些实验的科学性和重要性,但是从调查一个未经记录的语言的角度来说,想要一下子把研究提高到这个水准,难度也是可想而知的。语言调查的第一步,建立在典型案例之上;语言描写的第一步,也只能建立在语言使用者的直觉之上。例如,音系描写的第一步是确定音位系统,在汉语方言的描写中一般是声韵调系统。音节及其组成的声韵调对于语言使用者来说都是可以直接感知到的或者说是透明的;调查者可以通过比较最小对,来确定两个音素是否可以区分意义(调查时可以询问发音人两个字是否同音)。换句话说,确定音位或声韵调是调查者与发音人之间互动的结果,是基于语言使用者直觉的描写。相反,确定区别性特征和某些韵律层级单位则是完全分析性的工作,在田野工作中很难实现。

同样地,描写语言/方言的接触和演变过程,也必须基于使用者的立场。例如方言间的对应接触,从研究者的角度看是"符合历史音韵的对应原则"的,但从语言使用者的角度说,它只是反映了方言之间系统的对应关系。当然,这种对应关系有其历史音韵基础。对说话者来说,这种对应关系或许基于"样本模式"(exemplar based model),也就是说话者对于两个系统音位对应的所有经历的总汇。对应关系的认知和语言系统之间的互相影响也随着交际经历的不同而发生动态的变化。由于语言系统各成分对于说话者来说,其透明度存在着差异,所以这种对应关系并不如研究者那样明确,常常出现无法匹配的情况,造成接触音变上的残余。

而对于熟语料的描写和研究,可以在以下三个方面得到体现:

第一,形式和功能的双向互动描写①。语言是形式和功能的结合,但两者之间又非一一对应关系。一个形式有其核心的功能,又会引申出其他一些功能,在跨语言系统比较的时候,我们发现建立在核心功能之上的对应成分,在引申出的功能上会有很大的差异。即便是核心功能的表达上,对应形式之间也会有相当大的差异,如上海话的"辣海",跟普通话的"着"同样表示状态的持续,但"辣海"可以用在动补短

---

① 这一方面与刘丹青先生所倡导的库藏类型学具有相通性。

语之后,也能用在存在动词或"蛮_很＋积极形容词"之后,例如"有辣海""蛮好/大/清爽辣海"等,这些都是普通话的"着"所不具备的用法。绍兴话的"则"字句与普通话的"把"字句,都表示处置义,但具体用法上,绍兴话的"则"字句受两方面的限制(许宝华、陶寰,1999;盛益民,2010)。一是只能表达已实现的事件,因而不能出现在祈使句中,例如:

则件衣裳脱㙇还(把衣服给脱了,有责备义)

*则(件)衣裳脱还(把衣服脱了)

二是只能表达消极事件,不能表达积极事件。例如:

则只电视机弄破哉(把电视机弄破了)

*则只电视机修好哉(把电视机修好了)

另一方面,同一个功能在不同语言系统中可能会有多种表达手段,下一节中我们会谈到的吴语中体范畴的表达手段就有六七种之多。再如,绍兴话中表示定语领属的方法大概有三种。①"领有者＋个_的＋被领有者",焦点在领有者上。②"人称代词复数＋被领有者",通常被领有者是领有者所属的群体,或者领有者、被领有者同属于某个群体。有学者把这种关系归纳为"立场范畴",即领有者与被领有者持有相同立场时可使用该表达方式。③"领有者＋量词＋被领有者",这是最中性的表达法。三种形式共同构成了绍兴话的定语领属范畴。

需要指出的是,形式和功能双向互动的描写,吕叔湘先生《中国文法要略》已道夫先路。

我们所说的形式不仅包括词或形态这样的语言单位,也包括某些结构体和句法位置。例如,绍兴话的"量词＋名词"结构,如果量词采用中性调,则整个短语表示定指(无距离指示),相当于英语中的定冠词。尽管两者在功能上一致,但绍兴话采用的并非某个固定的标记,而是一个固定的短语格式,并有与之相应的固定的语音形式,这样的结构体属于"广义形态"。其次,句法位置也是形式的一部分,每个句法位置都有一定的允准条件和语义解释。例如:一个名词性成分,除了主语位置之外,还可以出现在什么句法位置,在不同的方言里会有很大的差异。徐烈炯、刘丹青(2007[1998]),刘丹青(2001、2015),胡建华等(2003)认为,在北部吴语中,名词除了可以处于主话题位置(主语之前),还可以处在主语之后的次话题位置上,因而存在 STV 的句式。盛益民(2014)及盛益民、陶寰(2016)试图证明,绍兴话中以某些副词为界,主语与动词之间可以有两个句法位置,例如"我橘子已经皮剥好塛哉"(我已经把橘子皮给剥了)、"我北京已经三埭去过哉"(我已经去过三次北京了)。"已经"前后的两个句法位置上,能出现的名词短语及其功能都有很大的差异。

第二,多学科的交叉互动。随着科技的发展,语言的记录和研究也有了更为丰富的手段。从记录的角度说,今天的语言调查记录已突破了单一的文字、音标记录,而是音频视频的录制编辑技术、计算机技术等的综合运用。这些新技术不仅更为全面真实地记录了语言及相关活动的影像,也为多种分析手段及数据库建立提供了可靠的手段。这种调查研究技术已发展成一门新兴的学科:纪录语言学(黄成龙、李云兵、王锋,2011)。

方言调查记录从口耳之学转向多种手段的运用,丰富了我们的描写和研究手段,例如实验语音学的介入,使我们对于吴语语音有了更为准确的认识。赵元任先生曾说过,(北部)吴语的浊音是一种清音浊流,但它的具体表现究竟如何呢?传统的描写语言学显然很难回答这个问题。通过实验的手段,我们发现它至少在四个参数上跟清音存在着区别,这四个参数分别是:嗓音起始时间、起始基频、后接元音是否带气嗓音以及辅音的闭塞时长。另外,在闭塞面积和肌肉紧张度等方面可能也存在着区别。吴语的浊音在单字音、连读前字和连读后字中有不同程度的变异,主要体现为上述四项参数上的此消彼长。除了声学实验之外,感知实验还能够帮助我们更好地理解这些参数对于听者来说影响程度的大小,进一步确定哪些参数是区别性的,哪些参数是伴随性的,等等。这些研究成果大大丰富了我们对于吴语浊音的认识,显示了多学科互动的威力。

每个语言/方言不仅仅包含一个系统,而是系统、空间和人群的集合体,也就是分布在一定空间中、有一定使用人群的系统。这种观念对于方言描写、探索语言/方言的演变、语言/方言间的接触尤为重要，因此，新描写主义在方言描写中还需要做到：

第三，深入细致的微观观察。对某一特定语言现象进行的深入细致的描写是语言学中的微观研究，但这里所说的微观观察则是指下面两个方面：一方面是密集布点的方言地理学观察，方言点是一种抽象，在地理上有一定的延伸。这个范围之内各点之间存在着细微的差别，也就是说，在地理上存在着变异。以往方言调查描写对于微观的地理变异观察不足，在描述方言区特征和以地理推移建构方言历史方面颇多疏漏。语料往往从一个县城跳到另一个县城，忽略了大量的乡镇方言，在建立音变的地理链条时颇多断裂。

另一方面是大样本采样的方言变异观察，语言采样的直接呈现是个人变体或称个人方言，而同一言语社区中存在着大量不同的个人变体，个人变体之间的竞争是观察语言微观演变的基础，也是建立科学的历史语言学的基础。宏观的历史演变是微观的共时变异之间在历史长河中的累积。

总而言之，在新描写主义看来，语言系统不再仅仅是一个独立的、静态的系统，而是不断与外界产生着交流的动态系统，因而语言事实的描写也必须充分反映语言的动态性。共时和历时不再是一种必要的区分。

新描写主义的目标是提供更真实也更深入的语料，全面探究语言的结构、认知、社会、人文属性，笔者对新描写主义的描述仍是非常粗浅的。具体到本丛书，迪克逊等学者认为，要完整记录一个语言，需要三本著作：一本词典，一本参考语法，一本长篇语料集。由于各方面的限制，本丛书跟这个目标之间尚有很大的差距。所以，除了本丛书之外，我们还需要开展更多的专题研究。

五、吴语重点方言研究框架

我们的丛书考虑到方言深入调查的难点所在，尽量选取作者自己的母语,至少是同一片的方言作为研究对象,所幸吴语研究的队伍比较庞大,差不多能满足这样的要求。

每一种书的篇幅在30—35万字。我们分为两个部分:一部分是"规定动作";另一部分是"自选动作"。所谓"规定动作",即丛书的基本要求。我们设定的框架大体如下:

1. 导言:包括概况、特点(依照吴语的共同特征、该方言片的共同特征、该方言区别于邻近方言的特征分层次叙述)、方言的内部差异(包括年龄差异)。方言内部差别较大时,可以单独设立一章进行讨论。

2. 语音:包括声韵调表(附带有具体的音值描写)、变音(如小称变音、南部吴语一些方言清浊声母在不同音高下的变音、某些数词的特殊变音等)、连读变调(包括成词的变调、结构变调、小称变调、虚词等的依附调等)、文白异读的总体规律、同音字表(不少于3 000字)、本字考和古今音比较。

3. 词汇:词汇表不少于4 500条词,多多益善,按义类排列。义类的大类下可区分小类,如动物类下面区分家禽家畜、野兽、鸟类、鱼类、虫类等;动词下面区分五官动作、身体姿态、感觉心理、言说动词、系动词等,当然大部分动词很难分类。动词、形容词和量词的调查解释最好结合论元和所搭配的成分,即动词宾语、形容词主语、数量名短语的中心语等。介词、连词、助词等需要举例。多义词语在"方言调查词表"中可能出现在不同的类别之下,著作中应当合并为一个词条。在标音方面,原则上需要标出本调和变调,但在许多方言中,语素的本调往往是不明确的,无法通过变调形式进行"复原",这种情况下我们只能采用变通的办法:留下本调的位置,但不标写本调。

4. 语法:包括词法和句法两部分。词法的重点在派生词和形态变化,如形容词的生动形式、小称、昵称、动词重叠以及某些形态后缀等。句法分为(1)结构:短语构造(如动补、偏正、介宾等),语序(如话题化、宾语位置、副词位置),双宾句,连词和复句;(2)范畴:如否定、疑问、指称、指代、时体、态(处置、被动)、比较、情态、语气、传信/示证、数量等。语义语用范畴有时跟虚词关系更密切,但常常也与句法结构相关联,因此具体写作的时候可以互相结合,比如:否定词、否定句和否定范畴,比较句和比较范畴,处置句和处置范畴等。把处置和被动合称"态"范畴是否成立,或有争议。语法例句多多益善。

如此设计当然是为了给其他研究者提供更丰富的语料。语音描写自不待言,差不多需要穷尽方言共时音系和历史演变最主要的信息,并能反映小区域内的变异情况。词汇部分我们希望较大多数的描写方言学著作能够有所突破。词语的历史发展是不平衡的,一般来说自由语素的变化速度会快于非自由语素,有些自由语素已经被另一形式替换,但早期的同义形式仍然会保留在合成词中。例如北部吴语筷子已经叫"筷""筷儿"或"筷子",但装筷子的竹筒叫"箸笼"或"筷箸笼","箸"是这一带吴语指称筷子的早期形式;又如吴语的俗语中有一个说法叫"冬冷不算冷,春冷冻杀犊","犊"义为牛犊,已不见于其他场合。苍南蛮话茅草叫"芒竿"或"茅草",闽语的底层词"菅"保留在"清明割菅,谷雨禁山"这个俗语里,意义也特化为"鲜嫩的茅草"。语音的早期层次往往依托于词汇的早期形式存在,例如江山话的苎麻叫"dɯə⁴",字即"苎",是澄母和鱼韵的早期层次;眼镜蛇叫"老鸦pʰiaʔ⁷","pʰiaʔ⁷"是"蝮"的口语音,反映了敷母和屋三韵的早期层次。如果没有较多的词汇,这些早期使用的语素以及这些语素早期的语音层次就得不到反映。

考本字的目的也想更多地反映吴语的历史信息,考本字这项研究的实质是寻找汉语方言中的同源语素,建立汉语的词族,确立构词中的形态变化。例如:绍兴话捞鱼用的长柄网兜叫"he¹兜",这个"he¹"本字是"㰍",或写作"㭉"。这个词普遍存在于吴语之中,各地的意义多少有一些差异,例如上海老派表示舀的意思。从来源上说,"㰍"是一个古江东方言词语,郭璞《方言》注说:"今江东通呼勺为㰍,音羲。"是支韵晓母字,支韵的见系吴语有 e/ɛ 一读,如"徛""寄"等。此前一般认为"㰍"是闽南方言的特征词,反映了支韵读 ia 这一层次。这个字的考订不仅丰富了吴语支韵的读音,而且给吴语和闽语的同源关系提供了重要的证据。进一步的讨论请参看陶寰、盛益民(2017)。又如：绍兴话管家禽归宿叫做"se¹"，这个字的本字是"栖"，音义俱合。这个词在婺州片、处衢片方言里表示鸡窝的意思，多读为去声，可能反映了某种构词形态①。进一步说，这两个词的读音还反映了中古支韵和齐韵上古来源和此后演变的复杂性。

  我们给语法部分较多的篇幅，希望能够比较完整地体现某个方言的语法概貌。在句法描写上，我们倾向于用功能范畴来作为描写的基础，主要是基于两方面的考虑。首先，汉语方言的语法描写向来以结构作为描写对象，好处是较容易把握，弊端是容易流于表面，也不太容易体现方言间的语法差异。以功能范畴作为描写的基础，有利于说明某种形式的功能、同一功能范畴内部几种形式之间的差异，也方便进行跨方言比较。例如体范畴在吴语中可以用动词形容词（做补语）、副词、唯补词、体助词、语气词、动词重叠、数量短语等表达手段。唯补词是只能做补语的动词形容词，但虚化程度要高得多，接近助词，放在哪个词类都不太合适，像上海话的"脱"、苏州话的"脱""好"和温州话的"交"（通常写作"爻"）等。体助词在一定条件下可以省略，也可以用在动补短语和唯补词之后。不同的手段常常还跟不同的句式结合在一起。从功能范畴出发，我们才能够系统讨论这些形式之间的关系、体助词省略的条件等。其次，吴语体范畴的次范畴划分也跟普通话有很大的差异，一些特殊的次范畴在不同的句法位置上会使用不同的标记。北部吴语的实现体标记也可以表示动作结束以后其状态的持续，有些学者称之为"成续体"或"存续体"，如上海话"墙浪上挂了一幅画"；上一节提到，北部吴语的动补短语后可加上持续体标记表示动词完成以后其结果的持续（似乎还没有学者讨论过这是否也是"成续体"），如上海话"渠他只脚掼摔断脱掉辣海着"。

  当然，在有限的篇幅内要全面反映一个方言的全部面貌是很困难的，有取必有舍，因此我们对长篇语料就没有做硬性的规定。方言的

---

① 关于婺州片鸡窝的本字，最早是秋谷裕幸提出的。

长篇语料记录当然是方言单点描写的重要内容。一方面,长篇语料可以分为筹划的和未筹划的两类:前者大体是有一个脚本(比如赵元任使用的"北风和太阳的故事"、中国语言资源有声数据库使用的"牛郎织女的故事"或者Chafe使用的短片"梨的故事"等),或者由说话者先进行组织,然后讲述记录;后者则是即兴发挥。另一方面,长篇语料也可以分为叙述和对话两类,两者在语体方面会有较大差别,前者会有较多的流水句,后者话题化的倾向会更加强烈。长篇语料的价值在于它的自然性,反映话语实际使用中的停顿、重音、语调,甚至口误等现象。然而,目前我们还缺乏很好的手段来记录这些语音学要素,如果只能逐词记录其语音,语法现象又不出已经描写的范围,那么长篇语料的实际价值就要大打折扣了。

我们每位作者都接受过良好的方言学训练,共同的学术背景下也有不同的学术兴趣和学术专长,研究的领域多少有些差异。同时,每个方言自身也有不同的特色。这就是设立"自选动作"的初衷。所谓"自选动作"就是作者结合方言特色和个人的学术专长进行的专题研究。例如,宜兴处于江苏、浙江交界地区,苏沪嘉、毗陵、苕溪三个小片的接触地带,宜兴方言就非常适合进行比较细致的方言地理学研究。处衢片方言与闽语有很多共同的语音、词汇现象,语音的历史层次比较丰富,这些著作可展开吴闽语关系的讨论,进行语音的历史层次分析。少数方言有地方韵书或者传教士的记录,这些著作可以探讨百年来的演变。有些学者是实验语音学行家,不妨增加语音的声学分析;有些学者对方言语法有深入的观察,则可以深入探讨某些语法现象。

为了提升书稿的质量,我们在操作上做了一些改变,强调了团队合作。具体来说,首先由陶寰先提出一个编写框架和体例,在工作会议上进行集体讨论,求得最大的共识。没有时间与会的学者也都出具了书面意见,相互之间进行了充分的沟通。

每部书稿的初稿完成以后,由作者将电子版稿件发给编写小组的成员进行集体审读,然后在工作会议上进行讨论。审读讨论的内容包括作者可能遗漏的某些现象、需要展开的问题、不同的学术观点、不同的记音习惯乃至行文的问题、错别字,等等。作者在这些审读意见的基础上进行修改,直至成稿。因此,本丛书不仅仅凝聚了每位作者的心血,更是一项集体合作的成果。

此外,由于我们学识上的局限,加上其他一些客观因素,丛书肯定还存在着不少缺点和错误,我们诚挚地欢迎学界同道提出尖锐的批评意见,以期在后续的吴语语料收集整理中得到完善。希望通过这些研究和交流,加深我们对于吴语、汉语乃至语言的认识。

参考文献

胡建华　2017　走向新描写主义,山东:"2017 当代语言学前沿——走向新描写主义"国际学术会议(曲阜师范大学)。

胡建华、潘海华、李宝伦　2003　宁波话与普通话中话题和次话题的句法位置,载徐烈炯、刘丹青主编:《话题与焦点新论》,上海教育出版社。

黄成龙、李云兵、王　锋　2011　纪录语言学:一门新兴交叉学科,《语言科学》第 10 卷第 3 期。

刘丹青　2001　吴语的句法类型特点,《方言》第 4 期。

刘丹青　2015　吴语和西北方言受事前置语序的类型比较,《方言》第 2 期。

刘丹青　2017　《语言类型学》,中西书局。

罗仁地(Randy J. LaPolla)　2017　尊重语言事实　提倡科学方法——21 世纪语言学刍议,《光明日报》,2017 年 12 月 3 日。

盛益民　2010　绍兴柯桥话多功能虚词"作"的语义演变——兼论太湖片吴语受益者标记来源的三种类型,《语言科学》第 2 期。

盛益民　2014　《吴语绍兴柯桥话参考语法》,南开大学博士学位论文。

盛益民、陶　寰　2016　话题显赫和动后限制:塑造吴语受事前置的两大因素,第 16 届中国当代语言学国际研讨会(同济大学)。

盛益民、陶　寰、金春华　2016　准冠词型定指"量名"结构和准指示词型定指"量名"结构——从吴语绍兴方言看汉语方言定指"量名"结构的两种类型,《语言学论丛》第 53 辑,商务印书馆。

陶　寰　2017　吴语浊音声母的类型及其音系地位,《方言》第 3 期。

陶　寰、盛益民　2017　谈吴语和闽语的一个同源词"桸",《语言文字周报》(第

1715号),2017年1月4日。

陶　寰、金春华、盛益民　2014　吴语绍兴方言的内部分区,载李小凡、项梦冰主编:《承泽堂方言论丛——王福堂教授八秩寿庆论文集》,语文出版社。

陶　寰、史濛辉　2017　危险的跳跃:语码转化和语素透明度,《语言研究集刊》第十七辑,上海辞书出版社。

王洪君　2014　《历史语言学方法论与汉语方言音韵史个案研究》,商务印书馆。

徐烈炯、刘丹青　2007[1998]　《话题的结构与功能》(增订本),上海教育出版社。

许宝华、陶　寰　1999　吴语的处置句,载伍云姬编:《汉语方言共时与历时语法研讨论文集》,暨南大学出版社。

张洪明　2017　研究方法平议——兼论学术价值观,山东:"2017当代语言学前沿——走向新描写主义"国际学术会议(曲阜师范大学)。

目 录

新描写主义与吴语的调查研究
——"吴语重点方言研究丛书"序(陶　寰　盛益民) ………………… 1

第一章　概　况 …………………………………………………………… 1
　第一节　遂昌概况 ……………………………………………………… 1
　第二节　遂昌境内的方言 ……………………………………………… 3
　第三节　遂昌话内部差异 ……………………………………………… 8
　　一、声调对照 ………………………………………………………… 9
　　二、特征字(词)对照 ………………………………………………… 9
　　三、特征词图例 ……………………………………………………… 11
　第四节　发音人信息及调查情况 …………………………………… 13

第二章　音　系 …………………………………………………………… 15
　第一节　声韵调系统 …………………………………………………… 15
　　一、声母 ……………………………………………………………… 15
　　二、韵母 ……………………………………………………………… 15
　　三、声调 ……………………………………………………………… 17
　第二节　两字组连读变调规律 ……………………………………… 17
　　一、两字组连读变调表 ……………………………………………… 17

二、变调规律说明 …… 19

第三章 同音字汇 …… 21
　第一节 同音字 …… 21
　第二节 本字考 …… 47
　　一、嫇[mei⁴⁵]：妈妈 …… 47
　　二、苦獧[kʰuə⁵³³ɕyɛ̃⁴⁵]：猴子 …… 48
　　三、浡[vaʔ²³]：泡沫 …… 48
　　四、㨄[uaʔ⁵]：爬 …… 48
　　五、跍[tɕiɯ⁴⁵]：蹲 …… 49
　　六、缴[tɕiɐɯ⁵³³]：擦拭 …… 50
　　七、煠[tʰaʔ⁵]：煎；涂抹 …… 50
　　八、斲[tsʰʅ³³⁴]：砍 …… 50
　　九、鎌[iɛʔ⁵]儿：镰刀 …… 51
　　十、勋[lei²¹³⁻²²¹]桶：打稻桶 …… 52
　　十一、凌[tsʰəŋ³³⁴]：冷 …… 52
　　十二、狭[gaʔ²³]：挤₍动词₎；拥挤 …… 52
　　十三、泡[pʰɐɯ⁴⁵]：柚子 …… 53

第四章 音韵比较 …… 54
　第一节 音韵特点 …… 54
　　一、声母特点 …… 54
　　二、韵母特点 …… 56
　　三、声调特点 …… 57
　第二节 异读与历史层次 …… 57
　　一、常现领域 …… 58
　　二、异读表现 …… 64
　　三、异读原因 …… 65
　　四、异读/读异与层次 …… 70

第五章　分类词表 ··· 73

第一节　天文 ··· 73
一、日月星辰 ··· 73
二、自然现象 ··· 74
三、气候 ··· 76

第二节　地理 ··· 77
一、田地 ··· 77
二、山 ··· 78
三、水 ··· 79
四、沙石、矿物等 ··· 81

第三节　时令时间 ··· 84
一、季节、节气 ··· 84
二、年 ··· 85
三、月 ··· 86
四、日 ··· 87
五、其他时间概念 ··· 89

第四节　生产劳动 ··· 92
一、农事 ··· 92
二、农具 ··· 96
三、副业 ··· 100

第五节　植物 ··· 103
一、粮食作物 ··· 103
二、蔬菜 ··· 107
三、水果 ··· 111
四、树木 ··· 114
五、花草、菌类 ··· 117

第六节　动物 ··· 122
一、牲畜、家禽 ··· 122
二、野兽 ··· 126

三、鸟类 ……………………………………………… 128
四、蛇虫 ……………………………………………… 129
五、水产 ……………………………………………… 132
第七节 饮食 …………………………………………… 136
  一、米面主食 ………………………………………… 136
  二、荤素食材 ………………………………………… 141
  三、菜肴 ……………………………………………… 145
  四、烟、酒、茶水 …………………………………… 150
  五、糖果点心 ………………………………………… 154
  六、作料 ……………………………………………… 157
第八节 服饰 …………………………………………… 159
  一、衣裤 ……………………………………………… 159
  二、鞋帽类 …………………………………………… 164
  三、配饰 ……………………………………………… 167
第九节 房屋建筑 ……………………………………… 169
  一、住宅院落 ………………………………………… 169
  二、房屋结构 ………………………………………… 171
  三、其他设施 ………………………………………… 175
第十节 器具 …………………………………………… 179
  一、一般家具 ………………………………………… 179
  二、卧室用具 ………………………………………… 182
  三、厨房用具 ………………………………………… 184
  四、生活用具 ………………………………………… 190
  五、工匠用具 ………………………………………… 195
第十一节 人品名称 …………………………………… 198
  一、一般称谓 ………………………………………… 198
  二、职业称谓 ………………………………………… 201
  三、职务称谓 ………………………………………… 204
第十二节 亲属、社会关系 …………………………… 206

一、长辈 ………………………………………………… 206
　　　二、平辈 ………………………………………………… 208
　　　三、晚辈 ………………………………………………… 209
　　　四、其他亲属和社会关系 ……………………………… 210
　第十三节　身体 ………………………………………………… 211
　　　一、头部 ………………………………………………… 211
　　　二、四肢 ………………………………………………… 214
　　　三、躯干 ………………………………………………… 215
　　　四、其他 ………………………………………………… 216
　第十四节　疾病医疗 …………………………………………… 217
　　　一、伤病 ………………………………………………… 217
　　　二、生理缺陷 …………………………………………… 221
　　　三、医疗 ………………………………………………… 222
　第十五节　婚丧风俗 …………………………………………… 228
　　　一、风时风俗 …………………………………………… 228
　　　二、婚姻 ………………………………………………… 234
　　　三、生育、寿诞 ………………………………………… 236
　　　四、丧葬 ………………………………………………… 238
　　　五、信仰 ………………………………………………… 240
　第十六节　官司诉讼 …………………………………………… 244
　第十七节　商贸活动 …………………………………………… 246
　　　一、行业 ………………………………………………… 246
　　　二、经营、交易 ………………………………………… 247
　　　三、商贸工具 …………………………………………… 251
　第十八节　交通邮政 …………………………………………… 252
　　　一、陆路交通 …………………………………………… 252
　　　二、水路交通 …………………………………………… 254
　　　三、邮政通讯 …………………………………………… 255
　第十九节　文化教育 …………………………………………… 257

一、学校教育 ………………………………………… 257
　　二、教学用具 ………………………………………… 262
　　三、读书识字 ………………………………………… 265
第二十节　文娱活动 ………………………………………… 266
　　一、游戏玩具 ………………………………………… 266
　　二、体育活动 ………………………………………… 270
　　三、文化活动 ………………………………………… 272
第二十一节　人事交际 ……………………………………… 274
　　一、一般交际 ………………………………………… 274
　　二、言语交际 ………………………………………… 276
第二十二节　日常生活 ……………………………………… 278
　　一、衣 ………………………………………………… 278
　　二、食 ………………………………………………… 279
　　三、住 ………………………………………………… 282
　　四、行 ………………………………………………… 283
第二十三节　一般动作 ……………………………………… 284
　　一、头部动作 ………………………………………… 284
　　二、手部动作 ………………………………………… 285
　　三、腿脚动作 ………………………………………… 288
　　四、全身动作 ………………………………………… 289
　　五、心理动作 ………………………………………… 291
　　六、系动词等 ………………………………………… 293
第二十四节　性状 …………………………………………… 294
　　一、形状、颜色 ……………………………………… 294
　　二、状态、感受 ……………………………………… 296
　　三、性质 ……………………………………………… 300
　　四、形貌、性格 ……………………………………… 301
　　五、境况、品行 ……………………………………… 303
第二十五节　数量词 ………………………………………… 306

一、数词 ………………………………………… 306
　　二、量词 ………………………………………… 307
第二十六节　地名、方位、趋向 ……………………… 309
　　一、地名 ………………………………………… 309
　　二、方位 ………………………………………… 312
　　三、趋向动词 …………………………………… 313
第二十七节　指代词 …………………………………… 314
　　一、人称代词 …………………………………… 314
　　二、指示代词 …………………………………… 315
　　三、疑问代词 …………………………………… 316
第二十八节　副词 ……………………………………… 316
　　一、时间 ………………………………………… 316
　　二、程度 ………………………………………… 317
　　三、范围 ………………………………………… 318
　　四、肯定、否定 ………………………………… 319
　　五、情状、语气 ………………………………… 319
第二十九节　介词、连词 ……………………………… 320
第三十节　唯补词、助词等 …………………………… 322

第六章　语法概况 ………………………………………… 323
　第一节　构词法 ……………………………………… 323
　　一、复合构词 …………………………………… 324
　　二、加缀构词 …………………………………… 325
　　三、重叠构词 …………………………………… 326
　第二节　人称代词 …………………………………… 327
　　一、三身代词 …………………………………… 327
　　二、反身代词、旁称代词和统称代词 ………… 328
　第三节　指示词 ……………………………………… 329
　　一、个体指示 …………………………………… 329

二、方位指示 ……………………………………… 331
三、时间指示 ……………………………………… 331
四、方式指示 ……………………………………… 332
五、种类指示 ……………………………………… 332
六、程度指示 ……………………………………… 332

第四节 数词和量词 ………………………………… 333
一、数词 …………………………………………… 333
二、量词 …………………………………………… 333
三、有定的"量名"结构 …………………………… 334

第五节 领属结构 …………………………………… 334
一、"个"字领属结构 ……………………………… 334
二、无"个"字领属结构 …………………………… 334

第六节 助词 ………………………………………… 335
一、动态助词"了" ………………………………… 335
二、语气助词"罢"和"了" ………………………… 335
三、结构助词"个"和"得" ………………………… 336

第七节 动词及动词性结构 ………………………… 336
一、动词重叠 ……………………………………… 336
二、双宾结构 ……………………………………… 338
三、动补结构 ……………………………………… 339

第八节 介词和介词结构 …………………………… 340
一、表"在"的介词 ………………………………… 340
二、表"往、朝、向"的介词 ……………………… 343
三、表"经过、经、沿着、从"的介词 …………… 344
四、表"自从、从"的介词 ………………………… 345
五、表"到"的介词 ………………………………… 345
六、表"替"的介词 ………………………………… 346
七、表"为"的介词 ………………………………… 346
八、表"向"的介词 ………………………………… 346

九、表"跟、和、同"的介词 ………………………………… 347

第九节　处置句和被动句 ……………………………………… 347
　　一、处置句 ………………………………………………… 347
　　二、被动句 ………………………………………………… 348

第十节　存现句 ………………………………………………… 350

第十一节　领有句 ……………………………………………… 351

第十二节　判断句 ……………………………………………… 351

第十三节　时间范畴与体标记 ………………………………… 352
　　一、进行体 ………………………………………………… 352
　　二、持续体 ………………………………………………… 353
　　三、完成体 ………………………………………………… 353
　　四、经历体 ………………………………………………… 354
　　五、重复体 ………………………………………………… 354
　　六、尝试体 ………………………………………………… 354
　　七、时间副词 ……………………………………………… 354

第十四节　情态范畴 …………………………………………… 356
　　一、情态动词 ……………………………………………… 356
　　二、情态副词 ……………………………………………… 358
　　三、可能补语"V得C、V弗C" …………………………… 360

第十五节　否定范畴 …………………………………………… 360
　　一、否定词"弗" …………………………………………… 360
　　二、否定词"无" …………………………………………… 362
　　三、否定词"未" …………………………………………… 363
　　四、否定词"觅" …………………………………………… 364
　　五、否定词"靤" …………………………………………… 366
　　六、否定词"朆" …………………………………………… 366
　　七、否定句句末语气词"着[dɛʔ²³]" ……………………… 367

第十六节　关于遂昌话几个不同的"着" …………………… 369
　　一、着₁、着₂、着₃ ………………………………………… 369

二、"着₃c"的语法意义 ································ 371
　　三、"着₃c"的性质 ······································ 372
　　四、部分文献所谈到的"着" ······················ 374
　　五、遂昌话"着"的语义演变关系 ··············· 376
第十七节　疑问范畴 ··· 377
　　一、疑问句的分类 ······································ 377
　　二、基本疑问词"哪"和"几" ······················ 379
　　三、疑问代词 ··· 380
　　四、疑问语气副词 ······································ 382
　　五、疑问语气助词 ······································ 383
　　六、疑问格式 ··· 384
　　七、疑问词和疑问句的特殊用法 ··············· 385
第十八节　比较范畴 ··· 385
　　一、差比句 ··· 385
　　二、等比句 ··· 386
　　三、极比句 ··· 386
第十九节　声音范畴 ··· 387
　　一、感叹词 ··· 387
　　二、拟声词 ··· 388
　　三、呼唤/驱赶动物词 ································ 390
　　四、小结 ·· 391
　　五、研究意义 ··· 391
第二十节　句子与语序 ······································· 391
　　一、动词谓语句中宾语和补语的位置 ······· 391
　　二、双宾句中宾语的位置 ·························· 392
第二十一节　复句与关联词语 ···························· 392
　　一、因果复句 ··· 392
　　二、条件复句 ··· 393
　　三、假设复句 ··· 393

四、转折复句 ………………………………………… 394
　　五、递进复句 ………………………………………… 395
　　六、选择复句 ………………………………………… 395
　　七、目的复句 ………………………………………… 396

第七章　后置成分 ……………………………………………… 397
　第一节　险 …………………………………………………… 397
　　一、"险"的用法 …………………………………… 398
　　二、"险"和"得[ti?⁵]" …………………………… 403
　第二节　添 …………………………………………………… 404
　　一、"添₁"的语义特征及"添₁"字句 …………… 404
　　二、"添₂"的语义特征及"添₂"字句 …………… 407
　　三、"添₁"和"添₂"的区别 ……………………… 410
　第三节　过 …………………………………………………… 413
　　一、"过"的三种用法 ……………………………… 413
　　二、"过"和"添₁"的比较 ………………………… 414
　第四节　起 …………………………………………………… 418
　　一、"起"字句 ……………………………………… 419
　　二、特殊用法 ………………………………………… 420
　第五节　关于后置成分的来源 ……………………………… 421
　　一、实词虚化 ………………………………………… 421
　　二、底层结构 ………………………………………… 424
　第六节　含后置成分句子的历史层次 ……………………… 425
　第七节　后置成分的分布及特点 …………………………… 426

参考文献 ………………………………………………………… 429

后　记 …………………………………………………………… 432

第一章
概 况

第一节 遂昌概况

遂昌县位于浙江西南部,地处北纬28°13′—28°49′,东经118°41′—119°30′。东倚松阳、武义,南邻龙泉,西接江山和福建浦城,北与衢县、龙游、金华毗连。东西最大距离78.7公里,南北66.8公里,总面积2539平方公里。境内有高速公路或330国道通往邻县,县内各乡镇交通主要依靠省道,2020年开始通火车。

根据遂昌县人民政府官方网站,截至2019年6月,全县辖20个乡镇(妙高、云峰、北界、大柘、石练、金竹、黄沙腰、新路湾、王村口、焦滩、应村、湖山、濂竹、高坪、蔡源、龙洋、西畈、垵口、柘岱口、三仁)。县人民政府驻地为妙高镇。

遂昌境内山地多平丘少,有"九山半水半分田"之称。仙霞岭山脉横贯全境,呈中低山面貌,海拔千米以上山峰有703座,九龙山主峰为浙江省第四高峰。境内河流分属钱塘江、瓯江两大水系。气候属中亚热带季风类型,温暖湿润,四季分明,山地垂直气候差异明显。人口密度河流沿岸高于山区,城镇高于农村。人口分布最多的乡镇主要是妙高、大柘、石练、云峰、北界、王村口等。

遂昌县地先秦时属越,秦属会稽郡太末县。东汉末年建安二十三年(218)分太末南部地置遂昌县。三国吴赤乌二年(239)更名平

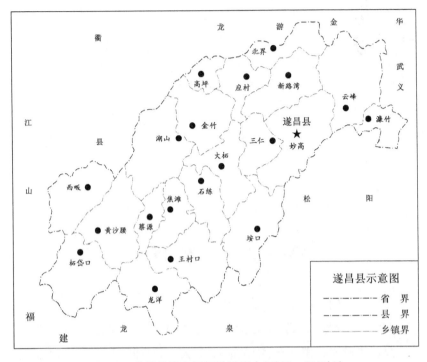

图 1-1　遂昌县示意图(《遂昌县志(1991—2010)》)

昌,晋太康元年(280)复称遂昌。孙吴时的遂昌地域较广,约含今遂昌县和龙泉市、庆元县大部、金华原汤溪县部分地。唐乾元二年(759)析遂昌、松阳地置龙泉县。明成化七年(1471)析遂昌县桃源乡八、九都地与龙游、金华、兰溪县部分地,合置汤溪县。1958年撤销松阳县,全部并入遂昌县,是时,总面积3 946平方公里。1982年遂昌、松阳两县分治,至今。遂昌建县后先后属会稽郡、东阳郡、缙云郡、处州府、衢州专署、金华地区、丽水地区,现属丽水市(地级)。历代县治均在妙高镇。

遂昌境内在秦代已有居民,但户籍记载始见于明代。明景泰三年(1452)全县有30 230人。嘉靖四十一年(1562)有24 723人,至康熙五十年(1711)的一百五十年间人口数量长期稳定。民国元年有99 530人。1990年第四次全国人口普查的统计数字为224 117人,2010年第六次全国人口普查统计的人口为23.14万人。民族以汉为主,其他民族占少数,其中畲族人口最多,1990年统计数字为14 061人。根据2021年5月公布的我国第七次人口普查结果,遂昌县的常住人口为19.44万人。全县共有约290个姓氏,其中超过10 000人的有周、张、吴三姓,排在他们后面的姓氏主要有叶、黄、王、雷、郑、李、刘、罗、朱、潘、徐、陈等。

遂昌境内著名的考古遗址和人文景观主要有:1997年发掘的距今四千多年前的好川古文化遗址,属良渚文化晚期,已被列为全国考古重大新发现;位于王村口镇的独山村有着保存完好的"明代一条街";明代著名文学家、戏剧家汤显祖曾在遂昌任知县五年,写就了戏曲名著《牡丹亭》,汤公"兴教、劝农、安民",勤政爱民,遂昌境内就有多处关于他的纪念场所,如位于县城北街四弄的汤显祖纪念馆,位于妙高山的遗爱亭,以及位于城区东部的汤公园等;20世纪二三十年代,粟裕、刘英率部建立了以王村口为中心的浙西南游击根据地。

以上文字表述部分的内容主要来自《遂昌县志》(1996)。

第二节　遂昌境内的方言

遂昌话是遂昌全境通用的方言。根据《中国语言地图集(第2版)》,遂昌话系属吴语区上丽片丽水小片(为方便起见,以下在讨论某些问题时,仍会沿用《中国语言地图集》第1版关于"处衢片"方言的表述)。此外,境内还分布着历代迁入遂昌的外来方言,主要有客家话、赣语、畲话、官话(南京话)、徽语(淳安话)、吴语其他方言(景宁话)等。其中,使用人口较多的外来方言主要是客家话和赣语。境内畲族人使用的母语是畲话。

客家话(俗称"福建腔")主要源于闽西上杭等地的移民,据载已有四百多年的历史,主要分布在北界、应村、高坪、新路湾、金竹、西畈、王村口、龙洋、黄沙腰等乡镇。

赣语(俗称"江西话")主要分布在西畈乡。

南京话只见于西畈乡,是一种土官话。西畈与江山廿八都接壤,这里的南京话应当是廿八都官话,但跟廿八都官话又有所不同,它带有一些客赣的特征。

淳安话(俗称"新安江话")源于1962年开始迁入的新安江水电站建设的库区移民,系属徽语,主要分布在妙高、石练、云峰、新路湾,形成淳安方言群岛。

景宁话源于2004年开始迁入的滩坑水电站建设的库区移民,系属吴语区上丽片丽水小片,主要分布在石练、云峰。

除新近迁入的景宁移民外,其他移民一般都会说遂昌话,或带有其他方言口音的遂昌话。

境内语言(方言)分布概况见下图(主要体现乡镇所在地及附近村的情况,使用人口相对较多):

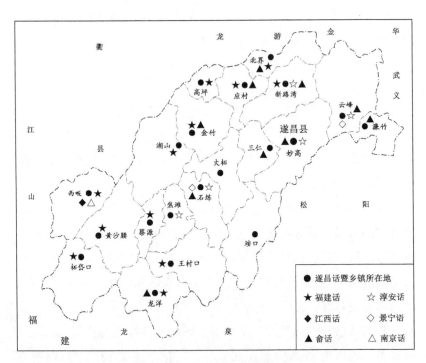

图1-2 遂昌境内方言分布示意图(《遂昌县志(1991—2010)》)

遂昌主要方言代表点字词对照可参考表1-1:

表 1-1 遂昌境内主要方言代表点字词对照

字词	遂昌话（妙高）	景宁话（石练）	淳安话（石练）	客家话（应村）	赣语（西畈）	南京话（西畈）
公鸡	荒鸡 xoŋ³³ iɛ⁴⁵	荒鸡 xɔ̃⁵⁵ tsʅ³²⁴	雄鸡 ioŋ³³ tʃi²¹³	鸡公 kei³³ kəŋ⁴⁴⁵	鸡公 tɕi²⁴ kuŋ²⁴³	鸡公 tʃi³³ kuŋ²²¹
母鸡	鸡娘 iɛ⁵⁵ ɲiaŋ²¹³	母鸡 m⁵⁵ tsʅ³²⁴	母鸡 m⁵⁵ tʃi³³	鸡嬷 kei³³ mɔ⁴⁴⁵	鸡嬷 tɕi³³ mɔ³³⁵	鸡嬷 tʃi³³ mo⁵⁵
蛋	子 tsʅ⁵³³	卵 laŋ⁴⁵⁴	子 tsʅ⁵⁵	蛋 tʰaŋ³²³	蛋 tʰɛn³²³	蛋 tʰaŋ¹³
老虎	大猫 du¹³ mɐɯ²²¹	大猫 dəu¹³ mɔ⁵	老虎 lo³³ xu⁵⁵	老虎 lu⁵⁵ fu⁵¹	老虎 laɔ⁵⁵ xu³²	毛虎 maɔ³³⁴ xu⁵⁵
水稻	谷 kɐɯʔ⁵	谷 kuʔ⁴²	稻谷 tʰɑ³³ kuʔ⁵	禾 u²⁴	谷 kɔʔ⁵	稻子 tʰiɑɔ¹³ tsʅ⁵⁵
稻草	稿头 kɐɯ³³ du²²¹	稻秆 dʌ¹³ kuə⁴⁵⁴	稻秆 tʰɑ³³ kə⁵⁵	秆 kuɛ̃⁵¹	秆 kuɛ̃⁵¹	稻草 tʰiɑɔ¹³ tsʰɑɔ⁵⁵
萝卜	菜头 tsʰei³³ du²²¹	菜头 tsʰɛ³³ dɐɯ⁴⁵⁴	萝卜 lo³³ pʰɤ⁵⁵	萝卜头 lu²⁴ pʰɛ³ tʰəɯ²⁴	萝卜 loʔ² pʰo³	萝卜 lo³³⁴ po¹³
茄子	落苏 loʔ² suə⁴⁵	落茄 lɔʔ²³ dʒiu³¹	落苏 naʔ⁵ su²¹³	茄子 kʰio⁵⁵ tsʅ⁵¹	茄仔 kʰo³³ tsɛ⁵¹	茄子 tʃʰie³³ tsʅ⁵⁵
土豆	洋芋 iaŋ¹³ yɛ²¹³	洋芋 iɛ³³ u³⁵	马铃芋 mɑ³³ liŋ⁴² ɥ⁵⁵	马铃芋 mɑ⁵⁵ lɛ²⁴ i⁵¹	洋芋 ioŋ³³⁵ y³²	洋芋 iaŋ³³⁴ ɥ²¹
晚饭	黄昏 ɔŋ²¹ xuɛ̃⁴⁵	乌萌 u³² iaŋ³⁵	夜饭 iɑ⁵⁵ fa⁵⁵	夜饭 iɑ³² pʰuɛ̃³²³	夜饭 iɑ³² faŋ³²³	夜饭 iɛ¹³ faŋ¹³
开水	沸汤 pei⁵³ tʰɔŋ⁴⁵	沸水 pɛ³³ ɕy⁴⁵⁴	滚水 kuən⁴² ʃɥ⁵⁵	滚汤 kuɛ̃⁵⁵ tʰɔŋ⁴⁴⁵	滚汤 kuən⁵³ sei³²	滚水 kun⁵⁵ ʃyei³³
月亮	月光 ȵyɛʔ² kɔŋ⁴⁵	月光 ȵyæʔ² kɔ³²⁴	月亮 yɛʔ⁵ ȵiaŋ⁵⁵	月光 ȵiɛ³ kɔŋ⁴⁴⁵	月光 ȵiɛ⁵ kɔŋ³²	月亮 yɛʔ⁵ liaŋ¹³
河	溪 tɕʰiɛ⁴⁵	河 ʋ³¹	河 xuo⁴⁴⁵	河 u²⁴	河坝 xɔ⁵⁵ pɑ³²³	河坝 xuo³³⁴ pɑ²⁴
水	㳗 y⁵³³	水 ɕy⁴⁵⁴	水 ʃɥ³⁵	水 fi⁵³³	水 sei⁵¹	水 ʃyei⁵⁵
石头	礧壳 daŋ²¹ kʰoʔ²³	石岩 zʅ²³ ŋɑ³¹	石头 sæʔ⁵ tʰɯ³³⁴	石头 saʔ³ tʰəɯ²⁴	石头 ɕyaʔ⁵ xɐɯ³²	石头 ʃy⁵ tʰəɯ³³⁴

续　表

字词	遂昌话（妙高）	景宁话（石练）	淳安话（石练）	客家话（应村）	赣语（西畈）	南京话（西畈）
明天	明日 mɒ²² nɛʔ²³	明朝日 maŋ³¹ tɕiʌ³³ nɛʔ⁴²	明朝 məŋ³³ tsɔ²¹³	天光 tʰiɛ³³ kɔŋ⁴⁴⁵	明朝 miaŋ³³ tɕiɑɔ⁵¹	明朝 muŋ³³ tʃiɑɔ³³⁴
早上	天光 tʰiɛ³³ kɔŋ⁴⁵	天光 tʰia⁵⁵ kɔ³²	早上 tsɔ²¹³ saŋ⁴²	早晨 tsɔ³³ ɕiŋ²⁴	早晨 tsɑɔ⁵³ ɕyn³²	早晨 tsɑɔ³³⁴ ʃyn²²¹
头	头 du²²¹	头 dɯu³¹	头 tʰɯ³³⁴	头 tʰəu²⁴	脑 nɑɔ⁵¹	头 tʰəu³³⁴
眼睛	眼睛 ŋaŋ²² tɕiŋ⁴⁵	眼睛 ŋɛ⁴⁵⁴ tɕiŋ³²	眼睛 aŋ³⁵ tsiŋ³³⁴	目珠 məʔ³ tɕy⁴⁴⁵	眼睛 ŋaŋ³² tɕiŋ⁵¹	眼子 ŋaŋ⁵³ tsɿ⁵⁵
脚	骹 kʰɐu⁴⁵	脚 tsɿ⁵	脚 tʃia⁵	脚骨 kio⁵⁴ kuɛ⁵⁴	脚 tɕyɔ⁵	脚 tʃyɔ⁵
家	处 tɕʰyɛ³³⁴	家 ku³²⁴	家 kua²¹³	屋下 vɔ⁵⁴ xa²⁴	屋 uo⁵	家 kɑ²²¹
厕所	粪缸 pẽ⁵³ kɒŋ⁴⁵	基=坑 tsɿ⁵⁵ kʰɛ³²⁴	茅司 mɔ³³ sɿ²¹³	屎缸 sɿ⁵⁵ kɔŋ⁴⁴⁵	茅池 mɑɔ³³⁵ tsʰɿ⁵¹	茅司 mɑɔ³³⁴ sɿ²²¹
笊篱	笊兜 tsɐu⁵³ tu⁴⁵	笊篱 tsa³⁵ li³¹	笊篱 tsɔ³³ lə⁵⁵	畚箕笊捞 pẽ⁵⁵ tɕi³³ tsɑɔ³³ lɑɔ²⁴	捞笊 lɑɔ³³⁵ tsɑɔ⁵¹	捞篱 lɑɔ³³⁴ li³³⁴
米扇	风柜 fəŋ⁵⁵ dzy²¹³	风扇 foŋ³² ɕiɛ³⁵	风车 fəŋ³³ tsʰuo³⁵	风车 fəŋ³³ tsʰɑɔ⁴⁴⁵	风扇 fuŋ²⁴ ɕyɛ̃³²	风扇 fuŋ²²¹ ʃyẽ¹³
柴	樵 ziɐu²²¹	柴 za³¹	柴 za³³⁴	樵 tʰiɑɔ²⁴	柴 sai³³⁵	柴 tsʰai³³⁴
筷子	箸 dziɛ²¹³	箸 dzɿ¹³	筷 kʰua⁵⁵	筷子 kʰua³² tsɿ⁵¹	筷子 kʰuai³² tsɿ⁵¹	筷子 kʰuai²²¹ tsɿ²⁴
菜刀	薄刀 bɔʔ² tɐu⁴⁵	薄刀 bɛʔ²³ tʌ³²⁴	薄刀 pʰu⁵ tɔ²¹³	菜刀 tɕʰyɛ³² tu⁴⁴⁵	菜刀 tsʰai³² tɑɔ²⁴³	菜刀 tsʰai²⁴ tɑɔ²²¹
睡觉	睏 kʰəŋ³³⁴	睏 kʰuə³⁵	眠觉 mẽ³³ kɔ⁵⁵	睡 fei³²³	睏 kʰuen³²³	睏 kʰun²⁴
起床	搲起 ua⁵ tɕʰiʔ⁰	搲起 uo⁴² tsʰɿ⁴⁵⁴	起床 tʃʰi³⁵ suaŋ³³⁴	爬起 pʰa²⁴ tsʰɿ⁵¹	爬起 pʰa³³⁵ tɕʰi⁵¹	爬起 pʰa³³⁴ tʃʰi⁵⁵
耕田	耕田 tɕiaŋ⁵⁵ diɛ²¹³	耕田 kɛ³³ dia³⁴³	犁田 li³³ tʰiɛ³³⁴	犁田 lei²⁴ tʰiɛ²⁴	犁田 li³³ tʰiɛ³³⁵	犁田 li³³⁴ tʰiɛ³³⁴

续　表

字词	遂昌话（妙高）	景宁话（石练）	淳安话（石练）	客家话（应村）	赣语（西畈）	南京话（西畈）
砍（柴）	㔁 tsʰɿ³³⁴	剉 tsʰæi³⁵	斫 tsaʔ⁵	斫 tsɔʔ⁵⁴	斫 tɕyoʔ⁵	砍 kʰaŋ⁵⁵
捆（柴）	縛 bɔʔ²³	縛 vuʔ²³	捆 kʰuəŋ³⁵	捆 kʰuɛ⁵¹	捆 kʰuen⁵¹	捆 kʰun⁵⁵
阉猪	羯 tɕieʔ⁵	羯 tɕieʔ⁴²	羯 tʃieʔ⁵	羯 tɕieʔ⁵	㩻 ten³³⁵	阉 iẽ²²¹
吃	哖 tieʔ⁵	吃 tsʰɿ⁴²	吃 tʃʰieʔ⁵	食 seʔ³⁴	食 ɕyɛʔ⁵	吃 tʃʰieʔ⁵
咬	啮 ŋɐʔ²³	啮 ŋɔʔ²³	咬 ɔ³⁵	咬 ŋɑɔ³²³	咬 ŋɑɔ³²³	咬 ŋɑɔ⁵⁵
吵架	相争 ɕiaŋ³³ tɕiaŋ⁵⁵	相罄 ɕie³²⁴ zoʔ²³	吵架 tsʰɿ³⁵ kua⁵⁵	相争 ɕiɔŋ³³ tsaŋ⁴⁴⁵	相争 ɕyɔŋ²⁴ tsaŋ²⁴³	争 tseŋ²²¹
骂人	罄农 zoʔ²³ nəŋ²²¹	罄人 zoʔ²³ neŋ³¹	罄农 soʔ⁵ noŋ³³⁴	骂人 ma³² ȵiŋ²⁴	骂人 ma³² ȵiŋ³³⁵	骂人 ma¹³ ȵiŋ³³⁴
站立	徛 ɡei¹³	徛 ɡe³⁴³	徛 kʰe³⁵	徛 kʰei⁴⁴⁵	徛 tɕʰi²⁴³	站 tʃyẽ²⁴
走	走 tsu⁵³³	走 tsɯ⁴⁵⁴	行 xẽ³³⁴	行 xaŋ²⁴	走 tsɯ⁵¹	走 tsəu⁵⁵
跌	靶= pɒ⁵³³	靶= pɑ³⁵	跌 tiaʔ⁵	跌 tieʔ⁵⁴	跌 tieʔ⁵	滚 kun⁵⁵
追	躐 lieʔ²³	追 tɕy³²⁴	追 tsɛ²¹³	躐 lieʔ³⁴	追 tsei²⁴³	追 tsei²²¹
滚	勔 lei²¹³	勔 læi¹³	滚 kuəŋ³⁵	勔 lei⁴⁴⁵	滚 kuen⁵¹	勔 lei¹³
看	望 mɔŋ²¹³	相 ɕie³⁵	觌 tsʰɯʔ⁵	望 mɔŋ³²³	看 kʰɔn³²³	看 kʰɔn²⁴
饿	腹饥 pəɯʔ³ kei⁴⁵	饿 ŋuæi³⁵	饿 u⁵⁵	饿 ŋu³²³	肚饥 xu²⁴ tɕi²⁴³	饿 uo¹³

第三节　遂昌话内部差异

从总体上看,遂昌话内部"大同小异",不过,以黄沙腰为代表的西部地区和以北界为代表的北部地区在口音上相对比较特殊。

遂昌话内部差异按地理分布可以分为县城话(中片)、东乡话(东片)、南乡话(南片)、西乡话(西片)、北乡话(北片),地理分布情况大致如下图所示(《遂昌县志(1991—2010)》):

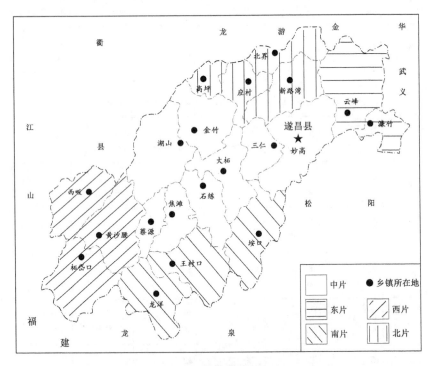

图 1-3　遂昌话县内分片

以下分别以妙高、濂竹、垵口、黄沙腰、北界为代表点,从语音、词汇上进行比较(语法上的区别很小)。

一、声调对照

妙高、濂竹、垵口、黄沙腰、北界五点的声调情况如下表所示:

表 1-2　遂昌五点声调对照

调类	例字	县城 妙高	东乡 濂竹	南乡 垵口	调类	例字	西乡 黄沙腰	北乡 北界
阴平	高天山	45	45	45	阴平	高天山	45	55
阳平	皮铜篮	221	221	221	阳平	皮铜篮	212	221
阴上	好早少	533	533	52	上声	好早少	533	334
阳上	雨桶赚	13	13	13	阴去	去四店	334	45
阴去	去四店	334	334	334				
阳去	大路汗	213	213	213	阳去	大路汗 雨桶赚	113	213
阴入	鸭雪桌	5	5	5	阴入	鸭雪桌	5	5
阳入	毒六学	<u>23</u>	<u>23</u>	<u>23</u>	阳入	毒六学	<u>23</u>	<u>223</u>

上表可以看出,妙高、濂竹、垵口三点的声调均按古声母清浊分四声八调,黄沙腰和北界二点的声调古浊上归阳去,声调数均为7个。

二、特征字(词)对照

表 1-3　遂昌各地特征字(词)对照

	县城 妙高	东乡 濂竹	南乡 垵口	西乡 黄沙腰	北乡 北界
手	手(=取)	手(=守)	手(=取)	手(=取)	手(=取)
害怕	惊	吓	惊	惊	惊

续 表

	县城 妙高	东乡 濂竹	南乡 坡口	西乡 黄沙腰	北乡 北界
蛋	子	子	卵	子	子
蜘蛛	脚百蟢	脚百蟢	蜘蛛	蟢	蟢
河	溪	溪	坑	溪	溪拦=坝
抽屉	屉篚	屉篚	拔篚	屉篚	屉篚
忘记	忘记	忘记	赖=	忘记	忘记
饭生	生	生	青	生	生
土豆	洋芋	洋芋	洋芋	花生芋	洋芋
厕所	粪缸	粪缸	粪缸	东司	粪缸
远	远	远	远	远(=哄)	远
萝卜	菜头	菜头	菜头	菜头	萝卜头
辣椒	番椒	番椒	番椒	番椒	辣火
中饭	日午	日午	日午	日午	日昼
晚饭	黄昏	黄昏	黄昏	黄昏	乌荫
月亮	月光	月光	月光	月光	月亮
下雨	洞=雨	洞=雨	洞=雨	洞=雨	落雨
房子	处	处	处	处	屋
菜园	菜园(=哼)	菜园(=哼)	菜园(=哼)	菜园(=哼)	菜园(=圆)

说明：括号内"＝"表示在该地方言中与后字同音。

三、特征词图例

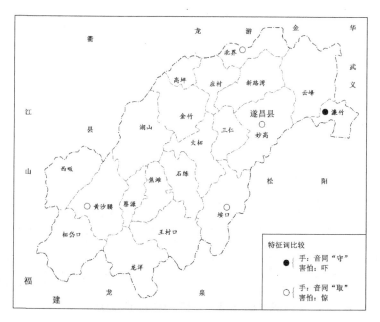

图 1-4 遂昌话特征词比较：手、害怕

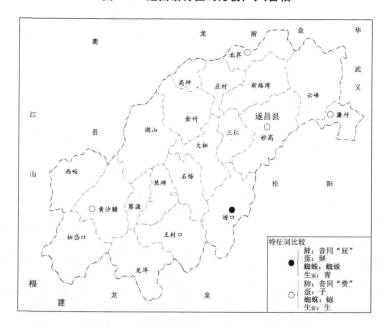

图 1-5 遂昌话特征词比较：肺、蜘蛛等

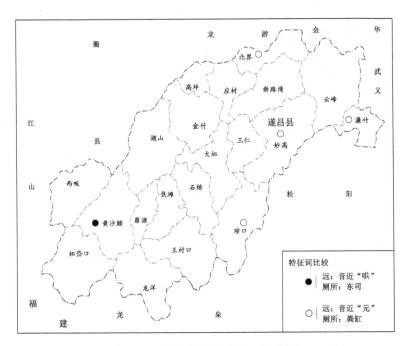

图 1-6 遂昌话特征词比较：远、厕所

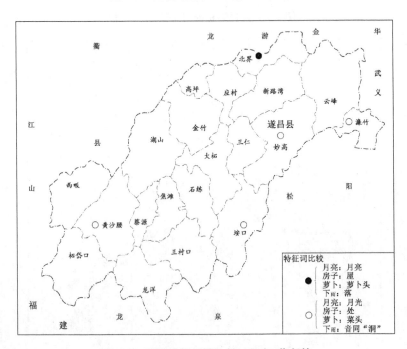

图 1-7 遂昌话特征词比较：月亮、萝卜等

第四节　发音人信息及调查情况

　　遂昌话是笔者的母语,但自1986年到北京上大学后,除了寒暑假回家看望父母,大多数时间都在外地,所以,单纯依靠笔者自己的内省来获得遂昌话的语料已经变得不太可靠,特别是一些俗词俗语。自2009年以来,笔者依托几个科研项目,先后较为详细地调查了几位土生土长的遂昌人,具体情况如下:

　　(1)季法勤,男,生于1947年10月,遂昌县妙高镇人,中师文化程度,小学退休教师。为完成2009年度浙江省哲学社会科学规划课题"吴语处州方言电子音像地图集(09WHZT028Z)"和2011年度教育部人文社会科学规划基金项目"吴语处州方言的历史比较语言学研究(11YJA740090)",笔者对其进行了两次详细调查。1978—1980学年,季老师是笔者的小学班主任兼语文老师。

　　(2)郭雄飞,男,生于1961年5月,遂昌县城妙高镇人,大专文化程度,会计。为完成2016年度教育部、国家语委中国语言资源保护工程项目"浙江汉语方言调查·遂昌(YB1601A011)",笔者对其进行了详细调查。2019年10月初,笔者又与他进行了部分词汇条目的增补与核对工作。

　　(3)尹樟达,男,生于1949年9月,遂昌县大柘镇人,中师文化程度,小学退休教师。为完成2016年度教育部、国家语委中国语言资源保护工程项目"语言方言文化调查·浙江遂昌(YB1607A002)",笔者对其进行了详细调查。

　　本书所讨论的遂昌话以季法勤和郭雄飞的县城妙高话为标准口音及语法规范,词汇则适当吸收其他乡镇有代表性的一些说法。

　　(4)2012年暑期,遂昌县史志办公室拟对1996年版的《遂昌县志》进行修订,委托笔者对遂昌境内方言(主要针对客家话、赣语、徽语、官话、吴语景宁话等)情况做进一步调查,期间,笔者对以下发音人进行了较为详细的调查：

王法彤，男，生于 1945 年 12 月，遂昌县北界镇人，初中文化程度，小学退休教师。

陈光水，男，生于 1952 年 12 月，遂昌县西畈乡人，小学文化程度，赤脚医生。

刘光宁，男，生于 1957 年 8 月，遂昌县西畈乡人，高中文化程度，村干部。

郑英琦，男，生于 1939 年 9 月，遂昌县黄沙腰镇人，初中文化程度，会计。

刘学海，男，生于 1953 年 10 月，遂昌县垵口乡人，初中文化程度，务农兼会计。

周方荣，男，生于 1948 年 11 月，遂昌县濂竹乡人，高小文化程度，工人。

第二章
音 系

第一节 声韵调系统

一、声母

遂昌方言有 28 个声母(含零声母),见表 2-1:

表 2-1 遂昌方言声母表

p 布帮八	pʰ 屁碰覆	b 皮病白	m 无门麦	f 飞蜂弗	v 浮饭佛
t 猪胆竹	tʰ 跳天铁	d 弟铜敌	n 奶农捺		l 笋蓝六
ts 爪粽扎	tsʰ 草葱察	dz 茶赚泽		s 丝三杀	z 字蚕煠
tɕ 九金急	tɕʰ 笑千七	dʑ 树绳直	ȵ 女银热	ɕ 小扇雪	ʑ 蛇船十
k 高光谷	kʰ 苦糠阔	g 厚近峡	ŋ 五眼额	x 火汉吓	
ø 鸡云恩活					

说明:

(1) 全浊声母实为清音浊流。
(2) 零声母音节的起始部分有明显的紧喉摩擦成分。

二、韵母

遂昌方言有 49 个韵母,见表 2-2:

表 2-2　遂昌方言韵母表

ɿ 四迟嬉	i 衣飞地耳	u 楼豆厚话	y 醉跪椅
	iu 试柿齿		
a 蔡买街		ua 快怪歪	
ɒ 猪茶挂	iɒ 写借车	uɒ 华画	
ɤ 字子鱼		uə 五布午	
	ie 鸡纸齐		yɛ 雨处芋
ei 菜杯袋		uei 鬼块灰	
ɯu 包老好	iɯu 笑少叫		yɯu 瘦愁
ɯɯ 亩钩藕	iɯ 牛九酒臭		
ɛ̃ 影坎长短	iɛ̃ 犬盐先电	uɛ̃ 魂温汗	yɛ̃ 圆全权船
aŋ 咸淡山	iaŋ 羊姜香打	uaŋ 弯梗惊	yaŋ 横
əŋ 东冬红问	iŋ 心新星井	uəŋ 滚困昆	yŋ 春云军
oŋ 黄糖光	ioŋ 痒王桩		
	iʔ 一七笔直		yʔ 摔蟋剧
	iuʔ 肉粥竹叔		
aʔ 鸭杀峡煤	iaʔ 白药嚼	uaʔ 活滑刮	
ɛʔ 盒着穿掇	iɛʔ 叶歇咥吃	uɛʔ 国割骨	yɛʔ 出雪血
ɔʔ 剥恶缚	iɔʔ 绿桌戳	uɔʔ 有或获	
ɯʔ 谷六腹			

说明：

（1）[ɒ]组韵母中的[ɒ]唇形略展，不是非常圆。

（2）[ɒ]组韵母拼[k]组声母时常有轻微的[u]介音，读作[uɒ]，但二者不区别意义。

(3) [ɤ]韵母拼[ts]组声母时常读作[ɿɤ],但二者不区别意义。
(4) [a]、[aŋ]、[aʔ]三行韵母中的[a]实际读音是[ᴀ]。
(5) [iɛ]、[ɛ̃]、[ɛʔ]三行韵母中的[ɛ]接近[ᴇ]。
(6) 鼻尾[ŋ]的发音部位介于[n]和[ŋ]之间。
(7) [iŋ]的实际音值是[iɪŋ]。
(8) [iʔ]、[yʔ]两韵母的实际音值是[iɪʔ]、[yɪʔ]。

三、声调

遂昌方言有8个单字调,见表2-3:

表2-3 遂昌方言声调表

阴 平	阳 平	阴 上	阳 上	阴 去	阳 去	阴 入	阳 入
45	221	533	13	334	213	5	2̱3̱
高天山心	皮蛇铜篮	好早井忖	徛雨桶赚	去四扇店	大路洞汗	鸭雪腹竹	毒六学滑

说明:

(1) 阳平调221以平为主。

(2) 阴上调533以降为主。

(3) 阳去调213以降为主。

(4) 阳入调23为短促调。

第二节 两字组连读变调规律

一、两字组连读变调表

遂昌话两字组连读变调的主要规律见表2-4"遂昌话两字组连调表"。表中各栏的上一行是单字调,下一行是连读调,空白处表示不变调。更多例词请参看词汇部分。

表 2-4 遂昌话两字组连调表

前字＼后字	阴平 45	阳平 221	阴上 533	阳上 13	阴去 334	阳去 213	阴入 5	阳入 23
阴平 45	45 45 33 天 光 45 221 开 门	45 221 55 213 清 明	45 533 33 身 体	45 13 55 公 社	45 334 55 车 票	45 213 55 车 站	45 5 33 工 作	45 23 33 生 日
阳平 221	221 45 21 农 村 221 45 22 骑 车	221 221 22 213 眉 毛 221 221 22 农 民	221 533 13 牙 齿 221 533 22 团 长	221 13 21 朋 友	221 334 22 驼 背	221 213 22 名 字	221 5 21 头 发	221 23 21 茶 叶 221 23 22 同 学
阴上 533	533 45 53 火 车	533 221 53 表 扬 533 221 33 倒 霉	533 533 53 手 表 533 533 33 水 果	533 13 53 起 码	533 334 53 水 库	533 213 55 手 艺	533 5 53 赌 博	533 23 53 死 活
阳上 13	13 45 21 老 师 13 45 22 坐 车 13 45 养 蜂	13 221 老 婆	13 533 老 板	13 13 21 道 理 13 13 22 犯 罪 13 13 远 近	13 334 满 意 13 334 22 老 处	13 213 社 会	13 5 21 道 德 13 5 22 老 客 13 5 满 足	13 23 21 技 术 13 23 22 老 实
阴去 334	334 45 33 退 休 334 45 53 汽 车	334 221 33 酱 油	334 533 33 报 纸	334 13 33 粪 桶	334 334 55 意 见	334 213 55 孝 顺	334 5 33 建 筑	334 23 33 副 业

续 表

前字＼后字	阴平 45	阳平 221	阴上 533	阳上 13	阴去 334	阳去 213	阴入 5	阳入 23
阳去 213	213 45 21 地 方	213 221 13 大 门	213 533 13 漏 斗	213 13 21 大 雨	213 334 13 位 置	213 213 13 电 话	213 5 21 办 法	213 23 21 树 叶
	213 45 22 认 真			213 13 22 味 道	213 334 22 饭 店	213 213 22 大 路		
阴入 5	5 45 3 国 家	5 221 骨 头	5 533 3 黑 板	5 13 谷 雨	5 334 节 气	5 213 铁 路	5 5 3 节 约	5 23 节 日
阳入 23	23 45 2 石 灰	23 221 肉 皮	23 533 日 子	23 13 十 五	23 334 白 菜	23 213 木 匠	23 5 2 蜡 烛	23 23 2 学 习

说明：两字组合若为动宾结构，有些表现出与非动宾结构不一样的变调模式。上表中，如果动宾结构与非动宾结构变调模式一样，则只列举非动宾结构的例词；如果动宾结构与非动宾结构变调模式不一样，则先列出非动宾结构的例词。

二、变调规律说明

遂昌话两字组变调一般是前字变，后字不变，但也有前后字都不变的情况，特别是两字组短语常常表现为前后字都不变调的特点，如"开[45]门[221]"。前后字都变调的情况不多。主要规律如下：

（1）阴平[45]作前字时，后字若是高调则变[33]，后字（阳入字除外）若是低调则变[55]。

阴平在阳平前常常是前后字都变调，如"清[45-55]明[221-213]""猪[45-55]栏[221-213]"。

（2）阳平[221]作前字时有[21]、[22]和[13]等三种变调。其中，在阳平前有前后字都变调的情况，如"眉[221-22]毛[221-213]"。

（3）阴上[533]作前字时一般读作[53]，也有的变为[33]或[55]。

(4) 阳上[13]作前字时有[21]、[22]和[13]等三种变调。

(5) 阴去[334]作前字时以读[33]为主,也有的变为[55]或[53]。

(6) 阳去[213]作后字时以读[21]、[13]为主,有的变为[22]。

(7) 阴入[5]在高调值的阴平[45]、阴上[533]、阴入[5]字前读[3],在相对低调值的阳平[221]、阳上[13]、阴去[334]、阳去[213]、阳入[23]字前读原调。

(8) 阳入[23]大多读原调,在阴平[45]、阴入[5]、阳入[23]前变为[2]。

此外,后缀"子"常读作轻声,听觉上又轻又短,这里统一记作[0],如"包[45]子[533-0]""饺[533-45]子[533-0]"。个别词的后字也有读轻声的情况,规律不详,如"工[45]农[221-0](工人)"。轻声不列入上表。

第三章
同音字汇

第一节 同 音 字

说明：

(1) 本表所收录的字以中国社会科学院语言研究所编制的《方言调查字表》(修订本)为基础，补充了一部分口语中使用的方言俗字和有音无字的词语。根据遂昌老派音系排列，先按韵母分部，同韵母的字按声母排列，声韵相同的字再按声调排列。

(2) 右侧下标"白"的为白读音，下标"文"的为文读音。下标"又"的为又读音，比另一读音出现的频率低，但非文白异读，也不区别意义。

(3) 意义有区别的多音字，在字的右侧下标注明该字出现的环境或意义。

(4) 方框"□"表示该词暂无适当的汉字可写，并标注该词的意义。

(5) 下标的注释文字中，用"～"代替被注释的字。

(6) 为避免误解，也为音韵比较提供方便，少数字仍采用繁体字或异体字。

1

ts [45]栽苗 支又 枝又 稽知～识 资 姿 咨 姊 脂又,腊～ 肌 几茶 兹 滋 辎 之 芝灵～ 基 箕篾～ 筐子 机 讥 饥～荒 讯 □用尖物刺或点一下 □嫩～～：非常嫩，生动形式 [533]

	旨指~挥子部分词的词缀，常读轻声。例如，髎子；阴茎；包子 麂~儿；黄麂 止址仔牛~裤 [334]智致至冀置志寄痣纪记既制~造
tsʰ	[45]蛆痴欺又 [533]此企起杞岂 [334]砌刺~刀器弃气汽锲~樵；砍柴
dz	[221]池~电 驰奇骑歧迟祁鳍持其棋期旗麒蕲~蛇；五步蛇 箔青~；青苔 [213]技稚痔治忌
s	[45]斯施诗嬉玩儿 熙希稀师老~ 尸矢酸味道~ [533]始喜蟢蜘蛛 [334]戏四泗鼻头~；鼻涕 试考~
z	[221]时~间 [13]似 [213]誓逝自示视饲~猪；喂猪

i

p	[45]屄吹牛~；吹牛 [533]鄙比 [334]蔽闭泌痹
pʰ	[533]譬 [334]庀屁
b	[221]皮疲脾~气 琵枇坒——；一层 [13]吠犬~；狗叫 被婢 [213]敝币毙蓖避备箆
m	[45]湎小口喝 [221]迷谜糜弥眉楣媚麋 [13]靡尾 [213]未味
f	[45]非绯飞妃囗用油炸 [533]匪榧翡 [334]废肺又费
v	[221]肥
tʰ	[45]梯~电 囗~薄，非常薄，生动形式 [334]涕屉文 蝦蟆~：成团、未成型的蛙类的卵
d	[213]递文；快~隶地
l	[45]哩~~~；唤鸭、鹅之声 [221]黎丽~水，地名 璃梨痢痢~ 狸 [13]李里~公~理鲤吏 [213]丽人名利痢~疾 莉蜊蠡滤过~
ŋ	[221]泥~水 倪宜谊尼疑 [13]耳 [213]艺仪义议腻二毅
ɕ	[45]牺
∅	[45]伊咿箕畚~；簸~；铁芒~ 医衣依揖 [221]夷姨饴沂遗 [13]已以 [213]肄异 [334]意忆亿囗天~；天气

u

p	[45]波菠玻扒 [533]把饱
pʰ	[45]坡囗小囗phian45-33~儿；天仙果，一种草药，消炎、去风湿 [334]破~坏

第三章 同音字汇

b	[221]婆菩□包萝~；吃完后的玉米棒；松树~；已开的松果　[13]部
m	[221]魔磨~刀摩麻模摹　[13]母姆　[213]磨石~
v	[13]戊
t	[45]多筻筻~；筻篦　[533]朵躲~避斗一~米抖陡　[334]剁斗~争
tʰ	[45]拖~拉机偷　[533]妥椭敨打开包着或卷着的东西　[334]透
d	[221]驮驮驼头投　[13]舵惰　[213]大~小豆逗脰
n	[221]奴挼揉，搓　[213]糯努怒
l	[45]□掏　[221]罗锣箩食~；食篮萝骡螺卢芦如~来佛楼偻　[13]虏乳篓搂媵~蠊；蚯蚓碌尖~；遂昌村名，属焦滩乡　[213]漏
ts	[45]皱又　[533]左佐走　[334]做奏
tsʰ	[45]搓　[334]锉措错凑
s	[45]梭唆鳃搜漱　[533]锁琐所叟　[334]嗽
z	[13]坐　[213]座
k	[45]歌哥锅勾钩沟阄掴~；抓~　[533]果裹馃油桶~；灯盏糕　[334]个~体户过够
kʰ	[45]科窠鸡~；鸡窝□十~；十分，非常　[533]可口户~　[334]课扣寇
g	[13]厚
ŋ	[221]蛾鹅俄娥　[13]藕又　[213]卧悟
x	[45]虾呼又　[533]火伙□~谷籽；播谷种　[334]荷薄~货蚃彩虹
∅	[45]倭桠蜗诬　[221]河何荷~花和~平；~棋禾喉　[533]哑　[13]祸后厚忠~　[334]涴屎　[213]贺话候

y

tɕ	[45]诸追龟归当~　[334]苴萵~笋，萵笋桂又醉贵东西~　[533]嘴过滤~香烟
tɕʰ	[45]欺吹炊　[533]喙嘴
dz	[221]渠~道垂槌锤捶　[13]俱跪柜　[213]拒具惧
ɲ	[221]娱
ɕ	[45]嘘喝斥、驱赶禽类之声　虽尿　[533]水~平
ʑ	[221]如~果随前~头；~面　[213]瑞遂穗

ø   [45]威   [221]渔   [533]椅烋_水

iu

t   [45]□_{躲藏;在:我~北京读书}
tɕ   [45]脂_{~油;猪油} 刟_{唤鸡声}   [533]指_{手~}   [334]记_{忘~}
tɕʰ [45]初_{正月~一}   [533]齿
ɕ   [45]靴疏_{生~ 数~得;漂亮} 筛_{米~} 师_{~父} 狮蛳丝_{螺~刀}   [334]试_{~记儿;~一下}
z   [221]时_{多~;长时间}   [13]市_{利~妈妈;喜娘} 士_{道~} 仕柿
ø   [221]爷_{父亲,背称}

a

p   [533]摆   [334]簸_{动词} 拜
pʰ   [334]破_{东西~} 派
b   [221]排牌簰   [213]败
m   [13]买   [213]卖迈
t   [45]爹   [533]带_{名词}   [334]戴_{动词} 带_{动词}
tʰ   [45]拖_拉   [334]太泰
d   [213]大_{~蒜} 汏_{涮洗} 埭_{行;一~字;趟;去了一~}
n   [13]哪_又 乃奶囡_{~儿;女儿}   [213]耐奈
l   [221]哪箩_{~篓;~筐}   [13]刺_{大~;大大啊啊}   [213]赖□_{弗~;不大,不太}
     [0]啦
ts   [45]斋   [334]债
tsʰ [45]钗差_{出~}   [334]蔡
s   [45]沙   [533]洒   [334]帅
z   [221]豺柴_{火~ 厂~} 瘵_{~虫;蛔虫}   [213]寨
k   [45]皆街   [533]解   [334]盖_{~章} 丐阶介界芥尬疥戒
kʰ   [45]揩   [533]楷
ŋ   [13]艾挨蚁_{~蚂蚁}
x   [533]蟹

第三章 同音字汇

ø [221]孩捱鞋 [533]埃矮 [213]械 [0]啊

ua

k [533]拐 [334]怪
kʰ [334]快
g [221]怀
ø [45]歪 [221]槐淮 [213]外坏

p

p   [45]巴芭疤 [533]把~握 靶□遗失;跌;落下 [334]霸坝
pʰ [45]披~衣裳 [334]怕
b   [221]爬琶杷□下~;下巴 [13]罢~工 [213]耙稗 [0]罢助词;了
m   [45]妈祖母 [221]麻~烦 蟆明~日;~天 [13]妈利市~~;喜娘 马码蚂 [213]骂
t   [45]猪
tʰ [45]他其~
d   [213]大~学
l   [45]拉拖~机,~链
ts [45]渣楂山~ 榨~菜 抓~牌 [533]□端 [334]炸
tsʰ [45]叉杈差不好;~别 [533]踷用脚碾 [334]岔
dz [221]茶搽又查
s   [45]沙黄~;腰,地名 纱痧砂傻梳疏稀~ [334]晒
z   [221]锄□啄啄~;打瞌睡
k   [45]家娘~;国~ 加嘉猳瓜 [533]假寡剐 [334]架驾挂卦
kʰ [45]夸垮跨 [334]搭捏,拿
g   [221]□一~;一拃,拇指和中指间最大距离
ŋ   [221]牙芽衙霞 [13]我瓦 [213]□因触磨、碰触而形成的不适感
x   [45]花呵 [334]化
ø   [45]鸦老~;乌~ [13]下~□[bŋ221];~巴 [213]夏厦 [0]哦

iɒ

t	[334]渧 液体下滴 □下垂
tɕ	[45]楂 麻~；山~ 遮佳 [533]驾 使唤牛之声，耕田时指挥牛前进 [334]榨~油 借 蔗柘 大~；遂昌一镇名
tɕʰ	[45]车 [334]苴 斜；歪
dʑ	[221]茄番~ 蝦~蟆；蛙类的统称
ɲ	[221]泥
ɕ	[45]奢赊 [533]写舍~得 筛~酒，斟酒 [334]泻卸舍~宿
ʑ	[221]邪斜蛇畲佘 [13]社□ 绳＝共＝~；以手心手背分组或决定先后 [213]谢射麝
ø	[221]爷老~ [13]下野 [334]嫁 [213]夜

uɒ

ø	[45]蛙娃挖~菜地 [221]华划~船 [13]哇 使唤牛之声，赶牛或耕田时，指挥牛停止行进 [213]华 姓 画

ɤ

ts	[533]紫子籽
tsʰ	[45]雌
s	[45]私师 做木老~；木匠 司丝 [533]死
z	[221]脐池~塘 慈磁鹚糍辞词祠 □目~；眼泪 [13]牸~牛，小雌牛 寺市 [213]字
k	[334]锯句
kʰ	[334]去来~
g	[221]渠 他，又作"偌"或"佢"
ŋ	[221]蜈鱼
x	[533]许~愿

iɛ

pʰ	[45]批披乂

b	[213]鐾
m	[45]咩_{呼羊声} [13]米
f	[334]肺
t	[45]低 [533]底抵羝 [334]帝蒂齿~饭；盛饭
tʰ	[533]体 [334]替剃薙_{细腻}
d	[221]堤题提蹄啼 [13]弟 [213]第递_白
l	[221]犁离篱 [13]礼 [213]例厉励荔
tɕ	[45]鸡_{田~；青蛙} 支枝栀脂_{胭~} □_{蝦蟆~；蛙类的卵} [533]纸 [334]祭际制~度剂继髻嚌~篸；针线篮
tɕʰ	[45]妻溪 [533]鼠启 [334]砌又契刺_{一根~}
dʐ	[221]荠匙 [13]苎_{~麻} [213]箸_{筷子}薯□_{量词，一~笔，一~桌}
ȵ	[221]儿 [13]你
ɕ	[45]西栖犀樨 [533]洗髓喜又□_{~农；背地里说别人的短处}
	[334]絮_{天萝~；油条}世势细婿系_{~统，中文~}
ʐ	[221]齐 [213]誓豉□_{量词，一□~雨；一阵雨}
ø	[45]鸡芝_{~麻} [221]移 [533]煮_{~鸡子；鸡蛋破壳后整个放水中~}
	[334]系_{关~，联~}箸_{筝~；筝篮} [213]易

uə

p	[533]补 [334]布怖
pʰ	[45]铺_{~床}敷_{~药粉} [533]谱普浦哺 [334]铺_{店~}
b	[221]蒲荸_{~荠}葡匏_{白~；瓢子，葫芦} [13]簿抱 [213]步伏_孵
m	[221]无 [13]武舞鹉 [213]暮墓募巫务雾婺
f	[45]夫肤麸敷又 [533]府腑斧 [334]付赋傅赴富副
v	[221]俘抚符扶芙浮脯 [13]父侮妇 [213]腐辅附负
t	[45]都_{首~} [533]堵赌肚_{猪~炉}
tʰ	[533]土吐_{~痰}讨_{~饭} [334]吐_{酒醉~}兔
d	[221]搽徒屠途涂图 [213]杜度渡镀毒_{~鱼；药鱼}瘏□_{牲~；牲畜}
n	[533]喏_{呼猪声}

l	[221]炉鸬庐鲈 [13]鲁橹卤 [213]路露
ts	[45]租 [533]祖组阻
tsʰ	[45]粗初~中 [533]楚础草乂 [334]醋
s	[45]蓑~衣苏酥蔬须~胡 [533]使史驶 [334]素诉塑数名词扫动词
z	[13]士~战~ [213]助事
k	[45]姑孤 [533]古估牯牛~,公牛股鼓 [334]故固雇顾
kʰ	[45]箍枯 [533]苦 [334]裤库囗蹄~;蹄髈
g	[213]糊面~
ŋ	[221]吴梧 [13]五伍午
x	[45]呼 [533]虎浒 [334]戽~田;耖田
∅	[45]乌污芴囗暗火闷烧 [221]和麻将用语胡~涂蝴湖狐壶胡~须糊浆~ [13]户沪 [334]焐炕长时间煮囗捂~;摔;用手指比大小,拇指比食指大,食指比小指大,小指比拇指大 [213]互护

yɛ

t	[45]株稿~;稻茬囗呼狗声 [334]拄
l	[221]驴囗~;很会吃的人 [13]吕旅屡 [213]虑滤过~嘴
tɕ	[45]居车~马炮诛株乂朱珠拘 [533]举主矩 [334]据注蛀铸著囗装
tɕʰ	[45]趋区驱 [533]取~得娶手囗喝斥、驱赶猪狗之声 [334]处房子,家趣
dʑ	[221]除储厨瞿衢 [13]巨距聚~会柱住
ɲ	[221]如乂儒愚虞 [13]语女 [213]御遇寓
ɕ	[45]书舒墟虚须必~需输 [533]暑许允~ [334]恕岁税荽芫~;香菜
ʑ	[221]徐囗~粟;高粱 [13]序绪署殊竖
∅	[221]余于圩俞 [533]守看管帚笤~;扫帚 [13]雨宇禹羽逾愉 [213]誉预豫吁芋榆喻裕

ei

p	[45]杯背用脊背驮碑卑悲 [533]沸~汤;开水;烧~;烧开痱 [334]贝辈

第三章　同音字汇

背驼~　[0]呗

pʰ	[45]胚坯丕　[334]沛配
b	[221]培陪赔　[213]倍佩背~书褙里子焙
m	[45]嬷母亲　[221]梅媒煤霉□~日儿:从前,古时候□暗火闷烧　[13]美每 [213]枚妹昧寐
f	[45]艡"弗会"的合音词
t	[45]堆　[334]戴姓对碓
tʰ	[45]胎台~州梯楼~推　[533]腿　[334]忲退
d	[221]台苔抬鲐~绵,鲶鱼　[13]着火~待怠殆　[213]贷代袋岱队兑□量词,一~尿,一~涴(屎)
n	[213]内
l	[221]胹斗纹,圆形指纹来雷擂　[13]儡蕾累积~垒泪　[213]类勴滚动
ts	[45]灾栽~培再最　[334]载
tsʰ	[45]猜催崔　[533]彩采睬□~碗:给碗底酱上字　[334]菜脆翠
dz	[13]在又
s	[45]虽又　[533]碎　[334]赛绥
z	[221]才材财裁隋　[13]在罪
k	[45]该概饥今~年　[533]几改　[334]个溉
kʰ	[45]开　[533]凯气气味　[334]去~年
g	[13]徛站立　[213]隑倚靠;使竖立㙴陡峭及来得~
ŋ	[221]呆　[213]饿碍
x	[533]海　[334]□打荒=~;打哈欠
ø	[45]哀　[13]亥　[334]爱　[213]害

uei

k	[45]圭闺规归　[533]诡轨鬼　[334]会~计刽桧贵~姓桂
kʰ	[45]盔魁奎亏窥　[334]块
g	[221]葵逵葵　[213]愧
x	[45]恢灰挥辉徽　[533]毁　[334]贿悔晦

∅	[45]煨在带火的灰里烧熟东西 微薇威~风　[221]回茴危为行~ 违围维惟唯 [533]委　[13]伟苇纬　[334]畏慰　[213]会开~,弗~,不~ 卫惠慧乖,听话 为~祖国,~人民 位魏胃谓猬汇　[0]喂

ɐɯ (ma)

p	[45]包胞　[533]褒保堡宝　[334]报豹
pʰ	[45]泡松软;柚子;得瑟;装时髦 抛脬卵~;阴囊　[533]跑　[334]炮泡气~;~茶
b	[221]袍　[13]暴爆瀑鲍　[213]刨
m	[221]毛茅猫大~;老虎 矛　[13]卯貌　[213]冒帽貌
f	[45]覅"弗乐"的合音词;不要,别
t	[45]刀叨　[533]岛倒　[334]到
tʰ	[45]滔涛　[533]讨~论　[334]套
d	[221]掏搅拌 桃逃淘陶萄　[13]道　[213]稻盗导
n	[13]脑恼　[213]闹□摇晃,晃动
l	[45]捞撩又 □空~~;无中生有　[221]劳牢　[13]老佬　[213]涝□大型杆秤
ts	[45]糟遭抓~痒 绐□锅巴 □~嫩;非常嫩,生动形式　[533]早枣蚤澡爪找~钞票 □挽(袖子)　[334]燥脾气火爆 躁灶罩笊~篱;~篱
tsʰ	[45]操抄钞秒焯　[533]草炒吵　[334]糙
s	[45]骚臊梢捎稍筲~箕;淘米用的竹编器具 □马~袋;褡裢　[533]扫又 嫂 [334]燥干~
z	[221]曹槽巢　[13]皂造
k	[45]高膏篙羔糕交~通,~作业 郊胶　[533]稿绞铰搅搞　[334]告教~书 校~对 窖
kʰ	[45]敲骹脚　[533]考烤　[334]靠犒氂龙头~;龙头鱼
ŋ	[221]熬鳌　[213]傲乐要
x	[533]好~坏　[334]好爱 耗孝
∅	[45]坳凹讴喊,叫　[221]豪壕毫　[533]袄拗　[334]懊奥澳 □勺;一种有盖、有提手的小木桶　[213]号效校~长

第三章 同音字汇　31

miau

p　　[45]标目标 膘 彪 滮固体颗粒(如豆子)迸出 □人或动物跳跃或突然跃出　　[533]标梢 表婊

pʰ　　[45]飘漂~浮　[533]漂~洗　[334]票

b　　[221]瓢嫖藻浮萍 鳔

m　　[221]苗描猫~儿:~　[13]渺　[213]庙秒妙谬

t　　[45]刁貂雕　[533]鸟　[334]钓吊

tʰ　　[45]挑　[334]跳粜

d　　[221]条调~查 □~销:连枷　[213]掉调换

ȵ　　[221]□拧:~面巾

l　　[221]燎疗聊辽撩寮僚髎~子,阴茎 蓼~蒿,蒿头 了~够,够　[13]了完,结束 [213]寥料瘘

tɕ　　[45]交~关,非常 焦蕉椒昭招沼骄娇浇狡朝~气　[533]狡剿少不多 矫 侥饺缴擦拭　[334]醮打~,法师设坛做法事 照诏□冰碥~:冰块

tɕʰ　　[45]锹超跷撬　[533]巧窍　[334]俏笑翘

dz　　[221]朝~代 潮乔侨桥荞藠藠~:~头 □坏,差　[13]赵兆绍介~ 邵挢擿 [213]召轿

ȵ　　[221]挠饶尧□拧(皮肉),力度较大　[13]淆扰　[213]绕尿~素

ɕ　　[45]肖消宵霄硝销魈山~儿:传说中山里的独脚鬼怪 烧嚣萧箫笛子,箫 □条=~:连枷 [533]小少~先队员 晓　[334]笑开玩~ 肖生~ □水蒸汽

z　　[221]樵柴~韶　[13]绍~兴

Ø　　[45]妖邀腰要~求 幺吆　[221]肴摇谣窑姚　[13]舀閺~皮:合叶 [334]要~紧 叫哭　[213]耀鹞□乙~:这种

yɐu

ɕ　　[45]馊□蓠~:蓠草　[334]瘦

tɕ　　[334]□又,冰碥~:冰块

z　　[221]愁

ɣɯ

m　　[221]贸谋　[13]某亩

f　　[533]否

z　　[221]愁又

k　　[45]勾又钩又　[533]狗苟枸　[334]构购

kʰ　　[334]叩

ŋ　　[13]藕偶

ø　　[45]瓯欧呕殴

iɯ

t　　[45]苑尾~;尾巴

l　　[45]溜~走　[221]流刘留榴硫琉馏　[13]柳抑~火棍;通火棍 绺
　　　[213]溜滑,动词,形容词

tɕ　　[45]邹皱周舟州洲鸠纠揪踘蹲 □车浼~;金龟子 □嫩~~;非常嫩,生动形式
　　　[533]酒帚又九久韭　[334]昼宙咒灸救究

tɕʰ　　[45]秋鳅抽丘邱　[533]取~信丑□~扎=;鱼腥草　[334]臭

dʑ　　[221]囚泅绸稠筹酬求球仇　[13]肘纣臼舅咎　[213]树旧柩

ȵ　　[45]扭　[221]牛　[13]纽钮　[213]□韧 □野草莓之一;覆盆子

ɕ　　[45]修羞收休　[533]手~表,~艺 首保 朽□锅内汤水烧开后放入粉类食物煮成糊状,
　　　如"~立夏糊,~面糊"　[334]秀绣宿星~锈兽

z　　[13]聚徛~;站拢 受授售　[213]就袖寿

ø　　[45]忧优悠幽幼周对~;抓~　[221]尤邮由油蚰游犹鱿　[13]友酉
　　　[213]右佑诱柚釉

ɛ̃

p　　[45]□做,弄　[533]本　[334]半粪耷　[0]□拥=~;刚才

pʰ　　[45]潘　[334]判

b　　[221]般搬盘盆　[13]绊伴拌叛

m　　[221]瞒馒鳗　[13]满

第三章　同音字汇

v	[221]艠"弗曾"的合音词；没有，未
t	[45]端敦墩登瞪灯水~草；灯心草　[533]短等　[334]断判~顿砧肉~；砍肉、砍骨头的案板
tʰ	[45]贪吞　[334]探
d	[221]潭谭坛酒~屯豚臀臁~；屁股囤长~短肠腾誊藤　[13]锻邓　[213]段阶~缎椴钝盾
n	[221]南男能日~午；中午，下午　[13]暖~房　[213]嫩
l	[221]量动词菠~；菠菜　[13]两~个　[213]论又
ts	[45]簪尊遵樽饭~；盛米饭的陶器曾姓增罾~子；扳~　[533]枕　[334]钻赠占又
tsʰ	[45]参~加村疮蹭双脚或单脚跳　[533]忖想，思考　[334]窜篡寸
s	[45]酸~醋孙狲僧　[533]损　[334]算蒜
z	[221]蚕存床门~~；~铺曾~经层松~树　[13]錾~头；錾子，用于凿金石
k	[45]甘柑泔干天~；地支跟根　[533]感敢橄赶~快　[334]干~部更~好
kʰ	[533]恳垦　[334]坎
g	[13]近
x	[533]蟪蟮~；蚯蚓　[334]汉熯用火隔锅干煎食物
∅	[45]庵鹌安又鞍按按又恩秧　[221]含~片函寒又恒　[533]影~；~子　[334]暗案

iɛ̃

p	[45]鞭编边　[533]贬蝙扁匾□用腿脚横扫别人　[334]变遍
pʰ	[45]篇偏　[334]骗片
b	[221]便~宜　[13]辨辩辫　[213]汴便方~
m	[221]绵棉眠　[13]免勉娩缅湎　[213]面脸~面~条
t	[45]掂踮颠癫　[533]点典　[334]店
tʰ	[45]添天　[533]舔　[334]掭
d	[221]甜田填钿　[13]簟晒谷席蜓~蜓~；蜥蜴　[213]电殿奠佃垫
l	[221]廉镰濂帘连联怜莲鲢　[213]敛练链炼楝槤~槌；棒槌

tɕ	[45]尖奸瞻兼艰煎毡笺坚　[533]检俭柬碾剪展茧又 跈笕又 [334]占~位置 剑间~课 箭溅战建健键荐见又
tɕʰ	[45]签谦迁千纤牵铅~球 [533]浅遣犬　[334]歉欠芡扦插
dz	[221]乾~隆 潜钳钱缠　[13]件　[213]健
ȵ	[45]黏粘　[221]严言年研~究 [13]染撵研~成粉 [213]验念廿
ɕ	[45]仙籼鲜新~，朝~ 轩称东西时秤尾上抬 掀锨先襁长布~，长衫 芟斩除杂草杂树 [533]闪险宪筅~帚，扫帚 显　[334]线扇献
z	[221]前~进 [13]蝉禅善鳝膳单姓 [213]践贱
ø	[45]淹阉蔫烟肩~胛头，~膀 燕~国 胭　[221]炎盐名词 阎檐延筵贤弦沿铅~笔 [533]掩笕泳~水~ 黾躲藏 蝘蜒 蜥蜴 厣鳞 [13]陷演砚引 [334]厌艳焰谚堰赝比较尺寸的长短 见燕咽宴 厣痾 [213]盐腌现

uɛ̃

k	[45]干菜~肝竿官倌棺菅芒~，五节芒 观~音 [533]杆秆擀赶紧 管馆 [334]棍柳火~，通火~
kʰ	[45]宽　[533]款
g	[213]汗
x	[45]鼾欢昏婚荤獾 [334]唤焕痪
ø	[45]安埯~口，遂昌一乡镇名 温瘟　[221]寒完魂浑 [533]皖豌碗腕婉稳　[13]旱　[334]晏天暗 [213]岸焊混

yɛ̃

t	[533]转~弯；~来：回来
l	[221]弯　[13]卵　[213]乱论
tɕ	[45]专砖绢捐~楔子 [533]转~业 卷动词 [334]眷卷名词 卷~头，筋头
tɕʰ	[45]深川穿~揭 圈圆~ [533]喘　[334]串~联 劝券
dz	[221]传~达 椽拳权 [13]蟾妗娘~舅母 □门~，门槛 [213]篆传水浒~ 倦 □烦 弗乐~，别烦，做 空卵~，指无中生有 ~空，突然
ȵ	[221]元原源阮芫~荽，香菜 [13]软

ɕ	[45]轩~辕闩拴宣喧楦揎~面揎;打耳光 獐苦~;猴子　[533]癣选闪~腰
z	[221]然虽~ 前又,~头;~面 全泉船　[213]旋头~;转,拧
∅	[45]冤渊鸢　[221]檐封~;封火墙 丸圆员缘袁辕园援玄悬　[13]远 [334]怨　[213]院县眩媛

aŋ

p	[45]班斑颁扳　[533]板版反翻动　[334]扮
pʰ	[45]攀　[334]襻
b	[221]爿庞　[213]办
m	[221]蛮　[13]晚~娘　[213]慢漫幔万蔓
f	[45]藩翻番　[533]反~对,~面 返　[334]泛贩畈田~;成片的水田
v	[221]凡帆烦矾繁樊　[13]范犯　[213]饭
t	[45]耽担~任 丹单简~ 当郎~　[533]胆掸疸蚊子咬后形成的肿块;黄~病 [334]担重~旦
tʰ	[45]滩摊　[533]毯坦　[334]炭叹
d	[221]谈痰檀坛晒谷~;晒谷场 弹~琴 潭龙~ 遂昌地名 礌~壳;石头　[13]淡 [213]诞但弹~子 蛋皮~绽
n	[45]担拿　[221]难困~　[213]难受~
l	[221]蓝篮兰拦栏澜郎~当　[13]览揽滥缆懒　[213]烂
ts	[45]劖砍;~肉,~骨头 睁手~头;肘　[533]斩崭盏　[334]蘸赞
tsʰ	[45]搀餐伧~头;横蛮不讲理、行为乖张之人　[533]铲产　[334]灿
dz	[221]惭残　[13]暂赚　[213]站车~ 栈□蹦跳
s	[45]三杉衫珊山删姗　[533]陕散鞋带~ 伞　[334]散~会
z	[221]残残存的作物,如"番薯~,芋~儿"
k	[45]尴监间时~,房~ 奸笕又更又,三~ 庚　[533]减碱简拣谏茧 [334]间日~;白天 铜
kʰ	[45]堪龛刊看~守所 铅~板;硬币,钢板　[533]舰　[334]嵌
g	[221]含衔□迈　[13]衔傻乎乎,行为不正常
ŋ	[221]岩颜　[13]眼雁

x	[45]夯□程度指示；那么 [533]罕~谷，秕谷 □方式指示；那样 [334]苋	
∅	[45]卬咱们 [221]咸衔军~ 嫌闲还副词 行~动 桁~条，檩条 [13]馅限杏幸 [213]□浆=~真，果真	

iaŋ

p	[45]绷张(嘴) 睁(眼) □金~，石榴 [334]柄摒拔(草、秧)
pʰ	[45]烹□小~ □[pʰu45-33]儿：天仙果，一种草药，消炎、去风湿
b	[221]彭膨棚搒用棍棒、竹板或手轻度拍打 [13]蚌聱聋耳~，聋子
m	[45]蒙捂：~眼睛 [221]盲虻 [13]猛孟 [213]暝~，夜 蜢蚱~，蚂蚱
t	[45]张量词 [533]打 [334]帐账
l	[221]良凉粮梁樑 [213]两斤~亮谅辆量质~ 喨
tɕ	[45]将~来 浆桨张姓 章樟蟑疆僵姜礓缰更三~ 羹争相~，吵架；~儿，怎么 耕 [533]蒋奖桨长校 涨掌□~真，果真 [334]酱将大~ 胀仗障瘴正~，真的
tɕʰ	[45]枪昌菖鲳腔撑坑 [533]抢厂强勉 敞 [334]畅唱倡呛
dʑ	[221]常长~命百岁 场强~盗 肠又 [13]像动词 上动词 丈杖 [213]上名词
ȵ	[45]娘姑妈 [221]娘母亲 [13]娘伯母 仰□~笼，炊帚 [213]酿硬
ɕ	[45]相箱厢湘襄镶商伤香乡生牲甥 [533]想鲞赏晌饷享响省 [334]相照~，许~；那样 向
ʑ	[221]墙详祥尝裳偿□霉=~年，从前 [13]象像名词 橡上~海 [213]匠尚□兵~，鞭炮
∅	[45]央秧又 鸯 [221]羊洋烊蛘杨阳扬疡炀 [213]样

uaŋ

k	[45]观参~ 冠鸡~ 鳏关~心 惊害怕 [533]广梗 [334]贯灌罐冠~军 惯
kʰ	[45]匡筐眶
g	[13]□拎，提 [213]掼跌，扔
x	[533]晃
∅	[45]弯湾 [221]还动词 环横~行霸道 [13]顽幻挽晚~会 [213]换患宦

yaŋ

ø [221]横

əŋ

p [45]奔绷~带

pʰ [45]喷芬~香；很香，生动形式 □鼻子闻 [533]捧 [334]碰椪

b [221]篷蓬棚又 [13]滐水满或水沸溢出 [213]笨橙棵,量词 凤~仙花

m [221]门文纹闻新~芒荁五节 萌蒙~古 □~床；床 [13]牡母丈~ 懵
   [213]闷焖问梦

f [45]分芬纷吩共=~；布；抹布 风枫疯讽丰封峰蜂锋 [533]粉

v [221]焚坟冯逢缝动词 [13]奋愤 [213]分辈~ 份凤凰 奉俸缝名词

t [45]炖撴以拳直捅；以恶语刺人 东冬中~央；中间 [533]董懂 [334]
   砧~头；砍肉、砍骨头的案板 扽冻栋

tʰ [45]通 [533]捅统□推 [334]褪脱；~衣裳；摘；~手表 痛

d [221]团饭~ 铜同桐筒峒童瞳僮 □~稿头；把稻草堆成堆 □骚牯；未阉过的牛
   [13]桶动断骨~ [213]段一~木头 洞□~雨；下雨

n [45]□哪~东西；什么东西 [221]农侬 [13]暖 [213]脓

l [221]仑沦伦轮又 笼聋砻咙隆 [13]拢陇垄 [213]弄

ts [45]争斗~ 筝棕鬃宗综踪淙□抓住衣领或发辫，引申为捉住 [533]总
    [334]浸粽纵

tsʰ [45]参~差 囟聪匆葱冲猪鼻~；猪鼻子 [334]浸冷，凉

s [45]森参衣~；人参 松轻~ 嵩 [533]笋榫怂搡猛推 [334]渗送宋

z [221]寻□丑，难看 [13]尽~快；~笑；一个劲儿地笑 [213]诵颂讼

k [45]关~门 粳公蚣工功攻弓躬芎宫恭 [533]醢盖；名词,动词 汞拱巩
   □舀~：一种用竹筒制作的带长柄的舀水器具 [334]贡供~应 □~脓；化脓

kʰ [45]空~间 箜箯 ；针线篮 [533]肯孔恐 [334]睏睡空~闲

g [13]□~籽；乌桕籽 [213]共~产党，一~ □罩子，例如，鹅 ；鹅罩，一种用竹篾编制的用来圈
   养小鹅的罩具 □绳=~谢=；以手心手背分组或决定先后

x [45]轰烘又 [533]狠很擤哄 [334]园菜~ 蕻蔬菜长茎 [213]捍投掷

∅	[45]翁鎝锄头装柄的孔 　[221]宏红洪鸿虹弘　[533]䘼手~；袖子 塕灰尘 [334]瓮　[213]恨

iŋ

p	[45]彬宾槟鬓冰兵　[533]丙秉饼并炳　[334]殡
pʰ	[45]拼乒　[533]品　[334]姘聘□~一~墙；一堵墙
b	[221]贫频凭平坪评瓶屏萍苹　[213]病
m	[221]谜~语 民忘鸣明光~ 名铭螟~虫；蚊子　[13]闽悯敏抿皿 [213]命
t	[45]灯丁钉疔盯□~倒头；颠倒　[533]顶鼎　[334]凳磴订□下沉；沉淀
tʰ	[45]厅汀　[533]艇挺　[334]听
d	[221]亭停廷庭蜓又婷　[13]锭　[213]定
l	[45]拎提　[221]林淋临邻鳞磷麟轮陵凌菱灵零铃伶拎~清 翎 [13]吝领岭另　[213]令
tɕ	[45]针又 今如~ 金襟珍臻真巾斤筋蒸精晶睛茎京荆惊受~，~吓 鲸贞侦正~月 征经径竞　[533]锦诊疹紧警井整颈尽老是；总是　[334]禁 进晋镇振震憎甑饭~；外形像木桶的蒸米饭的炊具 证症境敬竟镜正~副，~面 政 □□[tɕ533]~；糟了，坏了 □~苍蝇；屎苍蝇，绿色的
tɕʰ	[45]侵钦亲称~重量；名~ 卿清轻青蜻　[533]寝请　[334]趁衬 称相~ 秤庆
dz	[221]沉琴禽擒秦陈~列 尘勤槿芹橙绳丞擎呈程~度 □~共=谢；以手心 手背分组或决定先后　[13]仅谨近~视眼　[213]陈姓 阵竞程姓 郑
ȵ	[221]任姓 吟仁银仍迎宁~波　[13]壬忍宁~可 □闪（腰）　[213]任认 韧纫
ɕ	[45]心芯深~刻 辛莘新薪身申伸欣升兴~旺 生半~烂熟；半~半熟 声星腥 馨　[533]沈审婶讯省反~ 醒□~空；非常空，生动形式　[334]信衅兴高~ 胜蝇性姓
z	[221]神辰晨臣唇又 惩乘塍田~；田埂 承情晴成城诚　[13]蕈野生菇 甚 尽~量 肾静靖　[213]剩净盛

∅	[45]音阴荫窨因姻殷胭应~该 鹰莺鹦樱英婴缨　[221]淫寅盈赢形型刑营莹萤荥　[533]饮洇渗水、墨水着纸向周围散开 隐影电~　[13]瘾引又尹颖　[334]印应答~映　[213]窨

uən

k	[533]滚
kʰ	[45]昆坤　[533]捆　[334]困

yŋ

tɕ	[45]针军均君津钧斠　[533]准菌又
tɕʰ	[45]穿~针 椿春　[533]蠢菌细~ 倾顷　[334]串—~
dʑ	[221]群裙　[213]郡
ɕ	[45]身又 荀熏勋薰　[334]讯迅旬殉汛舜训
ʑ	[221]人~民 循巡唇纯莼醇鹑　[213]顺
∅	[221]匀云　[13]允　[213]润闰熨韵运晕

ɔŋ

p	[45]帮邦崩浜　[533]榜谤磅绑
pʰ	[45]乓乒~；~尚=；鞭炮　[533]髈~蹄；蹄~　[334]胖
b	[221]旁螃傍朋　[13]棒进
m	[221]忙芒茫亡妄氓　[13]莽蟒网　[213]望
f	[45]方芳舫　[533]肪妨纺仿访　[334]放
v	[221]房防
t	[45]当~官 档　[533]党挡档　[334]当~典
tʰ	[45]汤　[533]倘躺趟耥~田　[334]烫
d	[221]堂棠螳唐糖塘　[13]盪涮洗；表方位,乙~；这里　[213]荡趤闲逛、散步
n	[221]囊瓤
l	[221]郎廊榔狼莨~莄；铁芒莄　[13]□哪~；哪里　[213]朗浪哴晾
ts	[45]装西~　[334]葬

tsʰ	[45]仓创~口贴 苍疮又 [334]创~造
s	[45]桑 [533]磉嗓搡爽 [334]丧
z	[221]□踏陷 [213]藏西~
k	[45]冈刚人名 纲钢缸光江扛豇 [533]岗讲港 [334]杠降~低
kʰ	[45]康糠慷 [334]抗炕圹放,藏 旷矿
g	[221]狂 [213]戆傲慢 □架,动词 ~几,条案
ŋ	[221]昂
x	[45]荒慌□打~□[xei334];打哈欠 [533]谎况 [334]□水勺~;红色条斑的一种鱼
ø	[45]汪 [221]王~村口,地名 行银~航杭黄簧磺皇蝗隍凰 [13]项 [213]笎竹~;晒衣服用的竹竿 旺降投~巷

ioŋ

t	[45]桩庄坐~,麻将术语
l	[221]龙
tɕ	[45]庄村~;姓 装性交 妆中~国 忠终钟盅 [533]种短命~;骂小孩的詈词 拱~桥 [334]壮中考 众种芒~ 供~老佛 ~菩萨
tɕʰ	[45]窗充冲楤尖~;尖头担 [533]宠□~田塍;铲田埂 [334]铳
dʑ	[221]琼虫穷重~复 [13]重轻~ 苦~;苦楮 [213]撞仲共~样;一样 □~盼布;抹布
ȵ	[221]戎绒浓 [213]让
ɕ	[45]霜孀双烘兄胸凶汹 [533]爽~利;干净
ʑ	[221]床双衣/;双人/ 丛崇从茸熊又 ~鱼;石蛙 [13]痒 [213]状
ø	[45]春雍拥庸□刚,才 [221]王荣熊又 雄融容蓉镕佣 [533]枉种名词 肿 [13]养永泳咏甬勇涌 [334]种动词 [213]用

iuʔ

t	[5]竹筑白
tɕ	[5]蚱~蜢;蚂~ 筑文 祝粥菊掬鞠嘱
tɕʰ	[5]曲酒~ 畜~牲 蓄

第三章 同音字汇

dʐ   [23]逐轴熟_{饭菜~}焗
ȵ   [23]肉
ɕ   [5]叔淑畜_{~牧}虱
ʐ   [23]熟_{~悉;饭菜~}
ø   [5]郁育 [23]疫役欲浴

iʔ

p   [5]臂笔滗毕必逼碧璧壁
pʰ   [5]匹肶_{女阴}僻辟霹
b   [23]鼻弼
m   [5]□_{~细：非常细，生动形式}□_{~软：非常软，生动形式} [23]秘密蜜觅
t   [5]得_{舍~}摘_{掐~}的_{目~}滴嫡
tʰ   [5]踢剔拆_{~处；~房子}□_{~膀子儿：光膀子}
d   [23]笛敌狄籴翟
l   [23]立笠律率_效力历砾_{~圾：垃圾}□_{~息=；翅膀}□_{~；划（火柴）}
tɕ   [5]执急级质吉桔雀_{麻~鸟儿：麻~}即鲫织职识_{~着：知道；~字}积迹脊只_{一~}寂击激
tɕʰ   [5]起_{趋向动词}缉泣七漆膝赤斥尺戚吃_{~亏}
dʐ   [23]集辑及疾侄秩直值殖植极剧_又籍藉
ȵ   [23]入_{~党}匿逆
ɕ   [5]吸_{~铁石}悉虱_又失室息熄媳识_{知~}式饰惜昔夕释适锡析燮_{锅内稍注水，入剩饭使热}□_{力=；翅膀}
ʐ   [23]是习袭实食蚀_{腐~}席石□_{一栈=~；……一跳。如，吓了一栈=~；吓了一跳}
ø   [5]只_{~有乙_{甲~}；这，~个}一抑益 [23]亦译液腋

yʔ

dʐ   [23]术_{白~}剧
ɕ   [5]摔_{扔，丢弃}蟀_{~~；蟋~}
ʐ   [23]术_{技~}述

aʔ

p   [5]八伯

pʰ [5]拍啪

b   [23]拔

m   [23]袜脉﹏

f   [5]法发~财;~夹

v   [23]乏伐筏罚泭泡沫

t   [5]答搭瘩垯□~酒;酿酒

tʰ [5]踏踢~鞋儿;木屐 搨煎(饼、鸡蛋);搽(药膏、药水) 沓塌榻塌遢獭□~末了;最后面

d   [23]踏~步;阶梯 达哒

n   [23]捺一捺一~;摁

l   [23]癞腊蜡镴邋辣瘌剌

ts [5]眨札扎摘~要 □丑=~;鱼腥草

tsʰ [5]插擦察拆□~新;非常新,生动形式

s   [5]腮撒萨杀霎煞□耳朵~;耳环

z   [23]闸铡煠煮

k   [5]夹头发~甲胛挟格及~,合~隔合门~;门框一~(十~等于一升)蛤﹏

kʰ [5]恰掐唘用物体压乞给,动词、介词,被,介词 客﹏~麦;麦苗分蘖前用农具敲打麦苗,促进分蘖,防冻,增强抗倒伏能力

g   [23]夹动词狭挤,动词,形容词峡挟﹏轧剪,碾嘎~~抖;发抖□~在;现在

ŋ   [5]轭齾凹陷;物体有稍大的缝隙□折断□夹,动词

x   [5]许那喝瞎赫吓哈

ø   [5]阿鸭押压扼 [23]狭窄

iaʔ

p   [5]百柏伯~父

pʰ [5]追魄脈掰;撕

b   [23]白

m   [23]麦脉

第三章 同音字汇

t	[5]□钩,动词,名词
tʰ	[5]坼裂缝
l	[23]略掠~头；梳头
tɕ	[5]爵酌脚格蒸笼~
tɕʰ	[5]湿鹊又 却客策册洽□鸭、鹅等扁嘴的禽类用嘴吃食的动作
dʐ	[23]挟抱夹~克衫着~力；吃力 芍石~斑鱼□~曲；鼠曲草柞~籽；橡籽
ȵ	[23]捏箬弱虐疟
ɕ	[5]屑削□鸡~袋；鸡嗉囊 鹊
ʑ	[23]嚼勺
∅	[5]约撮拿,藏,放 [23]也协药钥

uaʔ

k	[5]刮掴面~；耳光 □跌 □犬涴；蝮蛇
g	[23]滑
x	[5]辖豁淴泼洒；甩掉水
∅	[5]掰爬；~起；起床；~出去；爬出去；~上来；爬上来 挖~墙脚 [23]活猾划计~

yaʔ

| ∅ | [23]划用刀子或其他利器从物体表面刻过去、擦过去 |

ɛʔ

p	[5]钵拨□~哪西；为什么
pʰ	[5]帕泼
b	[23]钹勃帛
m	[23]末沫抹茉墨~乌；~黑
t	[5]对和、跟、与,介词 掇端,动词 着穿,动词 得德
tʰ	[5]忒□出~；糟了,坏了
d	[23]夺又 着碰~；用~；可以 特凸
n	[23]纳捺推 日

l	[5]粒	[23]肋勒
ts	[5]者则侧	
tsʰ	[5]察_试试~；试试看_ 侧_~面反映_	
dz	[23]泽择_选~_ 宅	
s	[5]塞些	
z	[23]杂贼	
k	[5]个_的，地，助词_ 合_量米的容器；合拢，闭_ 晗_闭(眼)；眨(眼)_ 蛤鸽今_~日_ 葛革	
kʰ	[5]磕_又_ 渴乞_讨饭~儿；~丐_ 刻克	
g	[23]揭_肩挑_	
ŋ	[23]额核喈_咬_	
x	[5]黑	
ø	[5]餲_粮食因发酵而变质_ [23]盒核_又_	

iɛʔ

p	[5]别_区~_ 鳖瘪	
pʰ	[5]撇劈	
b	[23]别_~针_ 蹩□_~糊；非常泥泞，生动形式_	
m	[5]搣_捻_ [23]灭篾蔑	
t	[5]跌哑_吃_	
tʰ	[5]帖贴铁	
d	[23]迭叠碟牒蝶谍	
l	[23]猎列烈裂躐_追赶_ 雳	
tɕ	[5]接劫哲蜇折浙摺_折叠_ 揭节结洁羯_阉_ [23]劫_又_	
tɕʰ	[5]妾撤切挈_拎，提_ 猰 狭隘乖戾	
dʑ	[23]捷蛰舌杰	
ȵ	[23]聂镊蹑业热孽	
ɕ	[5]薛泄设歇蝎	
ʑ	[23]涉截蚀_~本；亏本_	
ø	[5]噎鎋_~谷；割稻；~儿；镰刀_ [23]叶页翼	

uɛʔ

k　　[5]割骨国
kʰ　　[5]阔窟
ŋ　　[23]哠ᵡ

yɛʔ

tɕ　　[5]汁决诀卒~~儿;象棋中的~子 欻~奶;吸奶 □拧(皮肉),力度较小
tɕʰ　　[5]怯缺出屈
dʑ　　[23]绝ᵡ掘倔
n̠ʑ　　[23]月
ɕ　　[5]刷雪鳕说讲~话;~话;小~ 血戌恤□像;非常像,生动形式
ʑ　　[23]十什拾入~你个娘;奋你妈 绝
ø　　[23]悦阅越曰粤穴域

ɔʔ

p　　[5]布~裤;裤子 博膊剥驳北□~烟;吸烟的具体动作
pʰ　　[5]泊ᵡ朴扑~克 蝮老鸦~;眼镜蛇 瀑ᵡ~满;非常满,生动形式
b　　[23]薄泊缚雹卜
m　　[5]摸　[23]莫膜幕寞墨~盘 默陌□昨~;昨天
t　　[5]掇~索;欺负、摆布、数落 笃豛用尖物刺或点一下 沰量词,一~;一滴 □使竖立
tʰ　　[5]托屐末落~;~尾,最后 庹量词,一~;两臂向左右伸开的最大长度 □静~~;冷清
d　　[23]铎择~菜;~茶叶;摘茶叶
n　　[23]诺
l　　[23]赂垃落烙骆酪洛络乐音~;快~
ts　　[5]作□用土石拦水
s　　[5]圾索
z　　[23]凿昨罄骂蛇~鱼;海蜇
k　　[5]各阁搁胳咯郭觉角葛~公;蓬蘽 □~哝儿;亲嘴
kʰ　　[5]廓扩确㨻敲;打 壳傀~儡戏;木偶戏

ŋ   [23]鄂鹤岳

x   [5]郝霍藿□~: 起泡

ø   [5]恶   [23]镬锅学

iɔʔ

t   [5]桌

l   [23]绿录

tɕ   [5]卓琢捉足烛

tɕʰ [5]戳触曲歌~

dʑ   [23]浊镯局□捅, 以木棒捣刺

n̠ʑ   [5]□闪(腰)   [23]褥玉挏搓揉。~面: 揉面

ɕ   [5]宿缩束

ʑ   [23]淟淋俗续赎属

uɐʔ

kʰ   [5]膵~臀: 屁股

ø   [23]有物又或惑获

əɯʔ

p   [5]不文卜又腹白□~碓: 水碓坊

pʰ   [5]殕扑仆风尘~~覆

b   [23]仆奴~伏趴垺块状物□喙~: 嘴巴

m   [23]没~牙佬: 缺牙的人物摸又木目穆牧

f   [5]发头~弗不福幅蝠复腹文

v   [23]佛物又服~气伏埋袄

t   [5]都~是啄督

tʰ   [23]屉~篮: 抽~脱秃凸又

d   [23]夺突独读犊毒~药

l   [23]栗鹿禄渌簏屉: 抽屉六陆鳢□~包萝: 搓玉米□~面: 反目、板脸

ts	[5]卒□_{碗～儿：碗底}
tsʰ	[5]厠撮_捡 猝测
dz	[23]族
s	[5]色速肃粟
k	[5]蕨谷疙□_{凿栗～：用食指和中指的骨节敲打别人的头部}
kʰ	[5]磕哭_文 酷曲_{红～酒；挟＝～；鼠～草}
∅	[5]握呃屋沃

第二节　本 字 考

对遂昌方言较系统的研究成果（有同音字汇、词表及语法释例）目前主要有1996年版的《遂昌县志》（以下简称《县志》）和曹志耘等的《吴语处衢方言研究》（以下简称《处衢》），所以，这里也就针对《县志》和《处衢》在确认本字时，或作无字词处理，或以同音字表示，或误认本字，或均未涉及而民间因多不知其本字而误认本字四种情况，对遂昌方言部分俗词的本字进行确认。确认本字的原则是"音合意符"，主要依据则是古代韵典辞书及相关文献中的用例。

文中提到的"处州"是明清时处州府旧称，大致为今浙江省丽水市所辖的9个县市区（莲都、遂昌、松阳、龙泉、庆元、云和、景宁、青田、缙云），以及原宣平县（今分属金华和丽水）所辖范围。这里以旧县名叙称。我们在讨论遂昌方言的同时也会兼顾原处州境内其他各县方言中具有相同表述的情况。

一、嬛[mei⁴⁵]：妈妈

遂昌话一般把妈妈叫做"嬛"。

据《康熙字典》："〔嬛〕《广韵》武移切。齐人呼母曰嬛，李贺称母曰阿嬛。又《集韵》绵批切，音迷。义同。"

在处州，松阳、丽水一般也把妈妈叫做"嬛"，且都读阴平，系小称变调。

《县志》作"媄",《处衢》作无字词。媄,《广韵》"无鄙切,音美",《说文》"色美也",音义不合。

二、苦狦[kʰuə⁵³³ɕyɛ̃⁴⁵]：猴子

遂昌话把猴子叫做"苦狦"。

狦,据《康熙字典》,"《五音篇海》音宣"。唐张鹭《朝野佥载》:"杨仲嗣燥急,号热鏊上苦狦。"宋杨万里《无题》:"坐看苦狦上树头,旁人只恐堕深沟。"其中,"苦狦"指的就是猴子。

处州一带,龙泉、庆元也把猴子叫做"苦狦"。

《县志》作"库揭",音义不合。《处衢》作"苦⁼狦"。

三、泭[vaʔ²³]：泡沫

遂昌话把泡沫叫做"泭"。

古辞书中记载的"泭"主要有两个意思。其一是指"小筏",如《说文》:"编木以渡也。"《尔雅·释水》:"庶人乘泭。"《方言》注:"小筏曰泭。"其二是指"泡沫",如《广韵》:"(泭)防无切。一曰水上泭沤。"沤,水中浮泡,苏轼《九日黄楼作》有"去年重阳不可说,南城夜半千沤发"一句。处州方言"泭"指的是第二个意思。不过在读音上,"泭"在遂昌方言中读作阳入[vaʔ²³],音同"罚",系口语高频词舒声促化的结果。

处州各地方言都把泡沫叫做"泭",而且也都音同"罚"。

《县志》《处衢》均无。

四、掋[uaʔ⁵]：爬

遂昌话把起床叫做"掋起"。

明张岱《陶庵梦忆》卷五《炉峰月》中有"余挟二樵子,从壑底掋而上,可谓痴绝"一句,其中"掋"就是"爬"的意思。据《康熙字典》:"(掋)《类篇》乌瓦切。吴俗谓手爬物曰掋。"遂昌话读如"挖",阴入促调,也是口语高频词舒声促化的音变结果。

除了表示从床上起来时说"掹起"外,表示从上面下来、从下面上去、从里面出来、从外面进去时,遂昌话也都可说"掹",分别是"掹落来、掹上去、掹出来、掹归去"。上上下下、进进出出都需要"掹爬",跟古人的居住条件有关。

众所周知,我国长江流域下游地区于七千年前开始就曾经有过辉煌的河姆渡文化。河姆渡人居住的是干栏式建筑,而干栏式建筑——一种半巢居形式——则是由原始巢居演变而来的。传说有巢氏是发明"巢居"的始祖。据《韩非子·五蠹》,"上古之世,人民少而禽兽众,人民不胜禽兽虫蛇。有圣人作,构木为巢,以避群害,而民悦之,使王天下,号曰'有巢'"。后来,随着社会的发展,原始人开始在地面上建筑房屋,形成了河姆渡时代的干栏式建筑。干栏式建筑是按照巢居建筑的原理来建造的,与构木为巢有异曲同工之妙。在这样一种"巢居"的生活环境中,掹爬上掹爬下、掹爬进掹爬出自然是日常起居的常见形式。掹,旧作"攣",从字形上看,像是人用手如瓜蔓一般向上攀爬而从居住处出来,会意。

我们认为,"掹"可能是河姆渡时期语言的底层词(指的是音义结合的语言而不是文字,"掹"字则是后来的汉人所创造的)。

松阳、宣平、丽水、云和、景宁、青田等地也都说"掹"。

《县志》无,《处衢》作无字词。

五、踞[tɕiɯ⁴⁵]:蹲

蹲在遂昌话中说"踞"。

在古代汉语中,最早表示"蹲"义的字是"居"。《说文解字》:"居,蹲也。"上古"居"与"古"声母相同。后来,"居"字由于引申出"居住"这一常用义,人们就再造"踞"字表示"蹲",即"踞"为"居"的俗字。《左传·襄公二十四年》:"皆踞转而鼓瑟。"《左传·襄公二十五年》:"释甲执冰而踞。"《太平御览》:"钟山龙盘,石头虎踞。此帝王之宅。"

读音方面,据《唐韵》《集韵》:"踞,居御切,音据。"《说文》:"踞,蹲也。"另据《集韵》:"斤于切,音居。义同。"遂昌话读"斤于切",阴平。

处州一带除龙泉和缙云读[gu]（阳调、古群母）外，也都和遂昌话一样读阴调、见母。龙泉话和缙云话读[gu]可能是音变的结果。

《县志》作"跦"，《处衢》作无字词。跦，《广韵》："巨鸠切，音求。蹋也。"音义不合。

六、缴[tɕieɯ⁵³³]：擦拭

擦桌子遂昌话叫做"缴桌"。

明冯梦龙《山歌》卷九："霍在肉上个样物事在上缴了缴。"

处州各地方言也都说"缴"。

《县志》也作"缴"，《处衢》作"缴⁼"。韵典辞书中未见"缴"有"擦拭"义。

七、搨[tʰaʔ⁵]：煎；涂抹

煎_{动词}和涂抹，遂昌话都说"搨"。煎_{动词}饼叫"搨饼"，抹面油叫"搨面油"。

搨，今作"拓"，《集韵》："托合切，音塔。"本义"拓印"（为了与"开拓"的"拓"相区别，这里以繁体的"搨"作本字）。又义"贴"，如清张南庄《何典》："就是前日被瘟官打的棒疮，在暗地狱里讨个烂膏药搨了。"又义"涂抹"，还如清张南庄《何典》："极鬼便纠合几个同道中，来到村里，拣个僻静所在，搨花了面孔，扎扮停当，……打进门去。""煎"自"贴"义引申。

处州其他各地表示"煎"和"涂抹"的动作也都说"搨"。

《县志》无，《处衢》作无字词。

八、锲[tsʰๅ³³⁴]：砍

遂昌话把砍柴叫做"锲樵"。

《正韵》："（锲）去计切，音契。"遂昌话音合。《广韵》："断绝也。"《尔雅》："绝也。"《说文》："镰也。""镰"不只是"割谷"用，还有"割草"和"断柴"的"镰"。

在处州,龙泉也把砍柴叫做"鍥樵"。

《县志》以同音字"气"表示,《处衢》作无字词。

九、鎙[iɛʔ⁵]儿:镰刀

遂昌话把镰刀叫做"鎙儿"。

鎙,《广韵》:"古屑切。"元王祯《农书》:"鎙,似刀而上弯,如镰而下直……以刈柴禾,或斫柴莜,可代镰斧,一物兼用,农家便之。"处州方言"镰刀"的说法大都与"鎙"有关。如宣平说"钐鎙",丽水、景宁说"稻鎙",等等。但只有遂昌和松阳两地的"鎙"读零声母的[iɛʔ⁵]音节,因此,有的文献就把本字写作"刈"。本字作"刈"有两点可疑处,一是声母不符,二是韵母不合。"鎙"为见母先韵阴入字,见母脱落符合处州方言部分章见母读零声母的特点。下表是部分见母字在处州各地是否读零声母的情况:

表 3-1 处州方言章见母读零声母情况

	遂昌	龙泉	庆元	松阳	宣平	丽水	云和	景宁	青田	缙云
嫁	iɔ³³⁴	io⁴⁵	ia¹¹	yʌ²⁴	ia⁵²	io⁵²	io⁵⁵	kəu³⁵	ku³³	ia⁵⁵⁴
鸡	iɛ⁴⁵	i³³⁵	ie³³⁵	tsʅ⁵³	tsʅ²⁴	tsʅ²⁴	tsʅ²⁴	tʃi³²⁴	tsʅ⁴⁴⁵	tɕi⁴⁴⁵
萁	i⁴⁵	ʅ³³⁵	i³³⁵	ʅ⁵³	ʅ²⁴	ʅ²⁴	ʅ²⁴	i³²⁴	tsʅ⁴⁴⁵	i⁴⁴⁵
箕	i⁴⁵	ʅ³³⁵	i³³⁵	ʅ⁵³	ʅ²⁴	ʅ²⁴	ʅ²⁴	i³²⁴	tsʅ⁴⁴⁵	i⁴⁴⁵
叫	iɐɯ³³⁴	caɪ⁴⁵	iɒ¹¹	cɔ²⁴	iɔ⁵²	iʌ⁵²	iɑɔ⁵⁵	cɑɔ³⁵	tɕiɶ³³	inɯ⁵⁵⁴
肩	iɛ̃⁴⁵	ȵiŋ³³⁵	iɛ³³⁵	iɛ̃⁵³	tɕiɛ²⁴	tɕiɛ²⁴	tʃiɛ²⁴	tʃiɛ³²⁴	tɕiɛ⁴⁴⁵	iɛ⁴⁴⁵
笕	iɛ⁵³³	yə⁵³	yɛ³³	yɛ²¹³	tɕiɛ⁴⁴	kã⁵⁴⁴	tʃiɛ⁵³	tʃiɛ³³	ka⁴⁵⁴	tɕiɛ⁵²
见	iɛ̃³³⁴	tɕie⁴⁵	tɕiɛ¹¹	tɕiɛ²⁴	tɕiɛ⁵²	tɕiɛ⁵²	tʃiɛ⁵⁵	tʃiɛ³⁵	tɕie³³	tɕie⁵⁵⁴

我们认为,遂昌话、松阳话表示镰刀的"[iɛʔ⁵]儿",其本字就是"鎙"。另外,遂昌、松阳都把"割稻"叫"[iɛʔ⁵]谷",本字也是"鎙",系名词用作动词。

从《农书》所引看,"鑞"和"镰"可能是两种形状相似但有所分工的农具,而后被分别借作"镰刀"的泛称。龙泉话则合二为一,说"镰鑞儿"。

《县志》作"刈",《处衢》作无字词。

十、勵[lei²¹³⁻²²¹]桶:打稻桶

遂昌话把打稻桶叫做"勵桶"。

勵,《广韵》"卢对切,音类"。遂昌话音合。章炳麟《新方言》:"今四川浙江皆谓推转圆物曰勵。"遂昌话表示"滚动"意思时也说"勵[lei²¹³]"。打稻桶之所以叫做"勵桶",大概是因为该物往返于家中与田间时一般是"滚"着去的。

在处州一带,松阳、宣平也把打稻桶叫做"勵桶"。

《县志》无,《处衢》作无字词。

十一、浸[tsʰəŋ³³⁴]:冷

冷在遂昌话中说"浸"。

浸,据《康熙字典》:"(浸)《集韵》千寻切,音侵。冷也。又七稔切,侵上声。浸浸,寒貌。又七鸩切,侵去声。冷气。"表示"冷"的意思闽语一般说"清"。据《广韵》:"清,七政切。"《说文》:"寒也。"《玉篇》:"冷也。"章炳麟《新方言》:"福州谓寒为清,若通语言冷矣。"但根据"清"所处的梗开三清韵其他字的韵母读音情况看,处州方言表示"冷"的字不是"清"而是"浸"。

《县志》作"凔"的简化字,《处衢》作"清"。凔,《广韵》"七冈切",《说文》"寒也",义合音不符。

处州一带,龙泉、庆元、松阳、云和、景宁、青田等地也说"浸"。

十二、狭[ɡaʔ²³]:挤动词;拥挤

挤动词和拥挤在遂昌话中都说"狭"。狭,《正韵》:"胡夹切,音匣。"匣母,读如古群母[ɡ]。"狭"字本义"狭窄",引申为"拥挤""挤动词"。

匣母归群是中古音的一个重要特点。处州各地匣母都读如古群

母[g]的字有"厚、峡"。除缙云话外,表示"拥挤"意思的字都音同"峡"。

"狭"在遂昌话中还表示"狭窄"意思,但读作零声母音节[aʔ²³]。在处州一带,表示"狭窄"意思的"狭"除宣平话读[g]声母外,其他各地都读零声母(龙泉话说"窄"不说"狭")。我们认为,"狭"读零声母是后起的语音现象。

《县志》无,《处衢》作无字词。

十三、泡[pʰɐɯ⁴⁵]:柚子

并非所有方言俗词都能够顺利地找到本字。比如遂昌话把当地生长的柚子叫做"[pʰɐɯ⁴⁵]"。

龚群虎(2001:42)认为,"有些词大约只出现在南方汉语跟侗台语等民族语言中,此类自然容易判定成非汉语来源的'底层词'或借词",并列出了"柚子"一词在福州话/建瓯话[phau]、温州话[ph₃]、侗语[paau]之间的比较。并认为这"可能是古百越语底层词"。另据林华东(1998),"今天泉州方言中还保留着一些古闽越语词。如'抛'(柚子)[p'au44],温州写作'橐',绍兴写作'脬',……但《说文》和《广韵》以上诸词皆无'柚子'一义。这个'抛'与东江侗话[p'au]音相近"。既然难以确认本字,何不给它一个字?

据《现代汉语词典》(第七版),"泡¹(阴平)"有两个义项:其一,鼓起而松软的东西;其二,〈方〉虚而松软;不坚硬。柚子皮的性质均与这两个义项相吻合,故我们认为可以拿"泡"作为本字。事实上,像百度词典一类的,已经直接以"香泡"出词条了。

处州一带大都把柚叫做"泡"。

《县志》无,《处衢》作无字词。

第四章
音韵比较

第一节 音韵特点

一、声母特点

① 塞音、塞擦音声母按送气不送气、清浊进行三分,古全浊声母表现为学术界所说的"清音浊流"。例如:

  杯[pei⁴⁵]、胚[pʰei⁴⁵]、赔[bei²²¹]

② 少数非、敷、奉母字白读为重唇音声母[p]、[pʰ]、[b]。例如:

  粪[pɛ̃³³⁴](与遂昌话"半"音同)、沸[pei⁵³³]、腹[pəɯʔ⁵]、覆[pʰəɯʔ⁵](与遂昌话"扑"音同)、吠[bi¹³](与遂昌话"被"音同)

另外,微母字绝大多数读重唇音声母[m](个别字文读除外)。例如:

  无[muə²²¹]

  网[mɔŋ¹³]

  文[mən²²¹](与"门"音同)

  袜[maʔ²³]

③ 少数知、彻、澄母字读舌头音声母[t]、[tʰ]、[d]。例如:

  猪[tɒ⁴⁵]

  竹[tiuʔ⁵]

  桌[tiɒʔ⁵]

坼[tʰiaʔ⁵]开坼，"裂开"的意思

长[dẽ²²¹]长短（与"潭"音同）

肠[dẽ²²¹]（与"潭"音同）

④ 部分章见母字声母脱落读零声母。例如：

鸡[iɛ⁴⁵]

嫁[iɑ³³⁴]

叫[iɐɯ³³⁴]"哭"的意思

肩[iẽ⁴⁵]（与"烟"音同）

种[iɔŋ³³⁴]种菜

肿[iɔŋ⁵³³]

胘[iŋ⁴⁵]鸡/鸭胘（与"英"音同）

箕[i⁴⁵]畚箕（与"衣"音同）

萁[i⁴⁵]莨萁，即"铁芒萁"（与"衣"音同）

系[iɛ³³⁴]关系

⑤ 个别心、邪、书、禅母字读塞擦音声母。例如：

少[tɕiɐɯ⁵³³]（与"剿"音同）

手[tɕʰye⁵³³]（与"取"音同）

笑[tɕʰiɐɯ³³⁴]（与"俏"音同）

鼠[tɕʰiɛ⁵³³]（与"且"音同）

深[tɕʰyẽ⁴⁵]（与"圈"音同）

湿[tɕʰiaʔ⁵]（与"恰"音同）

上[dʑiaŋ¹³]

像[dʑiaŋ¹³]

薯[dʑiɛ²¹³]（与"箸筷子"音同）

树[dʑiɯ²¹³]（与"旧"音同）

匙[dʑiɛ²²¹]

⑥ 见、晓组开口二等字读[k]组声母。例如：

交[kɐɯ⁴⁵]（与"高"音同）

敲[kʰɐɯ⁴⁵]（与"骹脚"音同）

苋[xaŋ³³⁴]

峡[gaʔ²³]

颜[ŋaŋ²²¹]

⑦ 个别匣母字读如古群母[g]声母。例如：

含[gaŋ²²¹]

厚[gu¹³]

糊[guə²¹³]面糊

滑[guaʔ²³]

⑧ 个别云、以母字读擦音声母。例如：

园[xəŋ³³⁴]

痒[ziɔŋ¹³]

蝇[ɕiŋ³³⁴]（与"姓"音同）

二、韵母特点

① 端系字咍、泰二韵不同。例如：

菜[tsʰei³³⁴]≠蔡[tsʰa³³⁴]

态[tʰei³³⁴]≠太[tʰa³³⁴]

② 个别字豪、肴二韵不混。例如：

抱[buə¹³]≠包[pɐɯ⁴⁵]

讨[tʰuə⁵³³]≠闹[nɐɯ²¹³]

③ 覃、谈二韵有别（见晓组除外）。例如：

潭[dẽ²²¹]≠痰[daŋ²²¹]

蚕[zẽ²²¹]≠三[saŋ⁴⁵]

④ 屋、浊二韵相分。例如：

粥[tɕiuʔ⁵]≠烛[tɕiɔʔ⁵]

叔[ɕiuʔ⁵]≠宿[ɕiɔʔ⁵]

肉[ȵiuʔ²³]≠玉[ȵiɔʔ²³]

⑤ 古入声韵都有喉塞尾[ʔ]。例如：

粥[tɕiuʔ⁵]　叔[ɕiuʔ⁵]　麦[miaʔ²³]　毒[dəɯʔ²³]

⑥ 古阳声韵今读鼻化韵或鼻尾韵(鼻音韵尾只有一个[ŋ])。鼻化韵是指韵母部分的元音在发音时同时伴随着鼻音成分,如[ɛ̃](短)、[iɛ̃](盐);而鼻尾韵则是先发元音,后发鼻音,如[aŋ](山)、[iaŋ](香)。

三、声调特点

遂昌话的八个声调是按声母的清浊来分的,平、上、去、入四声按声母清浊各分阴阳,即所谓的"四声八调",如表 4-1 所示:

表 4-1 处州方言四声八调表

四声	声母	八调	例　字
平声	清	阴平	高天山心
	浊	阳平	皮蛇铜篮
上声	清	阴上	好早井少
	浊	阳上	我雨桶赚
去声	清	阴去	去四扇店
	浊	阳去	大路洞汗
入声	清	阴入	鸭雪桌竹
	浊	阳入	毒六学滑

第二节　异读与历史层次

在遂昌方言中,一部分字具有两个或两个以上的不同读音,即存在"异读"现象。"异读"反映了不同历史层次的读音在当今共时平面上的叠置状况。一般来说,在口语常现语境中,某个保留早期(中古乃至上古)或异常语音特点(所谓"异常语音特点"是指不符合该字所属音韵地位的语音特点)的字,很可能会在其他非常现语境中表现为晚近的读音特点。换言之,该字所保留的古代或异常语音特点,一般是就口语常现语境而言,而并非所有语境。

这里主要从异读的常现领域、异读的主要表现、异读的主要原因、异读/读异与层次等几个方面分析遂昌方言的异读现象。

由于语言发展的不平衡性,各地异读的表现也是不平衡的,为了便于横向比较,下文对原处州 10 个县(遂昌、龙泉、庆元、松阳、宣平、丽水、云和、景宁、青田、缙云)的读音情况都进行罗列。因受篇幅所限,例字从简。

一、常现领域

保留古代或异常语音特点的语境可以包罗各个方面,但一般以身体部位、生理现象、动植物名、地名、日常行为等具体词为常。这类词往往会保留早期或异常的读音特点,以致当地人会以为读这些不符合当今音韵地位的字不是其本字,而这往往也是人们认为它们是无字词或者干脆给它们创造当地俗字的一个原因。

(一) 身体部位、生理现象

1. 手(表 4-2)

表 4-2　处州方言"手"读音比较

	遂昌	龙泉	庆元	松阳	宣平	丽水	云和	景宁	青田	缙云
手	tɕʰyɛ^{533} ɕiɯ^{533}	ɕiɯ^{53}	tɕʰyɛ^{33} ɕiɯ^{33}	tsʰɿ^{213}	ɕiɯ^{44}	ɕiɯ^{544}	ʃiɯ^{53}	ʃiɯ^{33}	ɕiɯ^{454}	siɯm^{52}

说明:遂昌、庆元两地上行语境是"手",下行语境是"手艺"。其他各地两种语境读音相同。下文体例同此。

书母读塞擦音是处州方言一个重要的异常语音现象,这类俗词(字)读塞擦音的情况还见于动物名"鼠"(表 4-3):

表 4-3　处州方言"鼠"读音比较

	遂昌	龙泉	庆元	松阳	宣平	丽水	云和	景宁	青田	缙云
鼠	tɕʰie^{533}	tɕʰi^{53}	tɕʰie^{33}	tsʰɿ^{213}	tsʰɿ^{544}	tsʰɿ^{53}	tʃʰi^{33}	tsʰɿ^{454}	tsʰɿ^{52}

"说有易,说无难。"很难说龙泉、松阳、缙云等地的"手"历史上是否也有过读塞擦音声母的阶段,但从实际情况看,处州各地方言多多

少少都有这个特点(书母读塞擦音)。这是词汇扩散形成的个别现象还是整体变读后形成的回流现象就不好判断了。

2. 怀(表 4-4)

表 4-4　处州方言"怀"读音比较

	遂昌	龙泉	庆元	松阳	宣平	丽水	云和	景宁	青田	缙云
怀	gua^{221} ua^{221}	ua^{211}	ua^{52}	gua^{31} ua^{31}	kua^{434} ua^{434}	guŋ^{11} uŋ^{11}	guɑ^{423} ua^{423}	gua^{31} ua^{31}	gua^{21} ua^{21}	ua^{231}

说明:上行语境是"怀里"的说法,下行语境是"怀表"。

遂昌、松阳、青田等上行读音反映了匣母读群的特点。"怀里"这一语境俗,而"怀表"则是近现代才出现的事物。

(二) 动植物名

1. 雀(表 4-5)

表 4-5　处州方言"雀"读音比较

	遂昌	龙泉	庆元	松阳	宣平	丽水	云和	景宁	青田	缙云
雀	tɕiʔ^5 tɕʰia^5	tsɿʔ^{54} tɕʰia^{54}	tɕiʔ^5 tɕʰia^5	tɕiʔ^5 tɕʰiaʔ^5	tɕiəʔ^5 tɕʰiəʔ^5	tʃiʔ^5 tɕʰiŋ^5	tʃiʔ^5 tʃʰiɑ^5	tɕi^{445} tɕʰia^5	tɕi^{445} tɕʰiæ^{42}	tsɯ^{423} tsʰiɔ^{423}

说明:上行语境是"麻雀"的说法,下行是读字音。

雀,精母字,处州方言读[ts]/[tɕ]/[tʃ]等声母符合其音韵地位。普通话"雀"读同"鹊"。"麻雀"丽水话叫"麻鸟",景宁话叫"吃谷鸟",所以只能按照普通话读音把"雀"折合为相应的送气音声母。其他点的发音人也都把"雀"字读作相应的送气音声母,并且大都认为读作不送气音的另有其字。

2. 松(表 4-6)

表 4-6　处州方言"松"读音比较

	遂昌	龙泉	庆元	松阳	宣平	丽水	云和	景宁	青田	缙云
松	zɛ̃^{221} səŋ^{45}	zɛ^{211} səŋ^{335}	sæ̃^{52} soŋ^{335}	zæ̃^{31} soŋ^{53}	səŋ^{434}	ziŋ^{11} soŋ^{24}	ʒiɔ^{423} soŋ^{24}	ʒiɔ^{31} soŋ^{324}	io^{21} ɕioŋ^{445}	zɔ^{231} sɑum^{445}

说明:上行语境是"松树",下行语境是"松香"。宣平话上下语境同。下行"松香"中"松"的读音可能是混同于"轻松(旧作'鬆')"中"松"的结果。

"松"是邪母字,而"鬆"是心母字。表中可以看出,除宣平外,其他各地的"松"和"鬆"泾渭分明。宣平话的"松"读同"鬆",与宣平话阳平字全浊声母清化有关。

"松香"中的"松"读同"鬆",可能是因为"松香"这一称谓是晚近外来的,早期不一定就叫"松香"而是叫别的。

(三) 地名

1. 潭(表 4-7)

表 4-7 处州方言"潭"读音比较

	遂昌	龙泉	庆元	松阳	宣平	丽水	云和	景宁	青田	缙云
潭	daŋ^{221} dɛ̃^{221}	dɤ^{211}	tæ^{52}	dæ̃^{31}	tɤ^{434}	duɛ^{11}	duɛ^{423}	də^{31}	duæ^{21}	dɛ^{231}

遂昌话一般把"潭"读作[dɛ̃^{221}](同"谭"),符合覃韵的今读特点。但是,在遂昌近郊有个叫做"龙潭"的地方,遂昌人都称之为"龙潭[daŋ^{221}]",韵母读如谈韵。处州方言端精组覃谈二韵都能够区分,而遂昌话"(龙)潭"读[aŋ]韵的结果却是覃谈二韵相混,有点令人费解。不过,遂昌话"潭"字因本地地名的特殊读音而存在的异读现象却是不争的事实,若非存在这个地名,遂昌话"潭"也就不会有异读了。

(四) 农垦

1. 粪(表 4-8)

表 4-8 处州方言"粪"读音比较

	遂昌	龙泉	庆元	松阳	宣平	丽水	云和	景宁	青田	缙云
粪	pɛ̃^{334} fəŋ^{334}	pɤ^{45} fɛiŋ^{45}	ʔbæ̃^{11} fəŋ^{11}	pæ^{24} fəŋ^{24}	pɤ^{52} fɛn^{52}	pɛ^{52} fəŋ^{52}	pɛ^{55} fəŋ^{55}	pə^{35} fəŋ^{35}	faŋ^{33}	ʔbɛ^{554} faŋ^{554}

说明:上行语境是"猪栏粪",下行系读字音。青田话语境是"粪桶间('厕所'义)"和读字音。

"粪"的上行读音反映了非母读重唇的上古音韵特点。非组字白读重唇声母是处州方言的一个重要而较普遍的特征。

自古以来,"猪栏粪"一直是处州农村生活中的常见事物。在化肥还没有发明或普及之前,"猪栏粪"是庄稼的主要肥料。直到今天,"猪栏粪"也还是处州农村常见的肥料。不过人们很少知道这就是"粪"字的读音,所以对"粪便"这样的文读词另有一套读法。

2. 园(表 4-9)

表 4-9　处州方言"园"读音比较

	遂昌	龙泉	庆元	松阳	宣平	丽水	云和	景宁	青田	缙云
园	xəŋ^{334} yẽ^{221}	uɛiŋ^{45} yə^{211}	xuəŋ^{11} yẽ^{52}	fəŋ^{24} yẽ^{31}	yẽ^{434}	yɛ^{11}	yɛ^{423}	yə^{31}	yæ^{21}	yɛ^{231}

说明:上行语境是"菜园",下行语境是"公园"。

表中下行读音反映的是各地方言山合三元韵的今读特点。如果仅是根据遂昌、龙泉、庆元、松阳等四地的上行读音就确定是"园"的读音未免显得有些冒然,好在同声韵的"远"字的白读音可以作为共同确认本字的依据。见表 4-10:

表 4-10　处州方言"远"白读音比较

	遂昌	龙泉	庆元	松阳	宣平	丽水	云和	景宁	青田	缙云
远	yẽ^{13}	xuɛiŋ^{53}	xuəŋ^{33}	fəŋ^{213}	yẽ^{223}	yɛ^{544}	yɛ^{53}	yə^{33}	yæ^{343}	yɛ^{31}

上表可见,龙泉、庆元、松阳三地的"园菜园"和"远"对应关系严整。另外,遂昌远郊的黄沙腰也说"远[xəŋ^{334}]",也可以看出其中的对应关系。个别云母字读擦音声母是处州方言的一个特点。

"菜园"与百姓生活息息相关,得以保存早期异常读音是很正常的,而"公园"则是晚近新词,自然读作"新"音了。

(五) 高频动词

这些高频动词一般涉及衣食住行、农耕劳作等方面。

1. 含(表 4-11)

表 4-11　处州方言"含"读音比较

	遂昌	龙泉	庆元	松阳	宣平	丽水	云和	景宁	青田	缙云
含	gaŋ^{221} ɛ̃^{221}	gɛiŋ^{211} ɣ^{211}	kã^{52} æ̃^{52}	gəŋ^{31} æ̃^{31}	kã^{534} ɣ^{434}	gã^{11} ɛ^{11}	gã^{423} ɛ^{423}	gɑ^{31} ə^{31}	gaŋ^{21} a^{21}	aŋ^{231}

说明:上行语境是"含在嘴里"的动作,下行语境是"含片"。

"含(在嘴里)"是人们日常生活中的常见行为。从表 4-11 可以看出,在处州方言中,除了缙云话以外,其他各地方言都保留了匣母读群的音韵特征。而"含片"这一事物的出现较迟,自然得用晚近读音这一"新瓶"进行包装。

2. 穿(表 4-12)

表 4-12　处州方言"穿"读音比较

	遂昌	龙泉	庆元	松阳	宣平	丽水	云和	景宁	青田	缙云
穿	tɕʰyŋ⁴⁵ tɕʰyɛ⁴⁵	tɕʰyŋ³³⁵ tɕʰyə³³⁵	tɕʰyəŋ³³⁵ tɕʰyɘ³³⁵	tɕʰyŋ⁵³ tɕʰyɛ⁵³	tɕʰyɛ²⁴ tɕʰyɛ²⁴	tɕʰyŋ²⁴ tɕʰyɛ²⁴	tʃʰioŋ²⁴ tʃʰyɛ²⁴	tʃʰyɔ³²⁴	tɕʰyaŋ⁴⁵ tɕʰyæ⁴⁵	tsʰyæin⁴⁴⁵ tsʰyɛ⁴⁴⁵

说明:上行语境是"穿针",下行是读字音。

处州方言中除景宁话以外,其他各地"穿(针)"的韵母读音相对异常。下行读音反映的是山合三仙韵的今读特点。

无独有偶,同韵字"(一)串"的韵母读音在处州各地方言中也大都相同。例如:

表 4-13　处州方言"串"读音比较

	遂昌	龙泉	庆元	松阳	宣平	丽水	云和	景宁	青田	缙云
串	tɕʰyŋ³³⁴	tɕʰyŋ⁴⁵	tɕʰyəŋ¹¹	tɕʰyŋ²⁴	tɕʰyɛ⁵²	tɕʰyŋ⁵²	tʃʰioŋ⁵⁵	tʃʰiaŋ³⁵	tɕʰyaŋ³³	tsʰyæin⁵⁵⁴

对照表 4-12 和表 4-13 我们可以看出,除了宣平、景宁以外,其他各地"(一)串"的韵母与"穿(针)"的韵母读音完全相同。山合三仙韵所读的这类音当处更早的历史阶段。"一串"与"穿针"一样,都是日常生活中很常用的词语,它们因此保存早期的读音特点是很自然的。

(六) 高频形容词

1. 长(表 4-14)

表 4-14　处州方言"长"读音比较

		遂昌	龙泉	庆元	松阳	宣平	丽水	云和	景宁	青田	缙云
长	形	dɛ²²¹ dziaŋ²²¹	dɛ²¹¹ dziaŋ²¹¹	tæ⁵² tɕiæ⁵²	dæ³¹ dziaŋ³¹	tɕia⁵³⁴	deŋ¹¹ dzia¹¹	dɛ⁴²³ dʒiã⁴²³	daŋ³¹ dʒiɛ³¹	dʑi²¹	dziɑ²³¹

说明:上行语境是"长短",下行语境是"长征"。

除宣平、青田和缙云外,其他各地"长短"的"长"都读舌头声母,反映了澄母读定的古音韵特征。表中上行韵母还反映了宕开三阳韵早期的读音特点,即"古声拼古韵"。

显然,"长短"的"长"系口语高频用词,而"长征"则是晚近新词。

2. 贵(表 4-15)

表 4-15　处州方言"贵"读音比较

	遂昌	龙泉	庆元	松阳	宣平	丽水	云和	景宁	青田	缙云
贵	tɕy^{334} kuei^{334}	tɕy^{45} kuɛ^{45}	tɕy^{11} kuæi^{11}	tɕy^{24} kuɛ^{24}	tɕy^{52} kuɛ^{52}	tsʅ^{52} kuɛ^{52}	tʃy^{55} kuɛ^{55}	tʃy^{35} kuæi^{35}	tsʅ^{33} kuæi^{33}	tɕy^{554} kuei^{554}

说明:上行语境是"东西贵",下行语境是"贵姓"。

对处州方言而言,见组读[k]组音的情况较复杂:有时它反映的是上古音韵特征,如前面谈到的"掘"读[k]组音是存古;有时它反映的是晚近的语音特点,如这里的"贵"。

大体情况是这样的:一部分见组字白读音一直保留了声母读[k]组音的古音韵特征,晚近受外方言新词的影响而变读新音。一部分见组字(特别是三四等字)在某个阶段声母已经腭化,腭化音已成白读音,晚近却又受到外方言新词的影响而变读回[k]组音声母。所以,同样是[k]组音,其"语龄"是不一样的,层次也是不同的。对后一种情况而言,是形式上的"复古",实质上的"纳新"。即表中"(东西)贵"的腭化声母相对于"贵(姓)"的舌根声母来说是更早历史阶段的读音特点。

(七) 高频量词

1. 张(表 4-16)

表 4-16　处州方言"张"读音比较

	遂昌	龙泉	庆元	松阳	宣平	丽水	云和	景宁	青田	缙云
张	tiaŋ^{45} tɕiaŋ^{45}	tiaŋ^{335}	ʔdia^{335}	tiaŋ^{53} tɕiaŋ^{53}	tiã^{24}	tiã^{24}	tiã^{24}	tiɛ^{324}	ʔdɛ^{445}	tsiɑ^{445}

说明:遂昌、松阳上行语境是"一张纸",下行语境是姓氏。

相比较而言，姓氏比常用量词更易受外来强势方言的影响。在处州方言中，"张"的声母在遂昌、松阳两地作为姓氏时率先腭化。不过，表中仍然可以看出，龙泉、庆元、宣平、丽水、云和、景宁、青田等地的"张"无论何种语境都读如端母。

2. 段（表 4-17）

表 4-17　处州方言"段"读音比较

	遂昌	龙泉	庆元	松阳	宣平	丽水	云和	景宁	青田	缙云
段	dəŋ²¹³ dɛ̃²¹³	dɛiŋ¹³ dɤ¹³	tæ³¹	deŋ¹³ dæ¹³	dɤ²³¹	deŋ²³¹ duɛ²³¹	dəŋ²²³ duɛ²²³	daŋ¹³ də¹³	dɑn²² duæ²²	de²¹³ duæ²¹³

说明：上行语境是"一段木"，下行语境是"阶段"。

表 4-17 下行读音反映了山合一桓韵的今读特点，上行读音反映的是山合一桓韵早期的读音特点。相对"段阶段"而言，"段一段木"是口语常用词。

二、异读表现

就音节构成成分而言，异读主要有"声母异读、韵母异读、声韵异读"等主要表现。

（一）声母异读

"声母异读"是指韵母部分相同，声母部分不同的异读现象。例如：

1. 上名（表 4-18）

表 4-18　处州方言"上名"声母异读

	遂昌	龙泉	庆元	松阳	宣平	丽水	云和	景宁	青田	缙云
上名	dziaŋ²¹³ ziaŋ²¹³	dziaŋ¹³ ziaŋ¹³	tɕiɑ³¹ ɕiɑ³¹	dziaŋ¹³ ziaŋ¹³	dziɑ²³¹ ziɑ²³¹	dziɑ²³¹ ziɑ²³¹	dʒiɑ²²³ ʒiɑ²²³	dʒie¹³ ʒie¹³	dʒi²² i²²	dziɑ²¹³ ziɑ²¹³

说明：上行语境是方位，下行语境是"上海"。

2. 反(表 4-19)

表 4-19　处州方言"反"声母异读

	遂昌	龙泉	庆元	松阳	宣平	丽水	云和	景宁	青田	缙云
反	paŋ⁵³³ faŋ⁵³³	pã⁵³ fã⁵³	ʔbã³³ fã³³	põ²¹³ fõ²¹³	pã⁴⁴ fã⁴⁴	pã⁵⁴⁴ fã⁵⁴⁴	pã⁵³ fã⁵³	pɑ³³ fã³³	ʔba⁴⁵⁴ fa⁴⁵⁴	ʔbɑ⁵² fɑ⁵²

说明：上行语境是"翻动"的说法，下行语境是"反对"。

(二) 韵母异读

"韵母异读"是指声母部分相同，韵母部分不同的异读现象。例如：

1. 关(表 4-20)

表 4-20　处州方言"关"韵母异读

	遂昌	龙泉	庆元	松阳	宣平	丽水	云和	景宁	青田	缙云
关	kəŋ⁴⁵ kuaŋ⁴⁵	kuəŋ³³⁵ kuəŋ³³⁵	kuəŋ³³⁵ kuã³³⁵	keŋ⁵³ kuõ⁵³	kəŋ⁴⁴ kuã⁴⁴	keŋ²⁴ kuã²⁴	kəŋ²⁴ kuã²⁴	kaŋ³²⁴ kuɑ³²⁴	kaŋ⁴⁴⁵ kua⁴⁴⁵	kaŋ⁴⁴⁵ kuɑ⁴⁴⁵

说明：上行语境是"关门"，下行语境是"关系、机关、开关"。

2. 穿(表 4-21)

表 4-21　处州方言"穿"韵母异读

	遂昌	龙泉	庆元	松阳	宣平	丽水	云和	景宁	青田	缙云
穿	tɕʰyŋ⁴⁵ tɕʰye⁴⁵	tɕʰyŋ³³⁵ tɕʰy³³⁵	tɕʰyəŋ³³⁵ tɕʰyə³³⁵	tɕʰyŋ⁵³ tɕʰyẽ⁵³	tɕʰyəŋ²⁴ tɕʰyẽ²⁴	tɕʰyŋ²⁴ tɕʰyɛ²⁴	tʃʰioŋ²⁴ tʃʰyɛ²⁴	tʃʰyə³²⁴	tɕʰyan⁴⁴⁵ tɕʰyæ⁴⁴⁵	tsʰyæiŋ⁴⁴⁵ tsʰye⁴⁴⁵

说明：上行语境是"穿针"，下行是读字音。

(三) 声韵异读

"声韵异读"是指声母和韵母都读异的异读现象。

按"古声拼古韵"规则，声母和韵母的关系往往不是孤立的，声母的存古性常常连带着韵母的存古性，反之亦然。例见上文"(六)高频形容词"。

三、异读原因

王福堂(2010：19)说过："异读的形成与异方言的影响有关。人们为交际的方便,有时感到需要从民族共同语所在的官话方言或某个地区性的权威方言借入词语的读音,使自己的说话比较接近这个异方言。这样,方言中就有了异方言的读音。"可见,造成异读的根本原因是外方言特别是外部强势方言(如官话)的影响。

异读的结果有两种:一种是文读和白读普遍共存;另一种是文读和白读零星共存,大部分情况是文读取代白读。前者如闽语,后者如吴语。当然,与其说是"结果"还不如说是"过程"。文白读的零星共存是普遍共存的进一步发展,或者说零星共存的早期也是普遍共存的。

这里所说的"异读原因"指的就是文白异读"零星共存"的原因。从"一、常现领域"中的例字看,它们之所以还保留较早的读音特点,主要原因还是语境较俗。此外,从表现形式上看,主要有"指称转换、音节变化、音韵互串、小称别义"等具体原因。

(一) 指称转换

有时,指称相关的不同事物时,因常用说法的改变也会造成某字的异读。例如:

1. 狭(表 4-22)

表 4-22 处州方言"狭"异读

	遂昌	龙泉	庆元	松阳	宣平	丽水	云和	景宁	青田	缙云
狭	ga$\textipa{P}^{23}$ a$\textipa{P}^{23}$	go$\textipa{P}^{23}$	ka$\textipa{P}^{34}$ xa$\textipa{P}^{34}$	go$\textipa{P}^{2}$ o$\textipa{P}^{2}$	ga$\textipa{P}^{23}$	go$\textipa{P}^{23}$ o$\textipa{P}^{23}$	ga$\textipa{P}^{23}$ a$\textipa{P}^{23}$	ga$\textipa{P}^{23}$ a$\textipa{P}^{23}$	ga$\textipa{P}^{31}$ a$\textipa{P}^{31}$	a^{35}

说明:上行语境是"拥挤"说法,下行语境是"窄"的意思(龙泉话不说"狭"而说"窄")。

处州各地除缙云话外,表示"拥挤"的意思都说"狭",音同"峡",声母读如古群母。表示"狭窄"的"狭"字除宣平话外都读零声母。"狭"字本义"狭窄","拥挤"系引申义。在语言的发展变化过程中,反倒是引申义保留了古音特征,而本义却采用了晚近的新音。不过,也可能是这种情况:"狭"字引申出"拥挤"义时仍读如古群母,后来,表示"狭窄"义的"狭"受到外部影响而变读。

(二) 音节变化

这里指音节数量的变化。处州方言用词大多保留古代单音节词为主的特点,所以某些字在口语中以单音节词出现时往往保留其较原始或自身音韵规律的读音,而在双(多)音节中出现时则表现为相对后起的文读音。例如:

1. 客(表 4-23)

表 4-23　处州方言"客"异读

	遂昌	龙泉	庆元	松阳	宣平	丽水	云和	景宁	青田	缙云
客	tɕʰiaʔ⁵ kʰaʔ⁵	kʰa⁵⁴	kʰaʔ⁵	kʰaʔ⁵	kʰæʔ⁵	kʰaʔ⁵	kʰaʔ⁵	kʰaʔ⁵	kʰaɛʔ⁴²	kʰa⁴²³

说明:遂昌话上行语境是"客",下行语境是"客人"。

遂昌话一般说"处里有客[tɕʰiaʔ⁵]"('家里有客人'义)或"客[tɕʰiaʔ⁵]来了",但也有少数人说"客[kʰaʔ⁵]农('客人'义)。单音节的"客[tɕʰiaʔ⁵]"是遂昌话的固有说法,而双音节的"客[kʰaʔ⁵]农"则是晚近受外来强势方言影响的说法。受官话影响,遂昌话"客气"兼有"客[tɕʰiaʔ⁵]气"和"客[kʰaʔ⁵]气"两类读音。

梗开二读[i]介音是遂昌话的一大特点,又如"责"与"策"(表 4-24):

表 4-24　处州方言"责/策"异读

	遂昌	龙泉	庆元	松阳	宣平	丽水	云和	景宁	青田	缙云
责	tɕiaʔ⁵ tsaʔ⁵	tsa⁵⁴	tsaʔ⁵	tsaʔ⁵	tsæʔ⁵	tsaʔ⁵	tsaʔ⁵	tsaʔ⁵	tsɛʔ⁴²	tsa⁴²³
策	tɕʰiaʔ⁵ tsʰaʔ⁵	tsʰa⁵⁴	tsʰaʔ⁵	tsʰaʔ⁵	tsʰæʔ⁵	tsʰaʔ⁵	tsʰaʔ⁵	tsʰaʔ⁵	tsʰaɛʔ⁴²	tsʰa⁴²³

由于词的双音节化而形成的异读现象相对较多,前文所提到的例子大都属于此类。以下是遂昌话的例子(上行是单音节口语词,下行是双音节文读词):

$$\begin{cases} 手:[tɕʰyɛ^{533}] \\ 手(艺):[ɕiɯ^{533}] \end{cases}$$

$\begin{cases} 气("较难闻的气味"义)：[k^hei^{533}] \\ (空)气：[ts^h\gamma^{334}] \end{cases}$

$\begin{cases} 影("影子"义)：[\tilde{\varepsilon}^{533}] \\ (电)影：[i\eta^{533}] \end{cases}$

$\begin{cases} 时：[ʑiu^{221}] \\ 时(间)：[z\gamma^{221}] \end{cases}$

$\begin{cases} 试：[\varepsilon iu^{334}] \\ (考)试：[s\gamma^{334}] \end{cases}$

$\begin{cases} 讨("乞讨"义)：[t^huə^{533}] \\ 讨(论)：[t^hɤ^{533}] \end{cases}$

$\begin{cases} 反("翻动"义)：[pa\eta^{533}] \\ 反(对)：[fa\eta^{533}] \end{cases}$

$\begin{cases} (一)串：[tɕ^hy\eta^{334}] \\ 串(联)：[tɕ^hy\tilde{\varepsilon}^{334}] \end{cases}$

$\begin{cases} 长("长短"的"长")：[d\tilde{\varepsilon}^{221}] \\ 长(征)：[dʑia\eta^{221}] \end{cases}$

(三) 音韵互串

有时，某字不同的读音可能源自不同音韵地位的同形异义字。受字形相同的影响，二者读音会产生互串现象。例如：

1. 核（表 4-25）

表 4-25　处州方言"核"异读

	遂昌	龙泉	庆元	松阳	宣平	丽水	云和	景宁	青田	缙云
核	ŋɛʔ²³ ŋuɛʔ²³ ɛʔ²³	ŋuəʔ²³ əʔ²³	xxʔ³⁴	ŋæʔ² ŋuæʔ²	ŋəʔ² əʔ²	ŋuɛʔ²	ŋuɛʔ²	ŋəʔ²³ aʔ²³	uæʔ³¹	uɛ³⁵ a³⁵

遂昌话第一行与第二行语境都是"果核、核桃"，均两可。龙泉话上行语境是"果核、核桃"，下行语境是"核对"。松阳话上行语境是"核桃"，下行语境是"果核、审核"。宣平、景宁两地上行语境是"果核、核桃"，下行语境是"审核"。缙云话上行语境是"果核、核桃、审核"，下行语境是"核心"。

"核"在《方言调查字表》中共出现三处。第一处在臻合一没韵,按音韵地位应读合口韵,如同韵的见母字"骨"(表 4-26):

表 4-26　处州方言"骨"读音比较

	遂昌	龙泉	庆元	松阳	宣平	丽水	云和	景宁	青田	缙云
骨	kuɛʔ⁵	kuə⁵⁴	kuŋʔ⁵	kuæʔ⁵	kuə⁵	kuɛʔ⁵	kuəʔ⁵	kuəʔ⁵	kuæʔ⁴²	kue⁴²³

第二处和第三处都在梗开二麦韵,按音韵地位应该读开口韵,如同韵的见母字"隔"(表 4-27):

表 4-27　处州方言"隔"读音比较

	遂昌	龙泉	庆元	松阳	宣平	丽水	云和	景宁	青田	缙云
隔	kaʔ⁵	kaʔ⁵⁴	kaʔ⁵	kaʔ⁵	kæʔ⁵	kaʔ⁵	kaʔ⁵	kaʔ⁵	kɛʔ⁴²	ka⁴²³

可见,造成"核"两读或三读的情况有很多原因,其中之一就是合口的臻合一没韵"核"与开口的梗开二麦韵的"核"在读音上互相串位。当然也有其他原因,比如那些读零声母的"核",显然是受官话文读音影响的结果。

(四) 小称别义

在处州方言中,因小称别义引起的异读情况在亲属称谓中较常见。例如:

1. 娘(表 4-28)

表 4-28　处州方言"娘"异读

	遂昌	龙泉	庆元	松阳	宣平	丽水	云和	景宁	青田	缙云
娘	ȵiaŋ²²¹ ȵiaŋ¹³ ȵiaŋ⁴⁵	ȵiaŋ²¹¹ ȵiaŋ⁴⁵	ȵia⁵² ȵia³³⁵	ȵiaŋ³¹ ȵiaŋ²⁴	ȵiã⁴³⁴ ȵiã⁵²	ȵiã¹¹ ȵiã⁵²	ȵiã⁴²³ ȵiã⁴⁵	ȵie³¹ ȵie³⁵	ȵi²¹	ȵia²³¹ ȵia²¹³

读原调的"娘"一般与"母亲(背称)、新娘"的叫法有关。读变调的情况比较复杂:遂昌话次行语境是"姑妈"的叫法,末行语境是"伯母"

的叫法；龙泉、庆元、宣平、丽水、景宁、缙云等地方言的下行语境是"姑妈"的叫法，松阳话下行语境是"伯母"的叫法。

确切地说，这类异读并非文白异读而是别义异读。这里讨论的异读包括各类情况。

在处州方言中，庆元话小称现象最为普遍，一般的动植物名、亲属称谓都会发生小称音变，并以变韵为主。

四、异读/读异与层次

(一) 异读与读异

异读的结果最终可能导致"读异"。所谓"读异"，是指在两个或几个并存的异读音中，其中原有的"旧音"由于某种原因而被后起的异读"新音"所代替。

李如龙(2001：80-81)曾说过："早期方音演变多自变，晚近方音演变多他变。"晚近汉语方言的演变本质上都是从"异读"向"读异"转化的结果，只是在某个历史阶段，"旧音"和"新音"并存，最终"旧音"消亡，"新音"取而代之，从而在这个方言中完成"读异"的过程。

在特定方言中，某些字之所以至今未被完全"读异"，是因为该字所反映的事物太俗了，如遂昌、龙泉、庆元等地的"腹""肠"等字声母今仍都分别读重唇音和舌头音。当然，这并不意味着今后将一直如此。

(二) 异读的历史

由于词汇扩散的节点不同，不同字的异读音所形成的时间也有先后。有的字异读形成的历史可能相当短暂，例如：

1. 安（表 4-29）

表 4-29　处州方言"安"异读

	遂昌	龙泉	庆元	松阳	宣平	丽水	云和	景宁	青田	缙云
安	uẽ^{45} ẽ^{45}	uə^{335}	uæ^{335}	uæ̃^{53}	un^{24}	uɛ^{24}	uɛ^{24}	uɛ^{324}	uæ^{445}	uɛ^{445} ɛ^{445}

说明：遂昌、缙云两地上行语境是"安心"，下行语境是"天安门"。

见系山开一寒韵读合口是处州方言的一个特点(表 4-30)：

表 4-30　处州方言"旱""汗"读音比较

	遂昌	龙泉	庆元	松阳	宣平	丽水	云和	景宁	青田	缙云
旱	uẽ^{13}	uə^{53}	xuæ^{221}	uæ^{22}	un^{223}	uɛ^{11}	uɛ^{53}	uə^{33}	uæ^{343}	uɛ^{31}
汗	guẽ^{213}	uə^{13}	xuæ^{31}	uæ^{13}	un^{231}	uɛ^{231}	uɛ^{223}	uə^{13}	uæ^{22}	uɛ^{213}

遂昌、缙云两地"天安门"的"安"读开口韵显然是受晚近官话影响的结果,历史比较短暂。

有的字异读形成的历史可能相当久远,以致很难确定大概的时代。例如：

2. 乐(表 4-31)

表 4-31　处州方言"乐"异读

	遂昌	龙泉	庆元	松阳	宣平	丽水	云和	景宁	青田	缙云
乐	ŋɯɯ^{213} lɔʔ^{23} lɔʔ^{23}	ŋɑɔ^{13} ɔʔ^{23} lou?^{23}	ŋɒ^{31} loʔ^{34} loʔ^{34}	ŋɒ^{13} loʔ^{2} loʔ^{2}	ŋɒ^{231} ləʔ^{23} ləʔ^{23}	ŋʌ^{231} lʌʔ^{23} lʌʔ^{23}	ŋɑɔ^{223} loʔ^{23} loʔ^{23}	ŋɑɔ^{13} lou?^{23} lou?^{23}	ŋɔʔ^{42} loʔ^{31}	ŋɔ^{213} ŋɔ^{35} lɔ^{35}

说明：首行语境是"要(不要)"中的"要"的说法,次行语境是"音乐",末行语境是"快乐"。

处州方言中,表示"要(不要)"的"乐"读同效开一号韵字"傲"。"乐"字的古音比较复杂。根据《康熙字典》,按《唐韵》："五角切。"《集韵》："逆角切,音岳。"即《方言调查字表》中处江开二觉韵的"乐"。另据《唐韵》："卢各切。"《集韵》："历各切,音洛。"又据《集韵》："力照切。"《正韵》："力召切,音疗。"又据《唐韵》："鲁刀切,音劳。"《广韵》："伯乐相马。一作博劳。"另据《集韵》《韵会》《正韵》："鱼教切。"处州方言表示"要(不要)"的"乐"当属《集韵》等所说的"鱼教切",《方言调查字表》中应处效开二肴韵、疑母。

表示"要(不要)"的位处效开二肴韵、疑母的"乐"其历史应当相当久远。

有些字的不同读音可能反映了不同事物出现的时间有先后。例如：

3. 铅（表 4-32）

表 4-32　处州方言"铅"异读

	遂昌	龙泉	庆元	松阳	宣平	丽水	云和	景宁	青田	缙云
铅	iɛ̃^{221} tɕʰiɛ^{45} kʰaŋ^{45}	kʰaŋ^{335} tɕʰiɛ^{335}	kʰã^{335} tɕʰiɛ^{335}	iɛ̃^{31} kʰɔ̃^{53} tɕʰiɛ^{53}	kʰã^{24}	kʰã^{24}	kʰã^{24}	iɛ^{31} kʰã^{324}	kʰa^{445}	kʰa^{445}

与"铅"字有关的语境有"铅笔、铅丝、铅球、铅板"等。其中，遂昌、松阳、景宁三地第一行语境是"铅笔"。遂昌话第二行语境是"铅球"，第三行语境是"铅丝（'铁丝'义）""铅板（文具名）"。龙泉话上行语境是"铅笔、铅球、铅丝、铅板"，下行是读字音。庆元话上行语境是"铅丝、铅球、铅板"，下行语境是"铅笔"。松阳话第一行语境是"铅笔"，第二行语境是"铅丝、铅板"，第三行语境是"铅球"。

这里不去考证"铅笔、铅丝、铅球、铅板"等事物出现的时间先后，但可以肯定的是，处州方言"铅"的这些不同读音反映了不同历史时期引入上述事物时的某强势方言"铅"的读音特点。

第五章
分类词表

第一节 天 文

一、日月星辰

日头 nɛʔ²³ du²²¹   太阳

月光 ȵyɛʔ²³⁻² kɔŋ⁴⁵   月亮

地球 di²¹³⁻¹³ dʑiɯ²²¹

天 tʰiɛ̃⁴⁵

世界 ɕiɛ³³⁴⁻⁵⁵ ka³³⁴

光线 kɔŋ⁴⁵⁻⁵⁵ ɕiɛ̃³³⁴

日头火 nɛʔ²³ du²²¹⁻²² xu⁵³³   夏天炙热的太阳

眉毛月 mi²²¹⁻²² mɐɯ²²¹⁻²¹ ȵyɛʔ²³   新月

天星 tʰiɛ̃⁴⁵⁻³³ ɕiŋ⁴⁵   星星

大勺星 du²¹³⁻²² ʑiaʔ²³⁻² ɕiŋ⁴⁵   北斗星

牵牛星 tɕʰiɛ̃⁴⁵⁻³³ ȵiɯ²²¹⁻²¹ ɕiŋ⁴⁵   牛郎星

织女星 tɕiʔ⁵⁻³ ȵye¹³⁻²² ɕiŋ⁴⁵

天光星 tʰiɛ̃⁴⁵⁻⁵⁵ kɔŋ⁴⁵⁻³³ ɕiŋ⁴⁵   启明星,清晨时对金星的称呼

黄昏晓 ɔŋ²²¹⁻²¹ xuɛ̃⁴⁵⁻³³ ɕiɐɯ⁵³³   长庚星,黄昏时对金星的称呼

绕帚星 ȵiɐɯ²¹³⁻¹³ ye⁵³³⁻⁵³ ɕiŋ⁴⁵   彗星,扫帚星,贬义

笕帚星 ɕiɛ̃$^{533-33}$ yɛ$^{533-53}$ ɕiŋ^{45}

流星 liɯ$^{221-21}$ ɕiŋ^{45}

卫星 uei$^{213-21}$ ɕiŋ^{45}

天犬咥日 t^{h}iɛ̃$^{45-33}$ tɕ^{h}iɛ̃$^{533-53}$ tiɛʔ^5 nɐɴ^{23}　日食

天犬咥月 t^{h}iɛ̃$^{45-33}$ tɕ^{h}iɛ̃$^{533-53}$ tiɛʔ^5 n̥yɛʔ^{23}　月食

天河 t^{h}iɛ̃$^{45-55}$ u$^{221-213}$　银河

天大光 t^{h}iɛ̃$^{45-55}$ du$^{213-21}$ kɔŋ^{45}　天大亮

晏 uɛ̃^{334}　（天）暗

影 ɛ̃^{533}　影子

二、自然现象

风 fəŋ^{45}

起风 ts^{h}ɿ$^{533-53}$ fəŋ^{45}　刮风

起大风 ts^{h}ɿ$^{533-53}$ du$^{213-21}$ fəŋ^{45}　刮大风

台风 dei$^{221-21}$ fəŋ^{45}

刮台风 kuaʔ^5 dei$^{221-21}$ fəŋ^{45}

龙风 liɔŋ$^{221-21}$ fəŋ^{45}　龙卷风

鬼头风 kuei$^{533-53}$ du$^{221-21}$ fəŋ^{45}　小型旋风：发～

弄堂风 ləŋ$^{213-13}$ dɔŋ$^{221-22}$ fəŋ^{45}

歇 ɕiɛʔ^5　（风）停

逆风 n̥iaʔ$^{23-2}$ fəŋ^{45}　逆风　‖"逆"韵母音变

顺风 ʑyŋ$^{213-21}$ fəŋ^{45}

云 yŋ^{221}

乌云 uə^{45} yŋ^{221}　黑云

白云 biaʔ^{23} yŋ^{221}

天火烧 t^{h}iɛ̃$^{45-33}$ xu$^{533-53}$ ɕiɐɯ^{45}　火烧云

天雷 t^{h}iɛ̃$^{45-55}$ lei$^{221-213}$　雷

响天雷 ɕiaŋ$^{533-53}$ t^{h}iɛ̃$^{45-55}$ lei$^{221-213}$　打雷

霹雳 p^{h}iʔ^5 liɛʔ^{23}　打到地上的雷

霹雳雷 pʰiʔ⁵ liɛʔ²³ lei²²¹

霍闪 xuɔʔ⁵ ɕiẽ⁵³³⁻³³⁴　闪电，名词

打霍闪 tiaŋ⁵³³⁻⁵³ xuɔʔ⁵ ɕiẽ⁵³³⁻³³⁴　闪电，动词

鲎 xu³³⁴　彩虹

东鲎 təŋ⁴⁵⁻⁵⁵ xu³³⁴　东边的彩虹

西鲎 ɕiɛ⁴⁵⁻⁵⁵ xu³³⁴　西边的彩虹

雨 yɛ¹³

洞⁼雨 dəŋ²¹³⁻²² yɛ¹³　下雨

大雨 du²¹³⁻²¹ yɛ¹³

小雨 ɕiɐɯ⁵³³⁻⁵³ yɛ¹³

毛毛雨 mɐɯ²²¹⁻²² mɐɯ²²¹⁻²¹ yɛ¹³

雷雨 lei²²¹⁻²¹ yɛ¹³

雷阵雨 lei²²¹⁻²² dʑiŋ²²¹⁻²¹ yɛ¹³

日头雨 nɛʔ²³ du²²¹⁻²¹ yɛ¹³　晴天下雨

黄梅雨 ɔŋ²²¹⁻²² mei²²¹⁻²¹ yɛ¹³　梅雨

连阴雨 liẽ²²¹⁻²² iŋ⁴⁵ yɛ¹³　下了很长时间的雨。也可指梅雨季节下的雨

斜风雨 ziŋ²²¹⁻²¹ fəŋ⁴⁵⁻³³ yɛ¹³

飘 pʰiɐɯ⁴⁵　斜风雨斜落下来

雨氽 yɛ¹³ y⁵³³　雨水

浥雨 ziɔʔ²³ yɛ¹³　淋雨

雪 ɕyɛʔ⁵

洞⁼雪 dəŋ²¹³⁻²¹ ɕyɛʔ⁵　下雪

开雪眼 kʰei⁴⁵⁻³³ ɕyɛʔ⁵ ŋaŋ¹³　冬春时，天空满布高、低层云，在中午，太阳露了面，人称"开雪眼"，被认为是下雪的前兆

炀雪 iaŋ²²¹⁻²² ɕyɛʔ⁵　化雪

雪霰 ɕyɛʔ⁵⁻³ saʔ⁵　雪子

雪子 ɕyɛʔ⁵⁻³ tsɿ⁵³³

洞⁼雪霰 dəŋ²¹³⁻²¹ ɕyɛʔ⁵⁻³ saʔ⁵　下雪子

雪花 ɕyɛʔ⁵⁻³ xɒ⁴⁵

飘雪花 pʰiɐu⁴⁵⁻³³ ɕyɛʔ⁵ xɒ⁴⁵

龙雹 lioŋ²²¹⁻²¹ bɔʔ²³　冰雹

霜 ɕioŋ⁴⁵

打霜 tiaŋ⁵³³⁻⁵³ ɕioŋ⁴⁵　下霜

雾露 muə²¹³⁻²² luə²¹³　雾

起雾露 tsʰɿ⁵³³⁻⁵³ muə²¹³⁻²² luə²¹³　起雾

露洣 luə²¹³⁻¹³ y⁵³³　露水

落雾露 lɔʔ²³ muə²¹³⁻²² luə²¹³　下露水

冰 piŋ⁴⁵

冰涸□ piŋ⁴⁵⁻³³ kuɛʔ⁵ tɕyɐu³³⁴　冰

□ tɕyɐu³³⁴　（1）冰；（2）结冰

结冰 tɕiɛʔ⁵⁻³ piŋ⁴⁵

琉璃□ liɯ²²¹⁻¹³ li²²¹⁻²² tɕyɐu³³⁴　屋檐下的冰锥

　　笔猪簪 piʔ⁵ tɒ⁴⁵⁻³³ tsɛ̃⁴⁵

冰凌角 piŋ⁴⁵⁻⁵⁵ liŋ²²¹⁻²¹ kɔʔ⁵　冰块

鲤鱼换腰 li¹³ ŋɤ²²¹⁻²² uaŋ²¹³⁻²¹ iɐu⁴⁵　地震

　　地震 di²¹³⁻¹³ tɕiŋ³³⁴

火着起 xu⁵³³⁻⁵³ dei¹³ tɕʰi⁵³³⁻⁰　火灾

　　火灾 xu⁵³³⁻⁵³ tsei⁴⁵

三、气候

天意⁼ tʰiɛ̃⁴⁵⁻⁵⁵ i³³⁴　天气

天晴 tʰiɛ̃⁴⁵ ʑiŋ²²¹

　　有日头 uɔʔ²³ nɛʔ²³ du²²¹

天阴 tʰiɛ̃⁴⁵⁻³³ iŋ⁴⁵

　　无日头 muə²²¹⁻²² nɛʔ²³ du²²¹

洞⁼雨天 dəŋ²¹³⁻²² yɛ¹³⁻²¹ tʰiɛ̃⁴⁵　下雨天

洞⁼雪天 dəŋ²¹³⁻²¹ ɕyɛʔ⁵⁻³ tʰiɛ̃⁴⁵　下雪天

黄梅天 ɔŋ²²¹⁻²² mei²²¹⁻²¹ tʰiɛ̃⁴⁵　梅雨天
　　梅天 mei²²¹⁻²¹ tʰiɛ̃⁴⁵
出梅 tɕʰyɛʔ⁵ mei²²¹
涨大水 tɕiaŋ⁵³³⁻⁵³ du²¹³⁻¹³ y⁵³³　发大水
　　发大水 faʔ⁵ du²¹³⁻¹³ y⁵³³
天旱 tʰiɛ̃⁴⁵⁻⁵⁵ uɛ̃²¹³
　　旱 uɛ̃²¹³
秋老虎 tɕʰiɯ⁴⁵ lɤɯ¹³ xuə⁵³³
返潮 faŋ⁵³³⁻⁵³ dʑiɤɯ²²¹
返潮日 faŋ⁵³³⁻⁵³ dʑiɤɯ²²¹⁻²² nɛʔ²³　返潮天

第二节　地　　理

一、田地

田畈 diɛ̃²²¹⁻²² faŋ³³⁴　成片的水田
田 diɛ̃²²¹
水田 y⁵³³⁻⁵³ diɛ̃²²¹　水田
秧田 ɛ̃⁴⁵⁻⁵⁵ diɛ̃²²¹⁻²¹³
田塍 diɛ̃²²¹⁻²² ʑiŋ²²¹⁻²¹³　田埂
田坎 diɛ̃²²¹⁻²² kʰɛ̃³³⁴　有落差的水田间田埂
田缺 diɛ̃²²¹⁻²¹ tɕʰyɛʔ⁵　田埂的缺口
田坑 diɛ̃²²¹⁻²¹ tɕʰiaŋ⁴⁵　稻作中搁田时用的排水沟
地 di²¹³
地坪 di²¹³⁻¹³ biŋ²²¹　开垦的山地
　　地垯 di²¹³⁻²¹ taʔ⁵
山垄田 saŋ⁴⁵ləŋ²²¹⁻²² diɛ̃²²¹⁻²¹³　梯田
菜园 tsʰei³³⁴⁻⁵⁵ xəŋ³³⁴

菜地 tsʰei³³⁴⁻⁵⁵ di²¹³

圩 yɛ²²¹　畦（垄）

熟地 ʑiuʔ²³ di²¹³　耕种多年土质较好的田

荒地 xɔŋ⁴⁵⁻⁵⁵ di²¹³

沙田 sa⁴⁵⁻⁵⁵ diɛ̃²²¹⁻²¹³

角落 kɔʔ⁵ lɔʔ²³

坼 tʰiaʔ⁵　裂缝

开坼 kʰei⁴⁵⁻³³ tʰiaʔ⁵　开裂

漉 pɨɯ⁴⁵　固体颗粒进出

藏⁼ zɔŋ²²¹　踏陷

藏⁼旷⁼ zɔŋ²²¹⁻²² kʰɔŋ³³⁴　（1）自然形成（多因泥沙流失）的内空地形；（2）陷阱

塌方 tʰaʔ⁵⁻³ fəŋ⁴⁵

泥石流 nʲin²²¹⁻²² ʑiʔ²³ liɯ²²¹

二、山

山 saŋ⁴⁵

山上 saŋ⁴⁵ dʑian¹³⁻⁰

山顶上 saŋ⁴⁵⁻³³ tin⁵³³⁻⁵⁵ dʑian²¹³

　　山顶 saŋ⁴⁵⁻³³ tin⁵³³

半山腰 pɛ̃³³⁴⁻⁵⁵ saŋ⁴⁵⁻³³ iɨɯ⁴⁵

山埯 saŋ⁴⁵⁻⁵⁵ uɛ̃³³⁴　山岙

山背 saŋ⁴⁵⁻⁵⁵ pei³³⁴　与山岙相对

坑 tɕʰian⁴⁵　山涧，沟

　　山坑 saŋ⁴⁵⁻³³ tɕʰian⁴⁵

山脚下 saŋ⁴⁵⁻³³ tɕiaʔ⁵ in¹³

　　山脚 saŋ⁴⁵⁻³³ tɕiaʔ⁵

山峡 saŋ⁴⁵⁻³³ gaʔ²³　峡谷

山洞 saŋ⁴⁵⁻⁵⁵ dəŋ²¹³

山垄 saŋ⁴⁵⁻⁵⁵ləŋ¹³⁻²¹³　山岗
　　山岗 saŋ⁴⁵⁻⁵⁵kɔŋ⁵³³⁻³³⁴
大山 du²¹³⁻²¹saŋ⁴⁵　深山
山头上 saŋ⁴⁵⁻⁵⁵du²²¹⁻²¹dʑiaŋ²¹³⁻¹³　山区
　　山村里 saŋ⁴⁵⁻³³tsʰɛ̃⁴⁵lei¹³⁻⁰
　　山区 saŋ⁴⁵⁻³³tɕʰye⁴⁵
岭 liŋ¹³
　　山岭 saŋ⁴⁵⁻⁵⁵liŋ¹³
岭背 liŋ¹³pei³³⁴　坡顶
筀坡 tɕʰiŋ³³⁴⁻³³pu⁴⁵　斜坡
毛竹山 mɐɯ²²¹⁻²¹tiuʔ⁵saŋ⁴⁵　竹山
茶山 dzɒ²²¹⁻²¹saŋ⁴⁵

三、水

㳲 y⁵³³　水。㳲,《广韵》之累切,《类篇》:"闽人谓水曰㳲。"遂昌话"㳲"读零声母,系章母脱落
溪 tɕʰiɛ⁴⁵
大溪 du²¹³⁻²¹tɕʰiɛ⁴⁵
溪滩 tɕʰiɛ⁴⁵⁻³³tʰaŋ⁴⁵
溪岸 tɕʰiɛ⁴⁵⁻⁵⁵uɛ̃²¹³
礶壁㳲 daŋ²²¹⁻²¹piʔ⁵⁻³y⁵³³　瀑布
　　瀑布 bɐɯ¹³puə³³⁴
大㳲 du²¹³⁻¹³y⁵³³　洪水
泉㳲 ʑyɛ̃²²¹⁻¹³y⁵³³　泉水
　　山泉㳲 saŋ⁴⁵ʑyɛ̃²²¹⁻¹³y⁵³³
江 kɔŋ⁴⁵
塘 dɔŋ²²¹　水塘
　　㳲塘 y⁵³³⁻⁵³dɔŋ²²¹
　　池塘 zɿ²²¹⁻²²dɔŋ²²¹⁻²¹³

潭 dẽ²²¹

青龙潭 tɕʰiŋ⁴⁵⁻³³ lioŋ²²¹⁻²² dẽ²²¹⁻²¹³　深潭

湖 uə²²¹

氺库 y⁵³³⁻⁵³ kʰuə³³⁴　水库

　水库 ɕy⁵³³⁻⁵³ kʰuə³³⁴

井 tɕiŋ⁵³³　水井

　氺井 y⁵³³⁻⁵³ tɕiŋ⁵³³

海 xei⁵³³

　大海 du²¹³⁻¹³ xei⁵³³

氺面 y⁵³³⁻⁵⁵ miẽ²¹³　水面

氺底 y⁵³³⁻⁵³ tiɛ⁵³³　水底

氺旋 y⁵³³⁻⁵⁵ ʑyẽ²¹³　旋涡

　旋 ʑyẽ²¹³

氺花 y⁵³³⁻⁵³ xɒ⁴⁵　水花

泲 vaʔ²³　泡沫

坎头 kʰẽ³³⁴⁻³³ du²²¹　筑坎的起始部分，比较结实。比喻笨

　坎脑 kʰẽ³³⁴⁻³³ nɐɯ¹³

堰 iẽ³³⁴　坝

　坝 pɒ³³⁴

磴 təŋ³³⁴　堤

闸 zaʔ²³

暖汤 nəŋ¹³⁻²¹ tʰɔŋ⁴⁵　热水

　热氺 ȵieʔ²³ y⁵³³

浸氺 tsʰəŋ³³⁴⁻³³ y⁵³³　冷水

黄泥氺 ɔŋ²²¹⁻²² ȵiŋ²²¹⁻²¹ y⁵³³　黄泥水

浑氺 uẽ²²¹⁻¹³ y⁵³³　浑水

□汽 ɕiɐɯ³³⁴⁻⁵⁵ tsʰʅ³³⁴　水蒸汽

□氺 ɕiɐɯ³³⁴⁻³³ y⁵³³　水蒸汽凝结的水

潊 bən¹³　水满或水沸溢出

作⁼ tsɔʔ⁵　用土石拦水

沟 ku⁴⁵

窨洞 iŋ²¹³⁻¹³ dəŋ²¹³　阴沟

井㴲 tɕiŋ⁵³³⁻⁵³ y⁵³³　井水

自来㴲 zɿ²¹³⁻²² lei²²¹⁻¹³ y⁵³³　自来水

渧 tiŋ³³⁴　液体下滴

漏 lu²¹³

洇 iŋ⁵³³　渗水，墨水着纸向周围散开

溅 tɕiẽ³³⁴　溅水

浮 vuə²²¹

□tiŋ³³⁴　在水中下沉

游 iɯ²²¹

四、沙石、矿物等

礒壳 daŋ²²¹⁻²¹ kʰɔʔ⁵　石头

礒壳子 daŋ²²¹⁻²¹ kʰɔʔ⁵⁻³ tsɤ⁵³³　小石子

溪滩石 tɕʰie⁴⁵⁻⁵⁵ tʰaŋ⁴⁵⁻³³ ziʔ²³　鹅卵石，有大有小、自然形成的

开山石 kʰei⁴⁵⁻⁵⁵ saŋ⁴⁵⁻³³ ziʔ²³　新开出的带有棱角而锋利的石块

礒壳片 daŋ²²¹⁻²¹ kʰɔʔ⁵ pʰiẽ³³⁴　石片

礒壁 daŋ²²¹⁻²¹ piʔ⁵　石壁

窟峒 kʰuɛʔ⁵⁻³ təŋ²²¹⁻⁴⁵　窟窿　‖"峒"声母清化

烂泥 laŋ²¹³⁻¹³ ȵiŋ²²¹

泥 ȵiŋ²²¹　泥土

黄泥 ɔŋ²²¹⁻²² ȵiŋ²²¹⁻²¹³

黄泥块 ɔŋ²²¹⁻¹³ ȵiŋ²²¹⁻²² kʰuei³³⁴

黄泥堆 ɔŋ²²¹⁻¹³ ȵiŋ²²¹⁻²² tei⁴⁵

金丝泥 tɕiŋ⁴⁵⁻³³ sɤ⁴⁵⁻⁵⁵ ȵiŋ²²¹⁻²¹³　用于做缸的陶土

　缸泥 kɔŋ⁴⁵⁻⁵⁵ ȵiŋ²²¹⁻²¹³

泥垎头 ȵiŋ²²¹⁻²² bəɯʔ²³ du²²¹　风干的泥块

沙 sa⁴⁵

沙滩 sa⁴⁵⁻³³ tʰaŋ⁴⁵

沙泥 sa⁴⁵⁻⁵⁵ n̠iŋ²²¹⁻²¹³

烂踏背= laŋ²¹³⁻¹³ daʔ²³⁻² bei⁻²¹³　大水之后沉淀下来的泥土

　　大㳒泥 du²¹³⁻¹³ y⁵³³⁻⁵³ n̠iŋ²²¹

灰壒 xuei⁴⁵⁻³³ əŋ⁵³³　灰尘

　　壒 əŋ⁵³³

　　灰 xuei⁴⁵

　　灰尘 xuei⁴⁵⁻⁵⁵ dʑiŋ²²¹⁻²¹³

垃圾 ləʔ²³⁻² səʔ⁵

　　砾圾 liʔ²³⁻² səʔ⁵

粉 fəŋ⁵³³　粉末

火 xu⁵³³

火星 xu⁵³³⁻⁵³ ɕiŋ⁴⁵

火苗 xu⁵³³⁻⁵³ miɐu²²¹

着 dei¹³　（火）燃烧、（灯）亮

乌 uə⁴⁵　（火、灯）熄灭

□uə⁴⁵　暗火闷烧

□烟堆 uə⁴⁵⁻⁵⁵ iɛ̃⁴⁵⁻³³ tei⁴⁵　暗火闷烧的杂草（常带有泥块）堆，冷却后筛出的就是草木灰

烟 iɛ̃⁴⁵

火烟 xu⁵³³⁻⁵³ iɛ̃⁴⁵

火樵头 xu⁵³³⁻³³ ziɐu²²¹⁻²² du²²¹⁻²¹³　未燃尽的柴头

　　樵头 ziɐu²²¹⁻²² du²²¹⁻²¹³

金 tɕiŋ⁴⁵

黄金 ɔŋ²²¹⁻²¹ tɕiŋ⁴⁵

白金 biaʔ²³⁻² tɕiŋ⁴⁵

钻石 tsɛ̃³³⁴⁻³³ ʑiʔ²³

银 n̠iŋ²²¹

白银 biaʔ²³ ɲiŋ²²¹
水银 ɕy⁵³³⁻⁵³ ɲiŋ²²¹
铜 dəŋ²²¹
铁 tʰiɛʔ⁵
钢 kɔŋ⁴⁵
镴 laʔ²³　锡
　锡 ɕiʔ⁵
铅 tɕʰiɛ̃⁴⁵
锈 ɕiɯ³³⁴　铁锈
　铁锈 tʰiɛʔ⁵ɕiɯ³³⁴
锈 ɕiɯ³³⁴　上锈
　上锈 dziaŋ¹³ɕiɯ³³⁴
　上铁锈 dziaŋ¹³tʰiɛʔ⁵ɕiɯ³³⁴
玉 ɲiɔʔ²³
翡翠 fi⁵³³⁻⁵⁵tsʰei³³⁴
宝石 pɐɯ⁵³³⁻⁵³ʑiʔ²³
白矾 biaʔ²³vaŋ²²¹　明矾
明矾 miŋ²²¹⁻²²vaŋ²²¹⁻²¹³
绿矾 liɔʔ²³vaŋ²²¹　硫酸铜
硫磺 liɯ²²¹⁻²²ɔŋ²²¹⁻²¹³
吸铁石 ɕiʔ⁵⁻³tʰiɛʔ⁵ʑiʔ²³
萤石 iŋ²²¹⁻²¹ʑiʔ²³
打火石 tiaŋ⁵³³⁻⁵³xu⁵³³⁻⁵³ʑiʔ²³　燧石
　火石
石油 ʑiʔ²³iɯ²²¹
煤 mei²²¹
炭 tʰaŋ³³⁴
硬炭 ɲiaŋ²¹³⁻¹³tʰaŋ³³⁴　硬柴炭
煤炭 mei²²¹⁻²²tʰaŋ³³⁴

矿 kʰɔŋ³³⁴

金矿 tɕiŋ⁴⁵⁻⁵⁵ kʰɔŋ³³⁴　遂昌金矿久负盛名，位于遂昌县花园岭。经中国地震局地质研究所的碳 14 测定，该矿开采始于初唐，有文字记载的始于北宋，今留有完整的北宋元丰年间的开采遗迹

银矿 ȵiŋ²²¹⁻²² kʰɔŋ³³⁴

煤矿 mei²²¹⁻²² kʰɔŋ³³⁴

矿井 kʰɔŋ³³⁴⁻³³ tɕiŋ⁵³³

第三节　时　令　时　间

一、季节、节气

春间 tɕʰyŋ⁴⁵ kaŋ⁴⁵⁻⁰　春天

夏间 ɲ²¹³⁻²¹ kaŋ⁴⁵　夏天

　六月天 ləɯʔ²³ ȵyeʔ²³⁻² tʰiẽ⁴⁵

伏里 vəɯʔ²³ lei¹³⁻⁰　伏天

伏满 vəɯʔ²³ mẽ¹³　伏天结束

秋间 tɕʰiɯ⁴⁵ kaŋ⁴⁵⁻⁰　秋天

冬间 təŋ⁴⁵ kaŋ⁴⁵⁻⁰　冬天

节气 tɕieʔ⁵ tsʰɿ³³⁴

交春 kɐɯ⁴⁵⁻³³ tɕʰyŋ⁴⁵　立春

　立春 liʔ²³⁻² tɕʰyŋ⁴⁵

雨水 ye¹³ ɕy⁵³³

惊蛰 tɕiŋ⁴⁵⁻³³ dziɛʔ²³

春分 tɕʰyŋ⁴⁵⁻³³ fəŋ⁴⁵

清明 tɕʰiŋ⁴⁵⁻⁵⁵ miŋ²²¹⁻²¹³

谷雨 kəɯʔ⁵ ye¹³

立夏 liʔ²³ ɲ²¹³

小满 ɕiɐɯ$^{533\text{-}53}$ mẽ^{13}

芒种 mɒŋ$^{221\text{-}22}$ tɕioŋ^{334}

夏至 ɒ$^{213\text{-}13}$ tsʅ^{334}

小暑 ɕiɐɯ$^{533\text{-}53}$ ɕyɛ^{533}

大暑 du$^{21\text{-}13}$ ɕyɛ^{533}

交秋 kɐɯ$^{45\text{-}33}$ tɕʰiɯ^{45}

 立秋 liʔ$^{23\text{-}2}$ tɕʰiɯ^{45}

处暑 tɕʰyɛ$^{334\text{-}33}$ ɕyɛ^{533}

白露 biaʔ^{23} luə^{213}

秋分 tɕʰiɯ$^{45\text{-}33}$ fəŋ^{45}

寒露 uẽ$^{221\text{-}22}$ luə^{213}

霜降 ɕioŋ$^{45\text{-}55}$ kɒŋ^{334}

立冬 liʔ$^{23\text{-}2}$ təŋ^{45}

小雪 ɕiɐɯ$^{533\text{-}53}$ ɕyɛʔ^{5}

大雪 du$^{213\text{-}21}$ ɕyɛʔ^{5}

冬至 təŋ$^{45\text{-}55}$ tsʅ^{334}

小寒 ɕiɐɯ$^{533\text{-}53}$ uẽ^{221}

大寒 du$^{213\text{-}13}$ uẽ^{221}

二、年

今年 kei$^{45\text{-}55}$ ȵiẽ$^{221\text{-}213}$

明年 mɒ$^{221\text{-}22}$ ȵiẽ$^{221\text{-}213}$

后年 u^{13} ȵiẽ^{221}

大后年 du$^{213\text{-}21}$ u^{13} ȵiẽ^{221}

大大后年 du$^{213\text{-}22}$ du$^{213\text{-}21}$ u^{13} ȵiẽ^{221} 明年的大后年

去年 kʰei$^{334\text{-}33}$ ȵiẽ^{221}

前年 ʑyẽ$^{221\text{-}22}$ ȵiẽ$^{221\text{-}213}$

大前年 du$^{213\text{-}13}$ ʑyẽ$^{221\text{-}22}$ ȵiẽ$^{221\text{-}213}$

大大前年 du$^{213\text{-}22}$ du$^{213\text{-}21}$ ʑyẽ$^{221\text{-}22}$ ȵiẽ$^{221\text{-}213}$

年头 ȵiẽ²²¹⁻²² du²²¹⁻²¹³

年初 ȵiẽ²²¹⁻²¹ tsʰuə⁴⁵

年中央 ȵiẽ²²¹⁻²² təŋ⁴⁵⁻³³ iaŋ⁴⁵　年中间

年尾 ȵiẽ²²¹⁻²¹ mi¹³

年底 ȵiẽ²²¹⁻¹³ tie⁵³³

上半年 dʑiaŋ²¹³⁻²¹ pẽ³³⁴⁻⁴⁵ ȵiẽ²²¹⁻⁰

下半年 iɒ¹³⁻²¹ pẽ³³⁴⁻⁴⁵ ȵiẽ²²¹⁻⁰

闰年 yŋ²¹³⁻¹³ ȵiẽ²²¹

整年到头 tɕiŋ⁵³³⁻⁵³ ȵiẽ²²¹⁻²² tɐɯ³³⁴⁻³³ du²²¹　一年到头

　　一年到头 iʔ⁵ ȵiẽ²²¹⁻²² tɐɯ³³⁴⁻³³ du²²¹

年把 ȵiẽ²²¹⁻²² pu⁵³³⁻⁴⁵　一两年

好两年 xɐɯ⁵³³⁻⁵³ lẽ¹³⁻⁴⁵ ȵiẽ²²¹⁻⁰　好几年

年成 ȵiẽ²²¹⁻²² ʑiŋ²²¹⁻²¹³

三、月

月日 ȵyɛʔ²³⁻² nɛʔ²³　月

　月 ȵyɛʔ²³

上个月 dʑiaŋ²¹³⁻²¹ kei³³⁴⁻⁰ ȵyɛʔ²³⁻⁰

下个月 iɒ¹³⁻²¹ kei³³⁴⁻⁰ ȵyɛʔ²³⁻⁰

乙个月 iʔ⁵ kei³³⁴⁻⁰ ȵyɛʔ²³⁻⁰　这个月

正月 tɕiŋ⁴⁵ ȵyɛʔ²³

十二月 ʑyɛʔ²³ ȵi²¹³⁻²¹ ȵyɛʔ²³　腊月

闰月 yŋ²¹³⁻²¹ ȵyɛʔ²³

月初 ȵyɛʔ²³⁻² tsʰuə⁴⁵

　月头上 ȵyɛʔ²³ du²²¹⁻²² dʑiaŋ²¹³⁻⁰

月半 ȵyɛʔ²³ pẽ³³⁴

月底 ȵyɛʔ²³ tie⁵³³

上半月 dʑiaŋ²¹³⁻²¹ pẽ³³⁴⁻⁴⁵ ȵyɛʔ²³⁻⁰

下半月 iɒ¹³⁻²¹ pẽ³³⁴⁻⁴⁵ ȵyɛʔ²³⁻⁰

月大 ȵyɛʔ²³ du²¹³　大建，农历有三十天的月份

月小 ȵyɛʔ²³ ɕiɯɑ⁵³³　小建，农历不到三十天的月份

五荒六月 ŋuə¹³⁻²² xɔŋ⁴⁵ ləɯʔ²³⁻² ȵyɛʔ²³　五、六月青黄不接时

上旬 dʑiaŋ²¹³⁻¹³ ʑyŋ²¹³

中旬 tɕioŋ⁴⁵⁻⁵⁵ ʑyŋ²¹³

下旬 iɒ¹³ ʑyŋ²¹³

四、日

今日 kɛʔ⁵⁻³ nɛʔ²³⁻⁵　今天

明日 mɒ²²¹⁻²² nɛʔ²³　明天

明后日 mɒ²²¹⁻²² u¹³ nɛʔ²³⁻⁵　明后天

后日 u¹³ nɛʔ²³⁻⁵　后天

大后日 du²¹³⁻²² u¹³ nɛʔ²³⁻⁵　大后天

大大后日 du²¹³⁻²² du²¹³⁻²¹ u¹³ nɛʔ²³⁻⁵　大大后天

昨莫⁼ zɔʔ²³⁻² mɔʔ²³　昨天

前日 ʑyɛ̃²²¹⁻²² nɛʔ²³　前天

大前日 du²¹³⁻¹³ ʑyɛ̃²²¹⁻²² nɛʔ²³　大前天

大大前日 du²¹³⁻²² du²¹³⁻²¹ ʑyɛ̃²²¹⁻²² nɛʔ²³　大大前天

前两日 ʑyɛ̃²²¹⁻²² lẽ¹³⁻⁴⁵ nɛʔ²³⁻⁰　前几天

整日儿 tɕiŋ⁵³³⁻⁵³ nɛʔ²³ ȵiɛ²²¹　整天

一日 iʔ⁵ nɛʔ²³　一天

半日 pɛ̃³³⁴⁻⁴⁵ nɛʔ²³⁻⁰　半天

大半日 du²¹³⁻²¹ pɛ̃³³⁴⁻⁴⁵ nɛʔ²³⁻⁰　大半天

小半日 ɕiɯɑ⁵³³⁻⁵³ pɛ̃³³⁴⁻⁴⁵ nɛʔ²³⁻⁰　小半天

日间 nɛʔ²³ kaŋ⁴⁵⁻³³⁴　白天，跟晚上相对

天光边 tʰiɛ̃⁴⁵⁻³³ kɔŋ⁴⁵ piɛ̃⁴⁵　快天亮时

天光早 tʰiɛ̃⁴⁵⁻³³ kɔŋ⁴⁵ tsɯɑ⁵³³　早晨

天光 tʰiɛ̃⁴⁵⁻³³ kɔŋ⁴⁵　（1）早上；（2）上午

前半日 ʑyɛ̃²²¹⁻²² pɛ̃³³⁴⁻⁴⁵ nɛʔ²³⁻⁰　上午

上半日 dʑiaŋ²¹³⁻²¹ pẽ³³⁴⁻⁴⁵ nɛʔ²³⁻⁰

正日午 tɕiŋ³³⁴⁻³³ nẽ²³⁻²² ŋuə¹³　正午　‖"日"由 nɛʔ²³ 音变为 nẽ²²¹

日午 nẽ²²¹⁻²² ŋuə¹³　下午

　午罢 ŋuə¹³⁻²² bɒ¹³

　昼罢 tu³³⁴⁻⁵⁵ bɒ¹³

　后半日 u¹³⁻²¹ pẽ³³⁴⁻⁴⁵ nɛʔ²³⁻⁰

　下半日 iɒ¹³⁻²¹ pẽ³³⁴⁻⁴⁵ nɛʔ²³⁻⁰

刹晏 saʔ⁵ uẽ³³⁴　天将暗时

　黄昏跟儿 ɔŋ²²¹⁻²¹ xuẽ⁴⁵⁻³³ kẽ⁴⁵⁻⁵⁵ ȵie²²¹⁻²¹³

　黄昏跟 ɔŋ²²¹⁻²¹ xuẽ⁴⁵⁻³³ kẽ⁴⁵

乌阴 uə⁴⁵⁻⁵⁵ iŋ⁴⁵⁻³³⁴　天黑,黄昏

黄昏 ɔŋ²²¹⁻²¹ xuẽ⁴⁵　晚上,跟白天相对

暝间 miaŋ²²¹⁻²¹ kaŋ⁴⁵　夜里

前半暝 ʑyẽ²²¹⁻²² pẽ³³⁴⁻⁴⁵ miaŋ²²¹⁻⁰　上半夜

　上半暝 dʑiaŋ²¹³⁻²¹ pẽ³³⁴⁻⁴⁵ miaŋ²¹³⁻⁰

后半暝 u¹³⁻²¹ pẽ³³⁴⁻⁴⁵ miaŋ²¹³⁻⁰　下半夜

　下半暝 iɒ¹³⁻²¹ pẽ³³⁴⁻⁴⁵ miaŋ²¹³⁻⁰

半暝 pẽ³³⁴⁻⁴⁵ miaŋ²¹³⁻⁰　半夜

半暝三更 pẽ³³⁴⁻⁵⁵ miaŋ²¹³⁻²¹ saŋ⁴⁵⁻³³ kaŋ⁴⁵　半夜三更

三十暝 saŋ⁴⁵⁻³³ ʑyɛʔ²³⁻² miaŋ²¹³　除夕

日日 nɛʔ²³⁻² nɛʔ²³　每天

　每日 mei¹³ nɛʔ²³⁻⁵

日暝 nɛʔ²³ miaŋ²¹³　日夜

日子 nɛʔ²³ tsɿ⁵³³

过日子 ku³³⁴⁻³³ nɛʔ²³ tsɿ⁵³³

星期一 ɕiŋ⁴⁵⁻⁵⁵ dzɿ²²¹⁻²¹ iʔ⁵

星期二 ɕiŋ⁴⁵⁻³³ dzɿ²²¹⁻²² ȵi²¹³

星期三 ɕiŋ⁴⁵⁻⁵⁵ dzɿ²²¹⁻²¹ saŋ⁴⁵

星期四 ɕiŋ⁴⁵⁻⁵⁵ dzɿ²²¹⁻²¹ sɿ³³⁴

星期五 ɕiŋ$^{45-55}$ dzȵ$^{221-21}$ ŋuə^{13}

星期六 ɕiŋ$^{45-55}$ dzȵ$^{221-21}$ ləɯʔ^{23}

星期日 ɕiŋ$^{45-55}$ dzȵ$^{221-21}$ nɛʔ^{23}

初一 tɕʰiu$^{45-33}$ iʔ^{5}

初二 tɕʰiu$^{45-55}$ ȵi^{213}

初三 tɕʰiu$^{45-33}$ saŋ^{45}

初四 tɕʰiu$^{45-55}$ sȵ^{334}

初五 tɕʰiu$^{45-55}$ ŋuə^{13}

初六 tɕʰiu$^{45-55}$ ləɯʔ^{23}

初七 tɕʰiu$^{45-33}$ tɕʰiʔ^{5}

初八 tɕʰiu$^{45-33}$ paʔ^{5}

初九 tɕʰiu$^{45-33}$ tɕiɯ^{533}

初十 tɕʰiu$^{45-55}$ ʑyɛʔ^{23}

五、其他时间概念

时间 zȵ$^{221-21}$ kaŋ^{45}

时节 zȵ$^{221-21}$ tɕiɛʔ^{5}　时候

工夫 kəŋ$^{45-33}$ fuə^{45}

一记儿 iʔ^{5} tsȵ$^{334-33}$ ȵiɛ$^{221-45}$　一下子

三头两日 saŋ^{45} du$^{221-22}$ lɛ̃^{13} nɛʔ$^{23-5}$　不确定的时间

钟头 tɕioŋ$^{45-55}$ du$^{221-213}$　小时

个把钟头 kei$^{334-33}$ pu$^{533-45}$ tɕioŋ$^{45-55}$ du$^{221-213}$

两三个钟头 lɛ̃^{13} saŋ$^{45-55}$ kei$^{533-33}$ tɕioŋ$^{45-55}$ du$^{221-213}$

分钟 fəŋ$^{45-33}$ tɕioŋ^{45}

七八分钟 tɕʰiʔ$^{5-3}$ paʔ^{5} fəŋ$^{45-33}$ tɕioŋ^{45}

十来分钟 ʑyɛʔ^{23} lei$^{221-22}$ fəŋ$^{45-33}$ tɕioŋ^{45}

秒钟 miɐɯ$^{13-21}$ tɕioŋ^{45}

两分钟 lɛ̃^{13} fəŋ$^{45-33}$ tɕioŋ^{0}　(1) 两分钟；(2) 几分钟

黄历 ɔŋ$^{221-21}$ liʔ^{23}　历书

阳历 iaŋ²²¹⁻²¹ liʔ²³
　　公历 kəŋ⁴⁵ liʔ²³
阴历 iŋ⁴⁵ liʔ²³
　　农历 nəŋ²²¹⁻²¹ liʔ²³
轧⁼在 gaʔ²³⁻² zei¹³　现在
　　乙记 iʔ⁵ tsʅ³³⁴⁻⁰
以前 i¹³⁻⁵³ ʑi\~ɛ²²¹
以后 i¹³⁻²² u¹³
早日 tsɐɯ⁵³³⁻⁵³ nєʔ²³　早些日子
早先 tsɐɯ⁵³³⁻⁵³ ɕi\~ɛ⁴⁵　较早以前
霉⁼日儿 mei²²¹⁻²² nєʔ²³ ȵiɛ²²¹　从前，古时候
　　霉尝⁼儿 mei²²¹⁻¹³ ʑiaŋ²²¹⁻²² ȵiɛ²²¹⁻²¹³
隔记 tɕiaʔ⁵ tsʅ³³⁴⁻⁰　等会儿
拥⁼□ioŋ⁴⁵ p\~ɛ⁻⁰　刚才
拥⁼开始 ioŋ⁴⁵ kʰei⁴⁵⁻³³ sʅ⁵³³　刚开始
　　一开始 iʔ⁵ kʰei⁴⁵⁻³³ sʅ⁵³³
臌臀后 kʰuɔʔ⁵ d\~ɛ²²¹⁻²¹ u¹³　后来
　　后底 u¹³ tiɛ⁵³³
末落㞘 mɔʔ²³⁻⁵ lɔʔ²³⁻² tʰɔʔ⁵　最后
　　最后底 tsei³³⁴⁻⁴⁵ u¹³ tiɛ⁵³³
一生世 iʔ⁵ ɕiaŋ⁴⁵ ɕiɛ³³⁴　一生一世
　　一世 iʔ⁵ ɕiɛ³³⁴
时辰 zʅ²²¹⁻²² ʑiŋ²²¹⁻²¹³
子时 tsɤ⁵³³⁻⁵³ zʅ²²¹　晚上11点到凌晨零点59分
丑时 tɕʰiɯ⁵³³⁻⁵³ zʅ²²¹　凌晨1点到2点59分
寅时 iŋ¹³ zʅ²²¹　凌晨3点到4点59分
卯时 mɐɯ¹³ zʅ²²¹　凌晨5点到6点59分
辰时 ʑiŋ²²¹⁻²² zʅ²²¹⁻²¹³　早上7点到8点59分
巳时 zʅ¹³ zʅ²²¹　早上9点到10点59分

午时 ŋuə¹³ zʅ²²¹　中午 11 点到 12 点 59 分

未时 mi²¹³⁻²¹ zʅ²²¹　下午 1 点到 2 点 59 分

申时 ɕiŋ⁴⁵ zʅ²²¹　下午 3 点到 4 点 59 分

酉时 iɯ¹³ zʅ²²¹　下午 5 点到 6 点 59 分

戌时 ɕyʔ⁵ zʅ²²¹　晚上 7 点到 8 点 59 分

亥时 ei¹³ zʅ²²¹　晚上 9 点到 10 点 59 分

天干 tʰiɛ̃⁴⁵⁻³³ kɛ̃⁴⁵　指天干地支中的十个天干，即甲、乙、丙、丁、戊、己、庚、辛、壬、癸

甲 kaʔ⁵

乙 iʔ⁵

丙 piŋ⁵³³

丁 tiŋ⁴⁵

戊 mu¹³

己 tsʅ⁵³³

庚 kaŋ⁴⁵

辛 ɕiŋ⁴⁵

壬 ȵiŋ²²¹

癸 guei²²¹

地支 di²¹³⁻²¹ tsʅ⁴⁵　指天干地支中的十二地支，即子、丑、寅、卯、辰、巳、午、未、申、酉、戌、亥

子 tsɤ⁵³³

丑 tɕʰiɯ⁵³³

寅 iŋ¹³

卯 mɐɯ¹³

辰 ʑiŋ²²¹

巳 zʅ¹³

午 ŋuə¹³

未 mi²¹³

申 ɕiŋ⁴⁵

酉 iɯ¹³

戌 ɕyʔ⁵

亥 ei¹³

第四节　生产劳动

一、农事

做道路 tsu³³⁴⁻³³ dɐɯ¹³⁻²² luə²¹³　做事情

催芽 tsʰei⁴⁵⁻⁵³ ŋɒ²²¹

火=谷籽 xu⁵³³⁻⁵³ kəɯʔ⁵⁻³ tsɿ⁵³³　播谷种

做秧 tsu³³⁴⁻³³ ɛ̃⁴⁵　培植秧苗

耕田 tɕiaŋ⁴⁵⁻⁵⁵ diɛ̃²²¹⁻²¹³

犀田 fuə⁴⁵⁻⁵⁵ diɛ̃²²¹⁻²¹³　耘田

耖田 tsʰɐɯ⁴⁵⁻⁵⁵ diɛ̃²²¹⁻²¹³

压杆 aʔ⁵ kuɛ̃⁴⁵⁻³³⁴　耖田时需在耖(耖田农具)的两端一、二齿间插上一根木条,用以大面积地疏通田泥,并将先前留下的人和牛的足印覆盖,这一过程叫作"压杆"。另外,"压杆"既可表示动词行为,又可表示用于"压杆"的带柄圆木条

耥田 tʰɔŋ⁵³³⁻⁵³ diɛ̃²²¹　水稻插秧之前需要用耙对水田进行处理,以使土块变得细小,田面变得平整

搁田 kɔʔ⁵ diɛ̃²²¹　烤田,晒田

撩=田坑 liɐɯ²²¹⁻²² diɛ̃²²¹⁻²¹ tɕʰiaŋ⁴⁵　做畦沟的行为,降低水位以便搁田

挷秧 piaŋ³³⁴⁻³³ ɛ̃⁴⁵　拔秧

种田 ioŋ³³⁴⁻³³ diɛ̃²²¹　插秧

　　插田 tsʰaʔ⁵ diɛ̃²²¹

浇尿桶 tɕiɐɯ⁴⁵ ɕy⁴⁵⁻³³ dəŋ¹³　施肥

猪溦 tʂ⁴⁵⁻⁵⁵ u³³⁴　猪粪

牛浼 n̠iɯ²²¹⁻²² u³³⁴　牛粪

粪 pɛ̃³³⁴

猪栏粪 tɒ⁴⁵⁻³³ laŋ²²¹⁻²² pɛ̃³³⁴　猪圈粪

牛栏粪 n̠iɯ²²¹⁻¹³ laŋ²²¹⁻²² pɛ̃³³⁴　牛圈粪

撮猪浼 tsʰəʔ⁵ tɒ⁴⁵⁻⁵⁵ u³³⁴　拾猪粪

撮牛浼 tsʰəʔ⁵ n̠iɯ²²¹⁻²² u³³⁴　拾牛粪

泥灰 n̠iŋ²²¹⁻²¹ xuei⁴⁵　草木灰

化肥 xɒ³³⁴⁻³³ vi²²¹

肥田粉 vi²²¹⁻²² diɛ̃²²¹⁻¹³ fəŋ⁵³³　硫酸铵，一种化肥

氨㳠 ɛ̃⁴⁵⁻³³ y⁵³³　氨水

泼 pʰɛʔ⁵　施液体肥料的动作

撒 saʔ⁵　施固体肥料的动作

□田塍 tɕʰiɔŋ⁵³³⁻⁵³ diɛ̃²²¹⁻²² ʑiŋ²²¹⁻²¹³　铲田埂

搭田塍 taʔ⁵ diɛ̃²²¹⁻²² ʑiŋ²²¹⁻²¹³　给田埂加土固定

浇㳠 tɕiɐɯ⁴⁵⁻³³ y⁵³³　浇水

浇菜 tɕiɐɯ⁴⁵⁻⁵⁵ tsʰei³³⁴　给菜浇水

抽㳠 tɕʰiɯ⁴⁵⁻³³ y⁵³³　抽水

戽㳠 xuə³³⁴⁻³³ y⁵³³　汲水灌田

　车㳠 tɕʰiɒ⁴⁵⁻³³ y⁵³³

扬花 iaŋ²²¹⁻²¹ xɒ⁴⁵　水稻扬花

乞＝麦 kʰaʔ⁵ miaʔ²³　麦苗分蘖前用农具敲打麦苗，促进分蘖，防冻，增强抗倒伏能力

夏收 ɒ²¹³⁻²¹ ɕiɯ⁴⁵

秋收 tɕʰiɯ⁴⁵⁻³³ ɕiɯ⁴⁵

双抢 ɕiɔŋ⁴⁵⁻³³ tɕʰiaŋ⁵³³　夏天抢收庄稼、抢种庄稼

镴谷 iɛʔ⁵⁻³ kəɯʔ⁵　割稻

打谷 tiaŋ⁵³³⁻⁵³ kəɯʔ⁵

镴麦 iɛʔ⁵ miaʔ²³　割麦

撮谷头 tsʰəɯʔ⁵⁻³ kəɯʔ⁵ du²²¹　捡拾稻穗

打豆 tiaŋ⁵³³⁻⁵⁵ du²¹³　用连枷等农具给黄豆脱粒

剥豆 pɔʔ⁵ du²¹³

打油菜籽 tiaŋ⁵³³⁻⁵³ iɯ²²¹⁻²² tsʰei³³⁴⁻³³ tsɤ⁵³³

打茶籽 tiaŋ⁵³³⁻⁵³ dzɒ²²¹⁻¹³ tsɤ⁵³³

剥茶籽 pɔʔ⁵ dzɒ²²¹⁻¹³ tsɤ⁵³³

榨油 tɕiŋ³³⁴⁻³³ iɯ²²¹

茶窠 dzɒ²²¹⁻²² kʰu⁴⁵　茶籽榨油后剩下的渣子

籚⁼包萝 ləɯʔ²³ pɐɯ⁴⁵⁻⁵⁵ lu²²¹⁻²¹³　搓玉米

挖番薯 uɒ⁴⁵⁻³³ faŋ⁴⁵⁻⁵⁵ dʑie²¹³

挖洋芋 uɒ⁴⁵ iaŋ²²¹⁻²² yɛ²¹³　挖马铃薯

　　挖马铃薯 uɒ⁴⁵ mɒ¹³ liŋ²²¹⁻²² dʑie²¹³

摒菜栽 piaŋ³³⁴⁻³³ tsʰei³³⁴⁻³³ tsɿ⁴⁵　拔菜苗

摒菜头 piaŋ³³⁴⁻³³ tsʰei³³⁴⁻³³ du²²¹　拔萝卜

种地 iɔŋ³³⁴⁻⁵⁵ di²¹³　种旱作

开地 kʰei⁴⁵⁻⁵⁵ di²¹³　开垦土地

挖地 uɒ⁴⁵ di²¹³　翻地　‖"挖"读阴平调

种菜 iɔŋ³³⁴⁻⁵⁵ tsʰei³³⁴

铲草 tsʰaŋ³³⁻⁵³ tsʰɐɯ⁵³³　锄草

□菜 tɕʰiɔŋ⁵³³⁻⁵³ tsʰei³³⁴　菜地锄草

削豆 ɕiaʔ⁵ du²¹³　给大豆地锄草

反 paŋ⁵³³　在挖过的地里搜找残存的作物：～番薯残、～芋残儿、～花生

番薯残 faŋ⁴⁵⁻³³ dʑie²¹³⁻²² zaŋ²²¹⁻²¹³　挖过后地里残存的番薯

芋残儿 yɛ²¹³⁻¹³ zaŋ²²¹⁻²² ȵie²²¹⁻²¹³　挖过后地里残存的芋

治虫 dzɿ²¹³⁻¹³ dʑiɔŋ²²¹　喷洒农药除虫

晒谷 sa³³⁴⁻³³ kəɯʔ⁵

推谷 tʰei⁴⁵⁻⁵³ kəɯʔ⁵　用谷推耙翻晒稻谷

扇谷 ɕiẽ³³⁴⁻³³ kəɯʔ⁵　用风车将稻谷中的稻粒与空谷杂草等分离出来。刚收割来的稻谷并不都是实粒,其中还含有很多空谷和

杂草。扇谷就是用风车将稻谷中的稻粒与空谷杂草等分离出来。使用时，把稻谷倒入风车上方的斗内，同时将风扇摇柄按顺时针方向摇动，谷粒从下方漏槽出来，而空谷则从左侧的出风口被摇动风扇所产生的风力吹出

舂谷 ioŋ$^{45\text{-}33}$ kɤɯʔ^5　用石臼、石杵将稻谷中的米粒与稻壳分开

轧米 ɡaʔ^{23} miɛ^{13}　碾米

筛米 ɕiu$^{45\text{-}55}$ miɛ^{13}

筛糠 ɕiu$^{45\text{-}33}$ kʰɔŋ^{45}

扇糠 ɕiɛ̃$^{334\text{-}33}$ kʰɔŋ^{45}

磨 mu^{221}　拉磨，动词

砻 ləŋ^{221}　拉砻，动词

扦茶叶苗 tɕʰiɛ̃^{45} dzɒ$^{221\text{-}21}$ iɛ^{23} miɤɯ^{221}　指将茶树的成熟枝条通过插植，使其生根、发芽、长叶，从而育成植株，用以种植

插豆签 tsʰaʔ^5 du$^{213\text{-}22}$ tɕʰiɛ̃$^{45\text{-}334}$　农作物初长阶段，在它们周边插竹竿搭架子，以便于长出的细藤顺着竹竿往上爬

稿头 kɤɯ$^{533\text{-}33}$ du^{221}　稻草

铜⁼稿头 dəŋ$^{221\text{-}22}$ kɤɯ$^{533\text{-}33}$ du^{221}　把稻草堆成堆

旋稿头 ᴢyɛ̃$^{213\text{-}21}$ kɤɯ$^{533\text{-}33}$ du^{221}　把稻草堆成稻草垛

稿头旋 kɤɯ$^{533\text{-}33}$ du$^{221\text{-}22}$ ᴢyɛ̃^{213}　缠绕在木桩上的稻草

稿头桩 kɤɯ$^{533\text{-}33}$ du$^{221\text{-}22}$ tioŋ^{45}　用于缠绕"稿头旋"的木桩

稿头农 kɤɯ$^{533\text{-}33}$ du$^{221\text{-}22}$ nəŋ$^{221\text{-}213}$　稻草人

拄担 tyɛ$^{533\text{-}33}$ taŋ^{334}　在挑担的过程中，挑担者如果感到吃力了，就可以用拄棍拄着挑担，即将拄棍上端的凹口支撑着挑担，挑担者得以歇力，这叫作"拄担"

拄 tyɛ^{334}　拄担的动作

揭担 ɡɛʔ^{23} taŋ^{334}　挑担

撬担 tɕʰiɤɯ$^{45\text{-}53}$ taŋ^{334}　挑担者在行进中，拄棍可架在另一肩膀上经由挑担下方交叉，这叫"撬担"。通过撬担，可以减轻担子对肩膀的压力

着力 dʑiaʔ²³⁻² liʔ²³　累，疲劳

歇力 ɕiɛʔ⁵ liʔ²³　休息

二、农具

犁 liɛ²²¹

犁头 liɛ²²¹⁻²² du²²¹⁻²¹³　犁铧

犁臂 liɛ²²¹⁻²¹ piʔ⁵

犁身 liɛ²²¹⁻²¹ ɕiŋ⁴⁵

犁钩 liɛ²²¹⁻²¹ ku⁴⁵

犁拖 liɛ²²¹⁻²¹ tʰa⁴⁵

犁冲 liɛ²²¹⁻²¹ tɕʰiɔŋ⁴⁵

犁尾蒐 liɛ²²¹⁻²² miʔ¹³⁻² tiɯ⁴⁵　犁把　‖ "尾"原读作 mi¹³，这里韵母、声调发生音变

犁盘 liɛ²²¹⁻²² bẽ²²¹⁻²¹³

牛轭 ȵiɯ²²¹⁻²¹ ŋaʔ⁵　给牛脖子上所配的大小适当的颈箍，用以防止走脱

牛喙络 ȵiɯ²²¹⁻¹³ tɕʰy⁵³³⁻⁵³ lɔʔ²³⁻⁵　牛笼嘴

　　牛喙罩 ȵiɯ²²¹⁻¹³ tɕʰy⁵³³⁻⁵³ tsɐɯ³³⁴

牛鼻针 ȵiɯ²²¹⁻²² biʔ²³⁻² tɕøŋ⁴⁵

牛绳 ȵiɯ²²¹⁻²² dʑiŋ²²¹⁻²¹³　穿在牛鼻针上的绳子

耙 bɒ²²¹

田圈 diẽ²²¹⁻²¹ tɕʰyẽ⁴⁵　耘田农具

　　田刨 diẽ²²¹⁻²² bɐɯ²¹³

耖 tsʰɐɯ⁴⁵　耖田农具

镰儿 iɛʔ⁵ ȵiɛ²²¹　镰刀

硬樵刀 ȵiaŋ²¹³⁻¹³ ziɯ²²¹⁻²² tɐɯ⁴⁵　柴刀，因木柴一般较硬，故名

　　樵刀 ziɯ²²¹⁻²¹ tɐɯ⁴⁵

樵锯 ziɯ²²¹⁻²² kɤ³³⁴　柴锯

茛萁刀 lɔŋ²²¹⁻²¹ i⁴⁵⁻³³ tɐɯ⁴⁵　草刀。茛萁即铁芒萁

草刀 tsʰuə⁵³³⁻⁵³ tɐɯ⁴⁵

刀搯 tɐɯ⁴⁵⁻³³ kʰaʔ⁵　柴刀或草刀专用的木制刀夹

锄头 zɒ²²¹⁻²² du²²¹⁻²¹³

锛 ən⁴⁵　锄头装柄的孔

衔砖⁼ gaŋ²²¹⁻²² tɕyɛ̃⁴⁵　固定锄头柄的木楔子

砖⁼ tɕyɛ̃⁴⁵　链接锄头和木柄用的一块木楔子

条锄 diɐɯ²²¹⁻²² zɒ²²¹⁻²¹³　长条形的锄头，适合于深挖土，柄长

小条锄儿 ɕiɐɯ⁵³³⁻⁵³ diɐɯ²²¹⁻¹³ zɒ²²¹⁻²² ȵiɛ²²¹⁻²¹³　长条形的锄头，适合于深挖土，柄短

阔板 kʰuɛʔ⁵⁻³ paŋ⁵³³　板锄

耙牙 baŋ²²¹⁻¹³ ŋɒ²²¹　‖"耙"韵母音变

三角耙儿 san⁴⁵⁻³³ kɔʔ⁵ bu²²¹⁻²² ȵiɛ²²¹⁻²¹³　锄头的一种，锄面呈三角形，锄草用

草耙儿 tsʰɐɯ⁵³³⁻³³ bu²²¹⁻²² ȵiɛ²²¹⁻²¹³　锄头的一种，锄草用

洋锹 iaŋ²²¹⁻²¹ tɕʰiɐɯ⁴⁵　铁锹

钉钮 tin⁴⁵⁻⁵⁵ ȵiɯ¹³⁻²¹³　一种肩扛树木时用的抓手，铁制，一端较尖，可钉入树木中；另一端有环，用于系吊撑绳，手抓在铁抓手上

勔桶 lei²¹³⁻²² dəŋ¹³　打稻桶。全套打稻桶由"勔桶""桶梯"和"桶簟"三部分组成，缺一不可

桶簟 dəŋ¹³⁻²¹ diɛ̃¹³　打稻桶专用的篾席，围成弧形挡在打稻桶内，以防止打稻时谷粒迸溅而出

桶梯 dəŋ¹³⁻²¹ tʰei⁴⁵　打稻桶内放置的专用小木梯，用以承受击打的稻束

风车 fəŋ⁴⁵⁻³³ tɕʰiŋ⁴⁵　扇谷用的农具，由三个部分构成：第一部分是上面一个很大的用来装稻谷的反梯形漏斗，漏斗的底端有一个阀门；第二部分由手摇柄和叶轮组成；第三部分是漏槽和出风口

谷砻 kəɯʔ⁵ ləŋ²²¹　一种去掉稻壳的农具，形状略像磨，多以竹、泥制成，现已不用

扑棒 pʰɔʔ⁵ bəŋ¹³　由一根连着斜枝的硬木树干加工而成的用于给

黄豆、菜籽脱粒的农具

条⁼销⁼ diɐɯ²²¹⁻²² ɕieɯ⁴⁵⁻³³⁴　连枷

磨 mu²¹³　石磨

上爿 dʑiaŋ²¹³⁻¹³ baŋ²²¹　磨盘的上面一片

下爿 io¹³ baŋ²²¹　磨盘的底下一片

磨手 mu²¹³⁻²¹ ɕiɯ⁵³³　磨把

磨心 mu²¹³⁻²¹ ɕiŋ⁴⁵　磨脐

磨砻担 mu²²¹⁻²² ləŋ²²¹⁻²¹ taŋ⁴⁵　转把

碓 tei³³⁴　木石做成的舂米农具

枞碓 y⁵³³⁻⁵³ tei³³⁴　水碓,利用水流力量来自动舂米的碓,即以河水流过水车进而转动轮轴,再拨动碓杆上下舂米

踏碓 daʔ²³ tei³³⁴　脚碓,利用脚踩的力量来舂米的碓

碓头 tei³³⁴⁻³³ du²²¹　杵

枞车 y⁵³³⁻⁵³ tɕʰiŋ⁴⁵　水车

页板 iɛʔ²³ paŋ⁵³³

独轮车 dəɯʔ²³ ləŋ²²¹⁻²² tɕʰiŋ⁴⁵

抽枞机 tɕʰiɯ⁴⁵⁻³³ y⁵³³⁻⁵³ tsɿ⁴⁵　抽水机

舂臼 ioŋ⁴⁵⁻⁵⁵ dʑiɯ¹³　给稻谷脱壳的一种传统的石制农具

舂扦 ioŋ⁴⁵⁻³³ tɕʰiɛ̃⁴⁵⁻⁵³³　舂手

筛 ɕiɯ⁴⁵

米筛 miɛ¹³⁻²² ɕiɯ⁴⁵

谷筛 kəɯʔ⁵ ɕiɯ⁴⁵

豆筛 du²¹³⁻²¹ ɕiɯ⁴⁵

粉筛 fəŋ⁵³³⁻⁵³ ɕiɯ⁴⁵

糠筛 kʰɔŋ⁴⁵⁻³³ ɕiɯ⁴⁵

簟 diɛ̃¹³　竹篾编制的长约5米、宽约3米的大席子,用于晾晒谷物

耙 bu²²¹　翻晒谷类用的长柄耙状农具

谷推耙 kəɯʔ⁵ tʰei⁴⁵⁻³³ bu²²¹

绳 dʑiŋ²²¹

索 sɔʔ⁵

麻绳 mu²²¹⁻²² dʑiŋ²²¹⁻²¹³　细麻绳

麻链 mu²²¹⁻²² liẽ²¹³　粗麻绳

麻袋 mu²²¹⁻²² dei²¹³

结头 tɕieʔ⁵ du²²¹

粪桶 pẽ³³⁴⁻³³ dəŋ¹³

尿勺 ɕy⁴⁵⁻³³ ʑiaʔ²³

　粪勺 pẽ³³⁴⁻³³ ʑiaʔ²³

畚箕 pẽ³³⁴⁻³³ i⁴⁵　簸箕

扁担 piẽ⁵³³⁻⁵³ taŋ⁴⁵

高肩扁担 kɐu⁴⁵⁻³³ iẽ⁴⁵ piẽ⁵³³⁻⁵³ taŋ⁴⁵　一种特殊的扁担，一头厚一头薄，薄的一头向上翘，主要是担高挑子用，重的一头在背后，几乎挨到背上，轻的一头在胸前离肩较远。扁担中间固定有一衬肩，衬肩始终在肩上，换肩时用高肩打杵把扁担撑住再换肩

棒戳 bɔŋ¹³⁻²² tɕʰiɔʔ⁵　拄棍。挑重担或者是远距离挑担子一般都离不开棒戳。棒戳用硬木做成，上端有一个凹口。棒戳长短与挑担者齐肩，量身而制。棒戳主要用于拄担，另外，上岭或过溪时，还可用作拐杖

尖樬 tɕie⁴⁵⁻³³ tɕʰiɔŋ⁴⁵　尖头担，专门用来挑柴草，木制，两头尖。扎好两捆柴草后，只要将两头的尖尖儿插入柴草中即可用来肩挑

㧎担□y⁵³³⁻⁵³ taŋ⁴⁵⁻³³ tiaʔ⁵　挑水用的带钩的扁担

畚斗 pẽ³³⁴⁻³³ tu⁵³³

小畚斗儿 ɕiɐu⁵³³⁻⁵³ pẽ³³⁴⁻³³ tu⁵³³⁻⁵⁵ ȵie²²¹⁻²¹³

梁担 liaŋ²²¹⁻²¹ taŋ⁴⁵　专门用来挑箩筐的扁担，两端各有一个倒丁形的木梁，木梁的横杆穿过箩筐的两个提手

团箕 daŋ²²¹⁻²¹ i⁴⁵　圆盘形的簸箕，一般用于晾晒量少的农作物

箩箕 la²²¹⁻²² ie³³⁴　箩筐

　大箩 du²¹³⁻¹³ la²²¹

蒲篮 buə²²¹⁻¹³ laŋ²²¹　一种用较粗、较宽的竹篾编制的容器，在山区

可以用来挑玉米、萝卜等作物,也常用来挑木炭。一般用"高肩扁担"挑

布袋 puə$^{334\text{-}55}$ dei^{213}　用粗麻布制作的用于挑谷物的袋子

三、副业

烧瓦窑 ɕiɐɯ^{45} ŋɒ^{13} iɐɯ^{221}

瓦窑 ŋɒ^{13} iɐɯ^{221}　烧制瓦片的地方

瓦坯 ŋɒ$^{13\text{-}22}$ pʰei^{45}

砖窑 tɕyɛ̃$^{45\text{-}55}$ iɐɯ$^{221\text{-}213}$　烧制砖头的地方

砖坯 tɕyɛ̃$^{45\text{-}33}$ pʰei^{45}

缸窑 kɔŋ$^{45\text{-}55}$ iɐɯ$^{221\text{-}213}$　烧制陶器的地方

缸坯 kɔŋ$^{45\text{-}33}$ pʰei^{45}

养鱼 iɔŋ^{13} ŋʁ^{221}

鱼塘 ŋʁ$^{221\text{-}22}$ dɔŋ$^{221\text{-}213}$

搭鱼 kʰɒ$^{334\text{-}33}$ ŋʁ^{221}　捉鱼

网 məŋ^{13}

游丝 iɯ$^{221\text{-}21}$ sʁ^{45}　长宽形网状捕鱼工具。使用时,两端横跨小溪固定,当尺寸合适的小鱼穿过网孔时被卡住而无法脱身

天雷网 tʰiɛ̃$^{45\text{-}55}$ lei$^{221\text{-}21}$ məŋ^{13}　一种抛撒形成圆圈的渔网

挟网 gaʔ^{23} məŋ^{13}　一种两边用竹竿固定的捕捞渔网,竹竿较长,可用它在溪沿的石缝边或草丛中捕鱼　‖"网"韵母发生音变

罾子 tsɛ̃$^{45\text{-}33}$ tsʁ^{533}　扳罾,一种木棍或竹竿做支架的方形渔网,可从四角提起

倒梭 tɐɯ$^{533\text{-}33}$ su^{45}　一种用篾条编制的像一个梭子形状的捕鱼工具

扁篓 piɛ̃$^{533\text{-}53}$ lei^{13}　一种竹篾编制呈扁壶状的鱼篓,轻巧,可以背在肩上　‖"篓"韵母发生音变

钓鱼竹 tiɐɯ$^{334\text{-}33}$ ŋʁ$^{221\text{-}21}$ tiuʔ^{5}　鱼竿

鱼线 ŋʁ$^{221\text{-}22}$ ɕiɛ̃^{334}

鱼钩 ŋʁ$^{221\text{-}21}$ ku^{45}

浮排 vuə²²¹⁻²² ba²²¹⁻²¹³　浮漂

钃锡 laʔ²³⁻² ɕiʔ⁵　钓鱼用的垂子

钓鱼 tiɐɯ³³⁴⁻³³ ŋʴ²²¹

网鱼 mɔŋ¹³ ŋʴ²²¹　用渔网捉鱼

毒鱼 duə²¹³⁻¹³ ŋʴ²²¹　用毒药毒鱼

触鱼 tɕʰiɔʔ⁵ ŋʴ²²¹　电鱼

炸鱼 tsɒ³³⁴⁻³³ ŋʴ²²¹　用炸药炸鱼

鳅剪 tɕʰiɯ⁴⁵⁻³³ tɕiɛ̃⁵³³　夹黄鳝、泥鳅的夹子

养蚕 iɔŋ¹³ zɛ̃²²¹

蚕茧 zɛ̃²²¹⁻¹³ kaŋ⁵³³

蚕丝 zɛ̃²²¹⁻²¹ sʴ⁴⁵

蚕沙 zɛ̃²²¹⁻²¹ sa⁴⁵　蚕粪

　蚕涴 zɛ̃²²¹⁻²² u³³⁴

蚕匾 zɛ̃²²¹⁻¹³ piɛ̃⁵³³　养蚕用的竹制扁圆器具

养蜂 iɔŋ¹³ fəŋ⁴⁵

蜂箱 fəŋ⁴⁵⁻³³ ɕiaŋ⁴⁵　养蜂的特制木箱

蜂桶 fəŋ⁴⁵ dəŋ¹³　养蜂的特制木桶

蜂糖 fəŋ⁴⁵⁻⁵⁵ dɔŋ²²¹⁻²¹³　蜂蜜

蜂皇浆 fəŋ⁴⁵⁻⁵⁵ ɔŋ²²¹⁻²¹ tɕiaŋ⁴⁵

蜂蜡 fəŋ⁴⁵ laʔ²³　由蜂窝里提取出来的蜡，常用于纳鞋底

择茶 dəʔ²³ dzɒ²²¹　采茶

炒茶 tsʰɯa⁵³³⁻⁵³ dzɒ²²¹

焙茶 bei²¹³⁻¹³ dzɒ²²¹　将茶叶焙干的一道程序,即将盛有茶叶的焙干器"焙笼"架在盛有木炭的大铁锅上,盖上竹盖后让茶叶慢慢焙干

焙笼 bei²¹³⁻¹³ ləŋ²²¹　焙茶所用的器具,一般用竹篾编制,是一个直径较宽、深度较浅的筐子,有盖儿。使用时,将盛有茶叶的"焙笼"架在口径合适的炭锅上即可

做香 tsu³³⁴⁻³³ ɕiaŋ⁴⁵　香是遂昌民间一年四季都少不了的东西。因民间佛事频繁,加之一些大小节日都需要做些祭祀活动,遂昌

民间制香业经久不衰，很多乡镇都有专门制香的小作坊

打草鞋 tiaŋ$^{533-53}$ tsʰuə$^{533-33}$ a^{221}　用稻草做鞋的工序。遂昌农业以种植水稻为主，稻草自然是打草鞋的上好原料。制作草鞋需要有一套专用的工具，比如草鞋耙、草鞋扒、草鞋槌、草鞋扛等

草鞋耙 tsʰuə$^{533-53}$ a$^{221-22}$ bu^{221}　固定草鞋绳的主要工具。一根长方形木头上有七个木齿，中间一个为又高又大的羊角形圆齿，左右两边各有三个方齿，长方形木头连接着一个 U 形勾头，打草鞋时勾在四尺木板撰头

草鞋槌 tsʰuə$^{533-53}$ a$^{221-22}$ dʑy^{221}　用于捶稻草和拍打草鞋造型的木槌

草鞋扒 tsʰuə$^{533-53}$ a$^{221-22}$ pu^{45}　一个扁形木条，上圆下扁，开有四齿，用于拗紧编稻草

草鞋扛 tsʰuə$^{533-53}$ a$^{221-22}$ kɔŋ^{45}　一根上面有四级梯形锯齿的方木，供草鞋扒顶扛拗用

穿蓑衣 tɕʰyŋ^{45} suə$^{45-33}$ i^{45}　用棕绳编织蓑衣的工序。编织蓑衣的整个制作工序复杂，纯手工制作一件蓑衣要好几天。制作的主要工具有铁耙、铁针和顶针儿等

打凉帽 tiaŋ$^{533-53}$ liaŋ$^{221-22}$ mɐɯ^{213}　做草帽

做篾 tsu$^{334-33}$ miɛʔ^{23}

打铁 tiaŋ$^{533-53}$ tʰiɛʔ^{5}

风箱 fəŋ$^{45-33}$ ɕiaŋ^{45}

弹棉花 daŋ$^{221-22}$ miẽ$^{221-21}$ xɒ^{45}

纺线车 fəŋ$^{533-53}$ ɕiẽ$^{334-33}$ tɕʰiŋ^{45}

剥麻 pɔʔ^{5} mu^{221}　剥苎麻皮

麻刀 mu$^{221-22}$ tɐɯ^{45}　剥麻的刀

织麻 tɕiʔ^{5} mu^{221}

轧米胖 gaʔ^{23} miɛ$^{13-22}$ pʰɔŋ^{334}　弹米花

米胖车 miɛ$^{13-22}$ pʰɔŋ$^{334-33}$ tɕʰiŋ^{45}　一种专门用来制作爆米花等膨化食品的机器。师傅先将大米拌上一些糖精放入机器中，再拧紧盖子，然后把它放在烧着的火炉铁架子上，一手摇机器，一手拉

风箱。转动机器的把手上有个钟表,等时间到了,师傅便把机器从火炉上挪开,再用刷子刷去上面的烟灰,然后套在一个大口袋上,用一把锤子轻轻击打开关,就会发出"砰"的一声巨响,爆米花就被弹进大口袋里了。除了大米外,晒干的玉米、蚕豆、年糕等都可以弹。这一场面热闹而喜庆,儿童最为开心

刨烟丝 bɐɯ$^{213-21}$ iẽ$^{45-33}$ sɤ^{45}　用烟刨把烟叶刨成丝

烟槽 iẽ^{45} zɐɯ^{221}　制作烟丝的工具之一。将晒干的烟叶叠放整齐后放入其中夹紧,夹的时候,烟槽外只需稍稍露出烟丝的宽度即可

烟刨 iẽ$^{45-55}$ bɐɯ^{213}　一种刨烟丝的工具

钉秤 tiŋ$^{45-55}$ tɕʰiŋ^{334}　做秤

彩=碗 tsʰei$^{533-53}$ uẽ^{533}　给碗底凿上字

打猎 tiaŋ$^{533-53}$ liɛʔ^{23}

铳 tɕʰiɔŋ^{334}　火铳,用火药发射弹丸的一种火器,用于打猎

放铳 fɔŋ$^{334-55}$ tɕʰiɔŋ^{334}　火铳射击

硝筒 ɕiɐɯ$^{45-55}$ dəŋ$^{221-213}$　盛放火药的容器

野猪闸 iŋ$^{13-22}$ tɒ$^{45-33}$ zaʔ^{23}　捕野猪的铁夹子

守牛 yɛ$^{533-33}$ niɯ^{221}　放养牛

饲猪 zɤ$^{213-21}$ tɒ^{45}　喂猪

守鸡 yɛ$^{533-53}$ iɛ^{45}　放养鸡

守鸭 yɛ$^{533-53}$ aʔ^{5}　放养鸭

造纸 zɐɯ^{13} tɕiɛ^{533}

第五节　植　物

一、粮食作物

秧 ẽ^{45}　秧苗

　　秧苗 ẽ$^{45-55}$ miɐɯ$^{221-213}$

稻 dɐɯ¹³　水稻

谷 kəɯʔ⁵　（1）水稻；（2）稻谷

米 miɛ¹³

早稻 tsɐɯ⁵³³⁻⁵³ dɐɯ¹³

晚稻 uaŋ¹³⁻²¹ dɐɯ¹³

早稻米 tsɐɯ⁵³³⁻⁵³ dɐɯ¹³⁻²² miɛ¹³

晚稻米 uaŋ¹³⁻²¹ dɐɯ¹³⁻²² miɛ¹³

蒙谷 məŋ¹³⁻²¹ kəɯʔ⁵　粳谷

蒙米 məŋ¹³⁻²¹ miɛ¹³　粳米

哑谷 tiɛʔ⁵⁻³ kəɯʔ⁵　籼谷

　　籼谷 ɕiɛ̃⁴⁵⁻³³ kəɯʔ⁵

哑米 tiɛʔ⁵ miɛ¹³　籼米

　　籼米 ɕiɛ̃⁴⁵⁻³³ miɛ¹³

糙米 tsʰɐɯ³³⁴⁻⁵³ miɛ¹³　稻谷脱壳后不加工或较少加工所获得的粒米，与精制白米相比，它较好地保留了稻谷的营养成分，但黏性较差

糯米 nu²¹³⁻²¹ miɛ¹³

罕谷 xaŋ⁵³³⁻⁵³ kəɯʔ⁵　秕谷

　　谷罕 kəɯʔ⁵⁻³ xaŋ⁵³³

绽 daŋ²¹³　谷粒等饱满

米碎 miɛ¹³ sei⁵³³　碎米

　　米碎儿 miɛ¹³ sei⁵³³⁻³³ ȵiɛ²²¹

糠 kʰɔŋ⁴⁵　统称

砻糠 ləŋ²²¹⁻²¹ kʰɔŋ⁴⁵　半壳形的糠，可用于烧制白酒

粗糠 tsʰuə⁴⁵⁻³³ kʰɔŋ⁴⁵　将砻糠再碾一道后所形成的糠，可作饲料

米皮糠 miɛ¹³ bi²²¹⁻²² kʰɔŋ⁴⁵　将粗糠再碾一道后所形成的糠，可作饲料，营养成分较高

稻株 kɐɯ⁵³³⁻³³ tyɛ⁴⁵　稻茬

谷头 kəɯʔ⁵ du²²¹　稻穗

稿头 kɐɯ⁵³³⁻³³ du²²¹　稻草

麦 miaʔ²³

小麦 ɕiɐɯ⁵³³⁻⁵³ miaʔ²³

大麦 du²¹³⁻²¹ miaʔ²³

麦头 miaʔ²³ du²²¹　麦穗

麦芒 miaʔ²³ məŋ²²¹　麦穗上的芒针

麦秆 miaʔ²³ kuɛ̃⁵³³　麦秸

麦麸 miaʔ²³⁻² fuə⁴⁵　麦皮，小麦加工成面粉时的副产品，麦黄色，片状或粉状

花麦 xɒ⁵⁻³³ miaʔ²³　荞麦

稗 bɒ²¹³　稗子

麦粉 miaʔ²³ fəŋ⁵³³　面粉

面粉 miɛ̃²¹³⁻¹³ fəŋ⁵³³

米粉 miɛ¹³ fəŋ⁵³³　大米磨成的粉

糯米粉 nu¹³⁻²² miɛ¹³ fəŋ⁵³³　糯米磨成的粉

包萝粉 pɐɯ⁴⁵⁻⁵⁵ lu²²¹⁻¹³ fəŋ⁵³³　玉米粉

黄粟 ɔŋ²²¹⁻²¹ səɯʔ⁵　小米

□粟 ʐyɛ²²¹⁻²¹ səɯʔ⁵　高粱

高粱粟 kɐɯ⁴⁵⁻⁵⁵ liaŋ²²¹⁻²¹ səɯʔ⁵

豆 du²¹³　大豆

毛豆 mɐɯ²²¹⁻²² du²¹³

黄豆 ɔŋ²²¹⁻²² du²¹³　大豆黄了以后的叫法

青豆儿 tɕʰiŋ⁴⁵⁻⁵⁵ du²¹³⁻¹³ n̡iɛ²²¹　大豆还没黄时的叫法

绿豆 liəʔ²³ du²¹³

佛豆 vəɯʔ²³ du²¹³　蚕豆

佛豆肉 vəɯʔ²³ du²¹³⁻²¹ n̡iuʔ²³　蚕豆瓣

麦豆 miaʔ²³ du²¹³　豌豆

赤豆 tɕʰiʔ⁵ du²¹³　红豆

乌豆儿 uə⁴⁵⁻⁵⁵ du²¹³⁻¹³ n̡iɛ²²¹　黑豆

乌豆 uə⁴⁵⁻⁵⁵ du²¹³

豇豆 kɔŋ⁴⁵⁻⁵⁵ du²¹³

扁豆 piẽ⁵³³⁻⁵⁵ du²¹³

刀豆 tɐɯ⁴⁵⁻⁵⁵ du²¹³

春分豆 tɕʰyŋ⁴⁵⁻³³ fəŋ⁴⁵⁻⁵⁵ du²¹³　四季豆

豆芽 du²¹³⁻¹³ ŋɒ²²¹

 豆芽菜 du²¹³⁻¹³ ŋɒ²²¹⁻²² tsʰei³³⁴

绿豆芽 liɔʔ²³ du²¹³⁻¹³ ŋɒ²²¹

黄豆芽 ɔŋ²²¹⁻²¹ du²¹³⁻¹³ ŋɒ²²¹

豆壳 du²¹³⁻²¹ kʰɔʔ⁵

番薯 faŋ⁴⁵⁻⁵⁵ dʑiɛ²¹³

荸荠番 buə²²¹⁻²² dʑiɛ²²¹⁻²¹ faŋ⁴⁵　一种白心且水分较多的番薯

红番薯 əŋ²²¹⁻²¹ faŋ⁴⁵⁻⁵⁵ dʑiɛ²¹³　红心番薯

番薯龙 faŋ⁴⁵⁻⁵⁵ dʑiɛ²¹³⁻¹³ liɔŋ²²¹　番薯藤

包萝 pɐɯ⁴⁵⁻⁵⁵ lu²²¹⁻²¹³　玉米

包萝□ pɐɯ⁴⁵⁻³³ lu²²¹⁻²² bu²²¹⁻²¹³　吃完后的玉米棒

包萝秆 pɐɯ⁴⁵⁻⁵⁵ lu²²¹⁻¹³ kuẽ⁵³³　玉米秆

包萝胡须 pɐɯ⁴⁵⁻³³ lu²²¹⁻²² uə²²¹⁻²¹ suə⁴⁵　玉米须

洋芋 iaŋ²²¹⁻¹³ yɛ²¹³　土豆

 花生芋 xɒ⁴⁵⁻³³ ɕiaŋ⁴⁵⁻⁵⁵ yɛ²¹³

 马铃薯 mɒ¹³ liŋ²²¹⁻²² dʑiɛ²¹³

芋 yɛ²¹³

 毛芋 mɐɯ²²¹⁻²² yɛ²¹³

芋头 yɛ²¹³⁻¹³ du²²¹

芋艿 yɛ²¹³⁻²¹ na¹³

芋叶 yɛ²¹³⁻²¹ iɛʔ²³　芋的叶子，像荷叶

落花生 lɔʔ²³ xɒ⁴⁵⁻³³ ɕiaŋ⁴⁵　花生

 花生 xɒ⁴⁵⁻³³ ɕiaŋ⁴⁵

花生肉 xɒ⁴⁵⁻³³ ɕiaŋ⁴⁵ ȵiuʔ²³　花生仁儿

花生壳 xɒ⁴⁵⁻³³ɕiaŋ⁴⁵kʰɔʔ⁵

花生衣 xɒ⁴⁵⁻³³ɕiaŋ⁴⁵⁻³³i⁴⁵　花生米淡红色的皮

日头花 nɛʔ²³du²²¹⁻²²xɒ⁴⁵　葵花

日头花籽 nɛʔ²³du²²¹⁻²²xɒ⁴⁵⁻³³tsɤ⁵³³　葵花籽

芝麻 iɛ⁴⁵⁻³³mu²²¹⁻²¹³

　　油麻 iɯ²²¹⁻²²mu²²¹⁻²¹³

茶籽 dzɒ²²¹⁻¹³tsɤ⁵³³

菜籽 tsʰei³³⁴⁻³³tsɤ⁵³³

二、蔬菜

蔬菜 suə⁴⁵⁻⁵⁵tsʰei³³⁴

菜 tsʰei³³⁴

菜栽 tsʰei³³⁴⁻³³tsɿ⁴⁵　菜苗

白菜 biaʔ²³tsʰei³³⁴　油冬菜

　　油冬菜 iɯ²²¹⁻²¹təŋ⁴⁵⁻⁵⁵tsʰei³³⁴

　　青菜 tɕʰiŋ⁴⁵⁻⁵⁵tsʰei³³⁴

大白菜 du²¹³⁻¹³biaʔ²³⁻²tsʰei³³⁴　北方品种，本地不种

小白菜 ɕiɐɯ⁵³³⁻⁵³biaʔ²³tsʰei³³⁴

黄芽菜 ɔŋ²²¹⁻¹³ŋɒ²²¹⁻²²tsʰei³³⁴

菜心 tsʰei³³⁴⁻³³ɕiŋ⁴⁵

菜梗 tsʰei³³⁴⁻³³kuaŋ⁵³³

菜叶 tsʰei³³⁴⁻³³iɛʔ²³

菜根 tsʰei³³⁴⁻³³kɛ̃⁴⁵

金针菜 tɕiŋ⁴⁵⁻³³tɕyŋ⁴⁵⁻⁵⁵tsʰei³³⁴　黄花菜

芥菜 ka³³⁴⁻⁵⁵tsʰei³³⁴

苋菜 xaŋ³³⁴⁻⁵⁵tsʰei³³⁴

苋菜梗 xaŋ³³⁴⁻⁵⁵tsʰei³³⁴⁻³³kuaŋ⁵³³

空心菜 kʰəŋ⁴⁵⁻³³ɕiŋ⁴⁵⁻⁵⁵tsʰei³³⁴　蕹菜

菠薐 pu⁴⁵⁻⁵⁵lɛ̃²²¹⁻²¹³　菠菜

菠薐菜 puᶠ⁴⁵⁻³³ lɛ̃²²¹⁻²² tsʰei³³⁴

包心菜 pɐu⁴⁵⁻³³ ɕiŋ⁴⁵⁻⁵⁵ tsʰei³³⁴　　球菜

花菜 xɒ⁴⁵⁻⁵⁵ tsʰei³³⁴　　花椰菜

雪里蕻 ɕyɛʔ⁵ li¹³⁻²² xəŋ³³⁴　　芥菜的变种，叶子较宽，叶子上有红丝，通常腌着吃

　　雪菜 ɕyɛʔ⁵ tsʰei³³⁴

大头菜 du²¹³⁻¹³ du²²¹⁻²² tsʰei³³⁴

木耳菜 mɐuʔ²³ ȵi¹³⁻²² tsʰei³³⁴　　落葵

芹菜 dʑiŋ²²¹⁻²² tsʰei³³⁴

水芹菜 ɕy⁵³³⁻³³ dʑiŋ²²¹⁻²² tsʰei³³⁴　　水芹，野生

西芹 ɕie⁴⁵⁻⁵⁵ dʑiŋ²²¹⁻²¹³

百合 piaʔ⁵ ɛʔ²³

生菜 ɕiaŋ⁴⁵⁻⁵⁵ tsʰei³³⁴

菊花菜 tɕiuʔ⁵⁻³ xɒ⁴⁵⁻⁵⁵ tsʰei³³⁴

　　蒿菜 xɐɯ⁴⁵⁻⁵⁵ tsʰei³³⁴

莴苣笋 uə⁴⁵⁻³³ tɕy⁴⁵⁻³³ səŋ⁵³³

　　莴笋 uə⁴⁵⁻³³ səŋ⁵³³

盘菜 bɛ̃²²¹⁻²² tsʰei³³⁴　　芜青

秋葵 tɕʰiɯ⁴⁵ guei²²¹

苦荬 kʰuə⁵³³⁻⁵³ mɒ¹³　　苦荬菜，苣荬菜

野苦麻 iɒ¹³ kʰuə⁵³³⁻⁵³ mɒ¹³　　野生苦荬菜，一种多年生野生蔬菜，性苦寒，具有清热解毒、凉血的功效

香荠 ɕiaŋ⁴⁵⁻⁵⁵ dʑie²²¹⁻¹³　　荠菜的一种，人吃的

田荠 diɛ̃²²¹⁻²¹ dʑie²¹³⁻¹³　　荠菜的一种，猪吃的

马兰头 mɒ¹³ laŋ²²¹⁻²² du²²¹⁻²¹³　　野生于路边、田野、山坡上，我国大部分地区均有分布。有红梗和青梗两种

苦萁 kʰuə⁵³³⁻⁵³ i⁴⁵　　苦叶菜，野菜的一种，味道微苦

酸苋 sɿ⁴⁵⁻⁵⁵ xaŋ³³⁴　　马齿苋，野菜的一种，味酸

香椿 ɕiaŋ⁴⁵⁻³³ tɕʰyŋ⁴⁵　　香椿树的芽，气味芳香，可食用，多切细后与

鸡蛋一起炒

菜头 tsʰei³³⁴⁻³³ du²²¹　萝卜

红菜头 əŋ²²¹⁻²¹ tsʰei³³⁴⁻³³ du²²¹　红皮萝卜

红菜头儿 əŋ²²¹⁻²¹ tsʰei³³⁴⁻³³ du²²¹⁻²² ȵiɛ²²¹⁻²¹³　胡萝卜

菜头樱 tsʰei³³⁴⁻³³ du²²¹⁻²² iŋ⁴⁵　萝卜苗叶

菜头叶 tsʰei³³⁴⁻³³ du²²¹⁻²² iɛʔ²³　萝卜叶

藕 ŋu¹³

白匏 biaʔ²³ buə²²¹　瓢子,葫芦

天萝 tʰiɛ̃⁴⁵⁻⁵⁵ lu²²¹⁻²¹³　丝瓜,统称

八角天萝 paʔ⁵⁻³ kɔʔ⁵ tʰiɛ̃⁴⁵⁻⁵⁵ lu²²¹⁻²¹³　八棱丝瓜

金瓜 tɕiŋ⁴⁵⁻³³ kɒ⁴⁵　南瓜

　　番匏 faŋ⁴⁵⁻⁵⁵ buə²²¹⁻²¹³

黄瓜 ɔŋ²²¹⁻²¹ kɒ⁴⁵

冬瓜 təŋ⁴⁵⁻³³ kɒ⁴⁵

田瓜 diɛ̃²²¹⁻²¹ kɒ⁴⁵　菜瓜

　　菜瓜 tsʰei³³⁴⁻³³ kɒ⁴⁵

山药 saŋ⁴⁵⁻³³ iaʔ²³

茭笋 kɒ⁴⁵⁻³³ səŋ⁵³³　茭白

芦笋 lu²²¹⁻¹³ səŋ⁵³³

慈姑 zɿ²²¹⁻²¹ ku⁴⁵　多年生草本植物,生在水田里,叶子像箭头,开
　　白花。地下有球茎,黄白色或青白色,可作蔬菜食用

落苏 lɔʔ²³⁻² suə⁴⁵　茄子

番茄 faŋ⁴⁵⁻³³ dʑiɒ²²¹　西红柿

韭菜 tɕiɯ⁵³³⁻⁵³ tsʰei³³⁴

韭黄 tɕiɯ⁵³³⁻⁵³ ɔŋ²²¹　通过培土、遮光覆盖等措施,在不见光的环境
　　下经软化栽培后生产的黄化韭菜

芫荽 ȵyɛ̃²²¹⁻²² ɕyɛ³³⁴　香菜

葱 tsʰəŋ⁴⁵

小葱 ɕiɐɯ⁵³³⁻⁵³ tsʰəŋ⁴⁵

大葱 du²¹³⁻²¹ tsʰəŋ⁴⁵

洋葱 iaŋ²²¹⁻²¹ tsʰəŋ⁴⁵

老鸦葱 lɔʔ¹³⁻² ɒ⁴⁵⁻³³ tsʰəŋ⁴⁵　野葱　‖"老"韵母、声调发生音变

蓼藠 liɐɯ²²¹⁻²¹ dʑiɐɯ²²¹⁻¹³　藠头

蓼藠头 liɐɯ²²¹⁻²¹ dʑiɐɯ²²¹⁻¹³ du²²¹　腌制的藠头

地蚕 di²¹³⁻¹³ zɛ̃²²¹　草石蚕，常腌制食用

大蒜 da²¹³⁻²² sɛ̃³³⁴

大蒜叶 da²¹³⁻²² sɛ̃³³⁴⁻³³ iɛʔ²³

蒜头 sɛ̃³³⁴⁻³³ du²²¹

蒜茎 sɛ̃³³⁴⁻³³ tɕiŋ⁴⁵　蒜苔

生姜 ɕiaŋ⁴⁵⁻³³ tɕiaŋ⁴⁵

老姜头 lɐɯ¹³⁻²¹ tɕiaŋ⁴⁵⁻⁵⁵ du²²¹⁻²¹³　老姜

嫩姜 nɛ̃²¹³⁻²¹ tɕiaŋ⁴⁵

洋姜 iaŋ²²¹⁻²¹ tɕiaŋ⁴⁵　学名"菊芋"，适合腌着吃

番椒 faŋ⁴⁵⁻³³ tɕiɐɯ⁴⁵　辣椒

　　辣椒 laʔ²³⁻² tɕiɐɯ⁴⁵

番椒酱 faŋ⁴⁵⁻³³ tɕiɐɯ⁴⁵⁻⁵⁵ tɕiaŋ³³⁴　辣椒酱

　　辣椒酱 laʔ²³⁻² tɕiɐɯ⁴⁵⁻⁵⁵ tɕiaŋ³³⁴

青椒 tɕʰiŋ⁴⁵⁻³³ tɕiɐɯ⁴⁵

　　灯笼椒 tiŋ⁴⁵⁻⁵⁵ləŋ²²¹⁻²¹ tɕiɐɯ⁴⁵

　　菜椒 tsʰei³³⁴⁻³³ tɕiɐɯ⁴⁵

薄荷 bɔʔ²³ xu³³⁴　一种芳香作物，薄荷叶遂昌人常用于炒螺蛳、红烧溪鱼

紫苏 tsɿ⁵³³⁻⁵³ suə⁴⁵　叶子用作香料

蕻头 xəŋ³³⁴⁻³³ du²²¹　植物的嫩芽

　　蕻 xəŋ³³⁴

挸菜 piaŋ³³⁴⁻⁵⁵ tsʰei³³⁴　拔菜

择菜 dɔʔ²³ tsʰei³³⁴　给蔬菜去除菜根和黄叶

三、水果

水果 ɕy$^{533-33}$ ku^{533}

桃 dɐɯ^{221}　桃子的统称

　　桃儿 dɐɯ$^{221-22}$ ȵiɛ$^{221-213}$

毛桃 mɐɯ$^{221-22}$ dɐɯ$^{221-213}$　桃子的一种,全身是毛

寿桃 ziɯ^{13} dɐɯ^{221}　蟠桃,多呈扁圆形

黄桃 ɔŋ$^{221-22}$ dɐɯ$^{221-213}$　黄肉桃,肉为黄色,故名

水蜜桃 ɕy$^{533-53}$ miʔ^{23} dɐɯ^{221}　熟后易剥皮,肉质柔软多汁的一种桃子

梨 li^{221}

鸭梨 aʔ^5 li^{221}　一种白梨,因状似鸭头而得名。肉质细脆多汁,香甜,较耐贮

黄梨 ɔŋ$^{221-22}$ li$^{221-213}$　遂昌本地产的一种梨,秋天成熟,皮由青绿色转为黄褐色,熟透后泛出微红色

雪梨 ɕyɛʔ^5 li^{221}

香梨 ɕiaŋ$^{45-55}$ li$^{221-213}$

李儿 li^{13} ȵiɛ^{221}　李子的统称

红心李 ən$^{221-21}$ ɕiŋ$^{45-55}$ li^{13}

桃心李 dɐɯ$^{221-21}$ ɕiŋ$^{45-55}$ li^{13}

苹果 biŋ$^{221-13}$ ku^{533}

香蕉 ɕiaŋ$^{45-33}$ tɕiɐɯ^{45}

桔 tɕiʔ^5　橘子

金桔 tɕiŋ$^{45-33}$ tɕiʔ^5　金橘

泡 pʰɐɯ^{45}　本地产的一种柚子

　　香泡 ɕiaŋ$^{45-33}$ pʰɐɯ^{45}

胡柚 uə$^{221-22}$ iɯ^{13}　非本地产的一种柚子,个头比"泡"小得多,周边以衢州常山胡柚最为有名

橙 dziŋ^{221}

　　甜橙 diẽ$^{221-22}$ dziŋ$^{221-213}$

脐橙 zɿ²²¹⁻²² dʑiŋ²²¹⁻²¹³　甜橙的一种,果底部有脐状心,故名

柑 kɛ̃⁴⁵　柑桔

椪柑 pʰəŋ³³⁴⁻³³ kɛ̃⁴⁵　柑桔的一种,色、香、味俱佳,易剥皮

麻楂 mu²²¹⁻²¹ tɕiŋ⁴⁵　山楂

　　山楂 saŋ⁴⁵⁻³³ tsʊ⁴⁵

麻楂片 mu²²¹⁻²¹ tɕiŋ⁴⁵⁻⁵⁵ pʰiɛ̃³³⁴　山楂片

　　山楂片 saŋ⁴⁵⁻³³ tsʊ⁴⁵⁻⁵⁵ pʰiɛ̃³³⁴

沙果 sa⁴⁵⁻³³ ku⁵³³　花红

乌粥 uə⁴⁵⁻³³ tɕiu⁵　乌饭子,一种常见的野果,食用后人的嘴唇会

　　发黑,为孩子们所喜爱

莲籽 liɛ̃²²¹⁻¹³ tsɿ⁵³³

海棠果 xei⁵³³⁻⁵³ dɔŋ²²¹⁻²² ku⁵³³

香瓜 ɕiaŋ⁴⁵⁻³³ kʊ⁴⁵　甜瓜

黄金瓜 ɔŋ²²¹⁻²¹ tɕiŋ⁴⁵⁻³³ kʊ⁴⁵　一种色黄的香瓜

西瓜 ɕiɛ⁴⁵⁻³³ kʊ⁴⁵

西瓜籽 ɕiɛ⁴⁵⁻³³ kʊ⁴⁵ tsɿ⁵³³

蒂 tiɛ³³⁴　瓜蒂

葡萄 buə²²¹⁻²² dɐɯ²²¹⁻²¹³

枇杷 bi²²¹⁻¹³ bʊ²²¹

樱桃 iŋ⁴⁵⁻⁵⁵ dɐɯ²²¹⁻²¹³

荸荠 buə²²¹⁻²² dʑiɛ²²¹⁻²¹³

橄榄 kɛ̃⁵³³⁻⁵³ laŋ¹³

杏梅 aŋ¹³ mei²²¹　杏

杏仁 aŋ¹³ ȵiŋ²²¹

柿 ʑiu¹³

圆眼 yɛ̃²²¹⁻²¹ ŋaŋ¹³　桂圆

　　桂圆 kuei³³⁴⁻³³ yɛ̃²²¹

荔枝 liɛ²¹³⁻²¹ tɕiɛ⁴⁵

木瓜 məɯʔ²³⁻² kʊ⁴⁵

火龙果 xu$^{533-53}$ liəŋ$^{221-22}$ ku^{533}

芒果 məŋ$^{221-13}$ ku^{533}

榴莲 liɯ$^{221-22}$ liɛ̃$^{221-213}$

杨梅 iaŋ$^{221-22}$ mei$^{221-213}$

红枣 əŋ$^{221-13}$ tsɐɯ^{533}

青枣 tɕʰiŋ$^{45-33}$ tsɐɯ^{533}

冬枣 təŋ$^{45-33}$ tsɐɯ^{533}

葛公 kɔʔ$^{5-3}$ kəŋ^{45} 蓬虆，多年生草本植物，野草莓的一种，果实空心

□ȵiɯ^{213} 覆盆子，木本植物，野草莓的一种，果实实心

蛇□ ʑiŋ$^{221-22}$ ȵiɯ^{213} 蛇莓

草莓 tsʰɐɯ$^{533-53}$ mei^{221}

蝾蚖糖 iɛ̃$^{45-33}$ diɛ̃$^{13-22}$ dəŋ$^{221-213}$ 金樱子

老鼠奶 lɐɯ^{13} tɕʰiɛ$^{533-53}$ na^{13} 佛灯果，野果名，一种多年生木本植物结出来的果实，其形像老鼠的奶子，故名

茶泡儿 dzɒ$^{221-21}$ pʰɐɯ$^{45-55}$ ȵiɛ$^{221-213}$ 茶桃

茶片 dzɒ$^{221-22}$ pʰiɛ̃^{334} 茶桃的变种，片状

桑子 sɔŋ$^{45-33}$ tsɿ^{533} 桑葚

灯笼果 tiŋ$^{45-55}$ ləŋ$^{221-13}$ ku^{533} 一种野果，形似灯笼，故名。果实成熟后酸甜味，可生食

金□ tɕiŋ$^{45-33}$ piaŋ^{45} 石榴

绳梨 dʑiŋ$^{221-22}$ li$^{221-213}$ 猕猴桃

鸡爪梨 iɛ$^{45-55}$ tsɐɯ$^{533-33}$ li^{221} 枳椇，霜打后特别甘甜。因形似鸡爪，故名

糖蔗 dəŋ$^{221-22}$ tɕiɒ^{334} 甘蔗

糖蔗标 dəŋ$^{221-22}$ tɕiɒ$^{334-33}$ piɐɯ^{533} 甘蔗梢

核桃 ŋɛʔ^{23} dɐɯ^{221} 统称

山核桃 saŋ^{45} ŋɛʔ^{23} dɐɯ^{221}

大核桃 du$^{213-21}$ ŋɛʔ^{23} dɐɯ^{221}

大栗 du²¹³⁻²² ləɯʔ²³　板栗

毛栗 mɐɯ²²¹⁻²¹ ləɯʔ²³　野生小毛栗

苦□籽 kʰuə⁵³³⁻⁵³ dʑiɔŋ⁻¹³ tsʅ⁵³³　苦槠籽

柞籽 dʑiaʔ²³ tsʅ⁵³³　橡籽

□籽 gəŋ⁻¹³ tsʅ⁵³³　乌桕籽

苦楝籽 kʰuə⁵³³⁻⁵³ liɛ̃²¹³⁻¹³ tsʅ⁵³³

草榧 tsʰɐɯ⁵³³⁻³³ fi⁵³³　香榧

　香榧 ɕiaŋ⁴⁵⁻³³ fi⁵³³

白果 biaʔ²³ ku⁵³³　银杏

佛手 vəɯʔ²³ ɕiɯ⁵³³

菱角 liŋ²²¹⁻²¹ kɔʔ⁵　水菱

皮 bi²²¹　果皮

肉 ȵiuʔ²³　果肉

瓢 nɔŋ²²¹　瓜瓢

核 ŋuɛʔ²³　果核

四、树木

树 dʑiɯ²¹³

树林 dʑiɯ²¹³⁻¹³ liŋ²²¹

树栽 dʑiɯ²¹³⁻²¹ tsɿ⁴⁵　树苗

　树苗 dʑiɯ²¹³⁻¹³ miɐɯ²²¹

爆芽 pɐɯ³³⁴⁻³³ ŋɑ²²¹　发芽

树叶儿 dʑiɯ²¹³⁻²¹ iɛʔ²³ ȵiɛ²²¹

树皮 dʑiɯ²¹³⁻¹³ bi²²¹

树标 dʑiɯ²¹³⁻¹³ piɐɯ⁵³³　树梢

树桠 dʑiɯ²¹³⁻²¹ u⁴⁵　树杈桠

　树叉 dʑiɯ²¹³⁻²¹ tsʰɑ⁴⁵

树段 dʑiɯ²¹³⁻²¹ dən²¹³⁻¹³　段木

树根 dʑiɯ²¹³⁻²¹ kɛ⁴⁵

树疤 dʑiɯ²¹³⁻²¹ pɒ⁴⁵　树节疤

种树 iɔŋ³³⁴⁻³³ dʑiɯ²¹³

锲树 tsʰɿ³³⁴⁻³³ dʑiɯ²¹³　砍树

锲松树 tsʰɿ³³⁴⁻³³ z̃ɛ²²¹⁻¹³ dʑiɯ²¹³　砍松树

锲毛竹 tsʰɿ³³⁴⁻³³ mɐɯ²²¹⁻²¹ tiuʔ⁵　砍毛竹

解树 ka⁵³³⁻⁵⁵ dʑiɯ²¹³　锯树

松树 z̃ɛ²²¹⁻¹³ dʑiɯ²¹³

松树毛 z̃ɛ²²¹⁻²² dʑiɯ²¹³⁻¹³ mɐɯ²²¹

松树□ z̃ɛ²²¹⁻²² dʑiɯ²¹³⁻¹³ bu²²¹　已开的松果

松树瓜瓜 z̃ɛ²²¹⁻¹³ dʑiɯ²¹³⁻²¹ kɒ⁴⁵⁻³³ kɒ⁴⁵　未开的松果

松树籽 z̃ɛ²²¹⁻²² dʑiɯ²¹³⁻¹³ tsɿ⁵³³　松子

松树花 z̃ɛ²²¹⁻¹³ dʑiɯ²¹³⁻²¹ xɒ⁴⁵

松树花粉 z̃ɛ²²¹⁻¹³ dʑiɯ²¹³⁻²¹ xɒ⁴⁵⁻³³ fəŋ⁵³³　可食用，也有人用它做清明馃的馅儿

雪松 ɕyɛʔ⁵⁻³ səŋ⁴⁵

铁树 tʰiɛʔ⁵ dʑiɯ²¹³

木棉树 məɯʔ²³ mĩɛ²²¹⁻²² dʑiɯ²¹³

广玉兰树 kɔŋ⁵³³⁻⁵³ ȵiɔʔ²³ laŋ²²¹⁻²² dʑiɯ²¹³

杉树 saŋ⁴⁵⁻⁵⁵ dʑiɯ²¹³

杉刺 saŋ⁴⁵⁻⁵⁵ tɕʰiɛ³³⁴　杉针

槐花树 ua²²¹⁻²² xɒ⁴⁵⁻⁵⁵ dʑiɯ²¹³　槐树

柏树 piaʔ⁵ dʑiɯ²¹³

凉柳 liaŋ²²¹⁻²¹ liɯ¹³　柳树

　杨柳树 iaŋ²²¹⁻¹³ liɯ¹³⁻²² dʑiɯ²¹³

　杨柳 iaŋ²²¹⁻²¹ liɯ¹³

挂柳 kɒ³³⁴⁻³³ liɯ¹³　垂柳

水杨柳 ɕy⁵³³⁻⁵³ iaŋ²²¹⁻²¹ liɯ¹³　不垂的柳树

紫薇树 tsɿ⁵³³⁻⁵³ uei⁴⁵ dʑiɯ²¹³

惊痒树 kuaŋ⁴⁵⁻⁵⁵ ziɔŋ¹³ dʑiɯ²¹³　相思树

茶籽树 dzɑ²²¹⁻¹³ tsɿ⁵³³⁻⁵⁵ dziɯ²¹³

□籽树 gəŋ⁻¹³ tsɿ⁵³³⁻⁵⁵ dziɯ²¹³　乌桕树

苦□树 kʰuə⁵³³⁻⁵³ dʑiɔŋ⁻¹³ dziɯ²¹³　苦楮树

　　苦□ kʰuə⁵³³⁻⁵³ dʑiɔŋ⁻¹³

香樟树 ɕiaŋ⁴⁵⁻³³ tɕiaŋ⁴⁵⁻⁵⁵ dziɯ²¹³

　　樟树 tɕiaŋ⁴⁵⁻⁵⁵ dziɯ²¹³

梧桐树 ŋuə²²¹⁻²² dəŋ²²¹⁻²² dziɯ²¹³

柞籽树 dziaʔ²³ tsɿ⁵³³⁻⁵⁵ dziɯ²¹³　灌木橡树

木槿 məɯʔ²³ dziŋ¹³⁻²²¹

桐籽树 dəŋ²²¹⁻¹³ tsɿ⁵³³⁻⁵⁵ dziɯ²¹³　油桐树

桐油 dəŋ²²¹⁻²² iɯ²²¹⁻²¹³

枫树 fəŋ⁴⁵⁻⁵⁵ dziɯ²¹³

苦楝树 kʰuə⁵³³⁻³³ liẽ²¹³⁻²² dziɯ²¹³

圆眼皂 yẽ²²¹⁻¹³ ŋaŋ¹³⁻²² zɐɯ¹³　皂荚树

　　洋油皂树 iaŋ²²¹⁻²² iɯ²²¹⁻²¹ zɐɯ¹³ dziɯ²¹³

黄荆条 ɔŋ²²¹⁻²¹ tɕiŋ⁴⁵ diɐɯ²²¹　牡荆，可用于编箩筐

香椿树 ɕiaŋ⁴⁵⁻³³ tɕʰyŋ⁴⁵⁻⁵⁵ dziɯ²¹³

苍蝇树 tsʰɔŋ⁴⁵⁻⁵⁵ ɕiŋ³³⁴⁻³³ dziɯ²¹³　枫杨树，会结出像苍蝇一样的果实，故名

冬瓜胖 təŋ⁴⁵⁻³³ kɒ⁴⁵⁻⁵⁵ pʰɔŋ³³⁴　泡桐

海棠树 xei⁵³³⁻⁵³ dəŋ²²¹⁻²² dziɯ²¹³

腊梅树 laʔ²³ mei²²¹⁻²² dziɯ²¹³

蔷薇树 ziaŋ²²¹⁻²² uei⁴⁵ dziɯ²¹³

木樨 məɯʔ²³⁻² ɕiɛ⁴⁵　桂花树

　　桂花树 kuei³³⁴⁻³³ xɒ⁴⁵⁻⁵⁵ dziɯ²¹³

芙蓉树 vuə²²¹⁻²² iɔŋ²²¹⁻²² dziɯ²¹³

棕树 tsəŋ⁴⁵⁻⁵⁵ dziɯ²¹³　棕榈树

漆树 tɕʰiʔ⁵ dziɯ²¹³

桑树 sɔŋ⁴⁵⁻⁵⁵ dziɯ²¹³

桑叶 sɔŋ⁴⁵⁻³³ iɛʔ²³

山木樨 saŋ⁴⁵⁻³³ mɐuʔ²³⁻² ɕiɛ⁴⁵　一种用于烧制黄米馃灰的灌木

黄金茶 ɔŋ²²¹⁻²¹ tɕin⁴⁵⁻⁵⁵ dzɑ²¹³　一种用于烧制黄米馃灰的灌木

乌粥樵 uə⁴⁵⁻³³ tɕiuʔ⁵ ʑiɐu²²¹　乌饭树，一种用于制作乌饭的灌木

芭蕉树 pɒ⁴⁵⁻³³ tɕiɐu⁴⁵⁻⁵⁵ dʑiɯ²¹³

杏梅树 aŋ¹³ mei²²¹⁻²² dʑiɯ²¹³　杏树

苹果树 biŋ²²¹⁻¹³ ku⁵³³⁻⁵⁵ dʑiɯ²¹³

李儿树 li¹³ ȵiɛ²²¹⁻²² dʑiɯ²¹³

梨树 li²²¹⁻²² dʑiɯ²¹³

桃树 dɐu²²¹⁻²² dʑiɯ²¹³

大栗树 du²¹³⁻²² ləuʔ²³ dʑiɯ²¹³

桔树 tɕiʔ⁵ dʑiɯ²¹³　橘子树

椪柑树 pʰən³³⁴⁻³³ kɛ̃⁴⁵ dʑiɯ²¹³

香泡树 ɕiaŋ⁴⁵⁻³³ pʰɐu⁴⁵ dʑiɯ²¹³　本地产的柚子树

杨梅树 iaŋ²²¹⁻¹³ mei²²¹⁻²² dʑiɯ²¹³

树桩 dʑiɯ²¹³⁻²¹ tiɔŋ⁴⁵　树砍后留下的桩

樵桩 ʑiɐu²²¹⁻²² tiɔŋ⁴⁵　柴砍后留下的桩

五、花草、菌类

1. 花

花 xɒ⁴⁵

花蕾儿 xɒ⁴⁵⁻⁵⁵ lei¹³ ȵiɛ²²¹　花蕾

梅花 mei²²¹⁻²¹ xɒ⁴⁵

腊梅 laʔ²³ mei²²¹

桃花 dɐu²²¹⁻²¹ xɒ⁴⁵

梨花 li²²¹⁻²¹ xɒ⁴⁵

杏花 aŋ¹³⁻²¹ xɒ⁴⁵

兰花 laŋ²²¹⁻²¹ xɒ⁴⁵

吊兰 tiɐu³³⁴⁻³³ laŋ²²¹

米兰 miɛ¹³ laŋ²²¹

玉兰花 ȵiɔʔ²³ laŋ²²¹⁻²² xɒ⁴⁵

广玉兰 kɔŋ⁵³³⁻⁵³ ȵiɔʔ²³ laŋ²²¹

芙蓉花 vuə²²¹⁻²² iɔŋ²²¹⁻²² xɒ⁴⁵

蔷薇花 ʑiaŋ²²¹⁻²² uei⁴⁵⁻³³ xɒ⁴⁵

紫薇花 tsɿ⁵³³⁻⁵³ uei⁴⁵⁻³³ xɒ⁴⁵

水仙花 ɕy⁵³³⁻⁵³ ɕiɛ̃⁴⁵⁻³³ xɒ⁴⁵

月季花 ȵyɛʔ²³ tɕiɛ³³⁴⁻³³ xɒ⁴⁵

木樨花 məɯʔ²³⁻² ɕiɛ⁴⁵⁻³³ xɒ⁴⁵　桂花

　　桂花 kuei³³⁴⁻³³ xɒ⁴⁵

四季 sɿ³³⁴⁻³³ tɕy³³⁴⁻⁴⁵　四季桂

丁香花 tiŋ⁴⁵⁻³³ ɕiaŋ⁴⁵⁻³³ xɒ⁴⁵

茶花 dzɒ²²¹⁻²¹ xɒ⁴⁵

芍药 dʑiaʔ²³⁻² iaʔ²³　芍药花

牡丹 məŋ¹³⁻²¹ taŋ⁴⁵

茉莉花 məɯʔ²³ li²¹³⁻²¹ xɒ⁴⁵

海棠花 xei⁵³³⁻⁵³ dɔŋ²²¹⁻²² xɒ⁴⁵

婊子花 piɐɯ⁵³³⁻³³ tsɿ⁵³³⁻⁵³ xɒ⁴⁵　夜来香

荷花 u²²¹⁻²¹ xɒ⁴⁵

　　莲花 liɛ̃²²¹⁻²¹ xɒ⁴⁵

莲蓬 liɛ̃²²¹⁻²² bəŋ²²¹⁻²¹³

荷叶 u²²¹⁻²¹ iɛʔ²³

纸表花 tɕiɛ⁵³³⁻³³ piɐɯ⁵³³⁻⁵³ xɒ⁴⁵　杜鹃花

凤千花 bəŋ²¹³⁻²² tɕʰiɛ̃⁴⁵⁻³³ xɒ⁴⁵　凤仙花

　　凤仙花 vəŋ²¹³⁻²² ɕiɛ̃⁴⁵⁻³³ xɒ⁴⁵

鸡冠花 iɛ⁴⁵⁻⁵⁵ kuaŋ⁴⁵⁻³³ xɒ⁴⁵

博栀花 pɔʔ⁵ tɕiɛ⁴⁵⁻³³ xɒ⁴⁵　栀子花

望春花 mɔŋ²¹³⁻²¹ tɕʰyŋ⁴⁵⁻³³ xɒ⁴⁵　迎春花

芭蕉花 pɒ⁴⁵⁻³³ tɕiɐɯ⁴⁵⁻³³ xɒ⁴⁵

菊花 tɕiuʔ⁵ xɒ⁴⁵

白菊花 biaʔ²³⁻² tɕiuʔ⁵ xɒ⁴⁵

黄菊花 ɔŋ²²¹⁻²¹ tɕiuʔ⁵ xɒ⁴⁵

野菊花 iɒ¹³ tɕiuʔ⁵ xɒ⁴⁵

菊米 tɕiuʔ⁵ miɛ¹³

2. 草

草 tsʰuə⁵³³/tsʰɐɯ⁵³³

草窠 tsʰuə⁵³³ kʰu⁴⁵

草根 tsʰuə⁵³³ kɛ̃⁴⁵

棉花 miɛ̃²²¹⁻²¹ xɒ⁴⁵

田麻 diɛ̃²²¹⁻²² mu²²¹⁻²¹³　麻的一种，种在田里，有较高较粗的梗，可用于编织草鞋、麻袋、麻绳等

苎麻 dziɛ¹³ mu²²¹　麻的一种，较细，可用于纳鞋底、织麻袋或蚊帐等

苎麻梗 dziɛ¹³⁻²² mu²²¹⁻¹³ kuaŋ⁵³³　不带皮的麻秆

蓖麻 bi²¹³⁻¹³ mɒ²²¹　一年生或多年生草本植物，种子可榨油

蓖麻籽 bi²¹³⁻¹³ mɒ²²¹⁻²² tsɤ⁵³³

蓖麻油 bi²¹³⁻¹³ mɒ²²¹⁻²² iɯ²²¹⁻²¹³　用蓖麻籽压榨的油，可作润滑剂

金刚刺 tɕiŋ⁴⁵⁻³³ kɔŋ⁴⁵⁻⁵⁵ tɕʰiɛ³³⁴　百合科植物短梗菝葜的根茎，褐色，切片晒干可入药，可制酒

仙农掌 ɕiɛ̃⁴⁵ nəŋ²²¹⁻¹³ tɕiaŋ⁵³³　仙人掌

仙农球 ɕiɛ̃⁴⁵ nəŋ²²¹⁻²² dziɯ²²¹⁻²¹³　仙人球

黄茅 ɔŋ²²¹⁻²² mu²²¹⁻²¹³　茅草

芒菅 məŋ²²¹⁻²¹ kuɛ̃⁴⁵　五节芒，菅草，遂昌本地盛产，酷似芦苇。叶细长有尖，可用于造纸、编草鞋。《诗·小雅·白华》"白华菅兮，白茅束兮"一句中的"菅"即指"芒菅"。《汉书·贾谊传》的"其视杀人，若艾草菅然"则是成语"草菅人命"的出处

芒花 məŋ²²¹⁻²¹ xɒ⁴⁵　五节芒开的花，黄褐色

挟⁼曲 dziaʔ²³⁻² kʰɤɯʔ⁵　鼠曲草，遂昌人做青馃的主要原料之一

蓬 bəŋ²²¹　青蓬草，遂昌人做青馃的主要原料之一

艾 ŋa¹³　艾草

菖蒲 tɕʰiaŋ⁴⁵⁻⁵⁵ buə²²¹⁻²¹³

蒲草 buə²²¹⁻¹³ tsʰɐɯ⁵³³

犬尾蒐 tɕʰiɛ̃⁵³³⁻⁵³ miʔ²³⁻² tiɯ⁴⁵　狗尾巴草　‖"尾"的韵母促化

水灯草 ɕy⁵³³⁻⁵³ tɛ̃⁴⁵⁻³³ tsʰɐɯ⁵³³　灯心草,遂昌人包粽子的主要捆绑材料之一

　　龙丝 liɔŋ²²¹⁻²¹ sɿ⁴⁵

丑=扎= tɕʰiɯ⁵³³⁻⁵³ tsaʔ⁵　鱼腥草

蒲公英 pʰuə⁵³³⁻⁵³ kəŋ⁴⁵⁻³³ iŋ⁴⁵

藻 biɐɯ²²¹　浮萍

紫藻 tsɿ⁵³³⁻⁵³ biɐɯ²²¹　紫色的浮萍

绿藻 liɔʔ²³ biɐɯ²²¹　绿色的浮萍

三叶青 saŋ⁴⁵⁻³³ iɛʔ²³⁻² tɕʰiŋ⁴⁵　酢浆草

万年青 maŋ²¹³⁻¹³ ɲiɛ̃²²¹⁻²² tɕʰiŋ⁴⁵

板蓝 paŋ⁵³³⁻⁵³ laŋ²²¹　叶和根均可入药

花草 xɒ⁴⁵⁻³³ tsʰɐɯ⁵³³　紫云英

惊痒草 kuaŋ⁴⁵⁻³³ ʑiɔŋ¹³ tsʰɐɯ⁵³³　含羞草

蕰馊= uɛ̃⁴⁵⁻³³ ɕyɐɯ⁴⁵　蕰草

黄螟衣 ɔŋ²²¹⁻²² mɒ²²¹⁻²¹ i⁴⁵　车前草

文竹 məŋ²²¹⁻²¹ tiuʔ⁵

盆景 bɛ̃²²¹⁻¹³ tɕiŋ⁵³³

3. 竹

竹 tiuʔ⁵　统称

　　竹儿 tiuʔ⁵ ɲiɛ²²¹

毛竹 mɐɯ²²¹⁻²¹ tiuʔ⁵

毛竹林 mɐɯ²²¹⁻²¹ tiuʔ⁵ liŋ²²¹

淡竹 daŋ¹³⁻²¹ tiuʔ⁵　竹的一种。竹材篾性好,可编织各种竹器,也可整材使用,作农具柄、搭棚架等

苦竹 kʰuə⁵³³⁻⁵³ tiuʔ⁵　竹的一种。秆矮小,节比别的竹子长,茎可

作造纸原料和制伞柄、笔管等。李白《劳劳亭歌》有"苦竹寒声动秋月，独宿空帘归梦长"一句

箬竹 ȵiaʔ²³⁻² tiuʔ⁵

箬 ȵiaʔ²³　　箬竹叶，遂昌人包粽子的主要材料

　　箬壳 ȵiaʔ²³⁻² kʰɔʔ⁵

芦苇 lu²²¹⁻²² uei²²¹⁻²¹³

笋 səŋ⁵³³

毛笋 mɐɯ²²¹⁻¹³ səŋ⁵³³

冬笋 təŋ⁴⁵⁻³³ səŋ⁵³³

春笋 tɕʰyŋ⁴⁵⁻³³ səŋ⁵³³

雷笋 lei²²¹⁻¹³ səŋ⁵³³　　淡竹笋

苦笋 kʰuə⁵³³⁻⁵³ səŋ⁵³³　　苦竹笋，味苦，医食俱佳。《本草纲目》："苦笋味苦甘寒，主治不睡、去面目及舌上热黄，消渴明目，解酒毒、除热气、益气力、利尿、下气化氮，理风热脚气，治出汗后伤风失音。"

笋鞭 səŋ⁵³³⁻⁵³ piẽ⁴⁵

笋壳 səŋ⁵³³⁻⁵³ kʰɔʔ⁵

笋肉 səŋ⁵³³⁻⁵³ ȵiuʔ²³

篾 miɛʔ²³

篾青 miɛʔ²³⁻² tɕʰiŋ⁴⁵　　竹子的外皮，质地柔韧

篾黄 miɛʔ²³ ɔŋ²²¹　　竹子篾青以里的部分，质地较脆

竹叶 tiuʔ⁵ iɛʔ²³

竹节 tiuʔ⁵⁻³ tɕiɛʔ⁵

竹衣 tiuʔ⁵⁻³ i⁴⁵　　竹竿内的衣膜

毛竹竿 mɐɯ²²¹⁻²¹ tiuʔ⁵ kuẽ⁴⁵⁻³³⁴

4. 藤、蕨、菌等

龙 liəŋ²²¹　　藤

葛龙绳 kɔʔ⁵ liəŋ²²¹⁻²² dziŋ²²¹⁻²¹³　　葛藤

葛粉 kɔʔ⁵⁻³ fəŋ⁵³³　　用葛藤提炼出来的粉

山粉 saŋ⁴⁵⁻³³ fəŋ⁵³³

莨萁 lɔŋ²²¹⁻²¹ i⁴⁵　铁芒萁

大叶莨萁 du²¹³⁻²¹ iɛʔ²³ lɔŋ²²¹⁻²¹ i⁴⁵　铁芒萁的一种,叶较大

小叶莨萁 ɕiɐu⁵³³⁻⁵³ iɛʔ²³ lɔŋ²²¹⁻²¹ i⁴⁵　铁芒萁的一种,叶较小

蕨萁 kəuʔ⁵⁻³ i⁴⁵　蕨

蕨萁蕻 kəuʔ⁵⁻³ i⁴⁵⁻⁵⁵ xəŋ³³⁴　蕨的嫩芽,俗称"蕨菜"

木耳 məɯʔ²³ ȵi¹³

白木耳 biaʔ²³⁻² məɯʔ²³ ȵi¹³

香菇 ɕiaŋ⁴⁵⁻³³ ku⁴⁵

草菇 tsʰɐu⁵³³⁻⁵³ ku⁴⁵

蘑菇 mu²²¹⁻²¹ ku⁴⁵

花菇 xɒ⁴⁵⁻³³ ku⁴⁵

平菇 biŋ²²¹⁻²² ku⁴⁵

金针菇 tɕiŋ⁴⁵⁻⁵⁵ tɕiŋ⁴⁵⁻³³ ku⁴⁵

灰树花 xuei⁴⁵⁻³³ dʑiɯ²¹³⁻²¹ xɒ⁴⁵

鸡腿菇 iɛ⁴⁵⁻³³ tʰei⁵³³⁻⁵³ ku⁴⁵

茶树菇 dzɒ²²¹⁻²² dʑiɯ²²¹⁻²¹ ku⁴⁵

牛肝菌 ȵiɯ²²¹⁻²¹ kuɛ̃⁴⁵⁻⁵⁵ tɕyŋ³³⁴

蕈 ziŋ¹³　野生菇

礃蕈 daŋ²²¹⁻²¹ ziŋ¹³　地衣

青落 tɕʰiŋ⁴⁵⁻⁵⁵ dzɿ²²¹⁻²¹³　青苔

第六节　动　物

一、牲畜、家禽

牲度=ɕiaŋ⁴⁵⁻⁵⁵ duə²¹³　牲畜

雌 tsʰɿ⁴⁵

雄 iɔŋ²²¹

牛 ȵiɯ²²¹

牛牯 ȵiɯ²²¹⁻¹³ kuə⁵³³　公牛

牛娘 ȵiɯ²²¹⁻²² ȵiaŋ²²¹⁻²¹³　母牛

牸牛 zɤ²¹³⁻¹³ ȵiɯ²²¹　小雌牛

黄牛 ɔŋ²²¹⁻²² ȵiɯ²²¹⁻²¹³

水牛 ɕy⁵³³⁻³³ ȵiɯ²²¹

骚牯铜⁼ sɐɯ⁴⁵⁻⁵⁵ kuə⁵³³⁻³³ dəŋ²²¹　未阉过的牛

奶牛 na¹³ ȵiɯ²²¹

疯牛 fəŋ⁴⁵⁻⁵⁵ ȵiɯ²²¹⁻²¹³

牛骸蹄 ȵiɯ²²¹⁻²¹ kʰɐɯ⁴⁵⁻⁵⁵ diɛ²²¹⁻²¹³　牛的蹄子

牛角 ȵiɯ²²¹⁻²¹ kɔʔ⁵

叉 tsʰɒ⁴⁵　角拱人

牛皮 ȵiɯ²²¹⁻²² bi²²¹⁻²¹³

牛毛 ȵiɯ²²¹⁻²² mɐɯ²²¹⁻²¹³

牛尾菟 mɐɯ²²¹⁻²² miʔ²³⁻² tiɯ⁴⁵　牛尾巴

猪 tɒ⁴⁵

猪牯 tɒ⁴⁵⁻³³ kuə⁵³³　公猪

猪娘 tɒ⁴⁵⁻⁵⁵ ȵiaŋ²²¹⁻²¹³　母猪

猪娘爿 tɒ⁴⁵⁻⁵⁵ ȵiaŋ²²¹⁻²² baŋ²²¹⁻²¹³　生过多次的猪

小猪儿 ɕiɐɯ⁵³³⁻³³ tɒ⁴⁵⁻⁵⁵ ȵiɛ²²¹⁻²¹³　小猪

瘟猪 uẽ⁴⁵⁻³³ tɒ⁴⁵

猪鼻冲 tɒ⁴⁵⁻⁵⁵ biʔ²³⁻² tsʰəŋ⁴⁵　猪鼻子

抄 tsʰɐɯ⁴⁵　猪鼻子拱

猪骸蹄 tɒ⁴⁵⁻³³ kʰɐɯ⁴⁵⁻⁵⁵ diɛ²²¹⁻²¹³　猪的蹄子

猪皮 tɒ⁴⁵⁻⁵⁵ bi²²¹⁻²¹³

猪毛 tɒ⁴⁵⁻⁵⁵ mɐɯ²²¹⁻²¹³

猪尾菟 tɒ⁴⁵⁻⁵⁵ miʔ²³⁻² tiɯ⁴⁵　猪尾巴

犬 tɕʰiẽ⁵³³　狗

犬牯 tɕʰiɛ̃⁵³³⁻³³ kuə⁵³³　公狗
犬娘 tɕʰiɛ̃⁵³³⁻⁵⁵ ȵiaŋ²²¹⁻²¹³　母狗
小犬儿 ɕiɐɯ⁵³³⁻⁵³ tɕʰiɛ̃⁵³³⁻³³ ȵiɛ²²¹　小狗
猎犬 liɛʔ²³ tɕʰiɛ̃⁵³³　猎狗
犬王 tɕʰiɛ̃⁵³³⁻⁵³ ioŋ²²¹　狗王
癫犬 tiɛ̃⁴⁵⁻³³ tɕʰiɛ̃⁵³³　疯狗
犬吠 tɕʰiɛ̃⁵³³⁻⁵³ bi¹³　狗叫
羊 iaŋ²²¹
羊牯 iaŋ²²¹⁻¹³ kuə⁵³³　公羊
羊娘 iaŋ²²¹⁻²² ȵiaŋ²²¹⁻²¹³　母羊
山羊 saŋ⁴⁵⁻⁵⁵ iaŋ²²¹⁻²¹³
绵羊 miɛ̃²²¹⁻²² iaŋ²²¹⁻²¹³
湖羊 uə²²¹⁻²² iaŋ²²¹⁻²¹³　太湖平原出产的一种羊
羊角 iaŋ²²¹⁻²¹ kɔʔ⁵
羊皮 iaŋ²²¹⁻²² bi²²¹⁻²¹³
羊毛 iaŋ²²¹⁻²² mɐɯ²²¹⁻²¹³
羊胡须 iaŋ²²¹⁻²² uə²²¹⁻²¹ suə⁴⁵
马 mɒ¹³
驴 lyɛ²²¹
　毛驴 mɐɯ²²¹⁻²² lyɛ²²¹⁻²¹³
骡 lu²²¹
兔 tʰuə³³⁴
　兔儿 tʰuə³³⁴⁻³³ ȵiɛ²²¹
长毛兔 dɛ̃²²¹⁻¹³ mɐɯ²²¹⁻²² tʰuə³³⁴
兔毛 tʰuə³³⁴⁻³³ mɐɯ²²¹
猫儿 miɐɯ²²¹⁻²² ȵiɛ²²¹⁻²¹³　猫
猫牯 miɐɯ²²¹⁻¹³ kuə⁵³³　公猫
猫娘 miɐɯ²²¹⁻²² ȵiaŋ²²¹⁻²¹³　母猫
鸡 iɛ⁴⁵

荒鸡 xɔŋ⁴⁵⁻³³ iɛ⁴⁵　　公鸡。荒鸡，原指三更前啼叫的鸡。《晋书·祖逖传》："(祖逖)与司空刘琨俱为司州主簿，情好绸缪，共被同寝。中夜闻荒鸡鸣，蹴琨觉曰：'此非恶声也。'因起舞。"是为成语"闻鸡起舞"之出处

鸡娘 iɛ⁴⁵⁻⁵⁵ ȵiaŋ²²¹⁻²¹³　　母鸡

赖伏鸡 la²¹³⁻²² buə²¹³⁻²¹ iɛ⁴⁵　　正在孵蛋的母鸡

羯鸡 tɕiɛʔ⁵⁻³ iɛ⁴⁵　　阉过的鸡

新俏鸡 ɕiŋ⁴⁵⁻⁵⁵ tɕʰiɐɯ³³⁴⁻³³ iɛ⁴⁵　　当年育成的、未下蛋的小母鸡
　　俏鸡 tɕʰiɐɯ³³⁴⁻³³ iɛ⁴⁵

伏鸡儿 buə²¹³⁻²¹ iɛ⁴⁵⁻⁵⁵ ȵiɛ²²¹⁻²¹³　　孵小鸡

小鸡儿 ɕiɐɯ⁵³³⁻³³ iɛ⁴⁵⁻⁵⁵ ȵiɛ²²¹⁻²¹³　　小鸡

踢=膊鸡儿 tʰiʔ⁵⁻³ pɔʔ⁵ iɛ⁴⁵⁻⁵⁵ ȵiɛ²²¹⁻²¹³　　半大的、正在换毛的鸡

瘟鸡 uẽ⁴⁵⁻³³ iɛ⁴⁵

鸡冠 iɛ⁴⁵⁻⁵⁵ kuaŋ⁴⁵

鸡削=袋 iɛ⁴⁵⁻³³ ɕiaʔ⁵ dei²¹³　　鸡嗉囊，从鸡脖子到胸口那里一个暂时储存食物的囊

鸡毛 iɛ⁴⁵⁻⁵⁵ mɐɯ²²¹⁻²¹³

鸡讴 iɛ⁴⁵ ɐɯ⁴⁵　　鸡叫

啄 təɯʔ⁵　　（鸡嘴）啄

鸭儿 aʔ⁵ ȵiɛ²²¹　　鸭子

荒鸭 xɔŋ⁴⁵⁻³³ aʔ⁵　　公鸭

俏鸡 tɕʰiɐɯ³³⁴⁻³³ aʔ⁵　　母鸭

麻鸭 mɒ²²¹⁻²¹ aʔ⁵　　麻雀羽鸭，一种当地产的鸭子

番鸭 faŋ⁴⁵⁻³³ aʔ⁵　　似鹅非鹅、似鸭非鸭的鸭，原产于中、南美洲热带地区

鸭毛 aʔ⁵ mɐɯ²²¹

鹅 ŋu²²¹

荒鹅 xɔŋ⁴⁵⁻⁵⁵ ŋu²²¹⁻²¹³　　公鹅

鹅娘 ŋu²²¹⁻²² ȵiaŋ²²¹⁻²¹³　　母鹅

洽⁼ tɕʰiaʔ⁵　鸭、鹅等扁嘴的禽类用嘴吃食的动作

鹅毛 ŋu²²¹⁻²² mɐɯ²²¹⁻²¹³

子 tsɿ⁵³³　家禽（包括其他鸟类、昆虫等）的卵

鸡子 iɛ⁴⁵⁻³³ tsɿ⁵³³　鸡蛋

凤凰蛋 vəŋ¹³ ɔŋ²²¹⁻²² daŋ²¹³　未孵好的鸡蛋。用五香料煮着吃，别有一番味道，是浙江一带的风味小吃

鸭子 aʔ⁵⁻³ tsɿ⁵³³　鸭蛋

鹅子 ŋu²²¹⁻¹³ tsɿ⁵³³　鹅蛋

伏荒 bəɯʔ²³ xɔŋ⁴⁵⁻³³⁴　禽类交配

做栏 tsu³³⁴⁻³³ laŋ²²¹　家畜交配

生子 ɕiaŋ⁴⁵⁻³³ tsɿ⁵³³　下蛋

羯 tɕiɛʔ⁵　阉雄的

羝 tiɛ⁵³³　阉雌的

瘟 uɛ̃⁴⁵　鸡、猪、牛等非正常死亡

瘟病 uɛ̃⁴⁵⁻⁵⁵ biŋ²¹³

猪瘟 tʂ⁴⁵⁻³³ uɛ̃⁴⁵

鸡瘟 iɛ⁴⁵⁻³³ uɛ̃⁴⁵

二、野兽

野兽 iɒ¹³ ɕiɯ³³⁴

大猫 du²¹³⁻¹³ mɐɯ²²¹　老虎

野猪 iɒ¹³⁻²² tʂ⁴⁵

野牛 iɒ¹³ ȵiɯ²²¹

野兔 iɒ¹³ tʰuə³³⁴

笔猪 piɛʔ⁵⁻³ tʂ⁴⁵　豪猪。豪猪的刺像笔一样，故名　‖"笔"的韵母音变

小笔猪 ɕiɐɯ⁵³³⁻⁵³ piɛʔ⁵⁻³ tʂ⁴⁵　刺猬

笔猪簪 piɛʔ⁵⁻³ tʂ⁴⁵⁻³³ tsɛ̃⁴⁵　豪猪刺

猪獾 tʂ⁴⁵⁻⁵⁵ xuɛ̃⁴⁵⁻³³⁴　猪獾子

麻狸 mu$^{221-22}$ li$^{221-213}$　狐狸

苦猨 k^{h}uə$^{533-53}$ ɕyɛ̃^{45}　猴子

老鼠 lɐɯ^{13} tɕ^{h}iɛ^{533}　老鼠的统称

田老鼠 diɛ̃$^{221-22}$ lɐɯ^{13} tɕ^{h}iɛ^{533}　田鼠

山老鼠 saŋ$^{45-55}$ lɐɯ^{13} tɕ^{h}iɛ^{533}　山鼠

白鼠 biaʔ^{23} tɕ^{h}iɛ^{533}

老鼠涴 lɐɯ^{13} tɕ^{h}iɛ^{533} u^{334}　老鼠屎

黄犬鼠儿 ɔŋ$^{221-13}$ tɕ^{h}iɛ̃$^{533-53}$ tɕ^{h}iɛ$^{533-33}$ ȵiɛ^{221}　黄鼠狼

立鼠 liʔ^{23} tɕ^{h}iɛ^{533}　松鼠

老鼠皮翼 lɐɯ^{13} tɕ^{h}iɛ$^{533-53}$ bi$^{221-21}$ iɛʔ^{23}　蝙蝠

麂儿 tsɿ$^{533-33}$ ȵiɛ^{221}　黄麂，跳麂

乌獐 uə$^{45-33}$ tɕiaŋ^{45}　獐子

山魈儿 saŋ$^{45-33}$ ɕiɐɯ$^{45-55}$ ȵiɛ$^{221-213}$　山魈，传说中山里的独脚鬼怪。据民间传说，人在山上被山魈拐走后，会被山魈用烂污泥封住口、鼻、耳。遇到这种情况，家人若举着火把，鸣锣驱赶，山魈就会放下被拐者逃走

穿山甲 tɕ^{h}yɛ̃$^{45-55}$ saŋ$^{45-33}$ kaʔ^5

水獭 ɕy$^{533-53}$ t^{h}aʔ^5

果子狸 ku$^{533-53}$ tsɿ$^{533-33}$ li^{221}

狮子 ɕiu$^{45-33}$ tsɤ^{533}

熊 iɔŋ^{221}/ʑiɔŋ^{221}

狼 lɔŋ^{221}

豺犬 za$^{221-13}$ tɕ^{h}iɛ̃^{533}　豺

豹儿 pɐɯ$^{334-33}$ ȵiɛ^{221}　豹

金钱豹 tɕin$^{45-33}$ dziɛ̃$^{221-22}$ pɐɯ^{334}

上树豹 dziaŋ^{13} dziɯ$^{213-21}$ pɐɯ^{334}　类似金钱豹，身上花纹不清晰

野猫 iŋ$^{213-13}$ miɐɯ^{221}

鹿 lɘɯʔ^{23}

梅花鹿 mei$^{221-21}$ xɒ$^{45-33}$ lɘɯʔ^{23}

长颈鹿 dẽ²²¹⁻¹³ tɕin⁵³³⁻⁵³ ləuʔ²³

象 ziaŋ¹³

骆驼 lɔʔ²³ du²²¹

牦牛 mɐɯ²²¹⁻²² ȵiɯ²²¹⁻²¹³

熊猫 ziɔŋ²²¹⁻²¹ miɐɯ²²¹⁻⁴⁵

龙 liəŋ²²¹

凤凰 vəŋ²¹³⁻¹³ ɔŋ²²¹

麒麟 dzʅ²²¹⁻²² lin²²¹⁻²¹³

貔貅 bi²²¹⁻²¹ ɕiɯ⁴⁵ 我国神话传说中的一种凶猛瑞兽，与龙、凤、龟、麒麟并称为五大瑞兽

三、鸟类

鸟儿 tiɐɯ⁵³³⁻³³ ȵiɛ²²¹ 鸟的统称

鸟儿窠 tiɐɯ⁵³³⁻³³ ȵiɛ²²¹⁻²² kʰu⁴⁵ 鸟窝

力⁼息⁼ liʔ²³⁻² ɕiʔ⁵ 翅膀

尾菟 miʔ²³⁻² tiɯ⁴⁵ 尾巴

麻雀鸟儿 mɐɯ²³⁻² tɕiʔ⁵ tiɐɯ⁵³³⁻³³ ȵiɛ²²¹ ‖"麻"的韵母音变，并促化

燕儿 iɛʔ⁵ ȵiɛ²²¹ 燕子 ‖"燕"的韵母音变，并促化

鹌鹑 ẽ⁴⁵⁻⁵⁵ ʑyŋ²²¹⁻²¹³

鹁鸪 puʔ⁵⁻³ ku⁴⁵ 斑鸠

老鹰 lɐɯ¹³⁻²² iŋ⁴⁵

老鸦 lɐɯ¹³⁻²² ɒ⁴⁵ 乌鸦

鸦鹊 ɒ⁴⁵⁻³³ ɕiaʔ⁵ 喜鹊

鸬鹚 luə²²¹⁻²² zɤ²²¹⁻²¹³

白鸽 biaʔ²³⁻² kɛʔ⁵ 鸽子的统称

鹤 ŋɔʔ²³

白鹤 biaʔ²³⁻² ŋɔʔ²³

仙鹤 ɕiẽ⁴⁵⁻³³ ŋɔʔ²³

鳅鹤 tɕʰiɯ⁴⁵⁻⁵⁵ ẽ⁴⁵⁻³³⁴ 白鹭

猫头鹋 miɐu²²¹⁻²² du²²¹⁻¹³ mai²²¹⁻²¹³　猫头鹰

山荒鸡 saŋ⁴⁵⁻⁵⁵ xɔŋ⁴⁵⁻³³ iɛ⁴⁵　野公鸡

山荒鸡娘 saŋ⁴⁵⁻⁵⁵ xɔŋ⁴⁵⁻³³ iɛ⁴⁵⁻⁵⁵ nіaŋ²²¹⁻²¹³　野母鸡

水鸭儿 ɕy⁵³³⁻⁵³ aʔ⁵ nіɛ²²¹　野鸭

啄树鸟儿 təuʔ⁵ dʑiɯ²¹³⁻²¹ tiɐu⁵³³⁻³³ nіɛ²²¹　啄木鸟

　啄木鸟儿 təuʔ⁵ məuʔ²³ tiɐu⁵³³⁻³³ nіɛ²²¹

雁鹅 ŋaŋ²¹³⁻¹³ ŋu²²¹　大雁

八八哥 paʔ⁵⁻³ paʔ⁵⁻³ ku⁴⁵　八哥

　八哥鸟 paʔ⁵⁻³ ku⁴⁵ tiɐu⁵³³

　八哥 paʔ⁵⁻³ ku⁴⁵

鹦鹉 iŋ⁴⁵⁻³³ muə¹³

画眉 uɐ²¹³⁻¹³ mi²²¹　画眉鸟

鸳鸯 yɛ̃⁴⁵⁻³³ iaŋ⁴⁵

白头翁 biaʔ²³ du²²¹⁻²² əŋ⁴⁵

乌青鸟 uə⁴⁵⁻³³ tɕʰiŋ⁴⁵ mai⁵³³　乌鸫

四、蛇虫

蛇 ʑiɒ²²¹

蕲蛇 dzɿ²²¹⁻²² ʑiɒ²²¹⁻²¹³　五步蛇，遂昌最常见的毒蛇

老鸦蝮 lɔʔ¹³⁻² ɒ⁴⁵⁻³³ pʰɔʔ⁵　眼镜蛇　‖"老"的韵母音变，并促化

犬涴刮⁼ tɕʰiɛ̃⁵³³⁻⁵³ u³³⁴⁻³³ kuaʔ⁵　蝮蛇

百节蛇 piaʔ⁵⁻³ tɕiɛʔ⁵ ʑiɒ²²¹　银环蛇

菜花蛇 tsʰei³³⁴⁻³³ xɒ⁴⁵⁻⁵⁵ ʑiɒ²²¹⁻²¹³　遂昌最常见的无毒蛇

竹叶青 tiuʔ⁵ iɛʔ²³⁻² tɕʰiŋ⁴⁵　竹叶青蛇，背面通身绿色，有毒

水蛇儿 ɕy⁵³³⁻³³ ʑiɒ²²¹⁻²² nіɛ²²¹⁻²¹³　水蛇，遂昌溪水中最常见的蛇，毒性不大

乌梢蛇 uə⁴⁵⁻³³ sɐu⁴⁵⁻⁵⁵ ʑiɒ²²¹⁻²¹³　一种无毒蛇

两头蛇 lĩ¹³ du²²¹⁻²² ʑiɒ²²¹⁻²¹³　蛇的一种，头与颈区分不明显，背鳞平滑，尾短，与颈部有相似的斑纹，乍看也像头部，故名

蛇毒 ʑiŋ²²¹⁻²¹ dəuʔ²³

蛇壳 ʑiŋ²²¹⁻²¹ kʰɔʔ⁵　蛇衣

蝘蜓 iɛ̃⁵³³⁻³³ diɛ̃¹³　蜥蜴。遂昌田边、山地常见的蜥蜴主要有两种：一种呈褐色，肚子较大，成年的约15厘米长；另一种或呈红色，或呈绿色，较细，约10厘米长

白蚁虎 biaʔ²³ ŋa¹³ xuə⁵³³　壁虎

蜈蚣 ŋɤ²²¹⁻²¹ kəŋ⁴⁵

蚁 ŋa¹³　蚂蚁的统称

黄蚁 ɔŋ²²¹⁻²¹ ŋa¹³

白蚁 biaʔ²³⁻² ŋa¹³

蚁窠 ŋa¹³⁻²² kʰu⁴⁵　蚁窝

虫 dʑiɔŋ²²¹

毛刺虫 mɐɯ²²¹⁻²² laʔ²³ dʑiɔŋ²²¹　毛毛虫

毛毛虫 mɐɯ²²¹⁻¹³ mɐɯ²²¹⁻²² dʑiɔŋ²²¹⁻²¹³

放屁虫 fɔŋ³³⁴⁻⁵⁵ pʰi³³⁴⁻³³ dʑiɔŋ²²¹　椿象

稿虱 kɐɯ⁵³³⁻³³ ɕiuʔ⁵　臭虫

蛆虫 tsʰɿ⁴⁵⁻³³ dʑiɔŋ²²¹　孑孓，蚊子的幼虫

粪缸虫 pɛ̃³³⁴⁻³³ kəŋ⁴⁵⁻⁵⁵ dʑiɔŋ²²¹⁻²¹³　蛆

瘰虫 za²²¹⁻²² dʑiɔŋ²²¹⁻²¹³　蛔虫

灯火虫 tiŋ⁴⁵⁻⁵⁵ xu⁵³³⁻³³ dʑiɔŋ²²¹　萤火虫

箬壳虫 ȵiaʔ²³⁻² kʰɔʔ⁵ dʑiɔŋ²²¹　七星瓢虫

蚰虫 iɯ²²¹⁻¹³ dʑiɔŋ²²¹⁻²¹³　蚜虫

车浼舟= tɕʰiŋ⁴⁵⁻⁵⁵ u³³⁴⁻³³ tɕiɯ⁴⁵　金龟子

碓米虫 tei³³⁴⁻³³ miɛ¹³ dʑiɔŋ²²¹　磕头虫

牛角虫 ȵiɯ²²¹⁻²¹ kɔʔ⁵ dʑiɔŋ²²¹　天牛

　　天牛 tʰiɛ̃⁴⁵⁻⁵⁵ ȵiɯ²²¹⁻²¹³

蟑虫 tɕiaŋ⁴⁵⁻⁵⁵ dʑiɔŋ²²¹⁻²¹³　蟑螂

地鳖虫 di²¹³⁻²¹ piɛʔ⁵ dʑiɔŋ²²¹　昆虫的一种，常在老式土质住宅墙根的土内活动

地猪儿 di²¹³⁻²¹ tɒ⁴⁵⁻⁵⁵ ȵie²²¹⁻²¹³　地蚕

　地蚕 di²¹³⁻¹³ zɛ̃²²¹　跟植物"地蚕"的叫法一样

红头虫 əŋ²²¹⁻¹³ du²²¹⁻²² dzioŋ²²¹⁻²¹³　红虫，水蚤

蚱蜢 tɕiuʔ⁵ miaŋ²¹³　蚂蚱，蝗虫。据《中华本草》，"蚱、蜢"是由"窄、猛"二字转化来的，认为此昆虫体形狭长、动作迅猛。〔宋〕杨万里《题山庄草虫扇》有"风生蚱蜢怒须头，纨扇团圆璧月流"一句

蟀蟀儿 ɕyʔ⁵⁻³ ɕyʔ⁵ ȵie²²¹　蟋蟀

铁线虫 tʰiɛʔ⁵ ɕiɛ̃³³⁴⁻³³ dzioŋ²²¹　螳螂

蚕 zɛ̃²²¹

蚕蛹 zɛ̃²²¹⁻²² ioŋ¹³

蜂 fəŋ⁴⁵

土蜂 tʰuə⁵³³⁻⁵³ fəŋ⁴⁵

蜜蜂 miʔ²³⁻² fəŋ⁴⁵

马蜂 mɒ¹³⁻²² fəŋ⁴⁵　胡蜂

蜂子 fəŋ⁴⁵⁻³³ tsɤ⁵³³　蜂蛹，即蜂的幼虫

蜂窠 fəŋ⁴⁵⁻³³ kʰu⁴⁵　蜂窝

蟢 sʅ⁵³³　蜘蛛，统称

蟢网 sʅ⁵³³⁻³³ moŋ¹³　蜘蛛网

八脚蟢 paʔ⁵⁻³ tɕiaʔ⁵⁻³ sʅ⁵³³　蜘蛛的一种，体形较大，会织网

苍蝇虎 tsʰoŋ⁴⁵⁻⁵⁵ ɕiŋ³³⁴⁻³³ xuə⁵³³　蝇虎，形状像蜘蛛，会吐丝，但不会结网，常见于窗户、墙壁等处，善跳跃，吃苍蝇等昆虫

苍蝇 tsʰoŋ⁴⁵⁻⁵⁵ ɕiŋ³³⁴

镜=苍蝇 tɕiŋ³³⁴⁻³³ tsʰoŋ⁴⁵⁻⁵⁵ ɕiŋ³³⁴　屎苍蝇，绿色的

牛虻 ȵiɯ²²¹⁻²² miaŋ²²¹⁻²¹³　虻的俗称，似蝇而稍大，爱吸牛等牲畜的血液，故名

蟆虫 miŋ²²¹⁻²² dzioŋ²²¹⁻²¹³　蚊子

米碎末儿 mie¹³ sei⁵³³⁻⁵³ mɛʔ²³ ȵie²²¹　蛾蝇

黄猫儿 oŋ²²¹⁻¹³ miɯŋ²²¹⁻²² ȵie²²¹⁻²¹³　像苍蝇一样，较小些，会吸血

虱 ɕiʔ⁵　虱子

跳蚤 tʰɐɯ³³⁴⁻³³ tsɐɯ⁵³³

叮 tiŋ⁴⁵　（蚊虫）叮

嗃 ŋuɛʔ²³　（蛇）咬

荒鸟 xɔŋ⁴⁵⁻⁵⁵ tiɐɯ⁵³³⁻³³⁴　蜻蜓

蝴蝶 uə²²¹⁻²¹ diɛʔ²³

飞蛾儿 fi⁴⁵⁻³³ ŋu²²¹⁻²² ȵiɛ²²¹⁻²¹³　飞蛾

唴唴咿 liaŋ²¹³⁻¹³ liaŋ²¹³⁻²² i⁴⁵　蝉

蝼蠦 lu²²¹⁻¹³ xɛ̃⁵³³　蚯蚓

田猪儿 diɛ̃²²¹⁻¹³ tɒ⁴⁵⁻⁵⁵ ȵiɛ²²¹⁻²¹³　蛄蝼

蛀蚌儿 tɕye³³⁴⁻³³ iaŋ²²¹⁻²² ȵiɛ²²¹⁻²¹³　米象，蛀米虫

酒蝇 tɕiɯ⁵³³⁻⁵³ ɕiŋ³³⁴　酒缸边的一种小甲虫

放子 fɔŋ³³⁴⁻³³ tsɿ⁵³³　（虫）产卵

五、水产

鱼 ŋɿ²²¹

鱼魇 ŋɿ²²¹⁻¹³ iɛ̃⁵³³　鱼鳞。魇，《广韵》琰韵於琰切："蟹腹下魇"，义为蟹肚子下面的薄壳。又作"靥（yǎn）"，〔清〕范寅《越谚》卷："越呼鳞曰靥。"也指螺蛳口上的角质薄片

　鱼鳞 ŋɿ²²¹⁻²² liŋ²²¹⁻²¹³

鱼苗 ŋɿ²²¹⁻²² miɐɯ²²¹⁻²¹³

鱼子 ŋɿ²²¹⁻¹³ tsɿ⁵³³

鱼泡 ŋɿ²²¹⁻²² pʰɐɯ³³⁴　鱼鳔

鱼鳃 ŋɿ²²¹⁻²¹ su⁴⁵

鱼骨 ŋɿ²²¹⁻²¹ kuɛʔ⁵

鱼刺 ŋɿ²²¹⁻²² tɕʰiɛ³³⁴

鱼头 ŋɿ²²¹⁻²² du²²¹⁻²¹³

鱼肚 ŋɿ²²¹⁻¹³ tuə⁵³³

溪鱼 tɕʰiɛ⁴⁵⁻⁵⁵ ŋɿ²²¹⁻²¹³　淡水鱼的统称

鲫鱼爿 tɕi?⁵ ŋɤ²²¹⁻²² baŋ²²¹⁻²¹³　鲫鱼

　　鲫鱼 tɕi?⁵ ŋɤ²²¹

非鲫 fi⁴⁵⁻³³ tɕi?⁵　非洲鲫鱼

鲤鱼 li¹³ ŋɤ²²¹

田鲤鱼 diɛ̃²²¹⁻²² li¹³ ŋɤɯ²²¹　养在田里的鲤鱼

草鱼 tsʰɐɯ⁵³³⁻⁵³ ŋɤ²²¹

乌鲢 uə⁴⁵⁻⁵⁵ liɛ̃²²¹⁻²¹³　鳙鱼

　　花鲢 xɒ⁴⁵⁻⁵⁵ liɛ̃²²¹⁻²¹³

鲢鱼 liɛ̃²²¹⁻²² ŋɤ²²¹⁻²¹³

　　白鲢 bia?²³ liɛ̃²²¹

鳗 mɛ̃²²¹

绵鲐 miɛ̃²²¹⁻²² dei²²¹⁻²¹³　鲶鱼

黄刺刺 ɔŋ²²¹⁻¹³ la?²³⁻² tɕʰiɛ³³⁴　黄颡鱼

乌鳢秃 uɔ?⁴⁵⁻⁵ ləɯ?²³⁻² tʰəɯ?⁵　黑鱼　‖ "乌"促化，韵母和声调发
　生音变

螺蛳青 lu²²¹⁻²¹ ɕiu⁴⁵⁻³³ tɕʰiŋ⁴⁵　青鱼

扁鱼 miɛ̃⁵³³⁻⁵³ ŋɤ²²¹　鳊鱼

白鱼儿 bia?²³ ŋɤ²²¹⁻²² ȵiɛ²²¹⁻²¹³　鲦鱼，翘嘴白鱼

石斑鱼 dzia?²³⁻² paŋ⁴⁵⁻⁵⁵ ŋɤ²²¹⁻²¹³

水勺荒⁼ ɕy⁵³³⁻³³ ziɑ?²³ xɔŋ³³⁴　红色条斑的一种鱼

枫树叶 fəŋ⁴⁵⁻⁵⁵ dziɯ²¹³⁻²¹ iɛ?²³　枫树鱼

刀鱼 tɐɯ⁴⁵⁻⁵⁵ ŋɤ²²¹⁻²¹³　一种会吃鱼的鱼

金鱼 tɕiŋ⁴⁵⁻⁵⁵ ŋɤ²²¹⁻²¹³

团鱼 dɛ̃²²¹⁻²² ŋɤ²²¹⁻²¹³　鳖

　　鳖 piɛ?⁵

乌龟 uə⁴⁵⁻³³ tɕy⁴⁵

明脯 miŋ²²¹⁻²² vuə²²¹⁻²¹³　(1) 墨鱼；(2) 墨鱼干

鱿鱼 iɯ²²¹⁻²² ŋɤ²²¹⁻²¹³

带鱼 ta³³⁴⁻³³ ŋɤ²²¹

黄鱼 ɔŋ²²¹⁻²² ŋɤ²²¹⁻²¹³

大黄鱼 du²¹³⁻¹³ ɔŋ²²¹⁻²² ŋɤ²²¹⁻²¹³

小黄鱼 ɕiɐɯ⁵³³⁻⁵³ ɔŋ²²¹⁻²² ŋɤ²²¹⁻²¹³

鳕鱼 ɕyɛʔ⁵ ŋɤ²²¹

鲈鱼 luə²²¹⁻²² ŋɤ²²¹⁻²¹³

鲳鱼 tɕʰiaŋ⁴⁵⁻⁵⁵ ŋɤ²²¹⁻²¹³

海参 xei⁵³³⁻⁵³ səŋ⁴⁵

鲍鱼 bɐɯ¹³ ŋɤ²²¹

泥鳅 ȵiŋ²²¹⁻²¹ tɕʰiɯ⁴⁵

 鳅 tɕʰiɯ⁴⁵

鳝鱼 ʑiẽ¹³ ŋɤ²²¹ 黄鳝

虾儿 xu⁴⁵⁻⁵⁵ ȵiɛ²²¹⁻²¹³ 虾

龙虾 liɔŋ²²¹⁻²² xu⁴⁵

小龙虾 ɕiɐɯ⁵³³⁻⁵³ liɔŋ²²¹⁻²² xu⁴⁵

蟹 xa⁵³³ 螃蟹

毛蟹 mɐɯ²²¹⁻¹³ xa⁵³³

山坑蟹 saŋ⁴⁵⁻³³ tɕʰiaŋ⁴⁵ xa⁵³³ 淡水产小型蟹类，形似小螃蟹，学名相手蟹

软壳蟹 ȵyẽ¹³ kʰɔʔ⁵⁻³ xa⁵³³ 蟹一生中会经过多次褪壳，在换壳的短短几个小时内，它的全身软绵绵的，故名。新的外壳会在脱壳的数小时后接触到水而逐渐变硬，所以，能碰上软壳蟹是比较稀罕的。另外，软壳蟹虽然壳是软的，但其钳子咬人的力度不减，因此，小孩在捉住它时，往往会为其软壳所迷惑而被其颇有力道的钳子咬伤

蟹黄 xa⁵³³⁻³³ ɔŋ²²¹

蟹膏 xa⁵³³⁻⁵³ kɐɯ⁴⁵

蟹骹 xa⁵³³⁻⁵³ kʰa⁴⁵ 蟹脚

蟹钳 xa⁵³³⁻³³ dʑiẽ²²¹

蟹壳 xa$^{533-53}$ k^{h}ɔʔ^5　（1）螃蟹壳；(2)箱子或者抽屉上的拉手

螺蛳 lu$^{221-21}$ ɕiu^{45}

田螺 diẽ$^{221-22}$ lu$^{221-213}$

钉螺 tiŋ$^{45-55}$ lu$^{221-213}$　螺的一种，生长在淡水水域，水陆两栖，软体动物，血吸虫的主要中间宿主

福寿螺 fəuʔ^5 ziu^{13} lu^{221}　福寿螺，危害巨大的外来入侵物种

海螺 xei$^{533-53}$ lu^{221}

香螺 ɕiaŋ$^{45-55}$ lu$^{221-213}$

蚌蚌壳 biaŋ^{13} biaŋ$^{13-22}$ k^{h}ɔʔ^5　蚌

蛤蜊 kɛʔ^5 li^{213}

珍珠蚌 tɕiŋ$^{45-33}$ tɕʏɛ^{45} biaŋ^{13}

珍珠 tɕiŋ$^{45-33}$ tɕʏɛ^{45}

壳 k^{h}ɔʔ^5　贝类的壳

螺蛳壳 lu$^{221-21}$ ɕiu$^{45-33}$ k^{h}ɔʔ^5

蚂蝗 mɒ^{13} ɔŋ^{221}　水蛭

蜒蚰 iẽ$^{221-22}$ iɯ$^{221-213}$　（1）鼻涕虫，爱吃食物残渣；(2)蜗牛，喜食菜叶子

虾蟆 dziŋ$^{221-22}$ mɒ$^{221-213}$　蛙类的统称，包括癞蛤蟆（小型的，多见于稻田的田埂边）

田鸡 diẽ$^{221-21}$ tɕiɛ^{45}　青蛙，包括虎纹蛙和黑斑蛙两类。李时珍《本草纲目》："南人食之，呼为田鸡，云肉味如鸡也。"

上树虾蟆 dziaŋ$^{13-22}$ dziɯ$^{213-21}$ dziŋ$^{221-22}$ mɒ$^{221-213}$　树蛙

□鱼 ziɕŋ$^{221-22}$ n̠ʏ$^{221-213}$　棘胸蛙，石蛙

牛蛙 n̠iɯ$^{221-21}$ uɒ^{45}　20世纪50年代末从古巴引入我国的一种蛙，90年代开始在我国大范围推广养殖

黄蛤 ɔŋ$^{221-21}$ kaʔ^5　癞蛤蟆（大型的，背上有难看的疙瘩，多见于路边）

气蛤 ts^{h}ๅ$^{334-33}$ kaʔ^5

犬浣虾蟆 tɕ^{h}iẽ$^{533-53}$ u$^{334-33}$ dziŋ$^{221-22}$ mɒ$^{221-213}$　又指个头很小、头

部呈三角形、很难打死的一种蟾蜍

四骸鱼 sɿ$^{334-33}$ k^{h}ɐɯ$^{45-55}$ ɤŋ$^{221-213}$　娃娃鱼

虾蟆涕⁼ dʑiɒ$^{221-13}$ mɒ$^{221-22}$ t^{h}i^{334}　蛙类的卵，成团，未成型

虾蟆子 dʑiɒ$^{221-22}$ mɒ$^{221-21}$ tsɿ^{533}　蛙类的卵，成团，已成型

虾蟆代 dʑiɒ$^{221-13}$ mɒ$^{221-22}$ dei^{213}　蝌蚪

第七节　饮　　食

一、米面主食

饭 vaŋ^{213}

咥饭 tiɛʔ^5 vaŋ^{213}　吃饭

咥天光 tiɛʔ^5 t^{h}iɛ̃$^{45-33}$ kɔŋ^{45}　吃早饭

咥日午 tiɛʔ^5 nɛ̃$^{23-22}$ ŋuə^{13}　吃中饭　‖"日"韵母舒化、鼻化，声调发生音变

咥黄昏 tiɛʔ^5 ɔŋ$^{221-21}$ xuɛ̃^{45}　吃晚饭

咥点心 tiɛʔ^5 tiɛ̃$^{533-53}$ ɕiŋ^{45}　吃点心

白米饭 biaʔ^{23} miɛ$^{13-22}$ vaŋ^{213}

糯米饭 nu$^{213-13}$ miɛ$^{13-22}$ vaŋ^{213}

番薯饭 faŋ$^{45-33}$ dʑiɛ$^{213-22}$ vaŋ^{213}　番薯跟大米一起煮的饭

金瓜饭 tɕiŋ$^{45-33}$ kɒ$^{45-55}$ vaŋ^{213}　南瓜跟大米一起煮的饭

洋芋饭 iaŋ$^{221-13}$ yɛ$^{213-22}$ vaŋ^{213}　土豆跟大米一起煮的饭

现成饭 iɛ̃$^{213-13}$ ʑiŋ$^{221-22}$ vaŋ^{213}　上一顿没吃完而剩下的饭

炒饭 tsʰɐɯ$^{533-55}$ vaŋ^{213}

鸡子炒饭 iɛ$^{45-33}$ tsɿ$^{533-53}$ tsʰɐɯ$^{533-55}$ vaŋ^{213}　蛋炒饭

饭糟 vaŋ$^{213-21}$ tsɐɯ^{45}　锅巴

饭垺垺头 vaŋ$^{213-21}$ bɐɯʔ$^{32-2}$ bɐɯ^{23} du^{221}　米饭块

夹生饭 kaʔ$^{5-3}$ ɕiŋ$^{45-55}$ vaŋ^{213}

半生烂熟 pẽ³³⁴⁻³³ ɕiŋ⁴⁵ laŋ²¹³⁻²¹ dʑiuʔ²³　半生半熟

饭粒 vaŋ²¹³⁻²¹ lɛʔ⁵

粥 tɕiuʔ⁵

白粥 biaʔ²³⁻² tɕiuʔ⁵

小米粥 ɕiɐɯ⁵³³⁻⁵³ miɛ¹³ tɕiuʔ⁵

番薯粥 faŋ⁴⁵⁻⁵⁵ dʑiɛ²¹³⁻²¹ tɕiuʔ⁵　番薯跟大米一起煮的粥

八宝粥 paʔ⁵⁻³ pɐɯ⁵³³⁻⁵³ tɕiuʔ⁵

煠饭 zaʔ²³ vaŋ²¹³　泡饭

汤饭 tʰɔŋ⁴⁵⁻⁵⁵ vaŋ²¹³　菜泡饭

　菜泡饭 tsʰei³³⁴⁻³³ pʰɐɯ³³⁴⁻⁵⁵ vaŋ²¹³

黄米粿粥 ɔŋ²²¹⁻²² miɛ¹³ ku⁵³³⁻⁵³ tɕiuʔ⁵　青菜、剩饭、黄米粿煮在一起的食物

汤水粥 tʰɔŋ⁴⁵⁻³³ ɕy⁵³³⁻⁵³ tɕiuʔ⁵　米汤

　汤水 tʰɔŋ⁴⁵⁻³³ ɕy⁵³³

面糊 miẽ²¹³⁻²² guə²²¹⁻²¹³　也可指浆糊

包萝糊 pɐɯ⁴⁵⁻³³ lu²²¹⁻²² guə²²¹⁻²¹³　玉米糊

饭团 vaŋ²¹³⁻¹³ dəŋ²²¹

麦粿 miaʔ²³ ku⁵³³　面疙瘩

煮麦粿 iɛ³³³⁻⁵³ miaʔ²³ ku⁵³³　煮面疙瘩，用手扯下一块块面疙瘩入水煮

粿芡 ku⁵³³⁻⁵³ tɕʰiẽ³³⁴⁻⁴⁵　芡头，加热水搅拌之后的米粉糊，用来做米粿

黄米粿 ɔŋ²²¹⁻²² miɛ¹³ ku⁵³³　黄米粿是包括遂昌在内的浙西南一带颇具特色的一种食品，稻米制作。黄米粿的黄色素来自生长在高山的山木樨、黄金茶等灌木烧成的灰，人们从中沥取碱性灰汁，浸泡上等粳米至米色橙黄。冲净蒸熟后，置石臼中用木杵将黄米饭捣成泥团状，再将它分切成小块，趁热将其揉压成扁圆或长条形即可。手工制作的黄米粿口感很好，很有嚼劲，适合炒或煮着吃

炒黄米粿 tsʰɐɯ⁵³³⁻⁵³ ɔŋ²²¹⁻²² miɛ¹³ ku⁵³³

烫黄米粿 tʰɔŋ³³⁴⁻³³ ɔŋ²²¹⁻²² miɛ¹³ ku⁵³³　煮黄米粿

白米粿 biaʔ²³ miɛ¹³ ku⁵³³　白年糕，米粉制作

　年糕 ȵiẽ²²¹⁻²¹ kɐɯ⁴⁵

烫年糕 tʰɔŋ³³⁴⁻³³ ȵiẽ²²¹⁻²¹ kɐɯ⁴⁵

炒年糕 tsʰɐɯ⁵³³⁻⁵³ ȵiẽ²²¹⁻²¹ kɐɯ⁴⁵

粉干 fəŋ⁵³³⁻⁵³ kuẽ⁴⁵　米线，大米粉制作

烫粉干 tʰɔŋ³³⁴⁻³³ fəŋ⁵³³⁻⁵³ kuẽ⁴⁵　烫米线

炒粉干 tsʰɐɯ⁵³³⁻⁵³ fəŋ⁵³³⁻⁵³ kuẽ⁴⁵　炒米线

粉丝 fəŋ⁵³³⁻⁵³ sɿ⁴⁵　绿豆粉或番薯粉制作

粉皮 fəŋ⁵³³⁻⁵³ bi²²¹　用大米粉、绿豆粉、红薯粉、马铃薯粉等原料制作的软皮状食品，色泽银白光洁，半透明，有韧性

凉皮 liaŋ²²¹⁻²² bi²²¹⁻²¹³　粉皮的凉拌吃法

面 miẽ²¹³　面条

面娘 miẽ²¹³⁻¹³ ȵiaŋ²²¹　酵母

发粉 faʔ⁵⁻³ fəŋ⁵³³　发酵粉

发面 faʔ⁵ miẽ²¹³　发酵后的面团

打面 tiaŋ⁵³³⁻⁵⁵ miẽ²¹³　擀面

水面 ɕy⁵³³⁻⁵⁵ miẽ²¹³　手工面的统称

阔面 kʰuɛʔ⁵ miẽ²¹³　宽面

面带 miẽ²¹³⁻²² ta³³⁴　宽而薄的拉面

拖面带 tʰa⁴⁵⁻³³ miẽ²¹³⁻²² ta³³⁴　做宽而薄的拉面

洋面 iaŋ²²¹⁻¹³ miẽ²¹³　挂面

索面 sɔʔ⁵ miẽ²¹³　一种土面，含盐分，丽水地区以缙云县的土索面最为有名

　土索面 tʰuə⁵³³⁻⁵³ sɔʔ⁵ miẽ²¹³

碱面 kaŋ⁵³³⁻⁵⁵ miẽ²¹³　含碱的面

刀切面 tɐɯ⁴⁵⁻³³ tɕʰiɛʔ⁵ miẽ²¹³

山粉面 saŋ⁴⁵⁻³³ fəŋ⁵³³⁻⁵⁵ miẽ²¹³　用番薯粉制作的面条

光面 koŋ⁴⁵⁻⁵⁵ miɛ̃²¹³　不加配菜（一般只加小葱）的汤面。在 20 世纪计划经济年代，它是遂昌面馆中最常见的汤面，价格便宜，老百姓都能吃得起

肉丝面 ȵiuʔ²³⁻² sʵ⁴⁵⁻⁵⁵ miɛ̃²¹³

榨菜肉丝面 tsɒ³³⁴⁻⁵⁵ tsʰei³³⁴⁻³³ ȵiuʔ²³⁻² sʵ⁴⁵⁻⁵⁵ miɛ̃²¹³

牛肉面 ȵɯ²²¹⁻²¹ ȵiuʔ²³ miɛ̃²¹³

青菜面 tɕʰiŋ⁴⁵⁻⁵⁵ tsʰei³³⁴⁻³³ miɛ̃²¹³

油渣面 iɯ²²¹⁻²¹ tsɒ⁴⁵⁻⁵⁵ miɛ̃²¹³　加配油渣的汤面

面片 miɛ̃²¹³⁻²² pʰiɛ̃³³⁴

浇头 tɕiɐɯ⁴⁵⁻⁵⁵ du²²¹⁻²¹³　铺面菜肴

面包 miɛ̃²¹³⁻²¹ pɐɯ⁴⁵　过去专指馒头，西式面包引进后也可指面包

馒头 mɛ̃²²¹⁻²² du²²¹⁻²¹³

花卷 xɒ⁴⁵⁻³³ tɕyɛ̃⁵³³　统称

菜卷 tsʰei³³⁴⁻³³ tɕyɛ̃⁵³³

肉卷 ȵiuʔ²³ tɕyɛ̃⁵³³

包子 pɐɯ⁴⁵ tsɿ⁵³³⁻⁰

肉包 ȵiuʔ²³⁻² pɐɯ⁴⁵

菜包 tsʰei³³⁴⁻³³ pɐɯ⁴⁵

小笼包 ɕiɐɯ⁵³³⁻⁵³ ləŋ²²¹⁻²¹ pɐɯ⁴⁵

赤豆包 tɕʰiʔ⁵ du²¹³⁻²¹ pɐɯ⁴⁵　豆沙包

烧卖 ɕiɐɯ⁴⁵⁻⁵⁵ ma²¹³

面食 miɛ̃²¹³⁻²² ziʔ²³　馄饨

大面食 du²¹³⁻²² miɛ̃²¹³⁻²¹ ziʔ²³　大馄饨

小面食 ɕiɐɯ⁵³³⁻⁵³ miɛ̃²¹³⁻²¹ ziʔ²³　小馄饨

饺子 tɕiɐɯ⁴⁵ tsɿ⁵³³⁻⁰

山粉饺 san⁴⁵⁻³³ fəŋ⁵³³⁻⁵³ tɕiɐɯ⁵³³　用面粉、番薯粉和成的饺子皮所包的饺子

芋饺 yɛ²¹³⁻¹³ tɕiɐɯ⁵³³　用芋粉和成的饺子皮所包的饺子

煎饺 tɕiɛ̃⁴⁵⁻³³ tɕiɐɯ⁵³³

馅 aŋ¹³

麦饼 miaʔ²³ piŋ⁵³³　　一种喷香软嫩的特色饼。面团揉均匀后捏成碗状,放进事先准备好的馅儿,捏拢,在面板上用擀面杖把它擀平,成为盘状,然后将它贴在锅上,盖上锅盖,连续翻三次左右即可食用

大饼 du²¹⁻¹³ piŋ⁵³³　　一种用面粉经传统手艺加工制成的面饼,主要原料是面粉,辅以食盐、小葱等烙制而成。大饼油条加豆浆,曾经是遂昌最传统的早点之一

光饼 kɔŋ⁴⁵⁻³³ piŋ⁵³³　　一种最普通的饼,外表焦香,厚实有嚼劲。相传原是明代抗倭名将戚继光部队的干粮,后人为了纪念这位爱国将领,把它叫作光饼

酥饼 suə⁴⁵⁻³³ piŋ⁵³³　　一种用面粉经传统手艺加工制成的饼,因有特制的脂烙酥而得名,其特点是皮酥,瓤有异香而不腻

金华酥饼 tɕin⁴⁵⁻⁵⁵ uɐ²²¹⁻²¹ suə⁴⁵⁻³³ piŋ⁵³³　　在遂昌及周边一带,以金华酥饼最为有名

搨饼 tʰaʔ⁵⁻³ piŋ⁵³³　　煎饼

包萝饼 ɕiɐɯ⁴⁵⁻⁵⁵ lu²²¹⁻²¹ piŋ⁵³³　　玉米饼,用玉米粉和面粉调和所做的饼

薄饼 bɔʔ²³ piŋ⁵³³　　春卷

春饼 tɕʰyŋ⁴⁵⁻³³ piŋ⁵³³

天萝絮 tʰiẽ⁴⁵⁻³³ lu²²¹⁻²² ɕie³³⁴　　原指老丝瓜瓤,因油条形状像它,故名
油条 iɯ²²¹⁻²² diɐɯ²²¹⁻²¹³

烧饼 ɕiɐɯ⁴⁵⁻³³ piŋ⁵³³　　在炭炉内壁上烤出来的一种饼,馅儿以梅干菜和夹心肉最为常见

缙云烧饼 tɕin³³⁴⁻³³ yŋ²²¹⁻²² ɕiɐɯ⁴⁵⁻³³ piŋ⁵³³　　丽水地区以缙云烧饼最为有名

合鲜米 kɐʔ⁵ ɕiẽ⁴⁵⁻³³ miɛ¹³　　用番薯粉调制的较稠的汤,一般有肉末、香菇末等料

豆腐浆 du²¹³⁻²² vuə²¹³⁻²¹ tɕiaŋ⁴⁵　　豆浆

豆浆 du²¹³⁻²¹ tɕiaŋ⁴⁵

豆腐花 du²¹³⁻²² vuə²¹³⁻²¹ xɒ⁴⁵　豆腐脑

　　豆腐脑 du²¹³⁻²² vuə²¹³⁻²¹ nɐɯ¹³

二、荤素食材

肉 ȵiuʔ²³

猪肉 tɒ⁴⁵⁻³³ ȵiuʔ²³

野猪肉 iɒ¹³⁻²² tɒ⁴⁵⁻³³ ȵiuʔ²³

牛肉 ȵiɯ²²¹⁻²¹ ȵiuʔ²³

羊肉 iaŋ²²¹⁻²¹ ȵiuʔ²³

犬肉 tɕʰiɛ̃⁵³³⁻⁵³ ȵiuʔ²³　狗肉

兔儿肉 tʰuə³³⁴⁻³³ ȵiɛ²²¹⁻²² ȵiuʔ²³　兔肉

野兔肉 iɒ¹³⁻²² tʰuə³³⁴⁻³³ ȵiuʔ²³

麂儿肉 tsɿ⁵³³⁻³³ ȵiɛ²²¹⁻²² ȵiuʔ²³　麂子肉

壮肉 tɕiɔŋ³³⁴⁻³³ ȵiuʔ²³　肥肉

瘦肉 ɕyɐɯ³³⁴⁻³³ ȵiuʔ²³

猪娘肉 tɒ⁴⁵⁻³³ ȵiaŋ²²¹⁻²¹ ȵiuʔ²³　老母猪的肉

猪头肉 tɒ⁴⁵⁻³³ du²²¹⁻²¹ ȵiuʔ²³

槽头肉 zɐɯ²²¹⁻²² du²²¹⁻²¹ ȵiuʔ²³　指猪脖颈后的肥肉

腿精 tʰei⁵³³⁻⁵³ tɕiŋ⁴⁵　猪腿上的精肉

蹄裤⁼ diɛ²²¹⁻²² kʰuə³³⁴　蹄髈

　　髈蹄 pʰɔŋ⁵³³⁻³³ diɛ²²¹

肉皮 ȵiuʔ²³ bi²²¹

夹心肉 kaʔ⁵⁻³ ɕiŋ⁴⁵ ȵiuʔ²³　位于前腿上部，半肥半瘦，肉老筋多，适于做馅和肉丸子

排骨 ba²²¹⁻²¹ kuɛʔ⁵

大排 du²¹³⁻¹³ ba²²¹

肋条 lɛʔ²³ diɐɯ²²¹　子排

　　子排 tsɿ⁵³³⁻⁵³ ba²²¹

筒骨 dəŋ²²¹⁻²¹ kuɛʔ⁵　筒子骨

猪骹节 tɒ⁴⁵⁻⁵⁵ kʰɐɯ⁴⁵⁻³³ tɕiɛʔ⁵　猪脚

猪腹内 tɒ⁴⁵⁻³³ pəɯʔ⁵ nei²¹³　猪下水

猪腹肠 tɒ⁴⁵⁻³³ pəɯʔ⁵ dɛ̃²²¹　猪肠

猪肝 tɒ⁴⁵⁻³³ kuɛ̃⁴⁵

猪心 tɒ⁴⁵⁻³³ ɕiŋ⁴⁵

猪肺 tɒ⁴⁵⁻⁵⁵ fiɛ³³⁴

猪舌头 tɒ⁴⁵ dʑiɛʔ²³ du²²¹

猪耳朵 tɒ⁴⁵ ȵi¹³ tu⁵³³

猪腰子 tɒ⁴⁵ iɐɯ⁴⁵⁻³³ tsɿ⁵³³

猪血 tɒ⁴⁵⁻³³ ɕyɛʔ⁵

猪肚 tɒ⁴⁵⁻³³ tuə⁵³³

里脊 li¹³⁻²¹ tɕiʔ⁵

牛骹节 ȵiɯ²²¹⁻²² kʰɐɯ⁴⁵⁻³³ tɕiɛʔ⁵　猪脚

牛杂 ȵiɯ²²¹⁻²¹ zaʔ²³

牛百叶 ȵiɯ²²¹⁻²¹ piaʔ⁵ iɛʔ²³　牛肚

牛血 ȵiɯ²²¹⁻²¹ ɕyɛʔ⁵

牛筋 ȵiɯ²²¹⁻²¹ tɕiŋ⁴⁵　指牛肌腱或牛骨头上的韧带部位

牛楠 ȵiɯ²²¹⁻²² nɛ̃²²¹⁻²¹³　带有筋、肉、油花的牛肉块

牛排 ȵiɯ²²¹⁻²² ba²²¹⁻²¹³

鸡骹爪 iɛ⁴⁵⁻⁵⁵ kʰɐɯ⁴⁵⁻³³ tsɐɯ⁵³³　鸡爪

鸡胦 iɛ⁴⁵⁻³³ iŋ⁴⁵

鸭血 aʔ⁵⁻³ ɕyɛʔ⁵

鹌鹑子 ɛ̃⁴⁵⁻³³ ʑyŋ²²¹⁻²² tsɿ⁵³³　鹌鹑蛋

茶叶子 dzɒ²²¹⁻²¹ iɛʔ²³ tsɿ⁵³³　茶叶蛋

盐子 iɛ̃²²¹⁻¹³ tsɿ⁵³³　咸蛋，一般指咸鸭蛋

皮蛋 bi²²¹⁻²² daŋ²¹³　松花蛋

肉松 ȵiuʔ²³⁻² səŋ⁴⁵

肉丸 ȵiuʔ²³ yɛ̃²²¹

香肠 ɕiaŋ⁴⁵⁻³³ dziaŋ²²¹

火腿 xu⁵³³⁻⁵³ tʰei⁵³³

金华火腿 tɕiŋ⁴⁵⁻⁵⁵ uɒ²²¹⁻²¹ xu⁵³³⁻⁵³ tʰei⁵³³　金华火腿闻名天下

盐肉 iɛ̃²²¹⁻²¹ ȵiuʔ²³　腌肉

　　风腊肉 fəŋ⁴⁵ laʔ²³⁻² ȵiuʔ²³

酱肉 tɕiaŋ³³⁴⁻³³ ȵiuʔ²³

　　酱油肉 tɕiaŋ³³⁴⁻⁵⁵ iɯ²²¹⁻²¹ ȵiuʔ²³

腊肉 laʔ²³⁻² ȵiuʔ²³

鱼干 ŋɤ²²¹⁻²¹ kuɛ̃⁴⁵

老鼠干 lɐu¹³ tɕʰiɛ⁵³³⁻⁵³ kuɛ̃⁴⁵　鼠肉干，用田鼠或山鼠经过特殊处理熏烤而成

鲞 ɕiaŋ⁵³³　剖开后晾干的鱼

明脯鲞 miŋ²²¹⁻²² vuə²²¹⁻¹³ ɕiaŋ⁵³³　墨鱼干

龙头鳖 lioŋ²²¹⁻²² du²²¹⁻²¹ kʰɐu³³⁴　龙头鱼晒成的小鱼干

虾皮 xu⁴⁵⁻⁵⁵ bi²²¹⁻²¹³

蛇鱼 zɔʔ²³ ŋɤ²²¹　海蜇

蛇鱼头 zɔʔ²³ ŋɤ²²¹⁻²² du²²¹⁻²¹³　海蜇头

蛇鱼皮 zɔʔ²³ ŋɤ²²¹⁻²² bi²²¹⁻²¹³　海蜇皮

海带 xei⁵³³⁻⁵³ ta³³⁴

紫菜 tsɤ⁵³³⁻⁵³ tsʰei³³⁴

盐菜 iɛ̃²²¹⁻²² tsʰei³³⁴　腌菜

香菜 ɕiaŋ⁴⁵⁻⁵⁵ tsʰei³³⁴　腌青菜

霉干菜 mei²²¹⁻²¹ kuɛ̃⁴⁵⁻⁵⁵ tsʰei³³⁴　芥菜或雪里蕻清洗干净后，添加食用盐腌制，阳光下晾晒即成霉干菜

菜干 tsʰei³³⁴⁻³³ kuɛ̃⁴⁵　统称，各种蔬菜经太阳晾晒后所形成的干

白菜干 biaʔ²³ tsʰei³³⁴⁻³³ kuɛ̃⁴⁵　青菜干

春分豆干 tɕʰyŋ⁴⁵⁻³³ fəŋ⁴⁵⁻⁵⁵ du²¹³⁻²¹ kuɛ̃⁴⁵　四季豆干

菜头片干 tsʰei³³⁴⁻³³ du²²¹⁻²² pʰiɛ̃³³⁴⁻³³ kuɛ̃⁴⁵　萝卜片干

苦萁干 kʰuə⁵³³⁻⁵³ i⁴⁵⁻³³ kuɛ̃⁴⁵　苦叶菜干

笋干 səŋ⁵³³⁻⁵³ kuɛ̃⁴⁵　竹笋晒成的干

菜头干 tsʰei³³⁴⁻³³ du²²¹⁻²² kuɛ̃⁴⁵　萝卜干

黄瓜粒儿 ɔŋ²²¹⁻²¹ kɒ⁴⁵⁻³³ lɛʔ⁵ ȵiɛ²²¹　经特殊处理的黄瓜片。首先将黄瓜切成圆形的片,用盐抓过后铺在晒簟中晾晒。切片不能太薄,也不能晒得过干,否则容易粘在晒簟上,要把它晒成半干,看上去呈蔫状即可。一般炒着吃,深受民间喜爱

黄瓜丁 ɔŋ²²¹⁻²¹ kɒ⁴⁵⁻³³ tiŋ⁴⁵

番薯丝 faŋ⁴⁵⁻⁵⁵ dʑiɛ²¹³⁻²¹ sɿ⁴⁵　红薯丝

菜头丝 tsʰei³³⁴⁻³³ du²²¹⁻²² sɿ⁴⁵　萝卜丝

豆腐 du²¹³⁻²² vuə²¹³

盐卤豆腐 iɛ̃²²¹⁻²¹ lu¹³ du²¹³⁻²² vuə²¹³　用盐卤做凝固剂制成的老豆腐,其硬度、弹性和韧性都比较强

石膏豆腐 ʑiʔ²³⁻² kɯu⁴⁵ du²¹³⁻²² vuə²¹³　用石膏液做凝固剂制成的嫩豆腐,质地软嫩、细腻

豆腐干 du²¹³⁻²² vuə²¹³⁻²¹ kuɛ̃⁴⁵

豆腐娘 du²¹³⁻²² vuə²¹³⁻¹³ ȵiaŋ²²¹　磨豆腐时不要沥去豆腐渣,直接煮熟,加上辅料调料,即成清香可口的豆腐娘,味美而有营养

豆腐渣 du²¹³⁻²² vuə²¹³⁻²¹ tsɒ⁴⁵　将"豆腐娘"装进纱布做的豆腐袋里,把浆水挤进豆腐桶里,纱布里留下的就是豆腐渣。豆腐渣与萝卜丝或南瓜叶碎末一起煮,是一道美食

豆腐皮 du²¹³⁻²² vuə²¹³⁻¹³ bi²²¹

飞⁼豆腐 fi⁴⁵ du²¹³⁻²² vuə²¹³　油豆腐。"飞⁼"是油炸的意思

油豆腐 iɯ²²¹⁻¹³ du²¹³⁻²² vuə²¹³

豆腐霉 du²¹³⁻²² vuə²¹³⁻¹³ mei²²¹　霉豆腐

霉豆腐 mei²²¹⁻¹³ du²¹³⁻²² vuə²¹³

千张 tɕʰiɛ̃⁴⁵⁻³³ tɕiaŋ⁴⁵

米豆腐 miɛ¹³ du²¹³⁻²² vuə²¹³　大米淘洗浸泡后加水磨成米浆,然后加碱熬制,冷却后所成块状即为"米豆腐"

苦□豆腐 kʰuə⁵³³⁻⁵³ dʑioŋ⁻¹³ du²¹³⁻²² vuə²¹³　苦槠豆腐，用苦槠籽磨的豆腐。苦槠豆腐有着天然的香气，但略带涩味，具有清凉泻火的作用

三、菜肴

菜 tsʰei³³⁴

荤菜 xuɛ̃⁴⁵⁻⁵⁵ tsʰei³³⁴

素菜 suə³³⁴⁻⁵⁵ tsʰei³³⁴

过酒菜 ku³³⁴⁻³³ tɕiɯ⁵³³⁻⁵³ tsʰei³³⁴　下酒菜

现成菜 iɛ̃²¹³⁻¹³ ʑiŋ²²¹⁻²² tsʰei³³⁴　剩菜

红烧肉 əŋ²²¹⁻²¹ ɕiɐɯ⁴⁵⁻³³ ȵiuʔ²³

糖醋排骨 dɔŋ²²¹⁻²² tsʰuə³³⁴⁻³³ ba²²¹⁻²¹ kuɛʔ⁵

红烧排骨 əŋ²²¹⁻²¹ ɕiɐɯ⁴⁵⁻³³ ba²²¹⁻²¹ kuɛʔ⁵

炒猪肝 tsʰɐɯ⁵³³⁻⁵³ tɒ⁴⁵⁻³³ kuɛ̃⁴⁵

炒腰花 tsʰɐɯ⁵³³⁻⁵³ iɐɯ⁴⁵⁻³³ xɒ⁴⁵

红烧猪肚 əŋ²²¹⁻²¹ ɕiɐɯ⁴⁵⁻³³ tɒ⁴⁵⁻³³ tuə⁵³³

红烧猪腹肠 əŋ²²¹⁻²¹ ɕiɐɯ⁴⁵⁻³³ tɒ⁴⁵⁻³³ pəɯʔ⁵ dɛ̃²²¹　红烧猪肠

三层楼 saŋ⁴⁵⁻³³ zɛ̃²²¹⁻²² lu²²¹⁻²¹³　菜名。遂昌有些农家每逢杀猪的日子，常会制作一道名叫"三层楼"的菜，即先将萝卜片或块放入汤锅中煮会儿，然后将猪血片铺在上面，最后放进烧好的红烧肉片，稍微煮一会儿就可以吃了，味道鲜美。上、中、下各层分别是红烧肉片、猪血片和萝卜片，故名

笋焐猪骹骨 səŋ⁵³³⁻⁵³ uə³³⁴⁻³³ tɒ⁴⁵⁻⁵⁵ kʰɐɯ⁴⁵⁻³³ kuɛʔ⁵　一道较为独特的菜肴，即将猪脚与雷笋用文火慢炖，味道非常鲜美。相传这道菜具有补钙功效，小孩子长身体阶段吃了后脚骨会变得更硬

大蒜炒肉 da²¹³⁻²² sɛ̃³³⁴⁻³³ tsʰɐɯ⁵³³⁻⁵³ ȵiuʔ²³　大蒜头炒肉丁

回锅肉 uei²²¹⁻²¹ ku⁴⁵⁻³³ ȵiuʔ²³

葱花肉 tsʰəŋ⁴⁵⁻⁵⁵ xɒ⁴⁵⁻³³ ȵiuʔ²³　将猪肉馅用调料调好，加入葱花搅

拌，沾上生面糊后，放入油锅中炸至金黄色捞出，切成条状装盘即可

盐菜肉 iɛ̃$^{221-22}$ tsʰei$^{334-33}$ ȵiɯʔ^{23}　腌菜烧肉

糖醋里脊 dɔŋ$^{221-22}$ tsʰuə$^{334-33}$ li$^{13-21}$ tɕiʔ^{5}

榨菜里脊 tsɒ$^{334-55}$ tsʰei$^{334-33}$ li$^{13-21}$ tɕiʔ^{5}

榨菜肉丝 tsɒ$^{334-55}$ tsʰei$^{334-33}$ ȵiɯʔ$^{23-2}$ sɤ^{45}

雪菜肉丝 ɕyɛʔ^{5} tsʰei^{334} ȵiɯʔ$^{23-2}$ sɤ^{45}

炒牛肉 tsʰɐɯ$^{533-53}$ ȵiɯ$^{221-21}$ ȵiɯʔ^{23}

红烧牛肉 əŋ$^{221-21}$ ɕiɐɯ$^{45-33}$ ȵiɯ$^{221-21}$ ȵiɯʔ^{23}

红烧牛筋 əŋ$^{221-21}$ ɕiɐɯ$^{45-33}$ ȵiɯ$^{221-21}$ tɕiŋ^{45}

红烧牛楠 əŋ$^{221-21}$ ɕiɐɯ$^{45-33}$ ȵiɯ$^{221-22}$ nɛ̃$^{221-213}$

牛肉炒菜头 ȵiɯ$^{221-21}$ ȵiɯʔ^{23} tsʰɐɯ$^{533-53}$ tsʰei$^{334-33}$ du^{221}　牛肉炒萝卜

牛肉焐洋芋 ȵiɯ$^{221-21}$ ȵiɯʔ^{23} uə$^{334-33}$ iaŋ$^{221-13}$ yɛ^{213}　牛肉炖土豆

酱牛肉 tɕiaŋ$^{334-33}$ ȵiɯ$^{221-21}$ ȵiɯʔ^{23}

卤牛肉 luə^{13} ȵiɯ$^{221-21}$ ȵiɯʔ^{23}

炒羊肉 tsʰɐɯ$^{533-53}$ iaŋ$^{221-21}$ ȵiɯʔ^{23}

红烧鸡 əŋ$^{221-21}$ ɕiɐɯ$^{45-33}$ iɛ^{45}　红烧鸡块

白切鸡 biaʔ$^{23-2}$ tɕʰiɛʔ^{5} iɛ^{45}　白斩鸡

盐籴鸡 iɛ̃$^{221-13}$ y$^{533-53}$ iɛ^{45}　盐水鸡

猪肚鸡 tɒ$^{45-33}$ tuə$^{533-53}$ iɛ^{45}　猪肚炖鸡

红烧鸭 əŋ$^{221-21}$ ɕiɐɯ$^{45-33}$ aʔ^{5}　红烧鸭块

老鸭茶树菇 lɐɯ$^{13-22}$ aʔ^{5} dzɒ$^{221-22}$ dziɯ$^{221-21}$ ku^{45}　老鸭炖茶树菇

芋鸭 yɛ$^{213-21}$ aʔ^{5}　毛芋煮鸭块，鲜美而滑腻

酱鸭 tɕiaŋ$^{334-33}$ aʔ^{5}

卤鸭 luə^{13} aʔ^{5}

老酒鸭 lɐɯ^{13} tɕiɯ$^{533-53}$ aʔ^{5}

啤酒鸭 bi$^{221-13}$ tɕiɯ$^{533-53}$ aʔ^{5}

红烧石斑鱼 əŋ$^{221-21}$ ɕiɐɯ^{45} dziaʔ$^{23-2}$ paŋ$^{45-55}$ ŋɤ$^{221-213}$　在遂昌民间，红烧石斑鱼时喜欢放点薄荷作香料

清炖鲫鱼爿 tɕʰiŋ$^{45-33}$ təŋ^{45} tɕiʔ$^{5-3}$ ŋɤ$^{221-22}$ baŋ$^{221-213}$　清炖鲫鱼

红烧鲤鱼 əŋ$^{221-21}$ ɕiɐɯ^{45} li^{13} ŋɤ^{221}

糖醋鲤鱼 dɔŋ$^{221-22}$ tsʰuə$^{334-33}$ li^{13} ŋɤ^{221}

清炖团鱼 tɕʰiŋ$^{45-33}$ təŋ^{45} dɛ̃$^{221-22}$ ŋɤ$^{221-213}$　清炖甲鱼

红烧带鱼 əŋ$^{221-21}$ ɕiɐɯ^{45} ta$^{334-33}$ ŋɤ^{221}

搨带鱼 tʰaʔ^{5} ta$^{334-33}$ ŋɤ^{221}　煎带鱼

炒螺蛳 tsʰɐɯ$^{533-53}$ lu$^{221-21}$ ɕiu^{45}　在遂昌民间，炒螺蛳时喜欢放薄荷，去菜场买螺蛳，卖家一般会免费赠送一撮薄荷叶

炒田螺 tsʰɐɯ$^{533-53}$ diɛ̃$^{221-22}$ lu$^{221-213}$

田螺鸭 diɛ̃$^{221-22}$ lu$^{221-21}$ aʔ^{5}　田螺与老鸭一起炖，味道鲜美

红烧田鸡 əŋ$^{221-21}$ ɕiɐɯ^{45} diɛ̃$^{221-21}$ tɕiɛ^{45}　红烧青蛙

红烧□鱼 əŋ$^{221-21}$ ɕiɐɯ^{45} ʑiɔŋ$^{221-22}$ ŋɤ$^{221-213}$　红烧石蛙

红烧牛蛙 əŋ$^{221-21}$ ɕiɐɯ^{45} ȵiɯ$^{221-21}$ uɒ^{45}

红烧嘹嘹咿 əŋ$^{221-21}$ ɕiɐɯ^{45} liaŋ$^{213-13}$ liaŋ$^{213-22}$ i^{45}　红烧知了。将知了去头去尾洗净晾干，爆炒红烧，味美之极。在遂昌及周边一带，以丽水莲都人吃知了最为有名

炒白菜 tsʰɐɯ$^{533-53}$ biaʔ^{23} tsʰei^{334}

炒油冬菜 tsʰɐɯ$^{533-53}$ iɯ$^{221-21}$ təŋ$^{45-55}$ tsʰei^{334}

炒黄瓜 tsʰɐɯ$^{533-53}$ ɔŋ$^{221-21}$ kɒ^{45}

炒包心菜 tsʰɐɯ$^{533-53}$ pɐɯ$^{45-33}$ ɕiŋ$^{45-55}$ tsʰei^{334}

炒豆芽 tsʰɐɯ$^{533-53}$ du$^{213-13}$ ŋɒ^{221}

炒番椒 tsʰɐɯ$^{533-53}$ faŋ$^{45-33}$ tɕiɐɯ^{45}　炒辣椒。遂昌人喜欢吃辣椒，可谓无辣而不欢。这与遂昌所处的地理与气候有关，遂昌为山区县，水系发达，生活环境中水气较重

酸辣洋芋丝 sɛ̃$^{45-33}$ laʔ^{23} iaŋ$^{221-22}$ yɛ$^{213-21}$ sɤ^{45}　酸辣土豆丝

炒芹菜 tsʰɐɯ$^{533-53}$ dʑiŋ$^{221-22}$ tsʰei^{334}

西芹百合 ɕiɛ$^{45-55}$ dʑiŋ$^{221-21}$ piaʔ^{5} ɛʔ^{23}

清炒藕 tɕʰiŋ$^{45-33}$ tsʰɐɯ$^{533-53}$ ŋu^{13}

糖醋藕 dɔŋ$^{221-22}$ tsʰuə$^{334-33}$ ŋu^{13}

白菜豆腐 bia213ʔ23 tsʰei334-33 du213-22 vuə213

红烧豆腐 əŋ221-21 ɕiɯ45 du213-22 vuə213

鱼头沸豆腐 ŋɤ221-22 du221-21 pei533-33 du213-22 vuə213　鱼头滚豆腐，是一种传统的火锅吃法。选用的鱼头是花鲢鱼头，头大货多

泥鳅沸豆腐 ȵin221-21 tɕʰiɯ45 pei533-33 du213-22 vuə213　泥鳅滚豆腐

猪血沸豆腐 tɒ45-33 ɕyɛʔ5 pei533-33 du213-22 vuə213　猪血滚豆腐

鸭血沸豆腐 aʔ5-3 ɕyɛʔ5 pei533-33 du213-22 vuə213　鸭血滚豆腐

雪菜豆腐 ɕyɛʔ5 tsʰei334-33 du213-22 vuə213

霉干菜豆腐 mei221-21 kuɛ̃45-55 tsʰei334-33 du213-22 vuə213

海带豆腐 xei533-53 ta334-33 du213-22 vuə213

金瓜叶沸豆腐娘 tɕin45-33 kɒ45 iɛʔ23 pei533-33 du213-22 vuə213-13 ȵiaŋ221　将南瓜叶抽去老筋，搓揉至软切细。略炒后加水、豆腐娘，起锅前加入番薯粉汁。味鲜美滑爽，是一道遂昌人很爱吃的家常菜

揭豆腐 tʰaʔ5 du213-22 vuə213　煎豆腐

炒豆腐干 tsʰɐɯ533-53 du213-22 vuə213-21 kuɛ̃45

马兰头炒豆腐干 mɒ13 laŋ221-22 du221-21 tsʰɐɯ533-53 du213-22 vuə213-21 kuɛ̃45

五香豆腐干 ŋuə13-22 ɕiaŋ45-33 du213-22 vuə213-21 kuɛ̃45

凉拌 liaŋ221-21 bɛ̃13　凉拌菜

凉拌黄瓜 liaŋ221-21 bɛ̃13 ɒŋ221-21 kɒ45

凉拌番茄 liaŋ221-21 bɛ̃13 faŋ45-33 dʑin221

凉拌海带丝 liaŋ221-21 bɛ̃13 xei533-53 ta334-33 sɤ45

凉拌蛇鱼 liaŋ221-21 bɛ̃13 zɔʔ23 ŋɤ221　凉拌海蜇

汤 tʰɔŋ45

菜汤 tsʰei334-33 tʰɔŋ45

菜脚 tsʰei334-33 tɕiaʔ5　只剩下一点点的菜

鸡汤 iɛ45-33 tʰɔŋ45

番茄鸡子汤 faŋ45-33 dʑin221-22 iɛ45-33 tsɤ533-53 tʰɔŋ45　番茄鸡蛋汤

天萝鸡子汤 tʰiɛ̃45-55 lu221-21 iɛ45-33 tsɤ533-53 tʰɔŋ45　丝瓜鸡蛋汤

酸辣汤 sɛ̃45-33 laʔ23-2 tʰɔŋ45

白菜汤 biaʔ²³ tsʰei³³⁴⁻³³ tʰɔŋ⁴⁵

榨菜汤 tsɒ³³⁴⁻⁵⁵ tsʰei³³⁴⁻³³ tʰɔŋ⁴⁵

紫菜汤 tsɤ⁵³³⁻⁵³ tsʰei³³⁴⁻³³ tʰɔŋ⁴⁵

搨鸡子 tʰaʔ⁵ iɛ⁴⁵⁻³³ tsɤ⁵³³　煎鸡蛋，打散后用油煎

　　煎鸡子 tɕiɛ̃⁴⁵ iɛ⁴⁵⁻³³ tsɤ⁵³³

搨荷包蛋 tʰaʔ⁵ u²²¹⁻²² pɐu⁴⁵⁻⁵⁵ daŋ²¹³　煎荷包蛋

荷包蛋 u²²¹⁻²² pɐu⁴⁵⁻⁵⁵ daŋ²¹³

炒鸡子 tsʰɐu⁵³³⁻⁵³ iɛ⁴⁵⁻³³ tsɤ⁵³³　炒鸡蛋

香椿炒鸡子 ɕiaŋ⁴⁵⁻³³ tɕʰyŋ⁴⁵ tsʰɐu⁵³³⁻⁵³ iɛ⁴⁵⁻³³ tsɤ⁵³³　香椿炒鸡蛋。香椿叶切成碎末，翻炒后加入打散的鸡蛋，再炒制微焦即可，味美芳香

蒸子 tɕiŋ⁴⁵⁻³³ tsɤ⁵³³　水蒸蛋

卤 luə¹³　菜卤

炒黄瓜粒儿 tsʰɐu⁵³³⁻⁵³ ɔŋ²²¹⁻²¹ kɒ⁴⁵⁻³³ lɛʔ⁵ ȵiɛ²²¹　爆炒"黄瓜粒儿"是常见的烧制方法，若放些辣椒干，更是美味可口

酱黄瓜 tɕiaŋ³³⁴⁻³³ ɔŋ²²¹⁻²¹ kɒ⁴⁵

　　酱瓜 tɕiaŋ³³⁴⁻³³ kɒ⁴⁵

盐豇豆 iɛ̃²²¹⁻²¹ kɔŋ⁴⁵⁻⁵⁵ du²¹³　腌豇豆

榨菜 tsɒ³³⁴⁻⁵⁵ tsʰei³³⁴

什锦菜 ʐyɛʔ²³⁻² tɕiŋ⁵³³⁻⁵³ tsʰei³³⁴

糖蒜 dɔŋ²²¹⁻²² sɛ̃³³⁴

笋咸 səŋ⁵³³⁻³³ aŋ²²¹　咸笋，一道佐餐美食。民间一般有两种制作方法：一种是用"菜汁"煮，所谓"菜汁"是指腌制香菜的卤水，用这种方法制作的笋咸味道较酸；另一种是用糖醋煮，并加入八角茴香、陈皮、辣椒等料，用这种方法制作的笋咸味道酸、辣、香、甜

冻 təŋ³³⁴　（1）肉类、鱼类汤汁所凝结成的半固体物；（2）受冷

肉冻 ȵiuʔ²³ təŋ³³⁴

鱼冻 ŋɤ²²¹⁻²² təŋ³³⁴

油渣 iɯ²²¹⁻²¹ tsɒ⁴⁵　肥猪肉炸油所剩下来的肉渣

四、烟、酒、茶水

香烟 ɕiaŋ⁴⁵⁻³³ iɛ̃⁴⁵

　烟 iɛ̃⁴⁵

旱烟 uɛ̃²¹³⁻²¹ iɛ̃⁴⁵　装在旱烟袋里吸食的烟丝

朝烟袋 dziɯ²²¹⁻¹³ iɛ̃⁴⁵⁻⁵⁵ dei²¹³　旱烟袋

朝烟筒 dziɯ²²¹⁻¹³ iɛ̃⁴⁵⁻⁵⁵ dəŋ²²¹⁻²¹³　吸食旱烟的主要工具。朝烟筒前面是一个金属烟锅,多由铜制成;烟杆由节比较密的细竹根部一段制作;烟嘴多用铜包制。烟丝盒或烟袋由一根细绳系在烟杆上。关于"朝烟筒"名字的来历,遂昌大柘镇上的老人是这样介绍的:过去皇帝上朝有"有事早奏,无事退朝"的规矩,每次大臣们朝晋皇帝都不知需要花多久,喜欢吸烟的大臣就带着这种烟筒,吸一筒、两筒都可以:时久则多吸几筒,时短则少吸几筒,于是就把它叫作"朝烟筒"了

烟枪 iɛ̃⁴⁵⁻³³ tɕʰiaŋ⁴⁵

烟筒 iɛ̃⁴⁵⁻⁵⁵ dəŋ²²¹⁻²¹³

旱烟筒 uɛ̃¹³ iɛ̃⁴⁵⁻⁵⁵ dəŋ²²¹⁻²¹³　吸食旱烟的另一种工具,比朝烟筒短,但前面的烟锅比朝烟筒的要大,所填烟丝也更多,吸食时间相对较长

水烟 ɕy⁵³³⁻⁵³ iɛ̃⁴⁵　用水烟壶吸食的烟草

水烟筒 ɕy⁵³³⁻⁵³ iɛ̃⁴⁵⁻⁵⁵ dəŋ²²¹⁻²¹³　水烟壶,一种用铜等金属制成的吸烟用具。烟经水过滤而吸出,会发出"咕噜噜"的响声

纸煤 tɕiɛ⁵³³⁻⁵³ mei²²¹　抽旱烟起火用的草纸卷筒

过滤嘴 ku³³⁴⁻³³ lyɛ²¹³⁻¹³ tɕy⁵³³　卷烟的上面部分,是专门为吸烟者设计制作的一种过滤工具,它能够减少吸烟时入口的烟雾、焦油、尼古丁等有害物质

过滤嘴烟 ku³³⁴⁻³³ lyɛ²¹³⁻¹³ tɕy⁵³³⁻⁵³ iɛ̃⁴⁵　带有过滤嘴的香烟

香烟盒 ɕiaŋ⁴⁵⁻³³ iɛ̃⁴⁵ ɛʔ²³　装香烟的盒子,一般为铁皮制成

香烟壳 ɕiaŋ⁴⁵⁻³³ iẽ⁴⁵ kʰɔʔ⁵　香烟纸。20 世纪六七十年代,许多人会收藏香烟纸。小孩儿们则会把它们折成一定的形状,用掌风将其翻转决定输赢,赢者得到该香烟纸。香烟纸按品牌价格的不同在等级上有高低之分,当时中华香烟纸身价最高,一张往往可以抵几张甚至十几张其他品牌的香烟纸

晒烟叶 sa³³⁴⁻³³ iẽ⁴⁵⁻³³ iɛʔ²³

烟叶 iẽ⁴⁵⁻³³ iɛʔ²³

烟丝 iẽ⁴⁵⁻³³ sʅ⁴⁵　用特制工具将烟叶切成的丝,用于吸烟者吸食

烟灰 iẽ⁴⁵⁻³³ xuei⁴⁵　烟吸完后剩下的灰

烟灰缸 iẽ⁴⁵⁻⁵⁵ xuei⁴⁵⁻³³ kɔŋ⁴⁵　盛烟灰、烟蒂的工具,常以陶、瓷或玻璃为材料制作

烟圈 iẽ⁴⁵⁻³³ tɕʰyẽ⁴⁵　吸烟者吐出烟后所形成的圈儿

中华烟 tɕiɔŋ⁴⁵⁻³³ uŋ²²¹⁻²² iẽ⁴⁵　一种历史较久的国产名牌香烟

　　中华 tɕiɔŋ⁴⁵ uŋ²²¹

牡丹烟 məŋ¹³⁻²¹ taŋ⁴⁵⁻³³ iẽ⁴⁵　一种历史较久的国产名牌香烟

　　牡丹 məŋ¹³⁻²¹ taŋ⁴⁵

酒 tɕiɯ⁵³³　酒的统称

老酒 lɐɯ¹³ tɕiɯ⁵³³　糯米酒的统称

糯米酒 nu²¹³⁻²² mie¹³ tɕiɯ⁵³³　用糯米作原料酿制的低度酒

红曲酒 əŋ²²¹⁻²¹ kʰəɯʔ⁵⁻³ tɕiɯ⁵³³　红曲糯米酒

白曲酒 biaʔ²³⁻² kʰəɯʔ⁵⁻³ tɕiɯ⁵³³　白曲糯米酒

汤公酒 tʰɔŋ⁴⁵⁻³³ kəŋ⁴⁵ tɕiɯ⁵³³　一种遂昌本地产的品牌糯米酒。汤公指明朝的汤显祖,他曾任遂昌知县五年(1593—1598)

烧酒 ɕiɐɯ⁴⁵⁻³³ tɕiɯ⁵³³　白酒的统称

　　白酒 biaʔ²³ tɕiɯ⁵³³

糟烧 tsɐɯ⁴⁵⁻³³ ɕiɐɯ⁴⁵　用糯米酒的酒糟烧制的白酒

土烧 tʰuə⁵³³⁻⁵³ ɕiɐɯ⁴⁵　土法烧制的白酒

酒糟 tɕiɯ⁵³³⁻⁵³ tsɐɯ⁴⁵　做酒时酒曲和糯米发酵后形成的东西

甜酒酿 diẽ²²¹⁻¹³ tɕiɯ⁵³³⁻⁵³ ȵiaŋ²¹³⁻²²¹　醪糟,用蒸熟的糯米拌上酒曲

发酵而成的一种甜米酒。其酒精度非常低,一般不会醉人,且味道甜美芬芳,深受男女老少的喜爱

啤酒 bi²²¹⁻¹³ tɕiɯ⁵³³

扎啤 tsaʔ⁵ bi²²¹　一种经微孔膜过滤的啤酒(普通啤酒是经过高温杀菌的啤酒),营养较普通啤酒更加丰富

葡萄酒 buə²²¹⁻²² dɐɯ²²¹⁻¹³ tɕiɯ⁵³³

红葡萄酒 əŋ²²¹⁻²² buə²²¹⁻²² dɐɯ²²¹⁻¹³ tɕiɯ⁵³³

白葡萄酒 biaʔ²³ buə²²¹⁻²² dɐɯ²²¹⁻¹³ tɕiɯ⁵³³

汽酒 tsʰɿ³³⁴⁻³³ tɕiɯ⁵³³　起泡酒,一种含有二氧化碳的低度果酒,开瓶后即会形成气泡,故名

香槟酒 ɕiaŋ⁴⁵⁻³³ piŋ⁴⁵ tɕiɯ⁵³³　一种经典的起泡葡萄酒,原产于法国香槟省,故名

　　香槟 ɕiaŋ⁴⁵⁻³³ piŋ⁴⁵

杨梅酒 iaŋ²²¹⁻²² mei²²¹⁻¹³ tɕiɯ⁵³³　用杨梅泡的白酒

绳梨酒 dzɿŋ²²¹⁻²² li²²¹⁻²¹ tɕiɯ⁵³³　用猕猴桃泡的白酒

鸡爪梨酒 iɛ⁴⁵⁻⁵⁵ tsɐɯ⁵³³⁻³³ li²²¹⁻²² tɕiɯ⁵³³　用枳椇泡的白酒

药酒 iaʔ²³ tɕiɯ⁵³³　用一种或多种药材泡的白酒

农参酒 nəŋ²²¹⁻²¹ səŋ⁴⁵⁻³³ tɕiɯ⁵³³　用人参泡的白酒

枸杞酒 kɤɯ⁵³³⁻⁵³ tsʰɿ⁵³³⁻⁵³ tɕiɯ⁵³³　用枸杞泡的白酒

蛇酒 ʑiŋ²²¹⁻¹³ tɕiɯ⁵³³　用蛇泡的白酒

蕲蛇酒 dzɿ²²¹⁻²² ʑiŋ²²¹⁻¹³ tɕiɯ⁵³³　用蕲蛇泡的白酒,是蛇酒中的上乘品

高粱酒 kɐɯ⁴⁵⁻⁵⁵ liaŋ²²¹⁻¹³ tɕiɯ⁵³³　用高粱做原料酿制的白酒

金刚刺酒 tɕiŋ⁴⁵⁻³³ kɔŋ⁴⁵⁻⁵⁵ tɕʰiɛ³³⁴⁻³³ tɕiɯ⁵³³　用金刚刺做原料酿制的白酒

茅台酒 mɐɯ²²¹⁻²² dei²²¹⁻¹³ tɕiɯ⁵³³　一种历史较久的国产名牌白酒,产于贵州茅台镇

　　茅台 mɐɯ²²¹⁻²² dei²²¹⁻²¹³

五粮液 ŋuə¹³ liaŋ²²¹⁻²² iɛʔ²³　一种历史较久的国产名牌白酒,产于四川宜宾市

沸汤 pei$^{533-53}$ tʰɔŋ^{45}　开水

白开㳠 biaʔ^{23} kʰei$^{45-33}$ y^{533}　白开水

茶 dzɑ^{221}　茶水

糖茶 dɔŋ$^{221-22}$ dzɑ$^{221-213}$　加了白糖的开水

茶叶 dzɑ$^{221-21}$ iɛʔ^{23}

茶叶茶 dzɑ$^{221-21}$ iɛʔ^{23} dzɑ^{221}　用茶叶泡的茶水

绿茶 liɔʔ^{23} dzɑ^{221}

香茶 ɕiaŋ$^{45-55}$ dzɑ$^{221-213}$　绿茶的一种，以香得名，具有条索细紧、色泽翠润、香高持久、滋味浓爽、汤色清亮等特点

红茶 əŋ$^{221-22}$ dzɑ$^{221-213}$

花茶 xɑ$^{45-55}$ dzɑ$^{221-213}$　利用茶善于吸收异味的特点，将有香味的鲜花和新茶一起闷，茶将香味吸收后再把干花筛除，制成的花茶香味浓郁，茶汤色深

茉莉花茶 məɯʔ^{23} li$^{213-21}$ xɑ$^{45-55}$ dzɑ$^{221-213}$

凉茶 liaŋ$^{221-22}$ dzɑ$^{221-213}$　中草药植物性饮料，一般性凉，以消除夏季人体内的暑气

菊花茶 tɕiuʔ$^{5-3}$ xɑ$^{45-55}$ dzɑ$^{221-213}$　用菊花泡的茶

菊米茶 tɕiuʔ$^{5-3}$ mie^{13} dzɑ^{221}　用菊米泡的茶。遂昌石练菊米历史悠久，远近闻名，用来泡茶，香气足、味甘醇，清火明目

端午茶 tẽ$^{45-33}$ ŋuə$^{13-45}$ dzɑ^{221}　以藿香、野菊、桑叶、菖蒲、山苍柴、鱼腥草等配制而成的夏日养生饮品，周边一带以邻县松阳的端午茶最负盛名

湿力茶 ɕiʔ^5 liʔ^{23} dzɑ^{221}　多种草药煎制，可去湿

浓茶 ȵiɔŋ$^{221-22}$ dzɑ$^{221-213}$

棒冰 bɔŋ$^{13-21}$ piŋ^{45}　冰棍

雪糕 ɕyɛʔ$^{5-3}$ kɐɯ^{45}

果子露棒冰 ku$^{533-53}$ tsɿ$^{533-53}$ luə$^{213-13}$ bɔŋ$^{13-21}$ piŋ^{45}

赤豆棒冰 tɕʰiʔ^5 du$^{213-21}$ bɔŋ$^{13-21}$ piŋ^{45}

奶油棒冰 na^{13} iɯ$^{221-22}$ bɔŋ$^{13-21}$ piŋ^{45}　牛奶棒冰。果子露棒冰、赤豆

棒冰、牛奶棒冰是 20 世纪计划经济年代最普遍的三种冰棍，分别售价 3 分、4 分、5 分，它们是那个年代孩子们心中的美好期待和记忆

牛奶棒冰 ȵiɯ$^{221-21}$ na^{13} bɔŋ$^{13-21}$ piŋ^{45}

冰砖 piŋ$^{45-33}$ tɕyɛ̃^{45}

冰激凌 piŋ$^{45-33}$ tɕiʔ^5 liŋ^{221}

绿豆汤 liɔʔ^{23} du$^{213-21}$ tʰɔŋ^{45}

酸梅汤 sɛ̃$^{45-33}$ mei$^{221-22}$ tʰɔŋ^{45}　一种传统的夏日消暑饮料，制作原料主要有乌梅、山楂、陈皮、桂花、甘草、冰糖等

牛奶 ȵiɯ$^{221-21}$ na^{13}

奶粉 na^{13} fən^{533}

炼乳 liɛ̃$^{213-21}$ lu^{13}

　洋奶 iaŋ$^{221-21}$ na^{13}

罐头 kuaŋ$^{334-33}$ du^{221}

麦奶精 miaʔ^{23} na$^{13-22}$ tɕiŋ^{45}　麦乳精

豆奶 du$^{213-21}$ na^{13}

酸奶 sɛ̃$^{45-33}$ na^{13}

饮料 iŋ^{13} liɐɯ^{213}

汽㳄 tsʰɿ$^{334-33}$ y^{533}　汽水

雪碧 ɕyɛʔ$^{5-3}$ piʔ^5

可乐 kʰu$^{533-53}$ lɔʔ^{23}

矿泉㳄 kʰɔŋ$^{334-33}$ ʑyɛ̃$^{221-22}$ y^{533}　矿泉水

五、糖果点心

点心 tiɛ̃$^{533-53}$ ɕiŋ^{45}

闲食 aŋ$^{221-21}$ ʑiʔ^{23}　零食

米胖 miɛ$^{13-22}$ pʰɔŋ^{334}　爆米花

　米花 miɛ$^{13-22}$ xɒ^{45}

包萝胖 pɐɯ$^{45-33}$ lu$^{221-22}$ pʰɔŋ^{334}　爆玉米花

包萝花 pɐɯ⁴⁵⁻⁵⁵ lu²²¹⁻²¹ xɒ⁴⁵

欶欶糖 tɕyɛʔ⁵ tɕyɛʔ⁵ dɔŋ²²¹　水果糖的统称。欶是"吮吸"的意思

水果糖 ɕy⁵³³⁻⁵³ ku⁵³³⁻⁵³ dɔŋ²²¹

奶油糖 na¹³ iɯ²²¹⁻²² dɔŋ²²¹⁻²¹³　牛奶糖

牛奶糖 ȵiɯ²²¹⁻²¹ na¹³ dɔŋ²²¹

薄荷糖 bɔʔ²³ xu³³⁴⁻³³ dɔŋ²²¹⁻²¹³　具有薄荷味的水果糖，清凉芬芳

话梅糖 uɒ²¹³⁻¹³ mei²²¹⁻²² dɔŋ²²¹⁻²¹³　具有话梅味的水果糖，酸酸甜甜

高粱饴 kɐɯ⁴⁵⁻⁵⁵ liaŋ²²¹⁻²¹ i²²¹　山东特产，传统的名牌软糖，以"弹、韧、柔"三性兼备而著称

糯米纸 nu²¹³⁻²² miɛ¹³ tɕiɛ⁵³³　高粱饴糖外包着的一层膜，可食

油麻糖 iɯ²²¹⁻¹³ mu²²¹⁻²² dɔŋ²²¹⁻²¹³　芝麻糖

酥糖 suə⁴⁵⁻⁵⁵ dɔŋ²²¹⁻²¹³　一种以黄豆粉和麦芽糖为主要原料制成的有层叠感的糕点

□米糖 tɕyɐɯ³³⁴⁻³³ miɛ¹³ dɔŋ²²¹　冻米糖。□[tɕyɐɯ³³⁴]是"冰"的意思

花生糖 xɒ⁴⁵⁻³³ ɕiaŋ⁴⁵⁻⁵⁵ dɔŋ²²¹⁻²¹³

豆末糖 du²¹³⁻²¹ mɛʔ²³ dɔŋ²²¹

牛皮糖 ȵiɯ²²¹⁻¹³ bi²²¹⁻²² dɔŋ²²¹⁻²¹³

摧摧糖 kʰɔʔ⁵⁻³ kʰɔʔ⁵ dɔŋ²²¹　用牙膏壳、鸡毛等从小货郎那里换来的一种麦芽糖，因小货郎用小榔头敲击刀片切割麦芽糖时发出"摧、摧、摧"的声音得名。"摧摧糖"曾经给孩子们带来了无限的欢乐

棒棒糖 bɔŋ¹³⁻²² bɔŋ¹³ dɔŋ²²¹

泡泡糖 pʰɐɯ³³⁴⁻³³ pʰɐɯ³³⁴⁻⁵⁵ dɔŋ²²¹⁻²¹³

番薯干 faŋ⁴⁵⁻⁵⁵ dʑiɛ²¹³⁻²¹ kũɛ⁴⁵　红薯干

柿干 ʑiu¹³⁻²¹ kũɛ⁴⁵　柿饼

柿饼 ʑiu¹³ piŋ⁵³³

桔饼 tɕiʔ⁵⁻³ piŋ⁵³³　橘饼，是用带橘皮的红橘加工而成的天然食品，深受国人喜爱。20世纪计划经济年代的春节期间，用黄纸一包，贴上一张红纸，细绳一扎，成为人们走亲戚最常备的礼物

蜜枣 miʔ²³ tsɐɯ⁵³³　　用割枣机把大青枣周身割一次,使其易于吸糖,再放锅中用白糖煮,晒干,即成蜜枣

黑枣 xɛʔ⁵⁻³ tsɐɯ⁵³³　　乌枣

话梅 uɒ²¹³⁻¹³ mei²²¹

饼干 piŋ⁵³³⁻⁵³ kuɛ̃⁴⁵

糕 kɐɯ⁴⁵

发糕 faʔ⁵⁻³ kɐɯ⁴⁵　　遂昌发糕红白相衬,其原料和工序都相当讲究,在浙西南一带颇有名气。蒸好的遂昌发糕,又白又糯,中间的气孔又细又密、分布均匀,吃起来香甜可口

洋红 iaŋ²²¹⁻²² əŋ²²¹⁻²¹³　　在蒸熟的发糕上面所涂的一层鲜红的食用染料

刷洋红 ɕyɛʔ⁵ iaŋ²²¹⁻²² əŋ²²¹⁻²¹³　　在发糕上涂上"洋红",表示喜庆,表达了人们祈盼来年生活红红火火的美好愿望

糖糕 dɒŋ²²¹⁻²¹ kɐɯ⁴⁵　　以红糖为辅料制作的糕

青糕 tɕʰiŋ⁴⁵⁻³³ kɐɯ⁴⁵　　以鼠曲草或青蓬草为辅料制作的糕

鸡子糕 iɛ⁴⁵⁻³³ tsɿ⁵³³ kɐɯ⁴⁵　　鸡蛋糕,土法制作的一种糕点

蛋糕 daŋ²¹³⁻²¹ kɐɯ⁴⁵　　西式糕点

炒米饼 tsʰɐɯ⁵³³⁻⁵³ miɛ¹³ piŋ⁵³³　　印糕

薄荷糕 bɔʔ²³ xu²²¹⁻²² kɐɯ⁴⁵　　以薄荷为辅料制作的糕点

虾片 xu⁴⁵⁻⁵⁵ pʰiɛ̃³³⁴　　油炸膨化食品,用虾汁加淀粉制成

油枣 iɯ²²¹⁻¹³ tsɐɯ⁵³³　　江米条

油桶馃 iɯ²²¹⁻²² dəŋ¹³ kuʔ⁵³³　　遂昌特色的灯盏糕,具体制作方法是:用有提手的专用金属容器(梯形圆柱状)盛入一些已调制好的米粉糊(一般是籼米粉掺加豆粉),接着将已配好的馅料(如萝卜丝、葱、辣椒末等)用勺子盛入容器中,接近容器口时再用勺子浇入米粉糊与容器口平,然后放入油锅中炸,待其成金黄色时即可倒出。刚刚出油锅的油桶馃脆、香、辣,美味可口。油桶馃是遂昌很有名的传统小吃,其制作技艺已列入遂昌县非物质文化遗产保护名录

汤团 tʰɔŋ⁴⁵⁻⁵⁵ dɛ̃²²¹⁻²¹³　汤圆

麻糍 mu²²¹⁻²² zɿ²²¹⁻²¹³　把糯米蒸熟后放在石臼中舂制而成的点心

麻勔儿 mu²²¹⁻²² lei²¹³⁻¹³ ȵiɛ²²¹　用糯米粉制作的形状跟麻糍类似的点心

麻球 mu²²¹⁻²² dʑiɯ²²¹⁻²¹³

藕粉 ŋu¹³ fən⁵³³

杨梅干 iaŋ²²¹⁻²² mei²²¹⁻²¹ kuɛ̃⁴⁵

葡萄干 buə²²¹⁻²² dɤɯ²²¹⁻²¹ kuɛ̃⁴⁵

荔枝干 liɛ²¹³⁻²¹ tɕiɛ⁴⁵⁻³³ kuɛ̃⁴⁵

桂圆干 kuei³³⁴⁻³³ yɛ̃²²¹⁻²² kuɛ̃⁴⁵

六、作料

料作 liɐɯ²¹³⁻²² tsɔʔ⁵　作料

脂油 tɕiu⁴⁵⁻⁵⁵ iɯ²²¹⁻²¹³　熬制的猪油

板油 paŋ⁵³³⁻⁵³ iɯ²²¹　猪油的一种，是猪肉里面、内脏外面成片成块的油脂，用于熬油，出油率较高、油渣少

菜籽油 tsʰei³³⁴⁻³³ tsɿ⁵³³⁻⁵³ iɯ²²¹　从油菜籽中榨取出来的食用油，呈棕黄色，加热后有一股较刺鼻的气味

　　菜油 tsʰei³³⁴⁻³³ iɯ²²¹

茶籽油 dzɒ²²¹⁻¹³ tsɿ⁵³³⁻⁵³ iɯ²²¹　从茶籽树上所结的茶籽中榨取出来的食用油，产量不高，具较高的营养价值，是植物油中的精品。茶籽油还有一定的消炎作用，小孩儿摔倒头上起包若不是很严重，大人只需在其伤处涂上茶籽油就好了

　　茶油 dzɒ²²¹⁻²² iɯ²²¹⁻²¹³

油麻油 iɯ²²¹⁻¹³ mu²²¹⁻²² iɯ²²¹⁻²¹³　芝麻油

花生油 xɒ⁴⁵⁻³³ ɕiaŋ⁴⁵⁻⁵⁵ iɯ²²¹⁻²¹³

米糠油 miɛ¹³⁻²² kʰɔŋ⁴⁵ iɯ²²¹

豆油 du²¹³⁻¹³ iɯ²²¹

色拉油 səɯʔ⁵⁻³ lɒ⁴⁵ iɯ²²¹

橄榄油 kẽ⁵³³⁻⁵³ laŋ¹³ iɯ²²¹

酱油 tɕiaŋ³³⁴⁻³³ iɯ²²¹

生抽 ɕiaŋ⁴⁵⁻³³ tɕʰiɯ⁴⁵

老抽 lɐɯ¹³⁻²² tɕʰiɯ⁴⁵

蒜泥 sẽ³³⁴⁻³³ ɲi²²¹

豆豉 du²¹³⁻¹³ ʑiɛ²¹³

豉豉酱 du²¹³⁻¹³ ʑiɛ²¹³⁻²² tɕiaŋ³³⁴　豆瓣晒成的酱

番椒酱 faŋ⁴⁵⁻³³ tɕiɐɯ⁴⁵⁻⁵⁵ tɕiaŋ³³⁴　辣椒酱

油麻酱 iɯ²²¹⁻¹³ mu²²¹⁻²² tɕiaŋ³³⁴　芝麻酱

高汤 kɐɯ⁴⁵⁻³³ tʰɔŋ⁴⁵　经过长时间熬煮的骨汤或肉汤,在烹制其他菜肴时代替水,加到菜肴或汤羹中,以提鲜增味

酸醋 sẽ⁴⁵⁻⁵⁵ tsʰuə³³⁴　醋的统称

　醋 tsʰuə³³⁴

香醋 ɕiaŋ⁴⁵⁻⁵⁵ tsʰuə³³⁴

陈醋 dʑiŋ²²¹⁻²² tsʰuə³³⁴

白醋 biaʔ²³ tsʰuə³³⁴

盐 iẽ²²¹

粗盐 tsʰuə⁴⁵⁻⁵⁵ iẽ²²¹⁻²¹³

精盐 tɕiŋ⁴⁵⁻⁵⁵ iẽ²²¹⁻²¹³

典盐 tiẽ⁵³³⁻⁵³ iẽ²²¹

盐卤 iẽ²²¹⁻²¹ lu¹³　一种制作豆腐的传统凝固剂

糖 dɔŋ²²¹

糖霜 dɔŋ²²¹⁻²¹ ɕiɔŋ⁴⁵　白糖,甘蔗或甜菜制成的糖

红糖 əŋ²²¹⁻²² dɔŋ²²¹⁻²¹³　甘蔗汁熬制成的糖

　砂糖 sɒ⁴⁵⁻⁵⁵ dɔŋ²²¹⁻²¹³

冰糖 piŋ⁴⁵⁻⁵⁵ dɔŋ²²¹⁻²¹³

古巴糖 kuə⁵³³⁻⁵³ pɒ⁴⁵ dɔŋ²²¹　20 世纪计划经济年代从古巴进口的一种粗砂糖,属于未精制的原糖,加工之后颜色、味道类似红糖

糖油 dɔŋ²²¹⁻²² iɯ²²¹⁻²¹³　麦芽糖

糖精 dɔŋ²²¹⁻²¹ tɕiŋ⁴⁵

味精 mi²¹³⁻²¹ tɕiŋ⁴⁵

鸡精 tɕiɛ⁴⁵⁻³³ tɕiŋ⁴⁵

花椒 xɒ⁴⁵⁻³³ mɐiɐɯ⁴⁵

胡椒 uə²²¹⁻²¹ tɕiɐɯ⁴⁵

白胡椒 biaʔ²³ uə²²¹⁻²¹ tɕiɐɯ⁴⁵

黑胡椒 xɛʔ⁵ uə²²¹⁻²¹ tɕiɐɯ⁴⁵

胡椒粉 uə²²¹⁻²¹ tɕiɐɯ⁴⁵⁻³³ fən⁵³³

茴香 uei²²¹⁻²¹ ɕiaŋ⁴⁵　八角茴香

　　八角 paʔ⁵⁻³ kɔʔ⁵

陈皮 dʑiŋ²²¹⁻²² bi²²¹⁻²¹³

桂皮 tøy³³⁴⁻³³ bi²²¹

香叶 ɕiaŋ⁴⁵⁻³³ iɛʔ²³

当归 tɔŋ⁴⁵⁻³³ kuei⁴⁵

山粉 saŋ⁴⁵⁻³³ fən⁵³³　蕨粉，用于勾芡用的淀粉

番薯粉 faŋ⁴⁵⁻³³ dʑiɛ²¹³⁻¹³ fən⁵³³　用于勾芡用的淀粉

碱 kaŋ⁵³³　小苏打

　　老碱 lɐɯ¹³ kaŋ⁵³³

碱㳀 kaŋ⁵³³⁻⁵³ y⁵³³　碱水

第八节　服　　饰

一、衣裤

着个 tɛʔ⁵ kɛʔ⁵⁻⁰　穿的

衣裳 i⁴⁵⁻⁵⁵ ʑiaŋ²²¹⁻²¹³　衣服，统称

单衣 taŋ⁴⁵⁻³³ i⁴⁵　只有一层布料的上衣

大襟 du²¹³⁻²² tɕiŋ⁴⁵　指纽扣偏在一侧的中式上衣，通常从左侧到右

  侧,盖住底衣襟

对襟 tei$^{334\text{-}33}$ tɕiŋ^{45}　指纽扣在胸前正中的中式上衣,两襟相对

下摆 iŋ^{13} pa^{533}　衣衫最下面的部分

绲边 kuɛ̃$^{533\text{-}53}$ piɛ̃^{45}　在衣服、布鞋等的边缘特别缝制的一种圆棱的边儿

长件 dɛ̃$^{221\text{-}21}$ dʑiɛ̃$^{213\text{-}13}$　长衫

  长布襦 dɛ̃$^{221\text{-}13}$ puə$^{334\text{-}53}$ ɕiɛ̃^{45}

背搭 pei$^{334\text{-}33}$ taʔ^{5}　背心、马甲

  背搭儿 pei$^{334\text{-}33}$ taʔ^{5} ȵiɛ^{221}

汗衫 guɛ̃$^{213\text{-}21}$ saŋ^{45}

衬衫 tɕʰiŋ$^{334\text{-}33}$ saŋ^{45}

旗袍 dzɿ$^{221\text{-}22}$ bɐɯ$^{221\text{-}213}$

夹袄 kaʔ$^{5\text{-}3}$ ɐɯ^{533}　双层的上衣

皮袄 bi$^{221\text{-}13}$ ɐɯ^{533}

棉绲心 miɛ̃$^{221\text{-}13}$ kuɛ̃$^{533\text{-}53}$ ɕiŋ^{45}　棉袄

棉袍 miɛ̃$^{221\text{-}22}$ bɐɯ$^{221\text{-}213}$

皮衣 bi$^{221\text{-}21}$ i^{45}

大衣 dɒ$^{213\text{-}21}$ i^{45}

军大衣 tɕyŋ^{45} dɒ$^{213\text{-}21}$ i^{45}

皮大衣 bi$^{221\text{-}22}$ dɒ$^{213\text{-}21}$ i^{45}

羽绒衫 ye^{13} ȵioŋ$^{221\text{-}22}$ saŋ^{45}　羽绒衣

呢制服 ȵi$^{221\text{-}22}$ tsɿ$^{334\text{-}33}$ vəɯʔ^{23}　用呢子料制作的服装

呢大衣 ȵi$^{221\text{-}22}$ dɒ$^{213\text{-}21}$ i^{45}　用呢子料制作的大衣

卫生衣 uei$^{213\text{-}21}$ ɕiaŋ$^{45\text{-}33}$ i^{45}　绒衣,曾流行于 20 世纪 60 至 80 年代前半期。棉织品,里层有绒,适于秋冬季和早春季节穿着,保暖性佳,但难洗不易干

毛线衫 mɐɯ$^{221\text{-}22}$ ɕiɛ̃$^{334\text{-}33}$ saŋ^{45}　毛衣

羊毛衫 iaŋ$^{221\text{-}22}$ mɐɯ$^{221\text{-}21}$ saŋ^{45}

羊绒衫 iaŋ$^{221\text{-}22}$ ȵioŋ$^{221\text{-}22}$ saŋ^{45}

棉毛衫 miẽ²²¹⁻²² mɐɯ²²¹⁻²¹ saŋ⁴⁵　一种由棉毛布料缝制的适合在春、秋、冬三季贴身穿着的长袖针织内衣

运动衫 yŋ²¹³⁻¹³ dəŋ¹³⁻²² saŋ⁴⁵　运动衣

夹克衫 dʑiaʔ²³⁻² kʰɛʔ⁵⁻³ saŋ⁴⁵

皮夹克 bi²²¹⁻²² dʑiaʔ²³⁻² kʰɛʔ⁵

风衣 fəŋ⁴⁵⁻³³ i⁴⁵

马夹 mɒ¹³⁻²¹ kaʔ⁵

皮马夹 bi²²¹⁻²² mɒ¹³⁻²¹ kaʔ⁵

中山装 tɕiɔŋ⁴⁵⁻³³ saŋ⁴⁵⁻³³ tsɔŋ⁴⁵

雨披 yɛ¹³⁻²² pʰiɛ⁴⁵　雨衣

　雨衣 yɛ¹³⁻²² i⁴⁵

蓑衣 suə⁴⁵⁻³³ i⁴⁵　穿在身上用来遮雨的用棕皮做原料制成的雨衣，一般包括上衣与下裙两块，常与头上的斗笠相配。蓑衣最初是用蓑草做的，故名。如今，随着各类新式雨衣的出现，穿蓑衣的人已几乎没有了

布裤 pɔʔ³³⁴⁻⁵ kʰuə³³⁴　‖"布"韵母促化

单裤 taŋ⁴⁵⁻⁵⁵ kʰuə³³⁴　只有一层布料的裤子

短裤 tẽ⁵³³⁻⁵³ kʰuə³³⁴　统称

西装短裤 ɕiɛ⁴⁵⁻³³ tsɔŋ⁴⁵ tẽ⁵³³⁻⁵³ kʰuə³³⁴　外穿的短裤，一般需系皮带

短裤头儿 tẽ⁵³³⁻⁵⁵ kʰuə³³⁴⁻³³ du²²¹⁻²² ȵiɛ²²¹⁻²¹³　内穿的短裤

　三角裤 saŋ⁴⁵⁻³³ kɔʔ⁵ kʰuə³³⁴

开裆裤 kʰei⁴⁵⁻³³ tɔŋ⁴⁵⁻⁵⁵ kʰuə³³⁴

夹裆裤 kaʔ⁵⁻³ tɔŋ⁴⁵⁻⁵⁵ kʰuə³³⁴　不开裆的裤子

游泳裤 iɯ²²¹⁻²¹ iɔŋ¹³ kʰuə³³⁴

棉毛裤 miẽ²²¹⁻¹³ mɐɯ²²¹⁻²² kʰuə³³⁴

单裤 taŋ⁴⁵⁻⁵⁵ kʰuə³³⁴

卫生裤 uei²¹³⁻²¹ ɕiaŋ⁴⁵⁻⁵⁵ kʰuə³³⁴

棉裤 miẽ²²¹⁻²² kʰuə³³⁴

运动裤 yŋ²¹³⁻¹³ dəŋ¹³⁻²² kʰuə³³⁴

牛仔裤 ȵiɯ²²¹⁻¹³ tsʅ⁵³³⁻⁵³ kʰuə³³⁴

喇叭裤 lɒ²¹³⁻²¹ pɒ⁴⁵⁻⁵⁵ kʰuə³³⁴　一种裤腿呈喇叭状的裤。其裤腿上窄下宽,从膝盖以下逐渐张开,形成喇叭状

紧身裤 tɕiŋ⁵³³⁻⁵³ ɕiŋ⁴⁵ kʰuə³³⁴

跳舞裙 tʰiɐɯ³³⁴⁻³³ muə¹³ dʑyŋ²²¹　裙子

裙儿 dʑyŋ²²¹⁻²² ȵie²²¹⁻²¹³

背带裙 pei³³⁴⁻³³ ta³³⁴⁻⁵³ dʑyŋ²²¹

背带裤 pei³³⁴⁻³³ ta³³⁴⁻⁵³ kʰuə³³⁴

背带 pei³³⁴⁻³³ ta³³⁴⁻⁵³³

披风 pʰie⁴⁵⁻³³ fəŋ⁴⁵　包裹婴儿的抱裙

西装 ɕie⁴⁵⁻³³ tsɔŋ⁴⁵

西裤 ɕie⁴⁵⁻⁵⁵ kʰuə³³⁴

领带 liŋ¹³ ta³³⁴⁻⁵³³

布裤裆 pɔʔ³³⁴⁻⁵ kʰuə³³⁴⁻³³ tɒŋ⁴⁵　裤裆

布裤腰 pɔʔ³³⁴⁻⁵ kʰuə³³⁴⁻³³ iɐɯ⁴⁵　裤腰

布裤骸 pɔʔ³³⁴⁻⁵ kʰuə³³⁴⁻³³ kʰɐɯ⁴⁵　裤腿

布裤带 pɔʔ³³⁴⁻⁵ kʰuə³³⁴⁻³³ ta³³⁴⁻⁵³³　裤腰带

皮带 bi²²¹⁻¹³ ta³³⁴⁻⁵³³

牛皮带 ȵiɯ²²¹⁻²² bi²²¹⁻¹³ ta³³⁴⁻⁵³³

猪皮带 tɒ⁴⁵⁻⁵⁵ bi²²¹⁻¹³ ta³³⁴⁻⁵³³

衣裳领 i⁴⁵⁻⁵⁵ ziaŋ²²¹⁻²¹ liŋ¹³　领子

挂领 kɒ³³⁴⁻³³ liŋ¹³　领口

假领 kɒ⁵³³⁻⁵³ liŋ¹³　假领其实是真领子,有前襟、后片、扣子、扣眼,但只有上部的少半截,露出的衣领部分看起来完全与衬衣相同,曾流行于 20 世纪 70 年代

面子 miẽ²¹³⁻¹³ tsʅ⁵³³

褙 bei²¹³　里子

手䘼 tɕʰye⁵³³⁻⁵³ əŋ⁵³³　袖子。《方言》郭璞注:"江东呼衣襟曰䘼。"

衣裳袋 i⁴⁵⁻³³ ziaŋ²²¹⁻²² dei²¹³　衣服口袋

布裤袋 pɔʔ³³⁴⁻⁵ kʰuə³³⁴⁻³³ dei²¹³　裤子口袋

插袋 tsʰaʔ⁵ dei²¹³　可以插手的袋子

钮子 ȵiɯ¹³ tsɿ⁵³³　扣子

钮子襻 ȵiɯ¹³ tsɿ⁵³³⁻⁵³ pʰaŋ³³⁴　钮襻

钮子洞 ȵiɯ¹³ tsɿ⁵³³⁻⁵⁵ dəŋ²¹³　扣子眼

捺扣 naʔ²³ kʰu³³⁴　摁扣

风纪扣 fəŋ⁴⁵⁻³³ tsɿ³³⁴⁻³³ kʰu³³⁴　过去制式服装上衣最上面的一个扣子再靠上还有一个挂钩，这个挂钩就是风纪扣，最初是为了规范军人的军容风纪而设计的

拉链 lɒ⁴⁵⁻⁵⁵ liɛ̃²¹³

线 ɕiɛ̃³³⁴

布线 puə³³⁴⁻⁵⁵ ɕiɛ̃³³⁴　棉线

布 puə³³⁴

布料 puə³³⁴⁻⁵⁵ liɐɯ²¹³

棉布 miɛ̃²²¹⁻²² puə³³⁴

纱布 sɒ⁴⁵⁻⁵⁵ puə³³⁴

粗布 tsʰuə⁴⁵⁻⁵⁵ puə³³⁴

麻布 mu²²¹⁻²² puə³³⁴

麻料 mu²²¹⁻²² liɐɯ²¹³

灯芯绒 tɛ̃⁴⁵⁻³³ ɕin⁴⁵ ȵiɔŋ²²¹

的确良 tiʔ⁵⁻³ kʰɔʔ⁵ liaŋ²²¹　涤纶，一种合成纤维织物

咔叽 kʰɒ⁵³³⁻⁵³ tsɿ⁴⁵　又写作"卡其"，一种主要由棉、毛、化学纤维混纺而成的织品

尼龙 ȵi²²¹⁻²² ləŋ²²¹⁻²¹³　世界上出现的第一种合成纤维

尼龙线 ȵi²²¹⁻²² ləŋ²²¹⁻²¹ ɕiɛ̃³³⁴

尼龙布 ȵi²²¹⁻²² ləŋ²²¹⁻²¹ puə³³⁴

化纤布 xɒ³³⁴⁻³³ tɕʰiɛ̃⁴⁵⁻⁵⁵ puə³³⁴　由化学纤维加工成的织物

毛 mɐɯ²²¹

毛线 mɐɯ²²¹⁻²² ɕiɛ̃³³⁴

毛料 mɐɯ²²¹⁻²² liɐɯ²¹³

丝 sʅ⁴⁵

真丝 tɕiŋ⁴⁵⁻³³ sʅ⁴⁵

丝布 sʅ⁴⁵⁻⁵⁵ puə³³⁴

绸 dʑiɯ²²¹

绸缎 dʑiɯ²²¹⁻²² dɛ̃²¹³

二、鞋帽类

帽 mɐɯ²¹³

凉帽 liaŋ²²¹⁻²² mɐɯ²¹³　草帽，一般用蒲草编织而成

　草帽 tsʰɐɯ⁵³³⁻⁵⁵ mɐɯ²¹³

箬帽 ȵiaʔ²³ mɐɯ²¹³　斗笠，主要用箬叶编织而成

大勺帽 du²¹³⁻¹³ ziaʔ²³⁻² mɐɯ²¹³　老妇常戴的一种帽子，看似舀水的大勺子，故名

喜搭帽 sʅ⁵³³⁻⁵³ taʔ⁵ mɐɯ²¹³　小孩子常戴的一种帽子。帽子上往往用一根长长的红线系上一个铜钱，寓意长命、富贵，迷信者称还有辟邪作用

犬头帽 tɕʰiɛ̃⁵³³⁻³³ du²²¹⁻²² mɐɯ²¹³　小孩常戴的帽，形状像狗头，故名

啄鹊帽 tɕʰy⁵³³⁻³³ tɕʰiaʔ⁵ mɐɯ²¹³　鸭嘴帽

皮帽 bi²²¹⁻²² mɐɯ²¹³

西瓜帽 ɕiɛ⁴⁵⁻³³ kɒ⁴⁵⁻⁵⁵ mɐɯ²¹³　瓜皮帽

棉帽 miɛ̃²²¹⁻²² mɐɯ²¹³

苦獽帽 kʰuə⁵³³⁻³³ ɕyɛ̃⁴⁵⁻⁵⁵ mɐɯ²¹³　罗宋帽，雷锋经常戴的那种棉帽。苦獽是指"猴子"

高帽 kɐɯ⁴⁵⁻⁵⁵ mɐɯ²¹³　一种被批斗时戴的纸糊的尖顶帽子

帽舌头 mɐɯ²¹³⁻²¹ dʑiɛʔ²³ du²²¹

澜拢 la²²¹⁻²¹ loŋ¹³　围嘴儿，用于防止流下的口水弄脏婴幼儿的颈部和衣服。"澜"指口水，"拢"是阻拦的意思　‖"澜"鼻韵尾脱落

口罩 $k^hu^{533\text{-}53}$ $tsɐɯ^{334}$

围巾 $uei^{221\text{-}21}$ $tɕiŋ^{45}$

头巾 $du^{221\text{-}22}$ $tɕiŋ^{45}$

包头 $pɐɯ^{45\text{-}55}$ $du^{221\text{-}213}$　过去老年妇女戴的包头帽

头发夹 $du^{221\text{-}21}$ $fəɯʔ^{5\text{-}3}$ $kaʔ^5$　发夹，女子夹头发用的夹子

耳朵套 $ȵi^{13}$ tu^{533} $t^hɐɯ^{334}$

揽腰裙 $la^{221\text{-}13}$ $iɐɯ^{45\text{-}55}$ $dʑyŋ^{221\text{-}213}$　围裙　‖"揽"鼻韵尾脱落

揽腰片 $la^{221\text{-}13}$ $iɐɯ^{45\text{-}55}$ $p^hi\widetilde{ɛ}^{334}$

手套 $tɕ^hyɛ^{533\text{-}53}$ $t^hɐɯ^{334}$

手袜套 $tɕ^hyɛ^{533\text{-}33}$ $əŋ^{533\text{-}53}$ $t^hɐɯ^{334}$　袖套

缚肚 $bɔʔ^{23}$ $duə^{13}$　肚兜

护膝 $uə^{213\text{-}21}$ $ɕiʔ^5$　用于保护膝盖的一种物品，具有运动保护、防寒保暖、关节养护的作用，适宜运动员、中老年人、膝部疾病患者使用

尿片 $ɕy^{45\text{-}55}$ $p^hi\widetilde{ɛ}^{334}$

马捎＝袋 $mɒ^{13}$ $sɐɯ^{45\text{-}55}$ dei^{213}　褡裢

奶罩 na^{13} $tsɐɯ^{334}$　胸罩

　　胸罩 $ɕiɔŋ^{45\text{-}55}$ $tsɐɯ^{334}$

骑马布 $dʐɿ^{221\text{-}22}$ $mɑ^{13}$ $puə^{334}$　月经带

　　卫生巾 $uei^{213\text{-}21}$ $ɕiaŋ^{45\text{-}33}$ $tɕiŋ^{45}$

松紧带 $səŋ^{45\text{-}33}$ $tɕiŋ^{533\text{-}53}$ ta^{334}　弹力线制成的条带织物

鞋 a^{221}

布鞋 $puə^{334\text{-}33}$ a^{221}

松紧鞋 $səŋ^{45\text{-}33}$ $tɕiŋ^{533\text{-}53}$ a^{221}　鞋面开口边缘有倒三角形的缺口，该缺口处所用材料为较宽的松紧带

圆口鞋 $y\widetilde{ɛ}^{221\text{-}13}$ $k^hu^{533\text{-}53}$ a^{221}

红鞋儿 $əŋ^{221\text{-}13}$ $a^{221\text{-}22}$ $ȵie^{221\text{-}213}$

棉鞋 $mi\widetilde{ɛ}^{221\text{-}22}$ $a^{221\text{-}213}$

草鞋 $ts^huə^{533\text{-}33}$ a^{221}

皮鞋 bi²²¹⁻²² a²²¹⁻²¹³

凉鞋 liaŋ²²¹⁻²² a²²¹⁻²¹³

凉皮鞋 liaŋ²²¹⁻¹³ bi²²¹⁻²² a²²¹⁻²¹³　　用皮料制成的凉鞋

　　皮凉鞋 bi²²¹⁻¹³ liaŋ²²¹⁻²² a²²¹⁻²¹³

踢踏鞋儿 tʰiʔ⁵⁻³ tʰa⁵⁻³ a²²¹⁻²² ȵiɛ²²¹⁻²¹³　　木屐

球鞋 dʑiɯ²²¹⁻²² a²²¹⁻²¹³

运动鞋 yŋ²¹³⁻²¹ dəŋ¹³ a²²¹

钉鞋 tiŋ⁴⁵⁻⁵⁵ a²²¹⁻²¹³　　鞋底下面装有铁钉的一种运动鞋

解放鞋 ka⁵³³⁻⁵³ fɔŋ³³⁴⁻³³ a²²¹　　诞生于20世纪50年代初的一种国产军用胶鞋，后在全民中流行，至今仍有人穿它干各种粗活

回力鞋 uei²²¹⁻²¹ liʔ²³ a²²¹　　我国最早的时尚胶底鞋品牌，20世纪80年代，成为学生首选的运动鞋

平底鞋 biŋ²²¹⁻¹³ tiɛ⁵³³⁻⁵³ a²²¹

高跟鞋 kɐɯ⁴⁵⁻³³ kẽ⁴⁵⁻⁵⁵ a²²¹⁻²¹³

拖鞋 tʰu⁴⁵⁻⁵⁵ a²²¹⁻²¹³

高筒鞋 kɐɯ⁴⁵⁻³³ dəŋ²²¹⁻²² a²²¹⁻²¹³

套鞋 tʰɐɯ³³⁴⁻³³ a²²¹　　雨鞋，筒较高

靴 ɕiu⁴⁵

鞋帮 a²²¹⁻²¹ pɔŋ⁴⁵

鞋底 a²²¹⁻¹³ tiɛ⁵³³

鞋垫 a²²¹⁻²² diẽ²¹³

鞋带 a²²¹⁻¹³ ta³³⁴⁻⁵³³

鞋楦 a²²¹⁻²² ɕyẽ⁴⁵

袜 maʔ²³

袜筒 maʔ²³ dəŋ²²¹⁻²¹³

袜底 maʔ²³ tiɛ⁵³³

毛线袜 mɐɯ²²¹⁻²² ɕiẽ³³⁴⁻³³ maʔ²³

棉袜 miẽ²²¹⁻²² maʔ²³

袢袜 pẽ³³⁴⁻³³ maʔ²³　　砍柴穿的袜鞋结合物

洋袜 iaŋ²²¹⁻²¹ maʔ²³　新式袜子

丝袜 sɤ⁴⁵ maʔ²³

尼龙袜 ȵi²²¹⁻²² ləŋ²²¹⁻²¹ maʔ²³　用尼龙做材料制成的袜子

长袜 dɛ̃²²¹⁻²² maʔ²³

短袜 tɛ̃⁵³³⁻⁵³ maʔ²³

三、配饰

镯头 dʑiɔʔ²³ du²²¹　镯子

手镯头 tɕʰye⁵³³⁻⁵³ dʑiɔʔ²³ du²²¹　手镯

骹镯头 kʰɐw⁴⁵⁻³³ dʑiɔʔ²³ du²²¹　脚镯

金手镯头 tɕiŋ⁴⁵ tɕʰye⁵³³⁻⁵³ dʑiɔʔ²³ du²²¹　金手镯

银手镯头 ȵiŋ²²¹⁻²² tɕʰye⁵³³⁻⁵³ dʑiɔʔ²³ du²²¹　银手镯

扁簪 piɛ̃⁵³³⁻⁵³ tsɛ̃⁴⁵　簪

头扦 du²²¹⁻²² tɕʰiɛ̃³³⁴　一种对头发起固定作用的饰品, 刀形, 多为银质

发夹 faʔ⁵⁻³ kaʔ⁵

别针 biɛʔ²³⁻² tɕyŋ⁴⁵

帽花 mɐw²¹³⁻²¹ xɒ⁴⁵

帽钉 mɐw²¹³⁻²¹ tiŋ⁴⁵　帽徽

戒指 ka³³⁴⁻³³ tsʅ⁵³³

金戒指 tɕiŋ⁴⁵⁻⁵⁵ ka³³⁴⁻³³ tsʅ⁵³³

银戒指 ȵiŋ²²¹⁻²² ka³³⁴⁻³³ tsʅ⁵³³

钻石戒指 tsɛ̃³³⁴⁻³³ ʑiʔ²³ ka³³⁴⁻³³ tsʅ⁵³³

耳朵萨⁼ ȵi¹³ tu⁵³³⁻⁵³ saʔ⁵　耳环

项链 ɔŋ¹³ liɛ̃²¹³

金项链 tɕiŋ⁴⁵ ɔŋ¹³ liɛ̃²¹³

银项链 ȵiŋ²²¹⁻²² ɔŋ¹³ liɛ̃²¹³

索项 sɔʔ⁵ ɔŋ¹³　项圈

索项牌 sɔʔ⁵ ɔŋ¹³ ba²²¹　项圈牌

手链 ɕiɯ⁵³³⁻⁵⁵ liẽ²¹³

骸链 kʰɐɯ⁴⁵⁻⁵⁵ liẽ²¹³　脚链

手表 ɕiɯ⁵³³⁻⁵³ piɐɯ⁵³³

金表 tɕiŋ⁴⁵⁻³³ piɐɯ⁵³³

怀表 ua²²¹⁻²² piɐɯ⁵³³

棕袋 tsən⁴⁵⁻⁵⁵ dei²¹³　一种用棕丝编制的挎包

锁匙袋 su⁵³³⁻³³ dʑiɛ²²¹⁻²² dei²¹³　一种专门用来装钥匙的小袋子

猪肚袋 tʊ⁴⁵⁻³³ tuə⁵³³⁻⁵⁵ dei²¹³　一种成年人缚在腰间放钱币及其他零星物品的小袋子,相当于现在的钱夹。它看起来像猪的肚子形状,故名

　揽肚袋 laŋ¹³ tuə⁵³³⁻⁵⁵ dei²¹³

草纸袋 tsʰɐɯ⁵³³⁻³³ tɕiɛ⁵³³⁻⁵⁵ dei²¹³　抽旱烟、燃水烟的人专用的装纸煤的一种小袋子

皮夹儿 bi²²¹⁻²¹ kaʔ⁵ ȵiɛ²²¹　钱包

　皮夹 bi²²¹⁻²¹ kaʔ⁵

面油 miẽ²¹³⁻¹³ iɯ²²¹

香水 ɕiaŋ⁴⁵⁻³³ y⁵³³　香水

法国香水 faʔ⁵ kuɛʔ⁰ ɕiaŋ⁴⁵⁻³³ y⁵³³　法国香水

甘油 kẽ⁴⁵⁻⁵⁵ iɯ²²¹⁻²¹³

蛤蜊油 kɛʔ⁵ li²¹³⁻¹³ iɯ²²¹　用蛤蜊壳装的润肤油膏

雪花膏 ɕyɛʔ⁵ xʊ⁴⁵⁻³³ kɐɯ⁴⁵　面油的一种,涂抹在皮肤上似雪花溶入皮肤中,故名

唇膏 ʑyŋ²²¹⁻²² kɐɯ⁴⁵

胭脂 iẽ⁴⁵⁻³³ tɕiɛ⁴⁵

　胭脂粉 iẽ⁴⁵⁻³³ tɕiɛ⁴⁵ fən⁵³³

手手甲油 tɕʰyɛʔ⁵³³⁻³ tɕʰyɛʔ⁵³³⁻³ kaʔ⁵ iɯ²²¹　指甲油　‖"手"韵母促化

口红 kʰu⁵³³⁻⁵³ əŋ²²¹

流苏 liɯ²²¹⁻²¹ suə⁴⁵

第九节　房屋建筑

一、住宅院落

徛 gei¹³　（1）盖：～处（盖房子）；（2）住：～遂昌（住遂昌）；
　（3）在：～处里望书（在家里看书）

起处 tsʰ₁⁵³³⁻³³ tɕʰyɛ³³⁴　盖房子
　徛处 gei¹³⁻²² tɕʰyɛ³³⁴

拆处 tʰiʔ⁵ tɕʰyɛ³³⁴　拆房子

砌墙 tsʰ₁³³⁴⁻³³ ʑiaŋ²²¹

建筑 tɕiɛ̃³³⁴⁻³³ tiuʔ⁵

粉 fəŋ⁵³³　动词，墙面刷粉
　粉刷 fəŋ⁵³³⁻⁵³ ɕyɛʔ⁵

村坊 tsʰɛ̃⁴⁵⁻³³ fɒŋ⁴⁵　村子
　村 tsʰɛ̃⁴⁵

城市 ʑiŋ²²¹⁻²² zɿ¹³
　城 ʑiŋ²²¹

农家 nəŋ²²¹⁻²¹ kɒ⁴⁵　人家

处 tɕʰyɛ³³⁴　（1）房子；（2）家

老处 lɐɯ¹³⁻²² tɕʰyɛ³³⁴　（1）老房子；（2）棺材

平房 biŋ²²¹⁻²² vɒŋ²²¹⁻²¹³

洋房 iaŋ²²¹⁻²² vɒŋ²²¹⁻²¹³　砖瓦房

平顶房 biŋ²²¹⁻¹³ tiŋ⁵³³⁻⁵³ vɒŋ²²¹

三层楼 saŋ⁴⁵⁻³³ zɛ̃²²¹⁻²² lu²²¹⁻²¹³　（1）总共为三层的楼房；（2）第三层楼

进 tɕiŋ³³⁴　平房的一宅之内分前后几排的，一排称为一进

三进处 saŋ⁴⁵ tɕiŋ³³⁴⁻³³ tɕʰyɛ³³⁴　有三进的房子

五进处 ŋuə¹³ tɕiŋ³³⁴⁻³³ tɕʰyɛ³³⁴　有五进的房子

三间两厢处 saŋ⁴⁵ kaŋ⁴⁵⁻³³ lɛ̃¹³ ɕiaŋ⁴⁵⁻⁵⁵ tɕʰyɛ³³⁴　过去，遂昌农村民居的内部一般为三间两厢结构

处里 tɕʰyɛ³³⁴⁻³³ lei¹³⁻⁴⁵　家里

老家 lɐɯ¹³⁻²² kɒ⁴⁵

天井 tʰiɛ̃⁴⁵⁻³³ tɕiŋ⁵³³　宅院中房与房之间所围成的露天空地。天井不仅能够起到采光作用，还能在里面养花种草，下雨天还能用些容器盛接雨水备用

大门坛 du²¹³⁻¹³ mən²²¹⁻²² daŋ²²¹⁻²¹³　院子

簟坛 diɛ̃¹³ daŋ²²¹　晒谷场，常用来铺设簟的平台。簟，晒谷席
　　晒谷坛 sa³³⁴⁻³³ kəɯʔ⁵ daŋ²²¹

房间 vɔŋ²²¹⁻²¹ kaŋ⁴⁵

正房 tɕiŋ³³⁴⁻³³ vɔŋ²²¹

厢房 ɕiaŋ⁴⁵⁻⁵⁵ vɔŋ²²¹⁻²¹³

上间 dʑiaŋ²¹³⁻²² kaŋ⁴⁵　客厅

内间 nei¹³⁻²¹ kaŋ⁴⁵　里间

外间 ua¹³⁻²² kaŋ⁴⁵

边间 piɛ̃⁴⁵⁻³³ kaŋ⁴⁵　靠楼梯边的房间

镬灶下 ɔʔ²³⁻² tsɐɯ³³⁴⁻⁵⁵ iɒ¹³　厨房
　　镬灶间 ɔʔ²³ tsɐɯ³³⁴⁻³³ kaŋ⁴⁵
　　厨房 dʑyɛ²²¹⁻²² vɔŋ²²¹⁻²¹³

楼梯 lu²²¹⁻²¹ tʰei⁴⁵

楼梯间 lu²²¹⁻²¹ tʰei⁴⁵⁻³³ kaŋ⁴⁵　楼梯所占用的一个空间

墙弄 ʑiaŋ²²¹⁻¹³ lən²¹³　胡同

弄堂 lən²¹³⁻¹³ dɒŋ²²¹　过道

过路间 ku³³⁴⁻³³ luə²¹³⁻²¹ kaŋ⁴⁵　用作过道的房间

楼上 lu²²¹⁻²² dʑiaŋ²¹³

楼下 lu²²¹⁻²² iɒ¹³

楼顶 lu²²¹⁻¹³ tiŋ⁵³³　平顶房的顶部平台

走廊 tsu⁵³³⁻⁵³ lɔŋ²²¹

阳台 iaŋ²²¹⁻²² dei²²¹⁻²¹³

栏杆 laŋ²²¹⁻²² kɛ̃⁴⁵

踏步 daʔ²³ buə²¹³　阶梯，台阶

骑街楼 dzɿ²²¹⁻²² ka⁴⁵⁻⁵⁵ lu²²¹⁻²¹³　骑楼

仓 tsʰɔŋ⁴⁵　粮仓，是农家专门存放稻谷的地方，一般位于二楼，有门。一间谷仓内通常由大木板分隔成几个大小、高低不一的空间，根据不同需要存放不同的谷物

谷仓 kəɯʔ⁵ tsʰɔŋ⁴⁵

二、房屋结构

处基 tɕʰyɛ³³⁴⁻³³ tsɿ⁴⁵

处栋 tɕʰyɛ³³⁴⁻⁵⁵ təŋ³³⁴　屋脊

处瓦背 tɕʰyɛ³³⁴⁻³³ ŋɒ¹³⁻²² pei³³⁴　房顶

寮背 liɐɯ²²¹⁻²² pei³³⁴　寮顶

处瓦 tɕʰyɛ³³⁴⁻³³ ŋɒ¹³　屋瓦

处瓦檐头 tɕʰyɛ³³⁴⁻³³ ŋɒ¹³ iɛ̃²²¹⁻²² du²²¹⁻²¹³　屋檐

　檐头 iɛ̃²²¹⁻²² du²²¹⁻²¹³

　檐口 iɛ̃²²¹⁻¹³ kʰu⁵³³

墙壁 ʑiaŋ²²¹⁻²¹ piʔ⁵

泥墙 ȵiŋ²²¹⁻²² ʑiaŋ²²¹⁻²¹³

砖墙 tɕyɛ̃⁴⁵⁻⁵⁵ ʑiaŋ²²¹⁻²¹³

围墙 uei²²¹⁻²² ʑiaŋ²²¹⁻²¹³

堂壁 dɔŋ²²¹⁻²¹ piʔ⁵　过去，农村泥木结构房子堂屋中间竖起的木板，前面有较长的香案，可摆放香炉、碗等，以供奉神龛

板壁 paŋ⁵³³⁻⁵³ piʔ⁵　屋里木板做的用于分隔的墙

照壁 tɕiɐɯ³³⁴⁻³³ piʔ⁵　影壁，是设立在房屋院落大门的里面或者外面的一组墙壁。它面对大门，起到屏障的作用。古代称之为"萧墙"

排门 ba²²¹⁻²² məŋ²²¹⁻²¹³　以木结构为主的房子，一般是三面土墙，正面由一扇扇可以活动的木门板拼接而成，叫作"排门"

鳌头 ŋɐɯ²²¹⁻²² du²²¹⁻²¹³　鳌是古代传说中海里的大龟，人们将鳌头做成瓦脊顶上的饰物。民间认为，鳌头可以辟妖邪、镇火灾

封檐 fən⁴⁵⁻⁵⁵ yẽ²²¹⁻²¹³　封火墙，特指高于两山墙屋面的墙垣，也就是山墙的墙顶部分墙体，可以应村落房屋密集防火、防风之需，在相邻民居发生火灾的情况下，它起着隔断火源的作用

马头墙 mɒ¹³ du²²¹⁻²² ʑiaŋ²²¹⁻²¹³　徽派建筑的封火墙，因形状酷似马头，故名。马头墙视觉上形状威武、凝重、气派而具有重要的装饰作用，一些重要建筑如祠堂、厅堂、庙宇等通常都带多重马头墙

烟囱 iẽ⁴⁵⁻³³ tsʰən⁴⁵

枧笕 y⁵³³⁻³³ iẽ⁵³³ / kaŋ⁵³³ / tɕiẽ⁵³³　水笕。把毛竹对半剖开后打通内节即成水笕，也有凿木而成的。水笕的主要作用是接引从较高处水源引入的水。在农村，往往可以看到一段水笕接着另一段水笕，需要用水的人家则从其中用一个起分流作用的小水笕将水引到自己的门前，或直接用于灌溉，或用容器储存起来。水笕除了起自来水水管的作用以外，还可以用于接引从屋檐流淌下来的雨水，以防雨水滴到人身上。承接的雨水则从其左右两侧流到地面上。‖"笕"在遂昌有的地方读零声母，系见母脱落

梁 liaŋ²²¹

栋梁 təŋ³³⁴⁻³³ liaŋ²²¹　主梁

桁条 aŋ²²¹⁻²² diɐɯ²²¹⁻²¹³　檩条，架在屋架或山墙上面用来支撑椽子或屋面板的长条形构件

椽 dʑyẽ²²¹　放在檩上架着屋顶的木条

撩檐板 liɐɯ²²¹⁻²¹ iẽ²²¹⁻¹³ paŋ⁵³³　望板。过去，遂昌农村多用杉树皮或杉木片做成

水泥板 ɕy⁵³³⁻³³ n̻ie²²¹⁻²² paŋ⁵³³

天花板 tʰiẽ⁴⁵⁻³³ xɒ⁴⁵ paŋ⁵³³

地栿 di²¹³⁻²¹ vəɯʔ²³　过去，农村泥木结构的房子，房间与房间之间用木板隔成，木板下面的横梁就是地栿

牛腿 n̻iɯ²²¹⁻¹³ tʰei⁵³³　梁托，一种位于柱子与横梁衔接处之间的木

雕构件，上面往往会雕有人物、动物、花草甚至戏曲故事

柱头 dzyɛ¹³ du²²¹　柱子

柱磉 dzyɛ¹³ sɔŋ⁵³³　柱础，圆形或方形

　　磉子 sɔŋ⁵³³⁻³³ tsɿ⁵³³

磉盘 sɔŋ⁵³³⁻³³ bɛ̃²²¹　方形柱础

磉板 sɔŋ⁵³³⁻³³ paŋ⁵³³　柱础和磉墩之间的板

磉墩 sɔŋ⁵³³⁻³³ tɛ̃⁴⁵　柱磉石下承重物

大门 du²¹³⁻¹³ məŋ²²¹

双扇门 ɕiɔŋ⁴⁵ ɕiɛ̃³³⁴⁻³³ məŋ²²¹　一般是房子的大门

单扇门 taŋ⁴⁵ ɕiɛ̃³³⁴⁻³³ məŋ²²¹　一般是房间的门

后门 u¹³ məŋ²²¹

弄堂门 ləŋ²¹³⁻¹³ dɔŋ²²¹⁻²² məŋ²²¹⁻²¹³　边门

拦闸门 laʔ²²¹⁻² zaʔ²³ məŋ²²¹　大门外面通常会有两扇栅栏矮门，叫作"拦闸门"。大门往里开，而"拦闸门"往外开。"拦闸门"可防止鸡、鸭等进入屋内，同时还不影响室内采光。　‖"拦"韵母促化

门妗⁼ məŋ²²¹⁻²¹ dzyɛ̃⁻¹³　门槛

门垫头 məŋ²²¹⁻²¹ diɛ̃²¹³⁻¹³ du²²¹　门墩

门合 məŋ²²¹⁻²¹ kaʔ⁵　门框

门扇 məŋ²²¹⁻²² ɕiɛ̃³³⁴

门扇后 məŋ²²¹⁻²² ɕiɛ̃³³⁴⁻³³ u¹³　门后

门板 məŋ²²¹⁻¹³ paŋ⁵³³

门帘 məŋ²²¹⁻²² liɛ̃²²¹⁻²¹³

门档 məŋ²²¹⁻²² tɔŋ³³⁴　门臼

门环 məŋ²²¹⁻²² uaŋ²²¹⁻²¹³　过去，民房大门上一般都有一对大"门环"。完整的门环由铁制或铜制的底座和拉环两部分构成。底座上通常会有些排列规则的镂空图案，起到一定的装饰作用。门环用于开门、关门或敲门

阓皮 iɐu¹³⁻²² bi²²¹⁻²¹³　合叶

锁 su⁵³³

锁匙 su$^{533-33}$ dʑiɛ^{221}

插销 tsʰaʔ$^{5-3}$ ɕiɐu^{45}

窗门 tɕʰiɔŋ$^{45-55}$ məŋ$^{221-213}$　窗（有门）

玻璃窗 pu$^{45-55}$ li$^{221-21}$ tɕʰiɔŋ^{45}

铝合金窗 lyɛ^{13} ɛʔ$^{23-2}$ tɕiŋ^{45} tɕʰiɔŋ^{0}

窗框 tɕʰiɔŋ$^{45-33}$ kʰɔŋ^{45}

窗洞 tɕʰiɔŋ$^{45-55}$ dəŋ^{213}　窗（无门）

天窗 tʰiɛ̃$^{45-33}$ tɕʰiɔŋ^{45}

明瓦 miŋ$^{221-21}$ ŋɒ^{13}　亮瓦

窗雕 tɕʰiɔŋ$^{45-33}$ tiɐu^{45}　木窗上精美的雕刻，往往刻些花草、动物、人物、风景等，有的反映了一组连续的经典故事

花窗 xɒ$^{45-33}$ tɕʰiɔŋ^{45}　用砖块按一定的图案拼接而成的窗子，既是一道窗户，也起到一定的装饰和美化作用

窗门台 tɕʰiɔŋ$^{45-55}$ məŋ$^{221-21}$ dei^{221}　窗台

　　窗台 tɕʰiɔŋ$^{45-55}$ dei^{213}

窗帘 tɕʰiɔŋ$^{45-55}$ liɛ̃$^{221-213}$

　　窗帘布 tɕʰiɔŋ$^{45-33}$ liɛ̃$^{221-22}$ puə^{334}

纱窗帘 sɒ$^{45-33}$ tɕʰiɔŋ$^{45-55}$ liɛ̃$^{221-213}$　用纱布做的窗帘

纱窗 sɒ$^{45-33}$ tɕʰiɔŋ^{45}　一种金属细格子做的窗子，可起到阻隔蚊子等害虫的作用

百叶窗 piaʔ^{5} iɛʔ$^{23-2}$ tɕʰiɔŋ^{45}

木头 məɯʔ^{23} du^{221}

木板 məɯʔ^{23} paŋ^{533}

纤维板 ɕiɛ̃$^{45-33}$ uei$^{221-22}$ paŋ^{533}

石板 ʑiʔ^{23} paŋ^{533}

地板 di$^{213-13}$ paŋ^{533}

木地板 məɯʔ$^{23-2}$ di$^{213-13}$ paŋ^{533}

地砖 di$^{213-21}$ tɕyɛ̃^{45}

地缸砖 di$^{213-21}$ kɔŋ$^{45-33}$ tɕyɛ̃^{45}　用陶土为主要原料烧成的地面砖

墙砖 ʑiaŋ²²¹⁻²¹ tɕyɛ̃⁴⁵

花岗岩 xɒ⁴⁵⁻³³ kɔŋ⁴⁵ ŋaŋ²²¹

大理石 dɒ²¹³⁻¹³ li¹³⁻²² ʑiʔ²³

水磨地 ɕy⁵³³⁻⁵³ mu²²¹⁻²² di²¹³　用水泥、碎石加水抹在地表面，快干时泼水，用金刚砂打磨光滑而成的地面

三、其他设施

粪缸 pɛ̃³³⁴⁻³³ kɔŋ⁴⁵　　茅厕

　　东司 təŋ⁴⁵⁻³³ sʮ⁴⁵

　　茅司 mɐɯ²²¹⁻²¹ sʮ⁴⁵

粪缸板 pɛ̃³³⁴⁻³³ kɔŋ⁴⁵ paŋ⁵³³　架茅厕的木板

牛栏 ȵiɯ²²¹⁻²² laŋ²²¹⁻²¹³　牛圈

猪栏 tɒ⁴⁵⁻⁵⁵ laŋ²²¹⁻²¹³　猪圈

猪槽 tɒ⁴⁵⁻⁵⁵ zɐɯ²²¹⁻²¹³　盛放猪食的容器

猪食 tɒ⁴⁵⁻³³ ʑiʔ²³

猪笼 tɒ⁴⁵⁻⁵⁵ ləŋ²²¹⁻²¹³　运送猪崽的笼子

羊栏 iaŋ²²¹⁻²¹ laŋ²²¹⁻²¹³　羊圈

犬窠 tɕʰiɛ̃⁵³³⁻⁵³ kʰu⁴⁵　狗窝

兔儿笼 tʰuə³³⁴⁻³³ ȵie²²¹⁻²² ləŋ²²¹⁻²¹³　兔笼

兔儿栏 tʰuə³³⁴⁻³³ ȵie²²¹⁻²² laŋ²²¹⁻²¹³　兔屋

鸡栏 iɛ⁴⁵⁻⁵⁵ laŋ²²¹⁻²¹³　鸡屋，木制，外形就像一个柜子，一头有一个可以上下抽拔的闸门。在农村，通常会建在楼梯下的三角区内，有效地利用了空间

鸡窠 iɛ⁴⁵⁻³³ kʰu⁴⁵　鸡窝

鸡盘 iɛ⁴⁵⁻⁵⁵ bɛ̃²²¹⁻²¹³　一种周围带有栅栏的家禽食具，可防止狗等与鸡抢食，亦即鲁迅小说《故乡》中所说的"狗气杀"："杨二嫂发见了这件事，自己很以为功，便拿了那狗气杀（这是我们这里养鸡的器具，木盘上面有着栅栏，内盛食料，鸡可以伸进颈子去啄，狗却不能，只能看着气死），飞也似的跑了。"

鸡笼 ie⁴⁵⁻⁵⁵ləŋ²²¹⁻²¹³　竹篾编制，一侧有一个可插拔的篾门。因便于携带，也可用于集市叫卖。有的做得较长，可以装较多的鸡，也可以装鸭子或鹅等其他家禽

鹅□ŋu²²¹⁻²² gəŋ²¹³　鹅罩，一种用竹篾编制的用来圈养小鹅的罩具。饲养者用它将小鹅群赶到草地后就让它们吃草，待罩内所在区域内的草被吃得差不多时，就将鹅罩平移至另一处继续让小鹅吃草，直到吃饱为止。鹅罩上方有个较小的开口，可往罩内投放饲料。也有人把它叫作"鸡□[gəŋ²¹³]"，那就是用来圈养小鸡了

鸡□[gəŋ²¹³]　鸡罩，一种用竹篾编制的用来圈养小鸡的罩具。详见"鹅□[gəŋ²¹³]"

篱笆 liɛ²²¹⁻²¹ pɒ⁴⁵

篱笆桩 liɛ²²¹⁻²¹ pɒ⁴⁵⁻³³ tiɔŋ⁴⁵

搭架 taʔ⁵ kɒ³³⁴　脚手架

　　毛竹架 mɐɯ²²¹⁻²¹ tiuʔ⁵ kɒ³³⁴

棚 biaŋ²²¹

簟棚 diẽ¹³ biaŋ²²¹　用来存放簟的棚子

西瓜棚 ɕiɛ⁴⁵⁻³³ kɒ⁴⁵ biaŋ²²¹

寮 liɐɯ²²¹　农村中结构简单的小屋，遂昌民间主要有"樵寮"和"灰寮"

樵寮间 ziɐɯ²²¹⁻²² liɐɯ²²¹⁻²¹ kaŋ⁴⁵　堆放柴草等杂物的"寮"

　　樵寮 ziɐɯ²²¹⁻²² liɐɯ²²¹⁻²¹³

灰寮 xuei⁴⁵⁻⁵⁵ liɐɯ²²¹⁻²¹³　烧灰的"寮"，四面泥墙，一侧有门，上部与寮棚之间有一定的空隙。烧灰前将干燥草木密填于寮的底部，以垃圾、山灰、草皮等加以封盖，高及空隙处。灰寮是农村烧制草木灰的重要场所

窖 kɐɯ³³⁴　在朝阳干燥的山脚路边往内挖出一个较深的山洞，即成储存窖。窖口一般有一个木门，还可加把锁；也可用石头或砖块加黄泥糊封住窖口。窖内冬暖夏凉，主要用于储存番薯、土豆、毛芋等农作物。民间因以储存番薯为常，所以，这种储存

窖又被叫作"番薯窖"

番薯窖 faŋ⁴⁵⁻³³ dʑiɛ²¹³⁻²² kɐɯ³³⁴

凉亭 liaŋ²²¹⁻²² diŋ²²¹⁻²¹³

廊凳 lɔŋ²² tiŋ³³⁴　凉亭内部供人休息的长凳子

牌楼 ba²²¹⁻²² lu²²¹⁻²¹³　一种为了表彰、纪念某人或某事而建造的装饰性建筑。遂昌较为有名的,比如建于明隆庆三年(1569)位于焦滩乡独山村的牌楼,历经四百多年仍保存完好

牌坊 ba²²¹⁻²¹ fɔŋ⁴⁵　一种用于表彰忠孝节义的建筑,今只在部分村子还能看到一些残迹。遂昌较为有名的,比如焦滩乡独山村建于清乾隆十年(1745)的贞节牌坊

太平缸 tʰa³³⁴⁻⁵⁵ biŋ²²¹⁻²¹ kɔŋ⁴⁵　防火缸。在没有现代防火器具的年代,太平缸是最重要的防火工具。它一般是由陶瓷烧制而成的巨型水缸,安置于建筑近旁,以备不测。遂昌较有名的,比如王村口镇桥西村蔡相庙大门旁边的两口"太平缸",它们被浇铸在一个固定的台基内,就像两个巨型锅灶

放生池 fɔŋ³³⁴⁻³³ ɕiaŋ⁴⁵⁻⁵⁵ dzʅ²²¹⁻²¹³　供放生用的水池

工厂 kəŋ⁴⁵⁻³³ tɕʰiaŋ⁵³³

办公室 baŋ²¹³⁻²¹ kəŋ⁴⁵⁻³³ ɕiʔ⁵

会议室 uei²¹³⁻²¹ ȵi²¹³⁻¹³ ɕiʔ⁵

传达室 dʑyɛ̃²²¹⁻²² daʔ²³⁻² ɕiʔ⁵

机器 tsʅ⁴⁵⁻⁵⁵ tsʰʅ³³⁴

氽厂 y⁵³³⁻⁵³ tɕʰiaŋ⁵³³　水厂

发电厂 faʔ⁵ diɛ̃²¹³⁻²¹ tɕʰiaŋ⁵³³

电站 diɛ̃²¹³⁻¹³ dzaŋ²¹³

氽电站 y⁵³³⁻⁵³ diɛ̃²¹³⁻¹³ dzaŋ²¹³　水电站

成屏电站 ziŋ²²¹⁻²² biŋ²²¹⁻²¹ diɛ̃²¹³⁻¹³ dzaŋ²¹³　遂昌最为有名的水电站,位于欧江支流松荫溪上游,距遂昌县城12公里,是松荫溪梯级开发的首级电站,人称"成屏一级电站"

火柴厂 xu⁵³³⁻⁵³ za²²¹⁻²² tɕʰiaŋ⁵³³

造纸厂 zɯ¹³ tɕiɛ⁵³³⁻⁵³ tɕʰiaŋ⁵³³

水泥厂 ɕy⁵³³⁻³³ ȵiɛ²²¹⁻²² tɕʰiaŋ⁵³³　生产水泥的厂家

钢铁厂 kɔŋ⁴⁵⁻³³ tʰiɛʔ⁵⁻³ tɕʰiaŋ⁵³³　炼钢铁的厂家。遂昌最有名的钢铁厂是元立集团

轴承厂 dʑiuʔ²³ ʑin²²¹⁻²² tɕʰiaŋ⁵³³　在20世纪计划经济年代，位于遂昌龙潭的遂昌轴承厂负有盛名

茶厂 dzɒ²²¹⁻¹³ tɕʰiaŋ⁵³³　茶叶加工厂

解放厂 ka⁵³³⁻⁵³ fɔŋ³³⁴⁻³³ tɕʰiaŋ⁵³³　全称"国营浙江解放机械厂"，简称"解机"，是遂昌最有名的三线厂之一，建于20世纪60年代，主要生产弹药；80年代之后改制为浙江仪表厂；90年代迁至湖州建德武康

解机 ka⁵³³⁻⁵³ tsʅ⁴⁵

利化厂 li¹³ xɒ³³⁴⁻³³ tɕʰiaŋ⁵³³　全称"国营利民化工厂"，简称"利化"，曾经也是遂昌最有名的三线厂之一

利化 li¹³ xɒ³³⁴

油车 iɯ²²¹⁻²¹ tɕʰiɒ⁴⁵　(1)手工压榨茶油的作坊；(2)手工压榨茶油的器具。遂昌产茶籽，过去，各地都有以木榨纯手工压榨茶油的作坊——油车。油车是整个榨油作坊中最重要的组成部分，从上榨、插楔、撞榨到最后沉淀成油，都是通过它来完成的，因此，这种榨油作坊也就以它来命名了

碾槽 ȵiẽ¹³ zɯ²²¹　榨油作坊"油车"中的重要组成部分，它有一个巨大的滚轮，沿着碾槽旋转从而将茶籽碾碎后磨成粉。茶籽磨成粉之后，才可以进入到后面的程序

腹=碓 pəɯʔ⁵ tei³³⁴　水碓坊，是利用水碓进行舂米的场所，是过去遂昌农村最主要的稻米加工地。一个完整的水碓坊是由"腹=碓桶""碓臼""碓头""碓管"等部分组成。强大的水流冲击着"腹=碓桶"，并使"碓管"转动"碓头"一起一落地击打下方的"碓臼"进行舂米。利用水碓，可以日夜不停地加工粮食

腹=碓桶 pəɯʔ⁵ tei³³⁴⁻³³ dəŋ¹³　水碓坊中的大水轮

碓臼 tei³³⁴⁻³³ dʑɯ¹³　水碓坊中的大石臼

碓头 tei³³⁴⁻³³ du²²¹　水碓坊中的大木杵

碓管 tei³³⁴⁻³³ kuɛ̃⁵³³　是带动"碓头"的轴，它们是"碓头"上下起落的动力来源，而真正的动力是流水

教堂 kɐɯ³³⁴⁻³³ dɔŋ²²¹

礼堂 liɛi¹³ dɔŋ²²¹

大会堂 dɒ²¹³⁻²¹ uei²¹³⁻¹³ dɔŋ²²¹

篮球场 laŋ²²¹⁻¹³ dʑɯ²²¹⁻²² dʑiaŋ²²¹⁻²¹³

灯光球场 tɛ̃⁴⁵⁻³³ kɔŋ⁴⁵ dʑɯ²²¹⁻²² dʑiaŋ²²¹⁻²¹³

排球场 ba²²¹⁻¹³ dʑɯ²²¹⁻²² dʑiaŋ²²¹⁻²¹³

部队 bu²¹³⁻¹³ dei²¹³

第十节　器　　具

一、一般家具

东西 təŋ⁴⁵⁻³³ ɕiɛ⁴⁵

家私 kɒ⁴⁵⁻³³ sɿ⁴⁵　家具

桌 tiɔʔ⁵

哩饭桌 tiɛʔ⁵ vaŋ²¹³⁻²¹ tiɔʔ⁵　饭桌

八仙桌 paʔ⁵ ɕiɛ̃⁴⁵⁻³³ tiɔʔ⁵　传统家具之一。桌面四边长度相等、桌面较宽的方桌，每边可坐二人，四边围坐八人，犹如八仙，故名

四仙桌 sʅ³³⁴⁻⁵⁵ ɕiɛ̃⁴⁵⁻³³ tiɔʔ⁵　桌面比八仙桌小、每边坐一人最舒适的方桌

圆桌 yɛ̃²²¹⁻²¹ tiɔʔ⁵

上桌 dʑiaŋ²¹³⁻²² tiɔʔ⁵

下桌 iɒ¹³⁻²² tiɔʔ⁵　上桌和下桌是一高一低的两个相配套的桌子，一般放在正房或厢房中，有的人家也会放置在堂屋中。上桌一

般放置烛台、花瓶、茶叶罐等，下桌一般是用于看书、写字或女人做针线活等

办公桌 baŋ$^{213-21}$ kəŋ$^{45-33}$ tiɔʔ^5　桌面为长方形的桌子，有抽屉

屉篾 tʰəɯʔ^5 ləɯʔ^{23}　抽屉

　　推篾 tʰei$^{45-33}$ ləɯʔ^{23}

柜台 dʐy^{13} dei^{221}　粮柜

谷印 kəɯʔ^5 iŋ^{221}　过去农村为了防盗、防鼠，需要加盖谷印，做记号用

大衣橱 dɒ$^{213-21}$ i^{45} dzyɛ^{221}　衣柜

箬笼 ȵia^{23}ləŋ$^{221-13}$　民间曾经通用的一种箱子，竹篾编制

板箱 paŋ$^{533-53}$ ɕiaŋ^{45}　木板箱

箱橱 ɕiaŋ$^{45-55}$ dzyɛ$^{221-213}$　箱柜

皮箱 bi$^{221-21}$ ɕiaŋ^{45}

箱环 ɕiaŋ$^{45-55}$ uaŋ$^{221-213}$

□几 gəŋ$^{213-21}$ tsɿ^{45}　条案，置于客厅的影壁之前，一般放置小香炉、台钟、热水瓶等器物

交椅 kɐɯ$^{45-33}$ y^{533}　椅子

小交椅儿 ɕiɐɯ$^{533-53}$ kɐɯ$^{45-33}$ y$^{533-55}$ ȵiɛ$^{221-213}$　小椅子

太师交椅 tʰa$^{334-33}$ sɿ^{45} kɐɯ$^{45-33}$ y^{533}　一种躺椅，一般为竹制，有靠枕、扶手，还有可伸缩的搁脚架。根据需要，太师交椅可以调节靠背的倾斜度

轿交椅 dʑiɐɯ$^{213-21}$ kɐɯ$^{45-33}$ y^{533}　因其样子看起来就像过去财主老爷坐的轿椅，故名

沙发 sɒ$^{45-33}$ faʔ^5

凳 tiŋ^{334}　统称

条凳 diɐɯ$^{221-22}$ tiŋ^{334}　长条凳

骨牌凳 kuɛʔ^5 ba$^{221-22}$ tiŋ^{334}　方凳

圆凳儿 yẽ$^{221-22}$ tiŋ$^{334-33}$ ȵiɛ^{221}　小圆凳

矮凳儿 a$^{533-53}$ tiŋ$^{334-33}$ ȵiɛ^{221}　小矮凳

蒲团 buə$^{221-13}$ dẽ^{221}　以蒲草编织而成的扁圆形坐垫

坐车 zu¹³⁻²² tɕʰiɒ⁴⁵　婴儿车

箩窠 la²²¹⁻²¹ kʰu⁴⁵　婴儿的摇篮

睏篮 kʰən³³⁴⁻³³ laŋ²²¹　一种婴儿床,竹制或木制。有的睏篮还具有婴儿车的功能,小孩子可以坐在里面,若入座口的翻盖放下就成了婴儿床

倚桶 gei¹³⁻²¹ dəŋ¹³　站桶,一种较高的木桶,上窄下宽,下部有个透气的隔层,小孩子站在上面。冬天,可以在隔层下放置火盆取暖

衣裳架 i⁴⁵⁻³³ ʑiaŋ²²¹⁻²² kɒ³³⁴　挂衣架

面桶 miẽ²¹³⁻²² dəŋ¹³　脸盆

木面桶 məuʔ²³ miẽ²¹³⁻²² dəŋ¹³

洋铁桶 iaŋ²²¹⁻²¹ tʰiɛʔ⁵ dəŋ¹³　搪瓷脸盆

洗骸盆 ɕiɛ⁵³³⁻³³ kʰɐu⁴⁵⁻⁵⁵ bɛ̃²²¹⁻²¹³　脚盆

小骸桶儿 ɕiɐu⁵³³⁻⁵³ kʰɐu⁴⁵⁻³³ dəŋ¹³ ȵiɛ²²¹

高骸桶 kɐu⁴⁵⁻⁵⁵ kʰɐu⁴⁵⁻³³ dəŋ¹³　高脚盆,看起来像是将盆子架在一个水桶上,其实它是一个整体,上下相连。因为不直接着地,冬天盆子里的水不容易冷,过去常用来给婴儿擦身洗澡。女人也常用它洗身体

尿挈儿 ɕy⁴⁵⁻³³ tɕʰiɛʔ⁵ ȵiɛ²²¹　马桶

尿桶 ɕy⁴⁵⁻³³ dəŋ¹³

面桶架 miẽ²¹³⁻¹³ dəŋ¹³⁻²² kɒ³³⁴　脸盆架

大面桶架 du²¹³⁻²¹ miẽ²¹³⁻¹³ dəŋ¹³⁻²² kɒ³³⁴

衣架 i⁴⁵⁻⁵⁵ kɒ³³⁴

竹笐 tiuʔ⁵ ɒŋ²¹³　用来晾晒衣服的竹竿

笐帚 ɕiẽ⁵³³⁻³³ yɛ⁵³³　扫帚的统称

　绕帚 ȵiɐu²¹³⁻¹³ yɛ⁵³³

竹绕帚 tiuʔ⁵ ȵiɐu²¹³⁻¹³ yɛ⁵³³　竹枝扫帚

芒花绕帚 məŋ²²¹⁻²¹ xɒ⁴⁵ ȵiɐu²¹³⁻¹³ yɛ⁵³³　芒萁花制作的扫帚

棕绕帚 tsəŋ⁴⁵ ȵiɐu²¹³⁻¹³ yɛ⁵³³　棕丝扫帚

垃圾畚斗 liʔ²³⁻² sɔʔ⁵ pɛ̃³³⁴⁻³³ tu⁵³³

二、卧室用具

门=床 məŋ²²¹⁻²² zɛ̃²²¹⁻²¹³　床的统称

门=床头 məŋ²²¹⁻¹³ zɛ̃²²¹⁻²² du²²¹⁻²¹³　床头

新郎床 ɕiŋ⁴⁵⁻³³ loŋ²²¹⁻²² zɛ̃²²¹⁻²¹³　花床,一种杉木制作、遍体雕花的婚床。花床的正面两侧以及床檐都布满了精美的花草、鸟凤以及人物故事的木雕

交椅床 kɐu⁴⁵⁻³³ y⁵³³⁻⁵³ zɛ̃²²¹　一种最简单、朴素的床。遂昌话把椅子叫作"交椅",交椅床的两头看起来像是椅子的扶手,故名

木板床 mɐuʔ²³ paŋ⁵³³⁻⁵³ ʑioŋ²²¹

棕板床 tsəŋ⁴⁵⁻³³ paŋ⁵³³⁻⁵³ ʑioŋ²²¹

竹床 tiuʔ⁵ ʑioŋ²²¹

弹簧床 daŋ²²¹⁻¹³ oŋ²²¹⁻²² ʑioŋ²²¹⁻²¹³　席梦思床

　　席梦思 ʑiʔ²³ məŋ²¹³⁻²¹ sʅ⁴⁵

沙发床 sɒ⁴⁵⁻³³ faʔ⁵ ʑioŋ²²¹　平时当沙发,睡觉时可展开当床用

钢丝床 koŋ⁴⁵⁻³³ sɤ⁴⁵⁻⁵⁵ ʑioŋ²²¹⁻²¹³　用钢丝做的床,一般可折叠

折叠床 tɕieʔ⁵ dieʔ²³ ʑioŋ²²¹

双农床 ɕioŋ⁴⁵ nəŋ²²¹⁻²² ʑioŋ²²¹⁻²¹³　双人床

单农床 taŋ⁴⁵ nəŋ²²¹⁻²² ʑioŋ²²¹⁻²¹³　单人床

床架 ʑioŋ²²¹⁻²² kɒ³³⁴

床板 ʑioŋ²²¹⁻¹³ paŋ⁵³³

棕板 tsəŋ⁴⁵⁻³³ paŋ⁵³³

席梦思垫 ʑiʔ²³ məŋ²¹³⁻²¹ sʅ⁴⁵ diɛ̃²¹³　席梦思床垫

床头 ʑioŋ²²¹⁻²² du²²¹⁻²¹³

床尾 ʑioŋ²²¹⁻²¹ mi¹³

门=床沿 məŋ²²¹⁻²² zɛ̃²²¹⁻²¹ iɛ̃²²¹⁻¹³　床沿

踏骸 daʔ²³⁻² kʰɐu⁴⁵　放床前的踏板

蟆虫帐 miŋ²²¹⁻²² dzioŋ²²¹⁻²¹ tiaŋ³³⁴　蚊帐

　蚊帐 məŋ²²¹⁻²² tiaŋ³³⁴

蚊帐钩 məŋ$^{221\text{-}22}$ tian$^{334\text{-}33}$ ku^{45}

蚊帐竹 məŋ$^{221\text{-}22}$ tian$^{334\text{-}33}$ tiuʔ^5　支撑蚊帐的细竹竿

被 bi^{13}　被子的统称

棉被 miɛ̃$^{221\text{-}21}$ bi^{13}

鸭绒被 aʔ^5 ȵiɔŋ$^{221\text{-}22}$ bi^{13}　羽绒被

蚕丝被 zɛ̃$^{221\text{-}21}$ sʅ^{45} bi^{13}

云丝被 yŋ$^{221\text{-}21}$ sʅ^{45} bi^{13}　一种化纤被，其材料色泽洁白、干净、松散并有光泽，其状似晴空白云，故名

单被 tan$^{45\text{-}33}$ bi^{13}　夏季睡觉用的被子，比较薄

夹被 kaʔ^5 bi^{13}　没有被胎，只有表里的被子

毛巾被 mɯɯ$^{221\text{-}22}$ tɕiŋ^{45} bi^{13}　用毛巾布料制作成的被子，多为纯棉制品。透气性好，易洗涤，成为很多人夏季必备的床上用品

被窠 bi$^{13\text{-}22}$ kʰu^{45}　被窝

被褙 bi^{13} bei^{213}　被里

被面 bi^{13} miɛ̃^{213}　被面

棉花胎 miɛ̃$^{221\text{-}21}$ xɒ$^{45\text{-}33}$ tʰei^{45}　棉胎

　被棉 bi^{13} miɛ̃^{221}

垫被 diɛ̃$^{213\text{-}21}$ bi^{13}

毯 tʰaŋ^{533}

毛毯 mɯɯ$^{221\text{-}13}$ tʰaŋ^{533}

电热毯 diɛ̃$^{213\text{-}21}$ ȵieʔ^{23} tʰaŋ^{533}

床单 ʑiɔŋ$^{221\text{-}21}$ tan^{45}

　被单 bi$^{13\text{-}21}$ tan^{45}

被套 bi^{13} tʰɐɯ^{334}　被罩

凉席 lian$^{221\text{-}21}$ ziʔ^{23}　席子，统称

草席 tsʰɯɯ$^{533\text{-}53}$ ziʔ^{23}　用灯芯草编制的席子

篾席 miɛʔ$^{23\text{-}2}$ ziʔ^{23}　用竹篾编制的席子

竹席 tiuʔ^5 ziʔ^{23}　用细竹条编制的席子

枕头 tsɛ̃$^{533\text{-}33}$ dɯ^{221}

枕头芯 tsẽ⁵³³⁻³³ du²²¹⁻²² ɕiŋ⁴⁵

枕头套 tsẽ⁵³³⁻³³ du²²¹⁻²² tʰɐɯ³³⁴

枕头巾 tsẽ⁵³³⁻³³ du²²¹⁻²² tɕiŋ⁴⁵

三、厨房用具

镬灶 ɔʔ²³ tsɐɯ³³⁴　锅灶

壳镬 kʰɔʔ⁵ ɔʔ²³　锅子，统称。在遂昌农村，锅灶上一般至少有两口锅。若是养猪的人家，锅灶上一般都有三口锅，其中，位于里侧的叫作"猪泔镬"，一般用于煮猪食；中间的叫作"饭镬"，用于蒸饭；外侧的叫作"菜镬"，用于炒菜

饭镬 vaŋ²¹³⁻²¹ ɔʔ²³　煮饭锅

菜镬 tsʰei³³⁴⁻³³ ɔʔ²³　炒菜锅

猪泔镬 tɒ⁴⁵⁻⁵⁵ kẽ⁴⁵⁻³³ ɔʔ²³　煮猪食的大锅

铜镬儿 dəŋ²²¹⁻²¹ ɔʔ²³ nie²²¹　小锅

镬穿 ɔʔ²³⁻² tɕʰyŋ⁴⁵　灶膛

　镬穿洞 ɔʔ²³⁻² tɕʰyŋ⁴⁵⁻⁵⁵ dəŋ²¹³

　镬穿门 ɔʔ²³⁻² tɕʰyŋ⁴⁵⁻⁵⁵ məŋ²²¹⁻²¹³　灶门前

壳镬灰 kʰɔʔ⁵ ɔʔ²³⁻² xuei⁴⁵　灶膛灰

灶山 tsɐɯ³³⁴⁻³³ saŋ⁴⁵　锅灶上方放物品的洞

洋火洞 iaŋ²²¹⁻¹³ xu⁵³³⁻⁵⁵ dəŋ²¹³　锅灶放火柴的洞

汤罐 tʰɔŋ⁴⁵⁻⁵⁵ kuaŋ³³⁴　埋在灶里用于烧水的罐，多为铜制

板圌 paŋ⁵³³⁻⁵³ kəŋ⁵³³　锅盖

　镬圌 ɔʔ²³ kəŋ⁵³³

镬锹 ɔʔ²³⁻² tɕʰiɐɯ⁴⁵　锅铲

饭甑 vaŋ²¹³⁻²² tɕiŋ³³⁴　放在锅上蒸米饭的器具，由盖、身、底三部分组成，外形像木桶。过去，在遂昌农村，饭甑是最主要的蒸饭器具

炊樽 tɕʰy⁴⁵⁻³³ tsẽ⁴⁵　一种底部有进汽小孔的甑状陶制炊具，放在大锅内用于蒸饭。锅底加少许水与炊樽底略平，盖上锅盖即可炊饭

饭樽 vaŋ²¹³⁻²² tsẽ⁴⁵　一种甑状陶制用于盛饭的器具

平底镬 biŋ²²¹⁻¹³ tɕiɛ⁵³³⁻⁵³ ɔʔ²³　平底锅

钢精锅 kɔŋ⁴⁵⁻⁵⁵ tɕiŋ⁴⁵⁻³³ ku⁴⁵　一种合金铝锅，圆筒形，一般用于水煮

砂锅 sɒ⁴⁵⁻³³ ku⁴⁵

蒸笼 tɕiŋ⁴⁵⁻⁵⁵ ləŋ²²¹⁻²¹³

蒸笼匴 tɕiŋ⁴⁵⁻⁵⁵ ləŋ²²¹⁻¹³ kəŋ⁵³³　蒸笼盖儿

蒸笼格 tɕiŋ⁴⁵⁻³³ ləŋ²²¹⁻²¹ tɕiaʔ⁵

蒸笼底 tɕiŋ⁴⁵⁻⁵⁵ ləŋ²²¹⁻¹³ tiɛ⁵³³

蒸格 tɕiŋ⁴⁵⁻³³ tɕiaʔ⁵　一般用于钢筋锅

三角风炉 san⁴⁵⁻³³ kɔʔ⁵ fəŋ⁴⁵⁻⁵⁵ luə²²¹⁻²¹³　一种用黄土烧制的上沿有三个角（用于支撑锅子）的小炉子，由一个带有三脚架、双拎环的铁箍套着。人们从炉灶中取出尚未燃尽的炭火作为火种，再加上新炭，就可热菜、温酒

樵仓 ʑiɯ²²¹⁻²¹ tsʰɔŋ⁴⁵　灶前堆放柴火的区域，外围有略高于地平面的隔离带

火炉塘 xu⁵³³⁻³³ luə²²¹⁻²² dɔŋ²²¹⁻²¹³　炉灶外用于承接火灰的地方，又叫"灰塘"，一般用砖砌成。炉灶内如果火太猛了，或者积灰太多的，可以将柴火或炉灰退到其内。另外，其上沿也可以用来支撑较长的柴火

　　灰塘 xuei⁴⁵⁻⁵⁵ dɔŋ²²¹⁻²¹³

镬穿凳 ɔʔ²³⁻² tɕʰyŋ⁴⁵⁻⁵⁵ tiŋ³³⁴　烧火凳

火夹 xu⁵³³⁻⁵³ gaʔ²³　火钳，竹制，制作简单：用火将一根1米多长，2—3厘米宽的带节的硬竹片烘烤后校弯即成。由于它本身就具有往外张的弹力，所以不用像铁制火钳那样需要专门做一对把手

铁钳 tʰiɛʔ⁵ dziɛ̃²²¹　铁制火钳

煤饼钳 mei²²¹⁻¹³ piŋ⁵³³⁻⁵³ dziɛ̃²²¹　蜂窝煤在遂昌话中叫作"煤饼"，煤饼钳是指添换蜂窝煤的专用钳子。煤饼钳的前半段分得较开，呈倒八形，这样更容易夹住蜂窝煤

抐火棍 liɯ¹³ xu⁵³³⁻⁵³ kuɛ̃³³⁴　通火棍

火锹 xu⁵³³⁻⁵³ tɕʰiɯ⁴⁵　火铲，有较长的木柄，是一种小型的平底铁

锹，主要用于从锅灶内掏灰取火

火筒 xu⁵³³⁻³³dən²²¹　传统的给炉灶送风的竹制工具。制作简单，只需将一段两尺左右的毛竹筒的前几个节打通，最后一节打个小孔即可。使用时，用嘴对着火筒的小孔吹气，即可起到助燃作用

风炉扇 fən⁴⁵⁻³³luə²²¹⁻²²ɕiẽ³³⁴　烧火时给炉灶送风的扇子，一般由竹篾编制，有较长的竹片柄

火叉 xu⁵³³⁻⁵³tsʰɒ⁴⁵　拨火或添炭用的铁叉

樵 ziɐɯ²²¹　柴

毛樵 mɐɯ²²¹⁻²²ziɐɯ²²¹⁻²¹³　小而多叶的柴

硬樵 ȵiŋ²¹³⁻¹³ziɐɯ²²¹　硬柴

松明 zẽ²²¹⁻²²miŋ²²¹⁻²¹³　含有松香的松木片，可用于引火

松香 sən⁴⁵⁻³³ɕiaŋ⁴⁵

松撑毛 zẽ²²¹⁻²¹tsʰaŋ⁴⁵⁻⁵⁵mɐɯ²²¹⁻²¹³　干枯的松针，引火用

杉刺 saŋ⁴⁵⁻⁵⁵tɕʰiɛ³³⁴　引火用

刨花 bɐɯ²¹³⁻²¹xɒ⁴⁵　引火用

油麻梗 iɯ²²¹⁻²²mu²²¹⁻²¹kuaŋ⁵³³　芝麻秆

炭 tʰaŋ³³⁴　统称

白炭 biaʔ²³tʰaŋ³³⁴　用木材专门烧制成的硬炭

乌炭 uə⁴⁵⁻⁵⁵tʰaŋ³³⁴　黑炭，质地松软的木炭

炭头 tʰaŋ³³⁴⁻³³du²²¹　未完全烧尽的木炭或木柴

炭坛 tʰaŋ³³⁴⁻³³dẽ²²¹　盛炭的坛子

炭篓 tʰaŋ³³⁴⁻³³lu¹³　盛炭的竹篓

煤炉 mei²²¹⁻²²luə²¹³

煤饼 mei²²¹⁻¹³piŋ⁵³³　蜂窝煤

煤球 mei²²¹⁻²²dziɯ²²¹⁻²¹³

煤渣 mei²²¹⁻²¹tsɒ⁴⁵

洋油 iaŋ²²¹⁻²²iɯ²²¹⁻²¹³　煤油

　煤油 mei²²¹⁻²²iɯ²²¹⁻²¹³

汽油 tsʰɿ³³⁴⁻³³iɯ²²¹

柴油 za²²¹⁻²² iɯ²²¹⁻²¹³

□籽油 gən⁻¹³ tsɿ⁵³³⁻⁵³ iɯ²²¹　乌桕籽中榨取的油,可用于油漆或点灯

　　清油 tɕʰin⁴⁵⁻⁵⁵ iɯ²²¹⁻²¹³

桐油 dən²²¹⁻²² iɯ²²¹⁻²¹³　桐籽油

洋火 iaŋ²²¹⁻¹³ xu⁵³³　火柴

　　自来火 zɿ²¹³⁻²² lei²²¹⁻¹³ xu⁵³³

　　火柴 xu⁵³³⁻⁵³ za²²¹

洋火盒 iaŋ²²¹⁻¹³ xu⁵³³⁻⁵³ ɛʔ²³　火柴盒

打火机 tiaŋ⁵³³⁻⁵³ xu⁵³³⁻⁵³ tsɿ⁴⁵

菜橱 tsʰei³³⁴⁻³³ dʑyɛ²²¹　碗橱

覆碗格 pʰəuʔ⁵⁻³ uɛ̃⁵³³⁻⁵³ kaʔ⁵　碗橱下部放碗的地方

菜□ tsʰei³³⁴⁻³³ gən²¹³⁻²²¹　菜罩

箸 dʑiɛ²¹³　筷子

箸筒 dʑiɛ²¹³⁻¹³ dən²²¹　筷筒

碗 uɛ̃⁵³³

汤碗 tʰɔn⁴⁵⁻³³ uɛ̃⁵³³　大碗

　　大碗 du²¹³⁻¹³ uɛ̃⁵³³

高脚碗 kɐɯ⁴⁵⁻³³ tɕiaʔ⁵ uɛ̃⁵³³

木碗 məɯʔ²³ uɛ̃⁵³³

洋铁碗 iaŋ²²¹⁻²¹ tʰiɛʔ⁵⁻³ uɛ̃⁵³³　搪瓷碗

碗卒⁼儿 uɛ̃⁵³³⁻⁵³ tsəɯʔ⁵ ȵiɛ²²¹　碗底

盘 bɛ̃²²¹　盘子

碟儿 diɛʔ²³ ȵiɛ²²¹　碟子

饭瓢 vaŋ²¹³⁻¹³ biɐɯ²²¹　饭勺

瓢羹 biɐɯ²²¹⁻²¹ tɕiaŋ⁴⁵　调羹、汤勺

茶壶 dzɐ²²¹⁻²² uə²²¹⁻²¹³

茶筒 dzɐ²²¹⁻²¹ dən²²¹⁻¹³　过去农村常见的一种储水容器,由所截取的一节半左右的竹筒制作而成,一节内储水,有小孔,储水后用小木塞塞住

茶杯 dzɒ²²¹⁻²¹ pei⁴⁵

瓮 əŋ³³⁴　一种矮而大肚的陶器

酒坛 tɕiɯ⁵³³⁻⁵⁵ dɛ̃²²¹⁻²¹³

钵头 pɛʔ⁵ du²²¹　盛放或洗涤东西的陶器

酒提 tɕiɯ⁵³³⁻³³ diɛ²²¹　酒端子

酒壶 tɕiɯ⁵³³⁻³³ uə²²¹

酒杯 tɕiɯ⁵³³⁻⁵³ pei⁴⁵

漏斗 lu²¹³⁻¹³ tu⁵³³

酒漏 tɕiɯ⁵³³⁻⁵⁵ lu²¹³　用于注酒的漏斗

油漏 iɯ²²¹⁻²² lu²¹³　用于注油的漏斗

罐 kuaŋ³³⁴

茶叶罐 dzɒ²²¹⁻²¹ iɛʔ²³ kuaŋ³³⁴

缸 kəŋ⁴⁵

㳋缸 y⁵³³⁻⁵³ kəŋ⁴⁵　水缸

米缸 miɛ¹³⁻²² kəŋ⁴⁵

千斤缸 tɕʰiɛ̃⁴⁵⁻⁵⁵ tɕiŋ⁴⁵⁻³³ kəŋ⁴⁵　最大的一种缸

㳋桶 y⁵³³⁻⁵³ dəŋ¹³　水桶

箍 kʰuə⁴⁵　(1) 动词；(2) 名词

泔㳋 kɛ̃⁴⁵⁻³³ y⁵³³　泔水

泔㳋缸 kɛ̃⁴⁵⁻³³ y⁵³³⁻⁵³ kəŋ⁴⁵　泔水缸

泔㳋桶 kɛ̃⁴⁵⁻³³ y⁵³³⁻⁵³ dəŋ¹³　泔水桶

奥=勺 ɐɯ³³⁴⁻³³ ʑiaʔ²³　一种小木桶，有盖，有提手。从功能上看，这种器具亦勺亦桶：它可以当水勺用，用它舀水倒入水缸内，或从水缸中舀水倒入大锅内；它也可用于储水，盛满水后加上盖子就成了小水桶

㳋汞= y⁵³³⁻³³ kəŋ⁵³³　一种用竹筒制作的带长柄的舀水器具

头勺 du²²¹⁻²² ʑiaʔ²³　一种木制、勺状的舀水器具

炒勺 tsʰɐɯ⁵³³⁻⁵³ ʑiaʔ²³　一种用来盛取干货的容器

笊篱 tsɐɯ³³⁴⁻³³ tu⁴⁵　笊篱

筲箕 sɐɯ⁴⁵⁻³³ i⁴⁵　淘米用的竹编器具
瓶儿 biŋ²²¹⁻²² ȵiɛ²²¹⁻²¹³　瓶子
油瓶 iɯ²²¹⁻²² biŋ²²¹⁻²¹³
塞儿 sɛʔ⁵ ȵiɛ²²¹　塞子
薄刀 bɔʔ²³⁻² tɐɯ⁴⁵　菜刀
　菜刀 tsʰei³³⁴⁻³³ tɐɯ⁴⁵
方板 fɔŋ⁴⁵⁻³³ paŋ⁵³³　菜板
　菜板 tsʰei³³⁴⁻³³ paŋ⁵³³
砧头 təŋ⁴⁵⁻³³ du²²¹　用来劗骨、砍肉的砧板，一般由粗大的圆木段和结实的三脚支架构成，可以承受较大的劗砍力度
　肉砧 ȵiuʔ²³ tẽ⁴⁵⁻⁵³³
杀猪刀 saʔ⁵⁻³ tɒ⁴⁵⁻³³ tɐɯ⁴⁵
煺毛刀 tʰei³³⁴⁻³³ mɐɯ²²¹⁻²² tɐɯ⁴⁵　给猪煺毛的刀
面棍 miẽ²¹³⁻²² kuẽ³³⁴　擀面杖
菜头刨 tsʰei³³⁴⁻³³ du²²¹⁻²² bɐɯ²¹³　刨丝器
菜篮 tsʰei³³⁴⁻³³ laŋ²²¹
菜篮□ tsʰei³³⁴⁻³³ laŋ²²¹⁻²¹ guaŋ¹³　篮子的提环
菜篮食箩 tsʰei³³⁴⁻³³ laŋ²²¹⁻²¹ ziʔ²³ lu²²¹　一种由细篾编制的有盖子的食篮
饭篮 vaŋ²¹³⁻¹³ laŋ²²¹　用于盛饭的篮子，也可以用于送饭
菜筒 tsʰei³³⁴⁻³³ dəŋ²²¹　装菜的竹筒，用于外出干农活时携带菜肴
蒲筲 buə²²¹⁻²¹ sɐɯ⁴⁵　用蒲草编制的用于带饭的袋子
共⁼ 忿布 dzieiŋ²¹³⁻²¹ fəŋ⁴⁵⁻⁵⁵ puə³³⁴　抹布
　缴桌布 tɕiɐɯ⁵³³⁻⁵³ tiɔʔ⁵ puə³³⁴
仰⁼ 筅 ȵiaŋ⁻¹³ ɕiẽ⁵³³　炊帚
芒花刷儿 məŋ²²¹⁻²¹ xɒ⁴⁵⁻³³ ɕyɛʔ⁵ ȵiɛ²²¹　用来掸扫桌面灰尘的器具，用芒萁花编制，故名
棕刷儿 tsəŋ⁴⁵⁻³³ ɕyɛʔ⁵ ȵiɛ²²¹　由棕丝编制而成，主要用来掸扫米粉、面粉等粉状物
馃印 ku⁵³³⁻⁵³ iŋ³³⁴　用于制作各类面食糕点的模子

小春臼儿 ɕiɐu⁵³³⁻⁵³ iɔŋ⁴⁵⁻³³ dʑiɯ¹³ ȵie²²¹　一种用来捣碎和研磨蒜头、辣椒、花生、核桃、大豆、芝麻等的小型器具

桶盘 dəŋ¹³ bẽ²²¹　用来送餐的搬运器具

洋油箱 iaŋ²²¹⁻²² iɯ²²¹⁻²¹ ɕiaŋ⁴⁵　煤油箱

电饭锅 diẽ²¹³⁻¹³ vaŋ²¹³⁻²¹ ku⁴⁵

　　电饭煲 diẽ²¹³⁻¹³ vaŋ²¹³⁻²¹ pɐɯ⁵³³

电炒锅 diẽ²¹³⁻¹³ tsʰɐɯ⁵³³⁻⁵³ ku⁴⁵

电热锅 diẽ²¹³⁻²² ȵieʔ²³⁻² ku⁴⁵

微波炉 uei⁴⁵⁻³³ pu⁴⁵ luə²²¹

煤气灶 mei²²¹⁻²¹ tsʰɿ³³⁴⁻³³ tsɐɯ³³⁴

煤气 mei²²¹⁻²² tsʰɿ³³⁴

煤气罐 mei²²¹⁻²¹ tsʰɿ³³⁴⁻³³ kuaŋ³³⁴

煤气管 mei²²¹⁻²¹ tsʰɿ³³⁴⁻³³ kuẽ⁵³³

煤气管道 mei²²¹⁻²¹ tsʰɿ³³⁴⁻³³ kuẽ⁵³³⁻⁵³ dɐɯ¹³

油烟机 iɯ²²¹⁻²² iẽ⁴⁵⁻³³ tsɿ⁴⁵

四、生活用具

火笼 xu⁵³³⁻³³ ləŋ²²¹　一种有提手、可随身携带的烤火用具,有纯铜、内铁外竹篾等不同款式。可供人取暖,还可用来烘干衣物

火盆 xu⁵³³⁻³³ bẽ²²¹　由一个大铁锅和一个正方形的木框组成的烘烤器具

焙笼 bei²¹³⁻¹³ ləŋ²²¹　烘干尿布、袜子等衣物的竹罩,眼较大

火篮 xu⁵³³⁻³³ laŋ²²¹　一种较古老的照明工具,灯架由一个篮状铁丝网和一个起固定作用的支架构成

火篾 xu⁵³³⁻⁵³ mieʔ²³　(1)一种较古老的照明工具,由一支细篾条、一段粗木桩、一截插在粗木桩上有嵌槽的竹支架构成;(2)可燃烧用于照明的细篾条

火篾筒 xu⁵³³⁻⁵³ mieʔ²³ dəŋ²²¹　专门用来储存火篾的竹筒

清油灯 tɕʰiŋ⁴⁵⁻⁵⁵ iɯ²²¹⁻²¹ tiŋ⁴⁵　民间过去常见的简易土灯,清油是

指用乌桕籽榨取的油

洋油灯 iaŋ$^{221-22}$ iɯ$^{221-21}$ tiŋ^{45}　煤油灯

雨风灯 yɛ$^{13-22}$ fən$^{45-33}$ tiŋ^{45}　马灯

蜡烛 laʔ$^{23-2}$ tɕioʔ^5

洋蜡烛 iaŋ$^{221-22}$ laʔ$^{23-2}$ tɕioʔ^5　洋烛

电灯 diẽ$^{213-21}$ tiŋ^{45}

电灯泡 diẽ$^{213-21}$ tiŋ$^{45-55}$ pʰɐɯ^{334}

白炽灯 biaʔ$^{23-2}$ tɕiʔ^5 tiŋ^{45}　将灯丝通电加热到白炽状态，从而发出可见光的电灯

日光灯 nɛʔ$^{23-2}$ kɔŋ$^{45-33}$ tiŋ^{45}

节能灯 tɕieʔ^5 nẽ$^{221-22}$ tiŋ^{45}

吸顶灯 ɕiʔ$^{5-3}$ tiŋ$^{533-53}$ tẽ^{45}

吊顶灯 tiɐɯ$^{334-33}$ tiŋ$^{533-53}$ tẽ^{45}

支光 tɕie$^{45-33}$ kɔŋ^{45}　灯泡或灯管瓦数的称谓，一支光相当于一支蜡烛的光亮，二十五支光即二十五瓦

灯管 tiŋ$^{45-33}$ kuẽ^{533}

灯头 tiŋ^{45} du^{221}

启辉器 tsʰʅ$^{533-53}$ xuei^{45} tsʰʅ^{334}　一种用来预热日光灯灯丝，并提高灯管两端电压，以点亮灯管的自动开关

电灯线 diẽ$^{213-21}$ tiŋ$^{45-55}$ ɕiẽ^{334}　开灯与关灯的拉线

台灯 dei$^{221-21}$ tiŋ^{45}

灯罩 tiŋ$^{45-55}$ tsɐɯ^{334}

路灯 luə$^{213-21}$ tiŋ^{45}

电插板 diẽ$^{213-21}$ tsʰaʔ$^{5-3}$ paŋ^{533}　插座

插头 tsʰaʔ^5 du^{221}

三插 saŋ$^{45-33}$ tsʰaʔ^5　有三个插孔的插座

两插 lẽ^{13} tsʰaʔ^5　有两个插孔的插座

电线 diẽ$^{213-13}$ ɕiẽ^{334}

火表 xu$^{533-53}$ piɐɯ^{533}　电表

电表 diẽ²¹³⁻¹³ pieɯ⁵³³

手电筒 ɕiɯ⁵³³⁻⁵³ diẽ²¹³⁻¹³ dəŋ²²¹

电筒 diẽ²¹³⁻¹³ dəŋ²²¹

电油 diẽ²¹³⁻¹³ iɯ²²¹　电池

电池 diẽ²¹³⁻¹³ dzʅ²²¹

电珠 diẽ²¹³⁻²¹ tɕyɛ⁴⁵　手电筒用的小灯泡

电碗 diẽ²¹³⁻¹³ uẽ⁵³³　手电筒内用于聚光的反光碗

自鸣钟 zʅ²¹³⁻²² miŋ²²¹⁻²¹ tɕioŋ⁴⁵　闹钟

闹钟 neɯ²¹³⁻²¹ tɕioŋ⁴⁵

镜 tɕiŋ³³⁴

头梳 du²²¹⁻²¹ sɒ⁴⁵　梳子

篦箕 bi²¹³⁻²¹ tsʅ⁴⁵　篦子，比梳子密

眉毛钳 mi²²¹⁻²² meɯ²²¹⁻²¹ dziẽ²²¹　镊子

头梳籚 du²²¹⁻²¹ sɒ⁴⁵⁻³³ ləɯʔ²³　梳妆盒

草纸 tsʰeɯ⁵³³⁻³³ tɕiɛ⁵³³　手纸

卫生纸 uei²¹³⁻²¹ ɕiaŋ⁴⁵⁻³³ tɕiɛ⁵³³

胡须刀 uə²²¹⁻²¹ suə⁴⁵⁻³³ teɯ⁴⁵

热水瓶 ȵiɛʔ²³ ɕy⁵³³⁻⁵³ biŋ²²¹

暖水瓶 nən¹³ ɕy⁵³³⁻⁵³ biŋ²²¹

热水袋 ȵiɛʔ²³ ɕy⁵³³⁻⁵⁵ dei²¹³

暖水袋 nən¹³ ɕy⁵³³⁻⁵⁵ dei²¹³

蓬骹 bən²²¹⁻²¹ kʰeɯ⁴⁵　一种土蚊香。蓬即艾草，骹即脚，艾草接近地面的茎段叫作"蓬骹"。人们把蓬骹晒干后用稻草扎成束状，夏天点燃其粗的一端以烟来驱赶蚊虫

螟虫香 miŋ²²¹⁻²² dzioŋ²²¹⁻²¹ ɕiaŋ⁴⁵　蚊香

樟脑丸 tɕiaŋ⁴⁵⁻⁵⁵ neɯ¹³ yẽ²²¹

鸡毛刷儿 iɛ⁴⁵⁻⁵⁵ meɯ²²¹⁻²¹ ɕyɛʔ⁵ ȵiɛ²²¹　鸡毛掸帚

蒲扇 buə²²¹⁻²² ɕiẽ³³⁴　蒲葵扇，由蒲葵的叶、柄制成，曾经是中国应用最为普及的一种扇子

麦秆扇 miaʔ²³ kuɛ̃⁵³³⁻⁵³ ɕiɛ̃³³⁴　用麦秸当材料所做的扇子

油纸扇 iɯ²²¹⁻¹³ tɕiɛ⁵³³⁻⁵³ ɕiɛ̃³³⁴　折扇，扇面为油纸

电风扇 diɛ̃²¹³⁻¹³ fəŋ⁴⁵⁻⁵⁵ ɕiɛ̃³³⁴　电扇的统称

落地扇 lɔʔ²³ di²¹³⁻²¹ ɕiɛ̃³³⁴

吊扇 tiɐɯ³³⁴⁻⁵⁵ ɕiɛ̃³³⁴

空调 kʰəŋ⁴⁵⁻⁵⁵ diɐɯ²²¹⁻²¹³

冰箱 piŋ⁴⁵⁻³³ ɕiaŋ⁴⁵

　　电冰箱 diɛ̃²¹³⁻¹³ piŋ⁴⁵⁻³³ ɕiaŋ⁴⁵

雨伞 yɛ¹³ saŋ⁵³³

油纸伞 iɯ²²¹⁻¹³ tɕiɛ⁵³³⁻⁵³ saŋ⁵³³　以手工削制的竹条做伞架，以涂刷天然防水桐油的皮棉纸做伞面。油纸伞是世界上最早的雨伞，使用历史已有一千多年

油布伞 iɯ²²¹⁻²² puə³³⁴⁻³³ saŋ⁵³³　伞面用浸了桐油的棉布做成，竹制伞骨

洋伞 iaŋ²²¹⁻¹³ saŋ⁵³³　油布伞之后出现的新式雨伞

阳伞 iaŋ²²¹⁻¹³ saŋ⁵³³　太阳伞

嶄箜 tɕiɛ³³⁴⁻³³ kʰəŋ⁴⁵　针线篮

布针 puə³³⁴⁻³³ tɕyŋ⁴⁵　缝衣针

毛线针 mɐɯ²²¹⁻²² ɕiɛ̃³³⁴⁻³³ tɕyŋ⁴⁵　织毛衣用的针

铜指 dəŋ²²¹⁻¹³ tɕiu⁵³³　顶针

　　顶针 tiŋ⁵³³⁻⁵³ tɕyŋ⁴⁵

穿布针 tɕʰyŋ⁴⁵⁻⁵⁵ puə³³⁴⁻³³ tɕyŋ⁴⁵　穿针

　　穿针 tɕʰyŋ⁴⁵⁻³³ tɕyŋ⁴⁵

眼镜 ŋaŋ¹³⁻²² tɕiŋ³³⁴

近视眼镜 dʑiŋ¹³ zɿ²¹³⁻²¹ ŋaŋ¹³⁻²² tɕiŋ³³⁴

老花镜 lɐɯ¹³⁻²² xɒ⁴⁵⁻⁵⁵ tɕiŋ³³⁴

太阳镜 tʰa³³⁴⁻³³ iaŋ²²¹⁻²² tɕiŋ³³⁴

放大镜 fɔŋ³³⁴⁻³³ dɒ²¹³⁻²¹ tɕiŋ³³⁴

洋车 iaŋ²²¹⁻²¹ tɕʰiɒ⁴⁵　缝纫机

　　裁缝车 zei²²¹⁻²² vəŋ²²¹⁻²¹ tɕʰiɒ⁴⁵

裁缝尺 zei²²¹⁻²² vən²²¹⁻²¹ tɕʰi̠ʔ⁵

裁缝剪 zei²²¹⁻²² vən²²¹⁻²¹ tɕiẽ⁵³³

烙铁 lɔʔ²³⁻² tʰiɛʔ⁵　老式熨斗

烫斗 tʰɔŋ³³⁴⁻³³ tu⁵³³　熨斗

电烫斗 diẽ²¹³⁻²¹ tʰɔŋ³³⁴⁻³³ tu⁵³³　电熨斗

面糊 miẽ²¹³⁻²² guə²²¹⁻²¹³

　　浆糊 tɕiaŋ³³⁴⁻³³ uə²²¹

擦板 tsʰaʔ⁵⁻³ paŋ⁵³³　搓衣板

　　裳板 ʑiaŋ²¹³⁻¹³ paŋ⁵³³

　　衣裳板 i⁴⁵⁻⁵⁵ ʑiaŋ²²¹⁻¹³ paŋ⁵³³

敠槌 liẽ²¹³⁻¹³ dʐy²²¹　棒槌

板刷 paŋ⁵³³⁻⁵³ ɕyɛʔ⁵

塑料袋 suə³³⁴⁻³³ liɯ²¹³⁻²² dei²¹³

尼龙袋 ȵi²²¹⁻²² ləŋ²²¹⁻²² dei²¹³

麻袋 mu²²¹⁻²² dei²¹³

鞋刷 a²²¹⁻²¹ ɕyɛʔ⁵

皮鞋油 bi²²¹⁻¹³ a²²¹⁻²² iɯ²²¹⁻²¹³

　　鞋油 a²²¹⁻²² iɯ²²¹⁻²¹³

鞋拔 a²²¹⁻²¹ baʔ²³

牙刷 ŋɒ²²¹⁻²² ɕyɛʔ⁵

牙膏 ŋɒ²²¹⁻²¹ kɐɯ⁴⁵

牙粉 ŋɒ²²¹⁻¹³ fən⁵³³　旧时刷牙用的粉

牙膏壳 ŋɒ²²¹⁻²¹ kɐɯ⁴⁵⁻³³ kʰɔʔ⁵

牙杯 ŋɒ²²¹⁻²¹ pei⁴⁵

面巾 miẽ²¹³⁻²² tɕin⁴⁵　毛巾

手巾包 ɕin⁴⁵⁻⁵⁵ tɕin⁴⁵⁻³³ pɐɯ⁴⁵　手帕　‖"手"的韵母受后字影响发
　　生同化音变

汤布 tʰɔŋ⁴⁵⁻⁵⁵ puə³³⁴　汗巾，劳作时缠在腰上的布带

缴骸布 tɕiɐɯ⁵³³⁻³³ kʰɐɯ⁴⁵⁻⁵⁵ puə³³⁴　擦脚布

洋油皂 iaŋ²²¹⁻²² iɯ²²¹⁻²¹ zɐɯ¹³　肥皂
　　肥皂 vi²²¹⁻²¹ zɐɯ¹³
碱 kaŋ⁵³³　旧式肥皂，实为碳酸钠
香肥皂 ɕiaŋ⁴⁵ vi²²¹⁻²¹ zɐɯ¹³　香皂
药肥皂 iaʔ²³ vi²²¹⁻²¹ zɐɯ¹³　药皂
洗衣粉 ɕie⁵³³⁻⁵³ i⁴⁵ fəŋ⁵³³
洗衣液 ɕie⁵³³⁻⁵³ i⁴⁵ iɛʔ²³
洗衣机 ɕie⁵³³⁻⁵³ i⁴⁵⁻³³ tsɿ⁴⁵
洗发精 ɕie⁵³³⁻⁵³ faʔ⁵ tɕiŋ⁴⁵
沐浴液 məɯʔ²³⁻² iuʔ²³⁻² iɛʔ²³
淋浴器 liŋ²²¹⁻²² iuʔ²³ tsʰɿ³³⁴
水龙头 ɕy⁵³³⁻³³ lioŋ²²¹⁻²² du²²¹⁻²¹³
浴霸 iuʔ²³ bɒ²²¹

五、工匠用具

角尺 kɔʔ⁵⁻³ tɕʰiʔ⁵　木工尺
凿儿 zɔʔ²³ ȵiɛ²²¹　木工用的凿子
錾头 zẽ¹³ du²²¹　錾子，用于凿金石
墨斗 mɔʔ²³ tu⁵³³　木工常见的工具之一，由墨仓、线轮、墨线、墨签等部分构成，主要作用是制作长直线
车钻 tɕʰiŋ⁴⁵⁻⁵⁵ tsẽ³³⁴　木匠用的穿孔工具
钻头 tsẽ³³⁴⁻³³ du²²¹
电钻 diẽ²¹³⁻¹³ tsẽ³³⁴
篾刀 miɛʔ²³⁻² tɐɯ⁴⁵　将竹子破成细篾的特制刀具
刀口 tɐɯ⁴⁵⁻³³ kʰu⁵³³　刀刃
一字刨 iʔ⁵ zɿ²¹³⁻¹³ bɐɯ²¹³　篾刨，可对毛竹去青、去节
刮刀 kuaʔ⁵⁻³ tɐɯ⁴⁵　一种固定在长条凳上用来对竹篾进行加工的刀片
剑门 tɕiẽ³³⁴⁻³³ mən²²¹　对竹篾的宽度加以固定并进行加工的一对刀片，像两把剑做成的门，故名

斧头 fuə⁵³³⁻³³ du²²¹

榔头 lɔŋ²²¹⁻²² du²²¹⁻²¹³

铁锤 tʰiɛʔ⁵ dʐy²²¹

锯 kɤ³³⁴

铜丝锯 dəŋ²²¹⁻¹³ sɤ⁴⁵⁻⁵⁵ kɤ³³⁴　曲线锯

龙锯 liɔŋ²²¹⁻²² kɤ³³⁴　大型的锯子

木糠 məɯʔ²³⁻² kʰɔŋ⁴⁵　锯末

刨儿 bɐɯ²¹³⁻²² n̠iɛ²²¹⁻²¹³　（1）木刨；（2）瓜果刨

　　刨 bɐɯ²¹³

平刨 biŋ²²¹⁻²² bɐɯ²¹³

大刨 du²¹³⁻¹³ bɐɯ²¹³

细刨 ɕiɛ³³⁴⁻³³ bɐɯ²¹³

滚刨 kuəŋ⁵³³⁻⁵⁵ bɐɯ²¹³　曲线刨

龙刨 liɔŋ²²¹⁻²² bɐɯ²¹³　大型的刨子

锉刀 tsʰu³³⁴⁻³³ tɐɯ⁴⁵

老虎钳 lɐɯ¹³ xuə⁵³³⁻⁵³ dziɛ̃²²¹

螺丝刀 lu²²¹⁻²¹ ɕiu⁴⁵⁻³³ tɐɯ⁴⁵　改锥

钉 tiŋ⁴⁵　钉子的统称

洋钉 iaŋ²²¹⁻²¹ tiŋ⁴⁵　铁钉

　　铁钉 tʰiɛʔ⁵⁻³ tiŋ⁴⁵

水泥钉 ɕy⁵³³⁻³³ n̠iɛ²²¹⁻²² tiŋ⁴⁵

砖＝ tɕyɛ̃⁴⁵　楔子

榫头 səŋ⁵³³⁻³³ du²²¹　木器部件利用凸凹方式相连接的凸出部分

卯眼 mɐɯ¹³⁻²¹ ŋaŋ¹³　木器部件利用凸凹方式相连接的凹进部分

　　洞 dəŋ²¹³

斗榫头 tu³³⁴⁻³³ səŋ⁵³³⁻³³ du²²¹　合榫

　　上榫头 dziaŋ¹³ səŋ⁵³³⁻³³ du²²¹

泥桶 n̠iŋ²²¹⁻²¹ dəŋ¹³　用于盛调和好的水泥的桶

砖刀 tɕyɛ̃⁴⁵⁻³³ tɐɯ⁴⁵　用于砌砖时敲打砖块以使它与水泥结合得

更紧密,必要时还可用来砍断砖块的刀具

泥掌 ȵin²²¹⁻¹³ tɕiaŋ⁵³³　用于将水泥面抹平的泥水工具

墙搭儿 ʑiaŋ²²¹⁻²¹ taʔ⁵ ȵiɛ²²¹　用来修墙的泥水工具

地搭儿 di²¹³⁻²¹ taʔ⁵ ȵiɛ²²¹　用来修地的泥水工具

线垂 ɕiɛ³³⁴⁻³³ dzy²²¹　一种判断墙体是否与地面垂直的工具,由一个金属锥体和一根细线两部分组成

砖头 tɕyɛ̃⁴⁵⁻⁵⁵ du²²¹⁻²¹³　砖块的统称

青砖 tɕʰin⁴⁵⁻³³ tɕyɛ̃⁴⁵　粘土烧制的砖

红砖 əŋ²²¹⁻²¹ tɕyɛ̃⁴⁵　粘土中含有铁,烧制过程中完全氧化呈红色,即成红砖

水泥砖 ɕy⁵³³⁻³³ ȵiɛ²²¹⁻²² tɕyɛ̃⁴⁵　用粉煤灰、煤渣、尾矿渣、化工渣、天然砂等(以上原料的一种或数种)作为主要原料,用水泥做凝固剂,不经高温煅烧而制造的一种砖

煤渣砖 mei²²¹⁻²¹ tsɒ⁴⁵⁻³³ tɕyɛ̃⁴⁵　以石灰、煤渣和石膏加水拌和后经烧制而成的砖,其硬度超过普通砖块

空心砖 kʰəŋ⁴⁵⁻⁵⁵ ɕin⁴⁵⁻³³ tɕyɛ̃⁴⁵　孔洞率较大的砖,用于建筑的非承重部位

瓦 ŋɒ¹³　瓦的统称

青瓦 tɕʰin⁴⁵⁻⁵⁵ ŋɒ¹³　粘土青瓦

琉璃瓦 liɯ²²¹⁻¹³ li²²¹⁻²² ŋɒ¹³

洋灰 iaŋ²²¹⁻²¹ xuei⁴⁵　水泥

　　水泥 ɕy⁵³³⁻³³ ȵiɛ²²¹

白洋灰 biaʔ²³ iaŋ²²¹⁻²¹ xuei⁴⁵　白水泥

　　白水泥 biaʔ²³ ɕy⁵³³⁻³³ ȵiɛ²²¹

石灰 ʑiʔ²³⁻² xuei⁴⁵

生石灰 ɕiaŋ⁴⁵ ʑiʔ²³⁻² xuei⁴⁵　未经水洗过的石灰

熟石灰 ʑiu²³ ʑiʔ²³⁻² xuei⁴⁵　经水洗过的石灰

桐油石灰 dəŋ²²¹⁻²² iɯ²²¹⁻²¹ ʑiʔ²³⁻² xuei⁴⁵　桐油、石灰加葛麻的混合物,多用于密封船板等

沙泥 sa⁴⁵⁻⁵⁵ ȵin²²¹⁻²¹³　作为建筑材料的沙子

清沙 tɕʰin⁴⁵⁻³³ sa⁴⁵　溪里的粗沙,是用于建筑最好的沙子

铝合金 lyɛ¹³⁻²² ɛʔ²³⁻² tɕin⁴⁵

钢筋 kɔŋ⁴⁵⁻³³ tɕin⁴⁵

钢丝 kɔŋ⁴⁵⁻³³ sɤ⁴⁵

铅丝 kʰaŋ⁴⁵⁻³³ sɿ⁴⁵　铁丝

　　铁丝 tʰiɛʔ⁵⁻³ sɤ⁴⁵

玻璃 pu⁴⁵⁻⁵⁵ li²²¹⁻²¹³

塑料 suə³³⁴⁻⁵⁵ liɐɯ²¹³

剃头交椅 tʰiɛ³³⁴⁻³³ du²²¹⁻²² kɐɯ⁴⁵⁻³³ y⁵³³　理发椅

剃头剪 tʰiɛ³³⁴⁻³³ du²²¹⁻²² tɕiẽ⁵³³　理发剪

剃头刀 tʰiɛ³³⁴⁻³³ du²²¹⁻²² tɐɯ⁴⁵

剃刀布 tʰiɛ³³⁴⁻³³ tɐɯ⁴⁵⁻⁵⁵ puə³³⁴　荡刀布,一种老式理发剃刀的辅助工具,多为生牛皮和帆布制作。剃头之前,将剃头刀在它上面来回鐾,能使刀刃更加锋利

　　鐾刀布 biɛ²¹³⁻²¹ tɐɯ⁴⁵⁻⁵⁵ puə³³⁴

鐾 biɛ²¹³　鐾刀的动作

第十一节　人品名称

一、一般称谓

农 nəŋ²²¹　人

男儿 nẽ²²¹⁻²² ȵiɛ²²¹⁻²¹³　男人

媛主家 yɛ̃²¹³⁻¹³ tɕyɛ⁵³³⁻⁵³ kɒ⁴⁵　妇女

　　女主家 ȵyɛ¹³ tɕyɛ⁵³³⁻⁵³ kɒ⁴⁵

老成农 lɐɯ¹³ ʑin²²¹⁻²² nəŋ²²¹⁻²¹³　老人

老太婆 lɐɯ¹³⁻²² tʰa³³⁴⁻³³ bu²²¹　老妇

半雌雄 pɛ̃³³⁴⁻³³ tsʰɤ⁴⁵⁻⁵⁵ ioŋ²²¹⁻²¹³　喻指不男不女的人
后生农 u¹³⁻²¹ ɕiaŋ⁴⁵⁻⁵⁵ nəŋ²²¹⁻²¹³　小伙子
囡儿农 na¹³ ȵiɛ²²¹⁻²² nəŋ²²¹⁻²¹³　姑娘
大农 du²¹³⁻¹³ nəŋ²²¹　大人
小农儿 ɕiɐɯ⁵³³⁻³³ nəŋ²²¹⁻²² ȵiɛ²²¹⁻²¹³　小孩
小鬼儿 ɕiɐɯ⁵³³⁻⁵³ kuei⁴⁵⁵⁻³³ ȵiɛ²²¹　男孩（昵称、非贬义）
小鬼头 ɕiɐɯ⁵³³⁻³³ kuei⁵³³⁻⁵³ du²²¹　男孩（有责备义）
小犬儿 ɕiɐɯ⁵³³⁻⁵³ tɕʰiɛ̃⁵³³⁻³³ ȵiɛ²²¹　喻指小宝宝（娃娃）、婴儿，昵称
　　讨饭乞儿 tʰuɐ⁵³³⁻⁵⁵ vaŋ²¹³⁻²¹ kʰɛʔ⁵⁻³ ȵiɛ²²¹
光棍佬 kɔŋ⁴⁵⁻⁵⁵ kuɛ̃³³⁴⁻³³ lɐɯ¹³　（1）单身汉；（2）鳏夫
　　光棍 kɔŋ⁴⁵⁻⁵⁵ kuɛ̃³³⁴
　　单身汉 taŋ⁴⁵⁻³³ ɕiŋ⁴⁵⁻⁵⁵ xuɛ̃³³⁴
寡妇 kɒ⁵³³⁻⁵³ vuə¹³
老大姑娘 lɐɯ¹³⁻²² du²¹³⁻²¹ kuə⁴⁵⁻⁵⁵ ȵiaŋ²²¹⁻²¹³　老姑娘
　　老姑婆 lɐɯ¹³ kuə⁴⁵⁻⁵⁵ bu²²¹⁻²¹³
二婚亲 ȵi²¹³⁻²² xuɛ̃⁴⁵⁻³³ tɕʰiŋ⁴⁵　再婚的男人
填房 diɛ̃²²¹⁻¹³ vɔŋ²²¹　再婚的女人
笋头□ la²²¹⁻²² du²²¹⁻²¹ guaŋ¹³　带犊儿，拖油瓶，养子
野洽种 iɒ¹³ tɕʰiaʔ⁵⁻³ tɕioŋ⁵³³　私生子
　　野农生 iɒ¹³ nəŋ²²¹⁻²² ɕiaŋ⁴⁵
　　私生子 sɿ⁴⁵⁻³³ ɕiaŋ⁴⁵ tsɿ⁵³³
婊子 piɐɯ⁵³³⁻³³ tsɿ⁵³³　妓女
姘头 pʰiŋ³³⁴⁻³³ du²²¹
整家农 tɕiŋ⁵³³⁻⁵³ kɒ⁴⁵⁻³³ nəŋ²²¹　全家人
自家农 zɿ²¹³⁻²² kɒ⁴⁵⁻³³ nəŋ²²¹　（1）自家人；（2）自己人
本地农 pɛ̃⁵³³⁻⁵⁵ di²¹³⁻²¹ nəŋ²²¹　本地人
客乡 tɕʰiaʔ⁵ ɕiaŋ⁴⁵　外地人
　　外乡农 ua²¹³⁻²¹ ɕiaŋ⁴⁵⁻⁵⁵ nəŋ²²¹⁻²¹³
　　外底农 ua²¹³⁻¹³ tiɛ⁵³³⁻⁵⁵ nəŋ²²¹⁻²¹³

松阳泡 səŋ⁴⁵⁻⁵⁵ iaŋ²²¹⁻²¹ pʰɐɯ⁴⁵　遂昌人对松阳人的戏称。松阳人戏称遂昌人为"遂昌鬼"

陌生农 mɔʔ²³⁻² ɕiaŋ⁴⁵⁻⁵⁵ nəŋ²²¹⁻²¹³　陌生人

山里农 saŋ⁴⁵ lei¹³⁻⁰ nəŋ²²¹⁻⁰　乡下人

城里农 ʑiŋ²²¹⁻²² lei¹³⁻²¹ nəŋ²²¹　城里人

外国佬 ua²¹³⁻²¹ kuɛʔ⁵ lɐɯ¹³　外国人

美国佬 mei¹³ kuɛʔ⁵ lɐɯ¹³　美国人

日本佬 nɛʔ²³ pẽ⁵³³⁻⁵³ lɐɯ¹³　日本人

贼骨头 zɛʔ²³⁻² kuɛʔ⁵ du²²¹　贼

　　贼骨 zɛʔ²³⁻² kuɛʔ⁵

　　小偷 ɕiɐɯ⁵³³⁻⁵³ tʰu⁴⁵

流氓 liɯ²²¹⁻²² mɔŋ²²¹⁻²¹³

土匪 tʰuə⁵³³⁻³³ fi⁵³³

强盗 dʑiaŋ²²¹⁻²² dɐɯ²¹³

阿飞 aʔ⁵⁻³ fi⁴⁵

瘪三 piɛʔ⁵⁻³ saŋ⁴⁵

烂潦 laŋ²¹³⁻¹³ liɐɯ²²¹　泼皮

地头蛇 di²¹³⁻¹³ du²²¹⁻²² ʑiŋ²²¹⁻²¹³　地痞

半仙 pẽ³³⁴⁻³³ ɕiẽ⁴⁵　什么都知道的人

半只鞋儿农 pẽ³³⁴⁻⁴⁵ tɕiʔ⁰ a²²¹⁻²² ȵiɛ²²¹⁻²¹ nəŋ²²¹　流浪汉

书糊 ɕyɛ⁴⁵⁻⁵⁵ guə²²¹⁻²¹³　书呆子

大眼十 du²¹³⁻¹³ ŋaŋ¹³⁻²² zyɛʔ²³　骂人话,指故意看不到别人的人

讨厌鬼 tʰɯei⁵³³⁻⁵³ iẽ³³⁴⁻³³ kuei⁵³³　令人讨厌的人

小气鬼 ɕiɐɯ⁵³³⁻⁵³ tsʰɿ³³⁴⁻³³ kuei⁵³³

败家精 ba²¹³⁻²¹ kɒ⁴⁵⁻³³ tɕin⁴⁵　败家子

三脚猫 saŋ³³⁴⁻³³ tɕiaʔ⁵ mɐɯ²²¹　半瓶醋

活地图 uaʔ²³ di²¹³⁻¹³ duə²²¹　对当地地址比较熟的人

大壮塔 du²¹³⁻²¹ tɕiɔŋ³³⁴⁻³³ tʰaʔ⁵　大个子

长骸 dẽ²²¹⁻²² kʰɯa⁴⁵　高个子

高骸 kɐɯ⁴⁵⁻³³ kʰɐɯ⁴⁵

矮骸 a⁵³³⁻⁵³ kʰɐɯ⁴⁵　矮个子

驴＝lyɛ²²¹　很会吃的人

白食鬼 biaʔ²³⁻² ʑiʔ²³ kuei⁵³³　吃白食的人

　　咥白食 tiɛʔ⁵ biaʔ²³⁻² ʑiʔ²³

酒仙 tɕiɯ⁵³³⁻⁵³ ɕiɛ̃⁴⁵　特别能喝酒的人，褒义

酒鬼 tɕiɯ⁵³³⁻⁵³ kuei⁵³³　特别爱喝酒的人，贬义

老烟枪 lɐɯ¹³ iɛ̃⁴⁵⁻³³ tɕʰiaŋ⁴⁵　抽烟很多的人

老猥婆 lɐɯ¹³⁻²² tɕʰiɛʔ⁵ bu²²¹　指性情乖戾、行为恶劣的婆娘

乌头虫 uə⁴⁵⁻³³ du²²¹⁻²² dʑiəŋ²²¹⁻²¹³　没良心、忘恩负义的人

面糊桶 miɛ̃²¹³⁻²² guə²²¹⁻²¹ dəŋ¹³　喻指多言、迂阔的糊涂人

二、职业称谓

种田农 ioŋ³³⁴⁻³³ diɛ̃²²¹⁻²² nəŋ²²¹⁻²¹³　农民

　农民 nəŋ²²¹⁻²² miŋ²²¹

工农 kəŋ⁴⁵ nəŋ²²¹⁻⁰　工人

公务员 kəŋ⁴⁵⁻⁵⁵ muə²¹³⁻¹³ yɛ̃²²¹

邮递员 iɯ²²¹⁻²² di²¹³⁻¹³ yɛ̃²²¹

快递员 kʰua³³⁴⁻⁵⁵ di²¹³⁻¹³ yɛ̃²²¹　专门负责快速递送的人员

当兵个 toŋ⁴⁵⁻³³ piŋ⁴⁵ kɛʔ⁵⁻⁰　(1) 军人；(2) 有时比喻不担任职务的普通公务员

兵痞 piŋ⁴⁵⁻³³ pʰi⁵³³　中华人民共和国成立前对国民党兵的称呼

解放军 ka⁵³³⁻⁵³ foŋ³³⁴⁻³³ tɕyŋ⁴⁵

警察 tɕiŋ⁵³³⁻⁵³ tsʰaʔ⁵

刑警 iŋ²²¹⁻²² tɕiŋ⁵³³　刑事警察

民警 miŋ²²¹⁻²² tɕiŋ⁵³³　民事警察

交警 kɐɯ⁴⁵⁻³³ tɕiŋ⁵³³　交通警察

城管 ʑiŋ²²¹⁻²² kuɛ̃⁵³³　负责城市综合管理工作的人，产生于 20 世纪 90 年代

保安 pɐɯ⁵³³⁻⁵³ ɛ̃⁴⁵　安全保卫人员

门卫 nən²²¹⁻²² uei²¹³　大门守护人员

长年老师 dʑiaŋ²²¹⁻²² n̠iɛ̃²²¹⁻²¹ lɐɯ¹³⁻²² sɤ⁴⁵　长工

打长年 tiaŋ⁵³³⁻⁵³ dʑiaŋ²²¹⁻²² n̠iɛ̃²²¹⁻²¹³　打长工

短工 tɛ̃⁵³³⁻⁵³ kəŋ⁴⁵

零工 liŋ²²¹⁻²¹ kəŋ⁴⁵

打零工 tiaŋ⁵³³⁻⁵³ liŋ²²¹⁻²¹ kəŋ⁴⁵　打零工

临时工 liŋ²²¹⁻²² zʅ²²¹⁻²¹ kəŋ⁴⁵

帮工 pɔŋ⁴⁵⁻³³ kəŋ⁴⁵

打工 tiaŋ⁵³³⁻⁵³ kəŋ⁴⁵

工作 kəŋ⁴⁵⁻³³ tsɔʔ⁵

守牛小鬼 ye⁵³³⁻³³ n̠iɯ²²¹⁻²² ɕiɐɯ⁵³³⁻³³ kuei⁵³³　牧童

守牛农 ye⁵³³⁻³³ n̠iɯ²²¹⁻²² nəŋ²²¹⁻²¹³　放牛人

挑脚佬 tʰiɐɯ⁴⁵⁻³³ tɕiaʔ⁵ lɐɯ¹³　挑夫

生意农 ɕiaŋ⁴⁵⁻⁵⁵ i³³⁴⁻³³ nəŋ²²¹　商人

　做生意个 tsu³³⁴⁻³³ ɕiaŋ⁴⁵⁻⁵⁵ i³³⁴⁻³³ kɛʔ⁵⁻⁰

东家 təŋ⁴⁵⁻³³ kɒ⁴⁵　雇主

店倌 tiɛ̃³³⁴⁻³³ kuɛ̃⁴⁵　伙计

　伙计 xu⁵³³⁻⁵³ tɕiɛ³³⁴

中央农 təŋ⁴⁵⁻³³ iaŋ⁴⁵⁻⁵⁵ nəŋ²²¹⁻²¹³　中间人

货郎儿 xu³³⁴⁻³³ lɔŋ²²¹⁻²² n̠iɛ²²¹⁻²¹³　小贩

搋搋糖担 kʰɔʔ⁵⁻³ kʰɔʔ⁵ dɔŋ²²¹⁻²² taŋ³³⁴　换糖担

换搋搋糖 uaŋ²¹³⁻²¹ kʰɔʔ⁵⁻³ kʰɔʔ⁵ dɔŋ²²¹　换糖

小客轮担 ɕiɐɯ⁵³³⁻⁵³ tɕʰiaʔ⁵ləŋ²²¹⁻²² taŋ³³⁴　杂货担

摆摊个 pa⁵³³⁻⁵³ tʰaŋ⁴⁵ kɛʔ⁵⁻⁰　摊贩

卖菜个 ma²¹³⁻²¹ tsʰei³³⁴⁻³³ kɛʔ⁵⁻⁰　卖菜的

扫地个 suə⁵³³⁻³³ di²¹³⁻²¹ kɛʔ⁵⁻⁰　清洁工

　清洁工 tɕʰiŋ⁴⁵⁻³³ tɕiɛʔ⁵⁻³ kəŋ⁴⁵

环卫工 uaŋ²²¹⁻²² uei²¹³⁻²¹ kəŋ⁴⁵　环卫工人

师父 ɕiu⁴⁵⁻³³vuə¹³　师傅
　　老师 lɐɯ¹³⁻²¹sɿ⁴⁵
徒弟 duə²²¹⁻²¹diɛ¹³
师父娘 ɕiu⁴⁵⁻³³vuə¹³ȵiaŋ²²¹　师母
保姆 pɐɯ⁵³³⁻⁵³mu¹³
妹姊 mei²¹³⁻¹³tsɿ⁴⁵⁻⁵³³　丫环
戏子 sɿ³³⁴⁻³³tsɿ⁵³³　旧时对演戏人的称呼
做戏个 tsu³³⁴⁻³³sɿ³³⁴⁻³³kɛʔ⁵⁻⁰　现在对演员的称呼
演员 iɛ̃¹³yɛ̃²²¹
放影员 fɔŋ³³⁴⁻³³iŋ⁵³³⁻⁵³yɛ̃²²¹　电影放映员
伙头 xu⁵³³⁻³³du²²¹　厨师
　　伙头老师 xu⁵³³⁻³³du²²¹⁻¹³lɐɯ¹³⁻²²sɿ⁴⁵
郎中 lɔŋ²²¹⁻²¹tɕiɔŋ⁴⁵　中医医生
医师 i⁴⁵⁻³³sɿ⁴⁵
过路太医 ku³³⁴⁻⁵⁵luə²¹³⁻²¹tʰa³³⁴⁻³³i⁴⁵　江湖游医
护士 uə²¹³⁻²¹zuə¹³
护士长 uə²¹³⁻²¹zuə¹³tɕiaŋ⁵³³
教书先生 kɐɯ³³⁴⁻³³ɕyɛ⁴⁵ɕiɛ̃⁴⁵⁻³³ɕiaŋ⁴⁵　学校的老师
　　教书农 kɐɯ³³⁴⁻³³ɕyɛ⁴⁵⁻⁵⁵nəŋ²²¹⁻²¹³
　　老师 lɐɯ¹³⁻²¹sɿ⁴⁵　跟表示"师傅"义的"老师"读音略有差别
读书农 dəɯʔ²³⁻²ɕyɛ⁴⁵nəŋ²²¹　学校的学生
　　学生 ɔʔ²³⁻²ɕiaŋ⁴⁵
技师 dzɿ²¹³⁻²¹sɿ⁴⁵　（1）司机；(2）技术师
开车个 kʰei⁴⁵⁻³³tɕʰiŋ⁴⁵kɛʔ⁵⁻⁰　司机
驾驶员 kɒ³³⁴⁻³³suə⁵³³⁻⁵³yɛ̃²²¹
技术工 dzɿ²¹³⁻²¹ʐyʔ²³kəŋ⁴⁵
做手艺个 tsu³³⁴⁻³³ɕiɯ⁵³³⁻⁵⁵ȵi²¹³⁻²¹kɛʔ⁵⁻⁰　手艺人
　　手艺农 ɕiɯ⁵³³⁻⁵⁵ȵi²¹³⁻²¹nəŋ²²¹
木匠老师 məɯʔ²³ziaŋ²¹³⁻¹³lɐɯ¹³⁻²²sɿ⁴⁵　木匠

做木老师 tsu³³⁴⁻³³ məɯʔ²³ lɐɯ¹³⁻²² sʏ⁴⁵
做篾老师 tsu³³⁴⁻³³ miɛʔ²³ lɐɯ¹³⁻²² sʏ⁴⁵　篾匠
油漆老师 iɯ²²¹⁻²¹ tɕʰiʔ⁵ lɐɯ¹³⁻²² sʏ⁴⁵　漆匠
箍桶老师 kʰuə⁴⁵⁻³³ dəŋ¹³ lɐɯ¹³⁻²² sʏ⁴⁵　箍桶匠
泥水老师 ȵin²²¹⁻¹³ ɕy⁵³³⁻⁵³ lɐɯ¹³⁻²² sʏ⁴⁵　泥水匠
剃头老师 tʰiɛ³³⁴⁻³³ du²²¹⁻²² lɐɯ¹³⁻²² sʏ⁴⁵　理发匠
裁缝老师 zei²²¹⁻²² vən²²¹⁻¹³ lɐɯ¹³⁻²² sʏ⁴⁵　裁缝匠
杀猪老师 saʔ⁵⁻³ tʂ⁴⁵ lɐɯ¹³⁻²² sʏ⁴⁵　杀猪匠
打铁老师 tiaŋ⁵³³⁻⁵³ tʰiɛʔ⁵ lɐɯ¹³⁻²² sʏ⁴⁵　打铁匠
白铁老师 biaʔ²³⁻² tʰiɛʔ⁵ lɐɯ¹³⁻²² sʏ⁴⁵　铁皮匠
棉被老师 miɛ̃²²¹⁻²² bi¹³ lɐɯ¹³⁻²² sʏ⁴⁵　弹棉花师傅
补缸匠 puə⁵³³⁻⁵³ kɔŋ⁴⁵ ʑiaŋ²¹³
搭鱼农 kʰɒ³³⁴⁻³³ ŋʏ²²¹⁻²² nəŋ²²¹⁻²¹³　捕鱼人
轿夫 dʑiɐɯ²¹³⁻²¹ fuə⁴⁵　抬轿子的人
讨饭乞儿 tʰuə⁵³³⁻⁵⁵ vaŋ²¹³⁻²¹ kʰɛʔ⁵⁻³ ȵiɛ²²¹　乞丐
　讨饭农 tʰuə⁵³³⁻⁵⁵ vaŋ²¹³⁻¹³ nəŋ²²¹

三、职务称谓

当官个 tɔŋ³³⁴⁻³³ kuɛ̃⁴⁵ kɛʔ⁵⁻⁰　当官的
正个 tɕin³³⁴⁻³³ kɛʔ⁵⁻⁰　正职，各职务正职称谓前不加"正"字
副个 fuə³³⁴⁻³³ kɛʔ⁵⁻⁰　副职，各职务副职称谓前一般要加"副"字
主席 tɕyɛ⁵³³⁻⁵³ ʑiʔ²³
总书记 tsəŋ⁵³³⁻⁵³ ɕyɛ⁴⁵⁻⁵⁵ tsʅ³³⁴
总理 tsəŋ⁵³³⁻⁵³ li¹³
委员 uei⁵³³⁻⁵³ yɛ̃²²¹
常委 dʑiaŋ²²¹⁻²¹ uei⁵³³⁻⁴⁵　常务委员
秘书 miʔ²³⁻² ɕyɛ⁴⁵
秘书长 miʔ²³⁻² ɕyɛ⁴⁵ tɕiaŋ⁵³³

部长 bu¹³ tɕiaŋ⁵³³

省长 ɕiaŋ⁵³³⁻⁵³ tɕiaŋ⁵³³

厅长 tʰiŋ⁴⁵⁻³³ tɕiaŋ⁵³³

市长 zɤ¹³ tɕiaŋ⁵³³

县长 yɛ̃²¹³⁻¹³ tɕiaŋ⁵³³

办公室主任 baŋ²¹³⁻²¹ kəŋ⁴⁵⁻³³ ɕiʔ⁵⁻³ tɕyɛ⁵³³⁻⁵⁵ ȵiŋ²¹³

乡长 ɕiaŋ⁴⁵⁻³³ tɕiaŋ⁵³³

镇长 tɕiŋ³³⁴⁻³³ tɕiaŋ⁵³³

股长 kuə⁵³³⁻⁵³ tɕiaŋ⁵³³

村长 tsʰɛ̃⁴⁵⁻³³ tɕiaŋ⁵³³

主任 tɕyɛ⁵³³⁻⁵⁵ ȵiŋ²¹³

书记 ɕyɛ⁴⁵⁻⁵⁵ tsɿ³³⁴

处长 tɕʰyɛ³³⁴⁻³³ tɕiaŋ⁵³³

司令 sɤ⁴⁵⁻⁵⁵ liŋ²¹³

司令员 sɤ⁴⁵⁻⁵⁵ liŋ²¹³⁻¹³ yɛ̃²²¹

军长 tɕyŋ⁴⁵⁻³³ tɕiaŋ⁵³³

师长 sɤ⁴⁵⁻³³ tɕiaŋ⁵³³

旅长 lyɛ¹³ tɕiaŋ⁵³³

团长 dɛ̃²²¹⁻²² tɕiaŋ⁵³³

营长 iŋ²²¹⁻²² tɕiaŋ⁵³³

连长 liɛ̃²²¹⁻²² tɕiaŋ⁵³³

排长 ba²²¹⁻²² tɕiaŋ⁵³³

队长 dei²¹³⁻¹³ tɕiaŋ⁵³³

董事长 təŋ⁵³³⁻⁵³ zuə²¹³⁻¹³ tɕiaŋ⁵³³

厂长 tɕʰiaŋ⁵³³⁻⁵³ tɕiaŋ⁵³³

经理 tɕiŋ⁴⁵⁻⁵⁵ li¹³

校长 ɐɯ²¹³⁻¹³ tɕiaŋ⁵³³

教导主任 kɐɯ³³⁴⁻³³ dɐɯ¹³ tɕyɛ⁵³³⁻⁵⁵ ȵiŋ²¹³

总务主任 tsəŋ⁵³³⁻⁵⁵ muə²¹³⁻²¹ tɕyɛ⁵³³⁻⁵⁵ ȵiŋ²¹³

大队辅导员 dɒ²¹³⁻¹³ dei²¹³⁻²¹ vuɑ¹³⁻²² dɐɯ²¹³⁻¹³ yɛ̃²²¹　少年先锋队的辅导员

班主任 paŋ⁴⁵⁻³³ tɕyɛ⁵³³⁻⁵⁵ n̠iŋ²¹³

辅导员 vuɑ¹³⁻²² dɐɯ²¹³⁻¹³ yɛ̃²²¹　年级或班级的辅导员

大队长 dɒ²¹³⁻²¹ dei²¹³⁻¹³ tɕiaŋ⁵³³

中队长 tɕiɔŋ⁴⁵ dei²¹³⁻¹³ tɕiaŋ⁵³³

小队长 ɕiɐɯ⁵³³⁻⁵³ dei²¹³⁻¹³ tɕiaŋ⁵³³

班长 paŋ⁴⁵⁻³³ tɕiaŋ⁵³³

副班长 fuɑ³³⁴⁻⁵⁵ paŋ⁴⁵⁻³³ tɕiaŋ⁵³³

团支部书记 dɛ̃²²¹⁻²² tsɿ⁴⁵⁻³³ bu¹³⁻²¹ ɕye⁴⁵⁻⁵⁵ tsɿ³³⁴

组长 tsuə⁵³³⁻⁵³ tɕiaŋ⁵³³

小组长 ɕiɐɯ⁵³³⁻⁵³ tsuə⁵³³⁻⁵³ tɕiaŋ⁵³³

学习委员 ɔʔ²³⁻² ʑiʔ²³ uei⁵³³⁻⁵³ yɛ̃²²¹

劳动委员 lɐɯ²²¹⁻²¹ dəŋ¹³ uei⁵³³⁻⁵³ yɛ̃²²¹

卫生委员 uei²¹³⁻²¹ ɕiaŋ⁴⁵ uei⁵³³⁻⁵³ yɛ̃²²¹

体育委员 tʰiɛ⁵³³⁻⁵³ iuʔ⁵ uei⁵³³⁻⁵³ yɛ̃²²¹

文艺委员 məŋ²²¹⁻²² n̠i²¹³⁻²¹ uei⁵³³⁻⁵³ yɛ̃²²¹

宣传委员 ɕyɛ̃⁴⁵ dzyɛ̃²²¹⁻²² uei⁵³³⁻⁵³ yɛ̃²²¹

课代表 kʰu³³⁴⁻³³ dei²¹³⁻¹³ piɐɯ⁵³³　负责跟某门课程的任课教师沟通教学情况的学生代表

第十二节　亲属、社会关系

一、长辈

长辈 tɕiaŋ⁵³³⁻⁵³ pei³³⁴

太公 tʰa³³⁴⁻³³ kəŋ⁴⁵

太婆 tʰa³³⁴⁻³³ bu²²¹

公 kəŋ⁴⁵　（1）祖父;（2）公公的背称

妈 mɒ⁴⁵ （1）祖母；（2）婆婆的背称
外公 ua²¹³⁻²¹kəŋ⁴⁵ 外祖父
外婆 ua²¹³⁻²²bu²²¹⁻¹³ 外祖母
爹 ta⁴⁵ 爸爸
 伯伯 paʔ⁵⁻³paʔ⁵
 伯 paʔ⁵
 爷 iu²²¹ 背称
 老爷 lɐɯ¹³iu²²¹ 背称
婆 mei⁴⁵ 妈妈
 娘 ȵiaŋ²²¹
 老娘 lɐɯ¹³ȵiaŋ²²¹ 背称
晚娘 maŋ¹³ȵiaŋ²²¹ 继母
大叔 du²¹³⁻²²ɕiuʔ⁵ 继父
姑公 kuə⁴⁵⁻³³kəŋ⁴⁵ 祖父的姐妹夫
姑婆 kuə⁴⁵⁻⁵⁵bu²²¹⁻²¹³ 祖父的姐妹
舅公 dʑiɯ¹³⁻²¹kəŋ⁴⁵
舅婆 dʑiɯ¹³⁻²²bu²²¹⁻¹³
姨公 i²²¹⁻²¹kəŋ⁴⁵ 祖母的姐妹夫
姨婆 i²²¹⁻²²bu²²¹⁻²¹³ 祖母的姐妹
伯伯 paʔ⁵⁻³paʔ⁵ （1）伯父；（2）爸爸
 伯 paʔ⁵
娘 ȵiaŋ²²¹ 伯母
叔叔 ɕiuʔ⁵⁻³ɕiuʔ⁵
 叔 ɕiuʔ⁵
婶 ɕiŋ⁵³³
娘舅 ȵiaŋ²²¹⁻²¹dʑiɯ¹³ 舅舅
 舅舅 dʑiɯ¹³⁻²¹dʑiɯ¹³
娘妗 ȵiaŋ²²¹⁻²¹dʑyẽ¹³ 舅母
娘 ȵiaŋ⁴⁵ 姑妈

姑夫 kuə⁴⁵⁻³³ fuə⁴⁵　姑父
娘姨 ȵiaŋ²²¹⁻²¹ i²²¹⁻¹³　姨妈
姨夫 i²²¹⁻²¹ fuə⁴⁵　姨父
丈人 dʑiaŋ¹³⁻²¹ ȵiŋ²²¹⁻¹³
丈母 dʑiaŋ¹³⁻²¹ məŋ¹³
亲爷 tɕʰiŋ⁴⁵⁻⁵⁵ iu²²¹⁻²¹³　干爹
亲娘 tɕʰiŋ⁴⁵⁻⁵⁵ ȵiaŋ²²¹⁻²¹³　干妈
亲家公 tɕʰiŋ⁴⁵⁻⁵⁵ kɒ⁴⁵⁻³³ kəŋ⁴⁵　对兄弟姐妹的岳父或公公的称谓
亲家婆 tɕʰiŋ⁴⁵⁻⁵⁵ kɒ⁴⁵⁻³³ bu²²¹　对兄弟姐妹的岳母或婆婆的称谓

二、平辈

平辈 biŋ²²¹⁻²² pei³³⁴
老公 lɐu¹³⁻²² kəŋ⁴⁵
老婆 lɐu¹³ bu²²¹
哥 ku⁴⁵
　哥哥 ku⁴⁵⁻³³ ku⁴⁵
姊 tsɿ⁴⁵　姐姐
　姊姊 tsɿ⁴⁵⁻³³ tsɿ⁴⁵
弟 diɛ¹³
　弟弟 diɛ¹³⁻²² diɛ¹³
妹 mei²¹³
　妹妹 mei²¹³⁻²² mei²¹³
嫂 sɐu⁵³³
姊夫 tsɿ⁴⁵⁻⁵³ fuə⁴⁵　姐夫
妹夫 mei²¹³⁻²¹ fuə⁴⁵
弟新妇 diɛ¹³⁻²¹ ɕiŋ⁴⁵ vuə¹³　弟媳妇
大母婶 du²¹³⁻²² məŋ¹³ ɕiŋ⁵³³　妯娌
大小乔 du²¹³⁻¹³ ɕiɐu⁵³³⁻⁵³ dʑiɐu²²¹　连襟。大小乔本是三国东吴时期大乔和小乔的合称，她们的夫君分别是孙策和周瑜，遂昌话

代指连襟

大伯 du²¹³⁻²¹ paʔ⁵ 大伯子

大母 du²¹³⁻²¹ məŋ¹³ 大伯子的妻子

大叔 du²¹³⁻²¹ ɕiuʔ⁵ 丈夫的二弟

小叔 ɕiɐɯ⁵³³⁻⁵³ ɕiuʔ⁵ 小叔子

弟妇 diɛ¹³⁻²² vuə¹³ 小叔子的妻子

娘 ȵiaŋ²²¹⁻⁴⁵ 大姑子、小姑子

老婆舅 lɐɯ¹³⁻²² bu²²¹⁻²¹ dʑiɯ¹³ 内兄弟（大舅子，小舅子）

老婆妗 lɐɯ¹³⁻²² bu²²¹⁻²¹ dʑyẽ¹³ 内兄弟的妻子

大姨 du²¹³⁻²¹ i²²¹⁻¹³ 妻子的姐姐

小姨 ɕiɐɯ⁵³³⁻⁵³ i²²¹⁻¹³ 妻子的妹妹

亲家丈 tɕʰiŋ⁴⁵⁻⁵⁵ kɒ⁴⁵⁻³³ dʑiaŋ¹³ 对儿媳或女婿的父亲的称谓

亲家母 tɕʰiŋ⁴⁵⁻⁵⁵ kɒ⁴⁵⁻³³ məŋ¹³ 对儿媳或女婿的母亲的称谓

三、晚辈

小辈 ɕiɐɯ⁵³³⁻⁵³ pei³³⁴

儿 ȵiɛ²²¹ 儿子

新妇 ɕiŋ⁴⁵⁻³³ vuə¹³ 儿媳妇

小新妇儿 ɕiɐɯ⁵³³⁻⁵³ ɕiŋ³³ vuə¹³ ȵiɛ²²¹ 童养媳

亲儿 tɕʰiŋ⁴⁵⁻⁵⁵ ȵiɛ²²¹⁻²¹³ 干儿子

囡儿 na¹³ ȵiɛ²²¹ 女儿

婿郎 ɕiɛ³³⁴⁻³³ lɔŋ²²¹ 女婿

　郎 lɔŋ²²¹

招亲 tɕiɐɯ⁴⁵⁻³³ tɕʰiŋ⁴⁵ 入赘

亲囡儿 tɕʰiŋ⁴⁵⁻⁵⁵ na¹³ ȵiɛ²²¹ 干女儿

侄儿 dʑiʔ²³ ȵiɛ²²¹

侄囡儿 dʑiʔ²³ na¹³ ȵiɛ²²¹ 侄女儿

外甥 ua²¹³⁻²² ɕiaŋ⁴⁵ （1）外甥；（2）外孙

外甥囡儿 ua²¹³⁻²² ɕiaŋ⁴⁵ na¹³ ȵiɛ²²¹ （1）外甥女；（2）外孙女

孙 sɛ̃⁴⁵　孙子
孙新妇 sɛ̃⁴⁵⁻³³ ɕiŋ⁴⁵ vuə¹³　孙媳妇
囡儿孙 na¹³⁻²² n̠ie²²¹⁻²¹ sɛ̃⁴⁵　孙女儿
囡儿孙婿郎 na¹³⁻²² n̠ie²²¹⁻²¹ sɛ̃⁴⁵ ɕie³³⁴⁻³³ lɔŋ²²¹　孙女婿
玄孙 yɛ̃²²¹⁻²¹ sɛ̃⁴⁵　玄孙子
玄囡儿孙 yɛ̃²²¹⁻¹³ na¹³⁻²² n̠ie²²¹⁻²¹ sɛ̃⁴⁵　玄孙女

四、其他亲属和社会关系

亲眷 tɕʰiŋ⁴⁵⁻⁵⁵ tɕyɛ̃³³⁴　亲戚
攀亲 pʰɛ̃⁴⁵⁻³³ tɕʰiŋ⁴⁵
辈分 pei³³⁴⁻⁵⁵ vəŋ²¹³
嫡亲 tiʔ⁵⁻³ tɕʰiŋ⁴⁵
本家 pɛ̃⁵³³⁻⁵³ kɒ⁴⁵　同宗
叔伯亲 ɕiuʔ⁵⁻³ piaʔ⁵ tɕʰiŋ⁴⁵　叔伯子女之间的关系
爷娘 iu²²¹⁻²² n̠iaŋ²²¹⁻²¹³　爸妈
　　爹婆 ta⁴⁵⁻³³ mei⁴⁵
两公婆 lɛ̃¹³ kəŋ⁴⁵⁻⁵⁵ bu²²¹⁻²¹³　夫妻俩
　　公婆 kəŋ⁴⁵⁻⁵⁵ bu²²¹⁻²¹³
　　公婆两个 kəŋ⁴⁵⁻⁵⁵ bu²²¹⁻²¹ lɛ̃¹³ kei³³⁴⁻⁰
哥弟 ku⁴⁵⁻⁵⁵ die¹³　兄弟
姊妹 tsʅ⁴⁵⁻⁵⁵ mei²¹³　（1）姐妹；（2）兄妹；（3）姐弟
叔伯哥弟 ɕiuʔ⁵⁻³ paʔ⁵ ku⁴⁵⁻³³ die¹³　堂兄弟
叔伯姊妹 ɕiuʔ⁵⁻³ paʔ⁵ tsʅ⁴⁵⁻⁵⁵ mei²¹³　堂姐妹
表哥弟 piɐɯ⁵³³⁻⁵³ ku⁴⁵⁻⁵⁵ die¹³　表兄弟
表哥 piɐɯ⁵³³⁻⁵³ ku⁴⁵
表弟 piɐɯ⁵³³⁻⁵³ die¹³
表姊妹 piɐɯ⁵³³⁻⁵³ tsʅ⁴⁵⁻⁵⁵ mei²¹³　表姐妹
表姊 piɐɯ⁵³³⁻⁵³ tsʅ⁴⁵　表姐
表妹 piɐɯ⁵³³⁻⁵⁵ mei²¹³

结拜哥弟 tɕieʔ⁵ pa³³⁴⁻³³ ku⁴⁵⁻³³ diɛ¹³　拜把兄弟

姑娘嫂 kuə⁴⁵⁻⁵⁵ n̠ian²²¹⁻¹³ sɐu⁵³³　姑嫂

姊夫郎舅 tsɿ⁴⁵⁻³³ fuə⁴⁵ lɔŋ²²¹⁻²² dʑiɯ¹³　与妻子的兄弟之间的关系

朋友 bəŋ²²¹⁻²¹ iɯ¹³

邻舍 liŋ²²¹⁻²² ɕiɑ³³⁴　（1）左右两边相连的屋子；(2) 左右两边相连的人家

 隔壁 kaʔ⁵⁻³ piʔ⁵

 隔壁邻舍 kaʔ⁵⁻³ piʔ⁵ liŋ²²¹⁻²² ɕiɑ³³⁴

农客 nəŋ²²¹⁻²¹ kʰaʔ⁵　客人

 客 tɕʰiaʔ⁵

客边 tɕʰiaʔ⁵ piẽ⁴⁵　不居主位的亲友

同学 dəŋ²²¹⁻²² ɔʔ²³

 同学伴 dəŋ²²¹⁻²² ɔʔ²³ bɛ̃¹³

老乡 lɐɯ¹³⁻²¹ ɕiaŋ⁴⁵

 同乡 dəŋ²²¹⁻²² ɕiaŋ⁴⁵

面情 miẽ²¹³⁻¹³ ʑiŋ²²¹　情面

社会 ʑiŋ¹³ uei²¹³

第十三节　身　　体

一、头部

头 du²²¹

 头脑壳 du²²¹⁻²² nɐɯ¹³⁻²¹ kʰɔʔ⁵

面 miẽ²¹³　脸

头脑门 du²²¹⁻²² nɐɯ¹³ məŋ²²¹　前额

 天门 tʰiẽ⁴⁵⁻⁵⁵ məŋ²²¹⁻²¹³

头发 du²²¹⁻²¹ fɐɯʔ⁵

顶 tiŋ⁵³³　　发旋

　旋 ʑyɛ̃²¹³

单顶 taŋ⁴⁵⁻³³ tiŋ⁵³³　　一个发旋

双顶 ɕiɔŋ⁴⁵⁻³³ tiŋ⁵³³　　两个发旋

三顶 saŋ⁴⁵⁻³³ tiŋ⁵³³　　三个发旋

辫 biɛ̃¹³　　辫子

披发儿 pʰi⁴⁵⁻³³ fəuʔ⁵ ȵiɛ²²¹　　刘海儿

额角头 ŋɛʔ²³⁻² kɔʔ⁵ du²²¹　　额头

眼睛 ŋaŋ¹³⁻²² tɕiŋ⁴⁵

眼睛珠 ŋaŋ¹³⁻²² tɕiŋ⁴⁵⁻³³ tɕyɛ⁴⁵　　眼珠

眼睛白 ŋaŋ¹³⁻²² tɕiŋ⁴⁵⁻³³ biaʔ⁵　　眼白

眼睛骨 ŋaŋ¹³⁻²² tɕiŋ⁴⁵⁻³³ kuɛʔ⁵　　眼眶

眼圈 ŋaŋ¹³⁻²² tɕʰyɛ̃⁴⁵

眼睛涴 ŋaŋ¹³⁻²² tɕiŋ⁴⁵ u³³⁴　　眼屎

眼睛毛 ŋaŋ¹³⁻²² tɕiŋ⁴⁵ mɐɯ²²¹　　睫毛

双皮眼 ɕiɔŋ⁴⁵⁻⁵⁵ bi²²¹⁻²¹ ŋaŋ¹³　　双眼皮的眼睛

单皮眼 taŋ⁴⁵⁻⁵⁵ bi²²¹⁻²¹ ŋaŋ¹³　　单眼皮的眼睛

眉毛 mi²²¹⁻²² mɐɯ²²¹⁻²¹³

眉头 mi²²¹⁻²² du²²¹⁻²¹³

目辞⁼ məuʔ²³ zɤ²²¹　　眼泪

鼻头 biʔ²³ du²²¹　　鼻子

鼻头穿 biʔ²³ du²²¹⁻²¹ tɕʰyŋ⁴⁵　　鼻孔

鼻头泗 biʔ²³ du²²¹⁻²¹ sɿ³³⁴⁻⁴⁵　　鼻涕

擤鼻头泗 xəŋ⁵³³⁻⁵³ biʔ²³ du²²¹⁻²¹ sɿ³³⁴⁻⁴⁵　　擤鼻涕

鼻头涴 biʔ²³ du²²¹⁻²² u³³⁴　　鼻屎

鼻头毛 biʔ²³ du²²¹⁻²² mɐɯ²²¹　　鼻孔毛

耳朵 ȵi¹³ tu⁵³³

耳朵骨 ȵi¹³ tu⁵³³⁻⁵³ kuɛʔ⁵　　耳骨

耳朵根 ȵi¹³ tu⁵³³⁻⁵³ kɛ̃⁴⁵　　耳根

耳朵毛 ȵi¹³ tu⁵³³⁻⁵³ mɐɯ²²¹

耳朵涴 ȵi¹³ tu⁵³³⁻⁵³ u³³⁴　耳屎

耳朵洞 ȵi¹³ tu⁵³³⁻⁵³ dəŋ²¹³

喙伏⁼ tɕʰyɛʔ⁵ bəɯʔ²³　嘴巴　‖"喙"韵母促化。《集韵》充芮切："口也。"

喙伏⁼唇 tɕʰyɛʔ⁵ bəɯʔ²³ ʑyŋ²²¹　嘴唇

　　喙唇 tɕʰy⁵³³⁻⁵³ ʑyŋ²²¹

上唇 dʑian²¹³⁻¹³ ʑyŋ²²¹

下唇 iŋ¹³ ʑyŋ²²¹

痰涕 daŋ²²¹⁻²² tʰi³³⁴　唾沫

　　痰涕㳿 daŋ²²¹⁻²² tʰi³³⁴⁻³³ y⁵³³

舌头 dʑiɛʔ²³ du²²¹

舌头尖 dʑiɛʔ²³ du²²¹⁻²² tɕiẽ⁴⁵

小舌头 ɕiɯ⁵³³⁻⁵³ dʑiɛʔ²³ du²²¹

大舌头 du²¹³⁻²¹ dʑiɛʔ²³ du²²¹　(1) 大舌；(2) 讲话不利索的人

牙齿 ŋɒ²²¹⁻¹³ tɕʰiu⁵³³

门牙 mən²²¹⁻²² ŋɒ²²¹⁻²¹³

牙床 ŋɒ²²¹⁻²² zɛ̃²²¹⁻²¹³

牙床肉 ŋɒ²²¹⁻²² zɛ̃²²¹⁻²¹ ȵiuʔ²³

牙爬⁼ ŋɒ²²¹⁻¹³ bɒ²²¹　下巴

胡须 uə²²¹⁻²¹ suə⁴⁵

络腮胡 laʔ²³⁻² saʔ⁵ uə²²¹　‖"络"的韵母音变，"腮"的韵母促化

两撇胡 lɛ̃¹³ pʰiɛʔ⁵ uə²²¹

　　八字胡 paʔ⁵ zɿ²¹³⁻¹³ uə²²¹

流喉 liɯ²²¹⁻²² u²²¹⁻²¹³　喉咙

项颈 oŋ¹³ tɕin⁵³³　头颈

　　头颈 du²¹³⁻¹³ tɕin⁵³³

面台骨 miẽ²¹³⁻¹³ dei²²¹⁻²² kuɛʔ⁵　颧骨

酒窟儿 tɕiɯ⁵³³⁻⁵³ kʰuɛʔ⁵ ȵiɛ²²¹　笑靥，酒窝

酒窟 tɕiɯ⁵³³⁻⁵³ kʰuɛʔ⁵

命中 miŋ²¹³⁻²¹ tɕiəŋ⁴⁵　人中

二、四肢

手 tɕʰyɛ⁵³³　包括臂

　手骨 tɕʰyɛ⁵³³⁻⁵³ kuɛʔ⁵

手髈 tɕʰyɛ⁵³³⁻⁵³ pʰɔŋ⁵³³　胳膊

手脝头 tɕʰyɛ⁵³³⁻³³ tsaŋ⁴⁵⁻⁵⁵ du²²¹⁻²¹³　肘

手掌头 tɕʰyɛ⁵³³⁻³³ tɕiaŋ⁵³³⁻⁵⁵ du²²¹⁻²¹³　手掌后部

手弯 ɕiɯ⁵³³⁻⁵³ uaŋ⁴⁵　手腕

反手 faŋ⁵³³⁻⁵³ tɕʰyɛ⁵³³　左手

顺手 ʐyŋ²¹³⁻¹³ tɕʰyɛ⁵³³　右手

手手头 tɕʰyɛʔ⁵³³⁻³ tɕʰyɛʔ⁵³³⁻⁵ du²²¹　手指　‖"手"韵母促化，下同

　手节头 tɕʰyɛʔ⁵³³⁻³ tɕyɛʔ⁵ du²²¹　"节"韵母受"手"影响发生部分同化

　指 tɕiu⁵³³

大手手头 du²¹³⁻²¹ tɕʰyɛʔ⁵⁻³ tɕʰyɛʔ⁵ du²²¹　拇指

　大指 du²¹³⁻¹³ tɕiu⁵³³

枪节头 tɕʰiaŋ⁴⁵⁻³³ tɕiɛʔ⁵ du²²¹　食指

　荒鸡指 xɔŋ⁴⁵⁻³³ iɛ⁴⁵ tɕiu⁵³³

　荒鸡头 xɔŋ⁴⁵⁻³³ iɛ⁴⁵⁻⁵⁵ du²²¹⁻²¹³

中央手手头 təŋ⁴⁵⁻³³ iaŋ⁴⁵ tɕʰyɛʔ⁵⁻³ tɕʰyɛʔ⁵ du²²¹　中指

　中央指 təŋ⁴⁵⁻³³ iaŋ⁴⁵ tɕiu⁵³³

　中央头 təŋ⁴⁵⁻³³ iaŋ⁴⁵ du²²¹⁻²¹³

讨饭指 tʰuə⁵³³⁻⁵⁵ vaŋ²¹³⁻¹³ tɕiu⁵³³　无名指

　讨饭头 tʰuə⁵³³⁻⁵⁵ vaŋ²¹³⁻¹³ du²²¹⁻²¹³

小手手头 ɕiɯ⁵³³⁻⁵³ tɕʰyɛʔ⁵⁻³ tɕʰyɛʔ⁵ du²²¹　小指

　小指 ɕiɯ⁵³³⁻⁵³ tɕiu⁵³³

胴 lei²²¹/lu²²¹　斗纹，圆形指纹。遂昌有民谚："一～富，二～穷，
　三～倒酒买豆腐，四～五～六～无布裤。"

畚箕 pɛ̃³³⁴⁻³³ i⁴⁵　箕纹

拳头 dʐyɛ̃²²¹⁻²² du²²¹⁻²¹³

巴掌 pɒ⁴⁵⁻³³ tɕiaŋ⁵³³　手掌

手心 ɕɯ⁵³³⁻⁵³ ɕiŋ⁴⁵

手背 ɕɯ⁵³³⁻⁵³ pei³³⁴

手夹下 tɕʰyɛʔ⁵⁻³ gaʔ²³⁻² iɒ¹³　腋窝

骹 kʰɐɯ⁴⁵　脚，包括大腿和小腿

　　骹骨 kʰɐɯ⁴⁵⁻³³ kuɛʔ⁵

骹腹袋肚 kʰɐɯ⁴⁵⁻³³ pəɯʔ⁵ dei²¹³⁻¹³ tuə⁵³³　腿肚子

骹板背 kʰɐɯ⁴⁵⁻³³ paŋ⁵³³⁻⁵³ pei³³⁴　脚背

大腿 du²¹³⁻¹³ tʰei⁵³³

小腿 ɕiɐɯ⁵³³⁻⁵³ tʰei⁵³³

汤瓶鹽 tʰɔŋ⁴⁵⁻⁵⁵ biŋ²²¹⁻¹³ kəŋ⁵³³　膝盖

　　骹前头 kʰɐɯ⁴⁵⁻³³ ʑyɛʔ²²¹⁻² du²²¹⁻²¹³　‖"前"韵母促化

骹节头 kʰɐɯ⁴⁵⁻³³ tɕiɛʔ⁵ du²²¹　脚趾

骹底心 kʰɐɯ⁴⁵⁻³³ tiɛ⁵³³⁻⁵³ ɕiŋ⁴⁵　脚底

骹眼睛 kʰɐɯ⁴⁵⁻³³ ŋaŋ¹³⁻²² tɕiŋ⁴⁵　脚踝

三、躯干

肩胛头 iɛ̃⁴⁵⁻³³ kaʔ⁵ du²²¹　肩膀

背脊 pei³³⁴⁻³³ tɕiʔ⁵　脊背

　　背脊爿 pei³³⁴⁻³³ tɕiʔ⁵ baŋ²²¹

心头 ɕiŋ⁴⁵⁻⁵⁵ du²²¹⁻²¹³　胸口

　　心口 ɕiŋ⁴⁵⁻³³ kʰu⁵³³

奶 na¹³　（1）乳房；（2）乳汁

奶头 na¹³ du²²¹　乳头

腰板 iɐɯ⁴⁵⁻³³ paŋ⁵³³

　　腰 iɐɯ⁴⁵

腰骨 iɐɯ⁴⁵⁻³³ kuɛʔ⁵

腹 pəɯʔ⁵　肚子

　　腹桶 pəɯʔ⁵ dəŋ¹³

小腹儿 ɕieɯ⁵³³⁻⁵³ pəɯʔ⁵ ȵie²²¹

腹脐穿 pəɯʔ⁵ zɿ²²¹⁻²¹ tɕʰyŋ⁴⁵　肚脐眼

髎子 lieɯ²²¹⁻²² tsɿ⁵³³⁻⁴⁵　阴茎

尿鸟儿 ɕy⁴⁵⁻⁵⁵ tieɯ⁵³³⁻³³ ȵie²²¹　儿童阴茎

卵脬 lyẽ¹³⁻²² pʰeɯ⁴⁵　阴囊

卵毛 lyẽ¹³ meɯ²²¹　男性阴毛

胿 pʰiʔ⁵　屄。还可用作副词，表示否定，构成"～V"格式，义即"V 个鸟"。例如：～咥（吃个鸟）、～做（做个鸟）、～望（看个鸟）

　　胿夹儿 pʰiʔ⁵⁻³ kaʔ⁵ ȵie²²¹

胿毛 pʰiʔ⁵ meɯ²²¹　女性阴毛

装胿 tɕiɔŋ⁴⁵⁻³³ pʰiʔ⁵　性交

髎子油 lieɯ²²¹⁻²² tsɿ⁵³³⁻⁴⁵ iɯ²²¹　精液

胿油 pʰiʔ⁵ iɯ²²¹　爱液

臏臀 kʰuɔʔ⁵ dẽ²²¹　屁股

臏臀穿 kʰuɔʔ⁵ dẽ²²¹⁻²¹ tɕʰyŋ⁴⁵　肛门

浼 u³³⁴　屎，大便

尿 ɕy⁴⁵　小便。《六书故》息遗切，遂昌话符合这一反切

屁 pʰi³³⁴

三日头 saŋ⁴⁵⁻³³ ȵɛʔ²³ du²²¹　月经

　　月经 ȵyɛʔ²³⁻² tɕiŋ⁴⁵

四、其他

身体 ɕiŋ⁴⁵⁻³³ tʰiɛ⁵³³

年纪 ȵiẽ²²¹⁻¹³ tsɿ⁵³³

力气 liʔ²³ tsʰɿ³³⁴

脾气 bi²²¹⁻²² tsʰɿ³³⁴

记性 tsɿ³³⁴⁻⁵⁵ ɕiŋ³³⁴

骨 kuɛʔ⁵
 骨头 kuɛʔ⁵du²²¹
皮 bi²²¹
皮肤 bi²²¹⁻²¹fuə⁴⁵
肉 ȵiuʔ²³
筋 tɕiŋ⁴⁵
血 ɕyɛʔ⁵
血管 ɕyɛʔ⁵⁻³kuɛ̃⁵³³
汗 guɛ̃²¹³
寒毛 uɛ̃²²¹⁻¹³mɐɯ²²¹
心 ɕiŋ⁴⁵
肝 kuɛ̃⁴⁵
胆 taŋ⁵³³
肺 fiɛ³³⁴
腰子 iɐɯ⁴⁵⁻³³tsɤ⁵³³
腹肠 pəɯʔ⁵dɛ̃²²¹ 肚肠
胃 uei²¹³
漏涴 lu²¹³⁻²²u³³⁴ 拉大便
漏尿 lu²¹³⁻²²ɕy⁴⁵ 拉小便

第十四节　疾　病　医　疗

一、伤病

毛病 mɐɯ²²¹⁻²²biŋ²¹³
生毛病 ɕiaŋ⁴⁵⁻³³mɐɯ²²¹⁻²²biŋ²¹³
生病 ɕiaŋ⁴⁵⁻⁵⁵biŋ²¹³
生病农 ɕiaŋ⁴⁵⁻⁵⁵biŋ²¹³⁻¹³nəŋ²²¹ 病人

病农 biŋ²¹³⁻¹³ nəŋ²²¹

发瘟 faʔ⁵⁻³ uɛ̃⁴⁵　瘟病

伤风 ɕiaŋ⁴⁵⁻³³ fəŋ⁴⁵

　　感冒 kɛ̃⁵³³⁻⁵⁵ mɐɯ²¹³

嗽 su³³⁴　咳嗽

　　咳嗽 kʰɛʔ⁵ su³³⁴

打阿欠 tiaŋ⁵³ aʔ⁵ tɕʰieʔ⁰　打喷嚏

烧热 ɕiɐɯ⁴⁵⁻³³ ȵieʔ²³　发烧

　　身体热 ɕiŋ⁴⁵⁻³³ tʰie⁵³³⁻⁵³ ȵieʔ²³

　　发烧 faʔ⁵⁻³ ɕiɐɯ⁴⁵

　　发热 faʔ⁵ ȵieʔ²³

抽筋 tɕʰiɯ⁴⁵⁻³³ tɕiŋ⁴⁵

头昏 du²²¹⁻²² xuɛ̃⁴⁵

痛 tʰəŋ³³⁴

肿 ioŋ⁵³³

痒 ziɔŋ¹³

麻 mɒ²²¹

胀 tɕiaŋ³³⁴

损 sɛ̃⁵³³　病痛的程度深：痛～险了

头痛 du²²¹⁻²² tʰəŋ³³⁴

腹泻 pəɯʔ⁵ ɕiŋ³³⁴　拉肚子

腹痛 pəɯʔ⁵ tʰəŋ³³⁴　肚子痛

中毒 tɕiɔŋ³³⁴⁻³³ dəɯʔ²³

鼓胀病 kuə⁵³³⁻³³ tɕiaŋ³³⁴⁻⁵⁵ biŋ²¹³　狂吃滥喝的病

打半工 tiaŋ⁵³³⁻⁵³ pɛ̃³³⁴⁻³³ kəŋ⁴⁵　发疟疾

神经病 ziŋ²²¹⁻²¹ tɕiŋ⁴⁵⁻⁵⁵ biŋ²¹³　(1)精神病；(2)精神病患者

猪吊 tɒ⁴⁵⁻⁵⁵ tiɐɯ³³⁴　癫痫

　　羊癫风 iaŋ²²¹⁻²² tiɛ̃⁴⁵⁻³³ fəŋ⁴⁵

　　腹猪吊 pəɯʔ⁵⁻³ tɒ⁴⁵⁻⁵⁵ tiɐɯ³³⁴

猪头风 tɒ⁴⁵⁻⁵⁵ du²²¹⁻²¹ fən⁴⁵　腮腺炎

癫犬病 tiɛ̃⁴⁵⁻³³ tɕʰiɛ̃⁵³³⁻⁵⁵ biŋ²¹³　狂犬病

大头颈 du²¹³⁻²² du²²¹⁻¹³ tɕin⁵³³　大脖子病

毛风 mɐɯ²²¹⁻²¹ fən⁴⁵　麻风病

痛风 tʰən³³⁴⁻³³ fən⁴⁵

风湿 fən⁴⁵⁻³³ ɕiʔ⁵

嘎嘎抖 gaʔ²³⁻² gaʔ²³ tu⁵³³　因寒冷发抖的样子

偻呼 lu²²¹⁻²¹ xu⁴⁵　因天冷手冻得麻木不灵活

冻血 tən³³⁴⁻³³ ɕyɛʔ⁵　生冻疮

闭痧 pi³³⁴⁻³³ sɒ⁴⁵　中暑

吐 tʰuə³³⁴　呕吐

乐吐 ŋɐɯ²¹³⁻²² tʰuə³³⁴　想吐、恶心

黄疸病 ɔŋ²²¹⁻¹³ taŋ⁵³³⁻⁵⁵ biŋ²¹³

老鸦臊 lɐɯ¹³⁻²² ɒ⁴⁵⁻³³ sɐɯ⁴⁵　狐臭

　麻狸臊 mu²²¹⁻²² li²²¹⁻²¹ sɐɯ⁴⁵

疮 tsʰɔŋ⁴⁵

痔疮 dzɿ²¹³⁻²¹ tsʰɛ̃⁴⁵

疤 pɒ³³⁴

疔 tiŋ⁴⁵

生疔 ɕiaŋ⁴⁵⁻³³ tiŋ⁴⁵

皮肤病 bi²²¹⁻²¹ fuə⁴⁵⁻⁵⁵ biŋ²¹³

生疥 ɕiaŋ⁴⁵⁻⁵⁵ ka³³⁴　生疥疮

　生疮 ɕiaŋ⁴⁵⁻³³ tsʰɛ̃⁴⁵

铜钿癣 dən²²¹⁻²² diɛ̃²²¹⁻¹³ ɕyɛ̃⁵³³

　牛皮癣 ȵiɯ²²¹⁻²² bi²²¹⁻¹³ ɕyɛ̃⁵³³

伤口 ɕiaŋ⁴⁵⁻³³ kʰu⁵³³

发炎 faʔ⁵ iɛ̃²²¹

脓 nən²¹³

贡⁼脓 kən³³⁴⁻⁵⁵ nən²¹³　脓未化出时

出脓 tɕʰyɛʔ⁵nən²¹³

乌青 uə⁴⁵⁻³³tɕʰiŋ⁴⁵　淤青

起泡 tsʰɿ⁵³³⁻⁵³pʰɐɯ³³⁴　因长时间走路或拿锄头挖地，脚底或手心磨出泡

起□ tsʰɿ⁵³³⁻⁵³xɔʔ⁵

起乌鳔 tsʰɿ⁵³³⁻⁵³uə⁴⁵⁻³³biɐɯ²²¹⁻¹³　起泡，内有死血

□ŋɒ²¹³　因触磨、碰触而形成的不适感。例如，赤脚走在路上或脚底受石子的触磨感觉疼痛，可以说"□ŋɒ²¹³农险"；走路时因鞋内有沙子而感到不适，可以说"鞋内有东西，□ŋɒ²¹³农险"；新鞋因鞋帮太硬而磨疼了脚，可以说"鞋硬险，骹□ŋɒ²¹³痛了"；身段某部位受到物体的触磨而感觉疼痛，可以说"□ŋɒ²¹³痛了"。还可表示"夹"的意思。例如，小物件夹在大物件之间，可以说"□ŋɒ²¹³到了"

□ŋaʔ⁵　夹

老鼠奶 lɐɯ¹³tɕʰiɛ⁵³³⁻⁵³na¹³　瘊子

痱 pei⁵³³　痱子

热痱 ȵiɛʔ²³pei⁵³³

痱发起 pei⁵³³⁻⁵³faʔ⁵tɕʰiʔ⁵⁻⁰　发痱子

疸 taŋ⁵³³　蚊子咬后形成的肿块

垺 bəɯʔ²³

红眼睛 ən²²¹⁻¹³ŋaŋ¹³⁻²²tɕiŋ⁴⁵　红眼睛病

生土针 ɕiaŋ⁴⁵⁻³³tʰuə⁵³³⁻⁵³tɕøyŋ⁴⁵　麦粒肿，一种眼病

近视眼 dziŋ¹³zɿ²¹³⁻²¹ŋaŋ¹³

老花眼 lɐɯ¹³⁻²²xɒ⁴⁵ŋaŋ¹³

青光眼 tɕʰiŋ⁴⁵⁻³³kɔŋ⁴⁵ŋaŋ¹³

酒糟鼻 tɕiɯ⁵³³⁻⁵³tsɐɯ⁴⁵biʔ²³

红鼻头 ən²²¹⁻²¹biʔ²³du²²¹

蛀牙齿 tɕøyɛ³³⁴⁻³³ŋɒ²²¹⁻¹³tɕʰiu⁵³³

记 tsɿ³³⁴

胎记 tɕʰei⁴⁵⁻⁵⁵tsɿ³³⁴

痣 tsʅ³³⁴

过 ku³³⁴ 传染

过农 ku³³⁴⁻³³ nəŋ²²¹ 传染人

出血 tɕʰyɛʔ⁵⁻³ ɕyɛʔ⁵

死血 sʅ⁵³³⁻⁵³ ɕyɛʔ⁵

厣 iɛ̃³³⁴ 痂

结厣 tɕiɛʔ⁵ iɛ̃³³⁴ 结痂

二、生理缺陷

拐骸 kua⁵³³⁻⁵³ kʰɐɯ⁴⁵ 瘸子
　跷骸 tɕʰiɐɯ⁴⁵⁻³³ kʰɐɯ⁴⁵

眼盲农 ŋaŋ¹³ miaŋ²²¹⁻²² nəŋ²²¹⁻²¹³ 瞎子
　盲眼睛 miaŋ²²¹⁻¹³ ŋaŋ¹³⁻²² tɕiŋ⁴⁵

盲 miaŋ²²¹
　瞎 xaʔ⁵

聋耳□ləŋ²²¹⁻²² n̠i¹³⁻²¹ guaŋ¹³ 聋子
　礑壁 daŋ²²¹⁻²¹ piʔ⁵
　耳朵聋 n̠i¹³ tu⁵³³⁻⁵³ ləŋ²²¹

聋 ləŋ²²¹

哑㖞 u⁵³³⁻⁵³ tɕʰy⁵³³ 哑巴

哑 u⁵³³

齾㖞 ŋaʔ⁵⁻³ tɕʰy⁵³³ 兔唇

歪㖞 ua⁴⁵⁻³³ tɕʰy⁵³³ 歪嘴
　歪㖞伏⁼ ua⁴⁵⁻³³ tɕʰyɛʔ⁵ bəɯʔ²³

驼背 du²²¹⁻²² pei³³⁴ 驼子

秃光爿 tʰəɯʔ⁵⁻³ kɔŋ⁴⁵⁻⁵⁵ baŋ²²¹⁻²¹³ 光头
　光头 kɔŋ⁴⁵⁻⁵⁵ du²²¹⁻²¹³

反手佬 faŋ⁵³³⁻⁵³ tɕʰyɛ⁵³³⁻⁵³ lɐɯ¹³ 左撇子
　反手撇 faŋ⁵³³⁻³³ tɕʰyɛ⁵³³⁻⁵³ pʰiɛʔ⁵

搭反手 kʰɒ³³⁴⁻³³ faŋ⁵³³⁻³³ tɕʰye⁵³³

癞痢头 laʔ²³ li²¹³⁻²² du²²¹⁻²¹³

麻面 mu²²¹⁻²² miẽ²¹³　麻子脸

塌鼻 tʰaʔ⁵ biʔ²³　塌鼻子的人

对珠眼 tei³³⁴⁻³³ tɕye⁴⁵⁻⁵⁵ ŋaŋ¹³　斗鸡眼

牙齿□ ŋɒ¹³ tɕʰiu⁵³³⁻⁵³ zɐɯ²¹³　龅牙

没牙佬 mɘɯʔ²³ ŋɒ²²¹⁻²² lɐɯ¹³　缺牙的人

脬眼 pʰɐɯ⁴⁵⁻³³ ŋaŋ¹³　天生眼皮突出的人

搭舌 taʔ⁵ dʑiɛʔ²³　口吃

叫毛头 iɐɯ³³⁴⁻³³ mɐɯ²²¹⁻²² dei²²¹⁻²¹³　经常哭的孩子 ‖"头"韵母发生音变,读同"袋"

漏尿床 lu²¹³⁻¹³ ɕy⁴⁵⁻³³ zẽ²²¹⁻²¹³　(1) 尿床;(2) 尿床的孩子

十八漏 ʑyɛʔ²³⁻² paʔ⁵ lu²¹³　很大了还尿床的人

角弓 kɔʔ⁵⁻³ kəŋ⁴⁵　刚愎自用难与共事的乖戾者

贱骨头 ʑiẽ²¹³⁻²¹ kuɛʔ⁵ du²²¹

　　刺骨 laʔ²³⁻² kuɛʔ⁵

伧头 tsʰaŋ⁴⁵⁻³³ du²²¹　横蛮不讲理、行为乖张之人

傻个 sɒ⁴⁵ kɛʔ⁵⁻⁰　傻的

癫个 tiẽ⁴⁵ kɛʔ⁵⁻⁰　疯的

癫婆 tiẽ⁴⁵⁻⁵⁵ bu²²¹⁻²¹³　疯婆

三、医疗

医院 i⁴⁵⁻⁵⁵ yẽ²¹³

卫生院 uei²¹³⁻²¹ ɕiaŋ⁴⁵⁻⁵⁵ yẽ²¹³

卫生所 uei²¹³⁻²¹ ɕiaŋ⁴⁵⁻³³ su⁵³³

望郎中 mɔŋ²¹³⁻²² lɔŋ²²¹⁻²¹ tɕiɔŋ⁴⁵　看医生,看病

　望医师 mɔŋ²¹³⁻²¹ i⁴⁵⁻³³ sʅ⁴⁵

　　望病 mɔŋ²¹³⁻²² biŋ²¹³

中医 tɕiɔŋ⁴⁵⁻³³ i⁴⁵

望中医 mɔŋ²¹³⁻²¹ tɕiɔŋ⁴⁵⁻³³ i⁴⁵　看中医
西医 ɕie⁴⁵⁻³³ i⁴⁵
挂号 kɒ³³⁴⁻⁵⁵ ɐɯ²¹³
门诊 mɘŋ²²¹⁻²² tɕiŋ⁵³³
急诊 tɕiʔ⁵⁻³ tɕiŋ⁵³³
病房 biŋ²¹³⁻¹³ vɔŋ²²¹
病床 biŋ²¹³⁻¹³ ʑiɔŋ²²¹
担架 taŋ⁴⁵⁻⁵⁵ kɒ³³⁴
拐杖 kua⁵³³⁻⁵³ dʑiaŋ¹³
轮椅 lɘŋ²²¹⁻²² y⁵³³
住院 dʑyɛ²¹³⁻¹³ yɛ̃²¹³
搭脉 taʔ⁵ miaʔ²³　诊脉
听筒 tʰiŋ³³⁴⁻³³ dɘŋ²²¹　听诊器
药箱 iaʔ²³⁻² ɕiaŋ⁴⁵
体温表 tʰiɛ⁵³³⁻⁵³ uɛ̃⁴⁵ piɐɯ⁵³³
体温 tʰiɛ⁵³³⁻⁵³ uɛ̃⁴⁵
量体温 lɛ̃²²¹⁻²² tʰiɛ⁵³³⁻⁵³ uɛ̃⁴⁵
血压器 ɕyɛʔ⁵⁻³ aʔ⁵ tsʰɿ³³⁴
血压 ɕyɛʔ⁵⁻³ aʔ⁵
量血压 lɛ̃²²¹⁻²² ɕyɛʔ⁵⁻³ aʔ⁵
拍片 pʰaʔ⁵⁻³ pʰiɛ̃³³⁴
拔牙齿 baʔ²³ ŋɒ¹³ tɕʰiu⁵³³
补牙齿 puə⁵³³⁻⁵³ ŋɒ¹³ tɕʰiu⁵³³
镶牙齿 ɕiaŋ⁴⁵⁻⁵⁵ ŋɒ¹³ tɕʰiu⁵³³
镶金牙齿 ɕiaŋ⁴⁵⁻³³ tɕiŋ⁴⁵⁻⁵⁵ ŋɒ¹³ tɕʰiu⁵³³
药房 iaʔ²³ vɔŋ²²¹
药 iaʔ²³
中药 tɕiɔŋ⁴⁵⁻³³ iaʔ²³
草药 tsʰɐɯ⁵³³⁻⁵³ iaʔ²³

西药 ɕiɛ⁴⁵⁻³³ iaʔ²³

药片 iaʔ²³ pʰiɛ̃³³⁴

药丸 iaʔ²³ yɛ̃²²¹

药粉 iaʔ²³ fən⁵³³

药头 iaʔ²³ du²²¹　药引

　药引 iaʔ²³ iŋ¹³

撮药 tsʰəuʔ⁵ iaʔ²³　抓药

撮草药 tsʰəuʔ⁵⁻³ tsʰɐɯ⁵³³⁻⁵³ iaʔ²³　抓草药

煎草药 tɕiɛ⁴⁵⁻³³ tsʰɐɯ⁵³³⁻⁵³ iaʔ²³

唑药 tiɛʔ⁵ iaʔ²³　吃药

药方 iaʔ²³⁻² fɒŋ⁴⁵

开药方 kʰei⁴⁵⁻³³ iaʔ²³⁻² fɒŋ⁴⁵

药店 iaʔ²³ tiɛ̃³³⁴

草药铺 tsʰɐɯ⁵³³⁻⁵³ iaʔ²³ pʰuə³³⁴　草药店铺

中药店 tɕiɔŋ⁴⁵⁻³³ iaʔ²³ tiɛ̃³³⁴

糖浆 dɒŋ²²¹⁻²¹ tɕiaŋ⁴⁵

咳嗽糖浆 kʰɛʔ⁵ su³³⁴⁻³³ dɒŋ²²¹⁻²¹ tɕiaŋ⁴⁵

含片 ɛ̃²²¹⁻²² pʰiɛ̃³³⁴

石膏 ʑiʔ²³⁻² kɐɯ⁴⁵

正气㕪 tɕiŋ³³⁴⁻⁵⁵ tsʰɿ³³⁴⁻³³ y⁵³³

霍香正气㕪 xuɔʔ⁵ ɕiaŋ⁴⁵ tɕiŋ³³⁴⁻⁵⁵ tsʰɿ³³⁴⁻³³ y⁵³³

十滴㕪 ʑyɛʔ²³⁻² tiʔ⁵⁻³ y⁵³³　十滴水

板蓝根 paŋ⁵³³⁻⁵³ laŋ²²¹⁻²² kɛ̃⁴⁵

午时茶 ŋuə¹³⁻²² ʑɿ²²¹⁻¹³ dzɒ²²¹

茶饼 dzɒ²²¹⁻¹³ piŋ⁵³³　具有开气、助消化的功效

四环素 sɿ³³⁴⁻³³ uaŋ²²¹⁻²² suə³³⁴

黄连素 ɔŋ²²¹⁻¹³ liɛ̃²²¹⁻²² suə³³⁴

连霉素 liɛ̃²²¹⁻¹³ mei²²¹⁻²² suə³³⁴

宝塔糖 pɐɯ⁵³³⁻⁵³ tʰaʔ⁵ dɒŋ²²¹　驱蛔虫药。20世纪80年代以前，中

国经济较落后,糖果是一种奢侈品,孩子们就把打蛔虫用的"宝塔糖"当作糖来吃,味道很甜。"宝塔糖"是那一代人的记忆

鱼腥草 ŋɤ²²¹⁻²¹ ɕiŋ⁴⁵⁻³³ tsʰɯ⁵³³
连挢 iɛ̃²²¹⁻²² dʑiɐɯ¹³　连翘
白麻骨 biaʔ²³ mu²²¹⁻²² kuɛʔ⁵　六月雪,中草药名
小□□儿 ɕiɐɯ⁵³³⁻⁵³ pʰiaŋ⁴⁵⁻³³ pʰu⁴⁵⁻⁵⁵ ȵiɛ²²¹⁻²¹³　天仙果
海金沙 xei⁵³³⁻⁵³ tɕiŋ⁴⁵⁻³³ sa⁴⁵　中药名
金银花 tɕiŋ⁴⁵⁻³³ ȵiŋ²²¹⁻²¹ xɒ⁴⁵　花初开为白色,后转为黄色,故名。能宣散风热,清解血毒,用于各种热性病
茵陈 iŋ⁴⁵⁻⁵⁵ dʑiŋ²²¹⁻²¹³　茵陈蒿,中药名
蓼花 liɐɯ²²¹⁻²¹ xɒ⁴⁵　燎花,中药名
麦冬 miaʔ²³⁻² təŋ⁴⁵　中药名
天门冬 tʰiɛ̃⁴⁵⁻⁵⁵ mən²²¹⁻²¹ təŋ⁴⁵　中药名
丹皮 taŋ⁴⁵ bi²²¹　中药名
桂枝 kuei³³⁴⁻³³ tsʅ⁴⁵　中药名
黄精 ɔŋ²²¹⁻²¹ tɕiŋ⁴⁵　中药名
川芎 tɕʰyɛ̃⁴⁵⁻³³ kəŋ⁴⁵　中药名
茯苓 vəɯʔ²³ liŋ²²¹　中药名
谷精草 kəɯʔ⁵⁻³ tɕiŋ⁴⁵ tsʰɯ⁵³³　中药名
穿心莲 tɕʰyɛ̃⁴⁵⁻³³ ɕiŋ⁴⁵⁻⁵⁵ liɛ̃²²¹⁻²¹³　中药名
农参 nəŋ²²¹⁻²¹ səŋ⁴⁵　人参
西洋参 ɕiɛ⁴⁵⁻³³ iaŋ²²¹⁻²¹ səŋ⁴⁵
别直 biɛʔ²³⁻² dʑiʔ²³　别直参
红参 əŋ²²¹⁻²¹ səŋ⁴⁵
枸杞 kɤɯ⁵³³⁻⁵³ tsʰʅ⁵³³
田七 diɛ̃²²¹⁻²¹ tɕʰiʔ⁵
　三七 saŋ⁴⁵⁻³³ tɕʰiʔ⁵
田七粉 diɛ̃²²¹⁻²¹ tɕʰiʔ⁵⁻³ fəŋ⁵³³
　三七粉 saŋ⁴⁵⁻³³ tɕʰiʔ⁵⁻³ fəŋ⁵³³

白药 biaʔ²³⁻² iaʔ²³　一种中成药,白色粉末,能治出血疾患、跌打损伤等,以云南出产的最为著名

云南白药 yŋ²²¹⁻²¹ nẽ²²¹⁻²¹ biaʔ²³⁻² iaʔ²³

天麻 tʰiẽ⁴⁵⁻⁵⁵ mu²¹³

地黄 di²¹³⁻¹³ ɔŋ²²¹

灵芝 liŋ²²¹⁻²¹ tsʅ⁴⁵

草茶儿 tsʰɐɯ⁵³³⁻⁵³ dzɒ²²¹⁻²² ȵie²²¹⁻²¹³　草药

　　草药 tsʰɐɯ⁵³³⁻⁵³ iaʔ²³

药渣 iaʔ²³⁻² tsɒ⁴⁵　熬的中草药倒出汤汁后所剩的渣

药罐 iaʔ²³ kuaŋ³³⁴　熬药的陶罐

搁药 kɔʔ⁵ iaʔ²³　敷药

搽 duə²²¹　搽(药膏、药水)

万金油 maŋ²¹³⁻²¹ tɕiŋ⁴⁵⁻³³ iɯ²²¹　清凉油

　　清凉油 tɕʰiŋ⁴⁵⁻³³ liaŋ²²¹⁻²² iɯ²²¹⁻²¹³

一心油 iʔ⁵⁻³ ɕiŋ⁴⁵⁻⁵⁵ iɯ²²¹⁻²¹³　早期一种较有名的清凉油品牌

风油精 fəŋ⁴⁵⁻⁵⁵ iɯ²²¹⁻²¹ tɕiŋ⁴⁵

红药㳇 əŋ²²¹⁻²¹ iaʔ²³ y⁵³³　红药水

紫药㳇 tsʅ⁵³³⁻⁵³ iaʔ²³ y⁵³³　紫药水

典酒 iẽ⁵³³⁻⁵³ tɕiɯ⁵³³

松节油 səŋ⁴⁵⁻³³ tɕieʔ⁵ iɯ²²¹　中药材名,从松树渗出的油脂中提取到的挥发油,是一种皮肤刺激药,可用于治疗关节痛

正骨㳇 tɕiŋ³³⁴⁻³³ kuɛʔ⁵⁻³ y⁵³³　正骨水

挂盐㳇 kɒ³³⁴⁻³³ iẽ²²¹⁻¹³ y⁵³³　挂盐水

挂葡萄糖 kɒ³³⁴⁻³³ buə²²¹⁻²² dɐɯ²²¹⁻¹³ dɔŋ²²¹

消炎 ɕiɐɯ⁴⁵ iẽ²²¹

消炎药 ɕiɐɯ⁴⁵ iẽ²²¹⁻²¹ iaʔ²³

止痛 tsʅ⁵³³⁻⁵³ tʰəŋ³³⁴

毒药 dəɯʔ²³⁻² iaʔ²³

毒 dəɯʔ²³

消毒 ɕieɯ⁴⁵⁻³³ dəʔ²³

消毒㭱 ɕieɯ⁴⁵⁻³³ dəʔ²³ y⁵³³　消毒水

蛇药 ʑiɒ²²¹⁻²¹ iaʔ²³　治疗蛇毒的药

创口贴 tsʰɒŋ⁴⁵⁻³³ kʰu⁵³³⁻⁵³ tʰiɛʔ⁵　创可贴,一种长形胶布,中间附以浸过药物的纱布,用来贴在创口处从而起保护伤口的作用

酒精 tɕiɯ⁵³³⁻⁵³ tɕiŋ⁴⁵　指医用酒精

棉球 miẽ²²¹⁻²² dʑiɯ²²¹⁻²¹³　指医用棉球,用以蘸取酒精、药水涂抹在患处,或吸附脓血

棉签 miẽ²²¹⁻²¹ tɕʰiẽ⁴⁵　裹有少许消毒棉花的较火柴棍儿稍大的小木棍或塑料棒,主要用于医疗中涂抹药水,吸附脓血

纱布 sɒ⁴⁵⁻⁵⁵ puə³³⁴　指医用纱布,棉纱织成的有一定缝隙的布,用来包扎伤口等

胶布 keɯ⁴⁵⁻⁵⁵ puə³³⁴　指医用胶布

包扎 peɯ⁴⁵⁻³³ tsaʔ⁵

止痛膏 tsɿ⁵³³⁻⁵³ tʰəŋ³³⁴⁻³³ keɯ⁴⁵

伤湿膏 ɕiŋ⁴⁵⁻³³ ɕiʔ⁵⁻³ keɯ⁴⁵

伤湿止痛膏 ɕiŋ⁴⁵⁻³³ ɕiʔ⁵ tsɿ⁵³³⁻⁵³ tʰəŋ³³⁴⁻³³ keɯ⁴⁵

药膏 iaʔ²³⁻² keɯ⁴⁵

膏药 keɯ⁴⁵⁻³³ iaʔ²³

犬皮膏药 tɕʰiẽ⁵³³⁻⁵³ bi²²¹⁻²² keɯ⁴⁵⁻³³ iaʔ²³　狗皮膏药,一种外用药的俗称。依据中医的内病外治等原理,将药物直接敷在患病部位的相应穴位。旧时走江湖的人常假造这种膏药来骗取钱财,因而用来比喻骗人的货色

开刀 kʰei⁴⁵⁻³³ teɯ⁴⁵　动手术

动手术 dəŋ¹³ ɕiɯ⁵³³⁻⁵³ ʐyʔ²³

手术刀 ɕiɯ⁵³³⁻⁵³ ʐyʔ²³⁻² teɯ⁴⁵

刀片 teɯ⁴⁵⁻⁵⁵ pʰiẽ³³⁴　指手术刀上的刀片

缝线 vən²²¹⁻²² ɕiẽ³³⁴　开刀后用线缝合伤口

拆线 tsʰaʔ⁵ ɕiẽ³³⁴　伤口愈合后将缝合线拆去

打针 tiaŋ⁵³³⁻⁵³ tɕyŋ⁴⁵

针筒 tɕyŋ⁴⁵⁻⁵⁵ dəŋ²²¹⁻²¹³

针头 tɕyŋ⁴⁵⁻⁵⁵ du²²¹⁻²¹³

燥针 sɐɯ³³⁴⁻³³ tɕyŋ⁴⁵　针灸。"燥"是"干燥"的意思

　银针 n̠iŋ²²¹⁻²¹ tɕyŋ⁴⁵

打燥针 tiaŋ⁵³³⁻⁵³ sɐɯ³³⁴⁻³³ tɕyŋ⁴⁵　打针灸

　打银针 tiaŋ⁵³³⁻⁵³ n̠iŋ²²¹⁻²¹ tɕyŋ⁴⁵

吸筒 ɕiʔ⁵ dəŋ²²¹　火罐

打吸筒 tiaŋ⁵³³⁻⁵³ ɕiʔ⁵ dəŋ²²¹　拔火罐

刮痧 kuaʔ⁵⁻³ sŋ⁴⁵　以中医经络理论为指导,通过特制的刮痧器具和相应的手法,在中暑患者的体表进行反复刮动、摩擦,使皮肤局部出现红色粟粒状,或暗红色出血点等出痧变化,从而达到活血透痧的作用

　刨痧 bɐɯ²¹³⁻²¹ sŋ⁴⁵

去食 kʰɤ³³⁴⁻³³ ziʔ²³　消食

　消食 ɕiɐɯ⁴⁵⁻³³ ziʔ²³

降火 kɔŋ³³⁴⁻³³ xu⁵³³

去风湿 kʰɤ³³⁴⁻³³ fəŋ⁴⁵⁻³³ ɕiʔ⁵

排毒 ba²²¹⁻²¹ dəɯʔ²³

望病农 mɔŋ²¹³⁻²² biŋ²¹³⁻¹³ nəŋ²²¹　看病人

病好些罢 biŋ²¹³⁻²¹ xɐɯ⁵³³⁻⁵³ sɛʔ⁵ ba⁰　病好点儿了

病好去罢 biŋ²¹³⁻²¹ xɐɯ⁵³³⁻⁵³ kʰɤ³³⁴⁻³³ ba⁰　病好了

出院 tɕʰyɛʔ⁵ yɛ̃²¹³

第十五节　婚丧风俗

一、风时风俗

风俗 fəŋ⁴⁵⁻³³ ziɔʔ²³

节日 tɕiɛʔ⁵ nɛʔ²³

过节 ku³³⁴⁻³³ tɕiɛʔ⁵

过年 ku³³⁴⁻³³ ȵiẽ²²¹

春节 tɕʰyŋ⁴⁵⁻³³ tɕiɛʔ⁵

敬灶君 tɕin³³⁴⁻³³ tsɐu³³⁴⁻³³ tɕyŋ⁴⁵　敬灶王爷。灶台上贴红纸,表示对灶神的尊敬,祈盼来年食物丰富

送灶君 sən³³⁴⁻³³ tsɐu³³⁴⁻³³ tɕyŋ⁴⁵　送灶王爷。据传灶王爷是锅灶头的菩萨,每年小年时上天向玉皇大帝汇报人间情况

送灶日 sən³³⁴⁻⁵⁵ tsɐu³³⁴⁻³³ nɛʔ²³　过年前的农历十二月廿三是送灶王爷的日子

接灶君 tɕiɛʔ⁵ tsɐu³³⁴⁻³³ tɕyŋ⁴⁵　迎接灶王爷,时间是农历正月初四

刷尘 ɕyɛʔ⁵ dziŋ²²¹　除夕前掸尘,一般在农历腊月廿三之前进行。遂昌民间认为,"刷尘"的日子以五行之水日或土日为好。掸拂尘垢、洒扫庭院、拆洗被褥,是为了让灶王爷在离开凡间上天庭前将所见的新气象尽收眼底,以便"上天言好事,回宫降吉祥"

炊糕 tɕʰy⁴⁵⁻³³ kɐu⁴⁵　蒸糕。遂昌民间过年前一般蒸三种不同的糕:发糕、青糕和糖糕

年猪 ȵiẽ²²¹⁻²¹ tɒ⁴⁵　过年前杀的猪

杀年猪 saʔ⁵ ȵiẽ²²¹⁻²¹ tɒ⁴⁵　过去,平时一般不杀猪,只有到了过年前才杀,一头年猪足够一家人过个好年了

年货 ȵiẽ²²¹⁻²² xu³³⁴　春节所必需的各类物品

炒年货 tsʰɐu⁵³³⁻⁵³ ȵiẽ²²¹⁻²² xu³³⁴　春节所必需的各类炒制食品,如炒花生、炒瓜子、炒番薯干、炒玉米、炒蚕豆等

贴联 tʰiɛʔ⁵ liẽ²²¹　对联

对联 tei³³⁴⁻³³ liẽ²²¹

贴贴联 tʰiɛʔ⁵ tʰiɛʔ⁵ liẽ²²¹　贴对联。除夕日,家家户户都要贴春联。除了贴在正大门两旁之外,后门一般也需贴上春联,甚至在猪圈门边也要贴。春联贴好了,意味着过年前的一切准备工作均已完成

贴对联 tʰiɛʔ⁵ tei³³⁴⁻³³ liẽ²²¹

贴门神 tʰiɛʔ⁵ məŋ²²¹⁻²² ʑiŋ²²¹⁻²¹³　除夕日，房屋大门上一般都要贴上一幅"门神"的画像，表达人们祈求"门神"看家护院保平安的愿望

灯笼 tiŋ⁴⁵⁻⁵⁵ ləŋ²²¹⁻²¹³

挂灯笼 kɒ³³⁴⁻³³ tiŋ⁴⁵⁻⁵⁵ ləŋ²²¹⁻²¹³

供天地 tɕiɔŋ³³⁴⁻³³ tʰiẽ⁴⁵⁻⁵⁵ di²¹³　祭天地之神。除夕日，遂昌民间一般都要在家中祭神，大年三十日一大早便开始摆放祭神的供品，并插上松柏枝，供放着蜜桔、苹果等，寓意"百事吉祥平安"

供太公 tɕiɔŋ³³⁴⁻⁵⁵ tʰa³³⁴⁻³³ kəŋ⁴⁵　祭祖。除夕日还需在本宗祠堂中祭祖。祭祖与祭神在物品摆设上有所区别：祭神时香案在内，祭品在外；祭祖时则是祭品在内，香案在外。一年中逢重大节日都要"供太公"

喹三十暝 tiɛʔ⁵ saŋ⁴⁵⁻³³ ʑyɛʔ²³⁻² miaŋ²¹³　吃年夜饭

乓尚= pʰɔŋ⁴⁵⁻⁵⁵ ʑiaŋ²¹³　鞭炮

放乓尚= fɔŋ³³⁴⁻³³ pʰɔŋ⁴⁵⁻⁵⁵ ʑiaŋ²¹³　放鞭炮

坐寿 zu¹³⁻²² ʑiɯ²¹³　除夕夜灯烛辉煌、通宵达旦。相传，除夕晚上坐的时间越长，预示着人的寿命也将会越长，故名

压岁 aʔ⁵ ɕyɛ³³⁴

压岁包 aʔ⁵ ɕyɛ³³⁴⁻³³ pɐɯ⁴⁵　压岁红包

红包 əŋ²²¹⁻²¹ pɐɯ⁴⁵

包包 pɐɯ⁴⁵⁻³³ pɐɯ⁴⁵　包红包

正月初一 tɕiŋ⁴⁵⁻³³ n̠ʲyɛʔ²³⁻² tɕʰiu⁴⁵⁻³³ iʔ⁵

着新衣裳 tɐʔ⁵ ɕiŋ⁴⁵⁻³³ i⁴⁵⁻⁵⁵ ʑiaŋ²²¹⁻²¹³　过去，因经济普遍较困难，平时大都穿不起或舍不得穿新衣服，不过，从正月初一这天开始，老百姓一家人不管男女老少，都要穿起新衣服，以示喜庆，预祝来年越来越好

拜年 pa³³⁴⁻³³ n̠ʲiẽ²²¹

正月半 tɕiŋ⁴⁵⁻³³ n̠ʲyɛʔ²³⁻² pẽ³³⁴

　元宵节 n̠ʲyẽ²²¹⁻²¹ ɕiɐɯ⁴⁵⁻³³ tɕiɛʔ⁵

舞龙 muə¹³ liəŋ²²¹　正月十五舞龙灯是元宵节的传统习俗,舞龙队伍会进入村民院子或商铺外面舞上几遍,领头者则会进到院子或商铺内走一遍,主人便会递上红包,以图个吉利

舞龙灯 muə¹³⁻²² liəŋ²²¹⁻²¹ tiŋ⁴⁵

龙贴 liəŋ²²¹⁻²¹ tʰiɛʔ⁵　通知大家舞龙队将要前来的帖子

放龙贴 fɔŋ³³⁴⁻³³ liəŋ²²¹⁻²¹ tʰiɛʔ⁵　舞龙前几天,舞龙队会派两人到各村挨家挨户"放龙贴",通知大家龙灯来的具体时间

龙灯 liəŋ²²¹⁻²¹ tiŋ⁴⁵

板龙 paŋ⁵³³⁻³³ liəŋ²²¹　板凳龙,是用板凳串联而成的龙灯。一条"板龙"从头到尾要用几十条板凳相连,板凳上扎着龙体。板与板之间用一根木轴棍相连,每根木轴棍由一人握着。与传统的龙灯相比,"板龙"的表演难度更大,也更精彩

咥汤团 tiɛʔ⁵⁻³ tʰɔŋ⁴⁵⁻⁵⁵ dɛ̃²²¹⁻²¹³　吃汤圆

开春 kʰei⁴⁵⁻³³ tɕʰyŋ⁴⁵　农历正月或立春前后的日子

接春 tɕiɛʔ⁵⁻³ tɕʰyŋ⁴⁵　立春日民间有以春花迎接春天的习俗,叫作"接春"

班春劝农 paŋ⁴⁵⁻³³ tɕʰyŋ⁴⁵ tɕʰyɛ̃³³⁴⁻³³ nəŋ²²¹　明汤显祖任遂昌知县期间(1593—1598),春耕时节都要率领衙役带着花酒和春鞭,举行"班春劝农"典礼,奖励农桑,劝勉农事。后来,班春劝农成为每年春天的一项重要活动。班春劝农仪式是根据汤显祖《牡丹亭》的相关场景记载以及相关史志复原的,已被列为国家级非物质文化遗产名录

抬阁 dei²²¹⁻²² kɔʔ⁵　欢庆节日的一种风俗:四人抬着由几个小孩扮成孙悟空、王母娘娘等不同的戏角游行,常见于班春劝农等民俗活动中

清明节 tɕʰiŋ⁴⁵⁻⁵⁵ miŋ²²¹⁻²¹ tɕiɛʔ⁵

过清明 ku³³⁴⁻³³ tɕʰiŋ⁴⁵⁻⁵⁵ miŋ²²¹⁻²¹³

青馃 tɕʰiŋ⁴⁵⁻³³ ku⁵³³　清明前,将刚成长的嫩艾叶或鼠曲草叶捣烂,与糯米粉揉和而成做皮料,然后加入需要的菜料,这样所包成

的饼,叫做"青粿"。一般来说,鼠曲草比嫩艾叶更受喜爱

青 tɕʰiŋ⁴⁵　用于包青粿的嫩艾叶和鼠曲草的统称

清明粿 tɕʰiŋ⁴⁵⁻⁵⁵ miŋ²²¹⁻¹³ ku⁵³³　清明期间做的青粿。清明节吃"清明粿"是遂昌民间的重要习俗。"清明粿"的馅料主要有甜、咸等不同风味:甜馅一般由赤豆、芝麻、糖和成;咸馅则一般由咸菜、笋、萝卜和成,喜欢吃辣的则会加些辣椒丁

咥青粿 tieʔ⁵ tɕʰiŋ⁴⁵⁻³³ ku⁵³³　吃青粿

修坟 ɕiɯ⁴⁵ vən²²¹　清明上坟扫墓是民间传统风俗。祭扫前,要先对坟墓四周进行修理,铲除杂草,添加新土

上坟 dʑiaŋ¹³ vən²²¹　扫墓

三牲 saŋ⁴⁵⁻³³ ɕiaŋ⁴⁵　清明节上坟的祭品一般是清明粿、白豆腐、猪肉、生鸡或鹅等。白豆腐、猪肉、鸡或鹅等一般被称作"三牲"

麦豆饭 miaʔ²³ du²¹³⁻²² vaŋ²¹³　用豌豆、肉丁、糯米等一起炒的饭。豌豆遂昌话叫作"麦豆",故名

咥麦豆饭 tieʔ⁵ miaʔ²³ du²¹³⁻²² vaŋ²¹³　吃豌豆饭。遂昌民间在立夏这一天有吃豌豆饭的习俗

立夏糊 liʔ²³ ɒ²¹³⁻²² guə²²¹⁻²¹³　将肉粒、豌豆、笋粒、乌贼丝等炒熟,加火煮沸,慢慢撒下糯米粉,加佐料搅糊后即可食用

咥立夏糊 tieʔ⁵ liʔ²³ ɒ²¹³⁻²² guə²²¹⁻²¹³　吃立夏糊。在立夏这一天,遂昌民间还有吃立夏糊的习俗

饭粿 vaŋ²¹³⁻¹³ ku⁵³³　相传,过去人们担心吃剩的米饭隔夜会馊掉,就将米饭加少许盐后放入石臼中捣烂,然后捏成团状,就成了饭粿。第二天,将饭粿下锅加些蔬菜烧煮,味道可口。这一习俗流传至今

咥饭粿 tieʔ⁵ vaŋ²¹³⁻¹³ ku⁵³³　立夏日,遂昌人还有吃"饭粿"的习俗

乌饭 uə⁴⁵⁻⁵⁵ vaŋ²¹³　黑饭,但并非黑米饭,乌饭中的黑色素源自刚刚采集的乌饭树(遂昌话叫作"乌粥樵")上的嫩叶。将采集的乌饭树嫩叶洗净后切碎,放入大锅中煮,就能熬出做乌饭用的乌饭汁

哩乌饭 tiɛʔ⁵⁻³ uə⁴⁵⁻⁵⁵ vaŋ²¹³　农历四月初八,遂昌民间有吃乌饭的习俗

端午 t̃ɛ⁴⁵⁻³³ ŋuə¹³⁻⁴⁵

过端午 ku³³⁴⁻⁵⁵ t̃ɛ⁴⁵⁻³³ ŋuə¹³⁻⁴⁵

扼粽 aʔ⁵ tsəŋ³³⁴　包粽子。遂昌人包粽子的材料主要是箬叶和灯芯草

煠粽 zaʔ²³ tsəŋ³³⁴　煮粽子。煮粽子要一次性煮熟,如果煮出夹生的粽子就很难再熟了。有些人家煮粽子很有讲究,比如在煮锅内放些黄金柴的鲜叶,这样煮出的粽子呈淡黄色,并有一股的黄金柴鲜叶的芳香气味

哩粽 tiɛʔ⁵ tsəŋ³³⁴　吃粽子。端午,遂昌人有吃粽子的习俗

粽 tsəŋ³³⁴　粽子

犬头粽 tɕʰĩɛ⁵³³⁻³³ du²²¹⁻²² tsəŋ³³⁴　三角形的粽子,形状像狗头,故名

棒戳粽 bɔŋ¹³⁻²² tɕʰiʔ⁵ tsəŋ³³⁴　长粽,一种棍状长粽子,起码有一尺长,吃的时候需要一截一截切着吃。长粽子的包法与普通粽子不一样,它讲究手感、力道还有耐心。遂昌长粽方圆数百里小有名气

长粽 dẽ²²¹⁻²² tsəŋ³³⁴

送端午 səŋ³³⁴⁻⁵⁵ t̃ɛ⁴⁵⁻³³ ŋuə¹³⁻⁴⁵　过去,遂昌民间有送端午的风俗:结婚后第一年,女婿家必须给丈母娘家送长粽,粽子越长越体面。不过,现在不讲究这个了

菖蒲艾 tɕʰiaŋ⁴⁵⁻⁵⁵ buə²²¹⁻²¹ ŋa¹³　将菖蒲叶和艾草枝叶捆成一个束,合称"菖蒲艾"

插菖蒲艾 tsʰaʔ⁵⁻³ tɕʰiaŋ⁴⁵⁻⁵⁵ buə²²¹⁻²¹ ŋa¹³　自古以来,人们相信,菖蒲和艾叶可以起到"驱瘴辟邪、驱魔祛鬼"的功效,所以,端午这一天,人们会将"菖蒲艾"固定在大门的某个位置,以避鬼邪

七月半 tɕʰiʔ⁵ ȵyɛʔ²³⁻² pẽ³³⁴　中元节,鬼节

鬼节 kuei⁵³³⁻⁵³ tɕiɛʔ⁵

早米糕 tsɐɯ⁵³³⁻³³ miɛ¹³⁻²² kɐɯ⁴⁵　七月半是鬼节,遂昌民间有吃早米糕的习俗。炊制早米糕所用的米是当年的早稻新米,故名

炊早米糕 tɕʰy⁴⁵ tsɐɯ⁵³³⁻³³ miɛ¹³⁻²² kɐɯ⁴⁵　蒸早米糕,其做法与做千层糕差不多。为了美观和营养搭配起见,人们常会调和一些不

同颜色的谷物粉,分层浇制:白色的是米粉,褐色的是掺有红糖的米粉,绿色的是掺有丝瓜叶末的米粉

八月半 pa$ʔ^5$ ȵyɛʔ$^{23-2}$ p$\widetilde{ɛ}^{334}$　中秋节

月饼 ȵyɛʔ^{23} piŋ^{533}

月光饼 ȵyɛʔ$^{23-2}$ kɔŋ$^{45-33}$ piŋ^{533}　月亮饼,一种传统的老式月饼,用糕粉、白糖制作而成,白色、圆形,酷似中秋皓月,故名

咥月饼 tiɛʔ^5 ȵyɛʔ^{23} piŋ^{533}　吃月饼

咥月光饼 tiɛʔ^5 ȵyɛʔ$^{23-2}$ kɔŋ$^{45-33}$ piŋ^{533}　吃月亮饼

重九 dzioŋ$^{221-13}$ tɕiu^{533}　重阳节

　　重阳 dzioŋ$^{221-22}$ iaŋ$^{221-213}$

冬至节 təŋ$^{45-55}$ tsʅ$^{334-33}$ tɕiɛʔ^5　冬至也是遂昌民间一年中的重大节气,这一天,人们一般都需要上坟祭祖,摆放供品,焚烧纸钱

过冬至 ku$^{334-33}$ təŋ$^{45-55}$ tsʅ^{334}

汤公节 tʰɔŋ$^{45-33}$ kəŋ^{45} tɕiɛʔ^5　"汤公"是遂昌人民对汤显祖(曾任遂昌知县五年:1593—1598)的尊称,其代表作《牡丹亭》就是在遂昌写成的。为了纪念汤显祖,遂昌人民不定期地举办汤显祖文化节,俗称"汤公节"。在汤公节上,人们会尽情地表现《牡丹亭》的故事,颂扬汤公在遂昌勤政爱民、兴教办学、劝农耕作、灭虎除害、释囚观灯的事迹

二、婚姻

做媒 tsu$^{334-33}$ mei^{221}

媒婆 mei$^{221-22}$ bu$^{221-213}$　过去,媒人一般是由较年长的妇女充当,故名

媒农 mei$^{221-22}$ nəŋ$^{221-213}$　媒人

利市妈妈 li$^{213-21}$ ʑiu^{13} mɒ$^{13-22}$ mɒ$^{13-213}$　喜娘

押茶 aʔ^5 dzɒ^{221}　下聘定亲

定亲 diŋ$^{213-21}$ tɕʰiŋ^{45}

成亲 ʑiŋ$^{221-22}$ tɕʰiŋ^{45}

圆亲 yɛ̃$^{221-22}$ tɕʰiŋ^{45}

结婚 tɕieʔ$^{5-3}$ xuɛ̃^{45}

讨亲 tʰuə$^{533-53}$ tɕʰiŋ^{45}　娶妻

讨老婆 tʰuə$^{533-53}$ lɐu^{13} bu^{221}

嫁农 iŋ$^{334-33}$ nəŋ^{221}　嫁人

嫁因儿 iŋ$^{334-33}$ na^{13} ȵiɛ^{221}　嫁女儿

嫁妆 iŋ$^{334-33}$ tɕiɒŋ^{45}

扛箩 kɔŋ$^{45-55}$ lu$^{221-213}$　遂昌过去传统的嫁妆箱，木制，有专门用来抬的雕花木架

花轿 xɒ$^{45-55}$ dʑiɐu^{213}

扛花轿 kɔŋ$^{45-33}$ xɒ$^{45-55}$ dʑiɐu^{213}　抬花轿

讨馃子 tʰuə$^{533-53}$ ku$^{533-33}$ tsɿ^{533}　儿童向新娘讨馃子。馃子指糖果、红壳花生、红鸡蛋等

农情 nəŋ$^{221-22}$ ʑiŋ$^{221-213}$　（1）人情；（2）礼金

新郎官 ɕiŋ$^{45-55}$ lɔŋ$^{221-21}$ kuɛ̃^{45}　新郎

新媛主 ɕiŋ$^{45-55}$ yɛ̃^{13} tɕyɛ^{533}　新娘

抱新媛主 buə^{13} ɕiŋ$^{45-55}$ yɛ̃^{13} tɕyɛ^{533}　新娘所坐的花轿到了后，新娘脚不能着地，须由新郎抱着进新房大门

伴娘 bɛ̃^{13} ȵiaŋ^{221}

伴郎 bɛ̃^{13} lɔŋ^{221}

新郎房 ɕiŋ$^{45-33}$ lɔŋ$^{221-22}$ vɒŋ$^{221-213}$

搞五碗 kɐu$^{533-53}$ ŋuə^{13} uɛ̃^{533}　新房中一般都有摆着龙凤对烛的案台。案台上摆放着饰有柏树枝的红鸡蛋、桔子、柿饼、红枣和莲籽，分别用五只大碗盛着，叫作"搞五碗"。五只碗所盛之物寓"百事吉祥、早生贵子"之意

喹子头茶 tiɛʔ^5 tsɿ$^{533-33}$ du$^{221-22}$ dzɒ$^{221-213}$　到了新房大门口，喜娘喂新娘吃碗由两个鸡蛋黄和白糖一起煮的点心

喹甜点 tiɛʔ^5 diɛ̃$^{221-13}$ tiɛ̃^{533}　进入新房后，喜娘分别给两位新人喂甜点心

喜糖 sɿ⁵³³⁻⁵³ dəŋ²²¹

喜烟 sɿ⁵³³⁻⁵³ iɛ̃⁴⁵

喜酒 sɿ⁵³³⁻⁵³ tɕiɯ⁵³³

请帖 tɕʰiŋ⁵³³⁻⁵³ tʰiɛʔ⁵

发请帖 faʔ⁵⁻³ tɕʰiŋ⁵³³⁻⁵³ tʰiɛʔ⁵

红鸡子 əŋ²²¹⁻²¹ iɛ⁴⁵⁻³³ tsʅ⁵³³　红鸡蛋。用颜料染红的鸡蛋，常用于结婚、生育、做满月等场合，以示喜庆吉祥

咥大点心 tiɛʔ⁵ du²¹³⁻¹³ tiɛ̃⁵³³⁻⁵³ ɕiŋ⁴⁵　婚宴正式开始之前还有一个前奏叫作"咥大点心"，所吃的一般是煮鸡蛋及一些甜点

咥酒筵 tiɛʔ⁵ tɕiɯ⁵³³⁻³³ iɛ̃²²¹　吃酒宴

传袋 dzyɛ̃²²¹⁻²² dei²¹³　民间婚礼上的一种礼俗，指新娘踏着交替移动的麻布袋步入新房。传袋谐音"传代"，反映了民间娶妻生子、传宗接代的传统婚姻观念

拜堂 pa³³⁴⁻³³ dəŋ²²¹

暖房 nɛ̃¹³ vəŋ²²¹　在结婚的前一天亲友到新房贺喜

闹房 nɐɯ²¹³⁻¹³ vəŋ²²¹　闹洞房

回门 uei²²¹⁻²² mən²²¹⁻²¹³　回娘家

离婚 liɛ²²¹⁻²² xuɛ̃⁴⁵

三、生育、寿诞

大腹桶 du²¹³⁻²¹ pəɯʔ⁵ dəŋ¹³　大肚子，一般指孕妇

有孕 uɔʔ²³ yŋ²¹³　怀孕

  有喜 uɔʔ²³ sɿ⁵³³

  有了 uɔʔ²³ lə⁰

  怀起 ua²²¹⁻²² tɕʰiʔ⁵⁻⁰

带身来 ta³³⁴⁻³³ ɕiŋ⁴⁵ lei²²¹　怀孕嫁人

腹大起 pəɯʔ⁵ du²¹³⁻²¹ tɕʰiʔ⁵⁻⁰　有时有私通怀孕的意思

当月 təŋ⁴⁵⁻³³ ȵyɛʔ²³　将到产期

做生母 tsu³³⁴⁻³³ ɕiaŋ⁴⁵⁻³³ mən¹³　做产

胞衣 pɐɯ⁴⁵⁻³³ i⁴⁵　胎盘

小生 ɕiɐɯ⁵³³⁻⁵³ ɕiaŋ⁴⁵　小产
　　小产 ɕiɐɯ⁵³³⁻⁵³ tsʰaŋ⁵³³

月内 n̩yɛʔ²³ nei²¹³　坐月子
　　生母内 ɕiaŋ⁴⁵⁻³³ məŋ¹³ nei²¹³

双胞落 ɕiɔŋ⁴⁵⁻⁵⁵ pɐɯ⁴⁵⁻³³ lɔʔ²³⁻⁵
　　双生儿 ɕiɔŋ⁴⁵⁻³³ ɕiaŋ⁴⁵⁻⁵⁵ n̩iɛ²²¹⁻²¹³
　　双胞胎 ɕiɔŋ⁴⁵⁻⁵⁵ pɐɯ⁴⁵⁻³³ tʰei⁴⁵

咥奶 tiɛʔ⁵ na¹³　吃奶

断奶 təŋ¹³⁻⁵³ na¹³　停止给小孩喂奶　‖ "断"发生音变,读同"懂"

换牙齿 uaŋ²¹³⁻²¹ ŋɔ¹³ tɕʰiɯ⁵³³

满月 mɛ̃¹³⁻²² n̩yɛʔ²³

做满月 tsu³³⁴⁻³³ mɛ̃¹³⁻²² n̩yɛʔ²³

剥子 pɔʔ⁵⁻³ tsɤ⁵³³　孩子的满月酒宴上有一道必不可少的食物是水煮蛋,前来贺喜的人们都必须吃。遂昌人把鸡蛋叫作"鸡子",吃的时候因为需要先剥了蛋壳,所以人们就把喝满月酒这件事情叫作"剥子"

对周 tei³³⁴⁻³³ iɯ⁴⁵　抓周,小孩一周岁时举行的一种预测前途的民间传统仪式,也是第一个生日纪念日的庆祝方式,不过,现在已经很少有人做了

做对周 tsu³³⁴⁻³³ tei³³⁴⁻³³ iɯ⁴⁵　举行抓周仪式

做寿 tsu³³⁴⁻³³ ʑiɯ²¹³

拜寿 pa³³⁴⁻³³ ʑiɯ²¹³

生日 ɕiaŋ⁴⁵⁻³³ nɛʔ²³

□生日 pɛ̃⁴⁵ ɕiaŋ⁴⁵⁻³³ nɛʔ²³　办生日宴

过生日 ku³³⁴⁻³³ ɕiaŋ⁴⁵⁻³³ nɛʔ²³

□酒 pɛ̃⁴⁵ tɕiɯ⁵³³　办酒宴,可指各类红白喜事

排场 ba²²¹⁻²² dʑiaŋ²²¹⁻²¹³　酒席

咥排场 tiɛʔ⁵ ba²²¹⁻²² dʑiaŋ²²¹⁻²¹³　吃酒宴

四、丧葬

活 uaʔ²³

死 sɤ⁵³³　统称

过辈 ku³³⁴⁻⁵⁵pei³³⁴　婉称

　　过生 ku³³⁴⁻³³ɕiaŋ⁴⁵

　　过世 ku³³⁴⁻⁵⁵ɕiɛ³³⁴

　　去了 kʰɤ³³⁴⁻³³lə⁰

　　老了 lɐɯ¹³lə⁰

寻死 ziŋ²²¹⁻²²sɤ⁵³³　自杀的统称

咥毒药 tiɛʔ⁵dəɯʔ²³⁻²iaʔ²³　服毒自杀

咥盐卤 tiɛʔ⁵iɛ̃²²¹⁻²¹lu¹³　吃盐卤自杀

上吊 dʑiaŋ¹³tiɐɯ³³⁴　上吊自杀

吊死 tiɐɯ³³⁴⁻³³sɤ⁵³³　上吊而死

跳井 tʰiɐɯ³³⁴⁻³³tɕiŋ⁵³³　投井自杀

跳溪 tʰiɐɯ³³⁴⁻³³tɕʰiɛ⁴⁵　投河自杀

跳楼 tʰiɐɯ³³⁴⁻³³lu²²¹　跳楼自杀

毒死 duə²¹³⁻²¹sɤ⁵³³　中毒而死

浸死 tsən³³⁴⁻³³sɤ⁵³³　淹死

报死信 pɐɯ³³⁴⁻³³sɤ⁵³³⁻⁵³ɕiŋ³³⁴　家里有人死后向亲朋好友报告死讯

死农 sɤ⁵³³⁻³³nən²²¹　(1) 尸体；(2) 詈词 (同 "死农骨头")

死活 sɤ⁵³³⁻⁵³uaʔ²³

寿材 ʑiɯ²¹³⁻¹³zei²²¹　棺材

　　老寿材 lɐɯ¹³⁻²²ʑiɯ²¹³⁻¹³zei²²¹

　　棺材 kuɛ̃⁴⁵⁻⁵⁵zei²²¹⁻²¹³

灵堂 liŋ²²¹⁻²²dɔŋ²²¹⁻²¹³

灵牌 liŋ²²¹⁻²²ba²²¹⁻²¹³

戴孝 ta³³⁴⁻⁵⁵xɐɯ³³⁴

花圈 xɒ⁴⁵⁻³³ tɕʰyẽ⁴⁵

纸钿 tɕie⁵³³⁻³³ diẽ²²¹　纸钱，民间迷信认为，这是希望死者在另一个世界有钱用

纸锭 tɕie⁵³³⁻⁵⁵ diŋ²¹³　纸元宝

纸座 tɕie⁵³³⁻⁵⁵ zu²¹³　纸房子，民间迷信认为，这是希望死者在另一个世界有房可住

地理先生 di²¹³⁻²¹ li¹³ ɕiẽ⁴⁵⁻³³ ɕiaŋ⁴⁵　风水先生，即以看风水为职业的人

拣日子 kaŋ⁵³³⁻⁵³ nɛʔ²³ tsɿ⁵³³　择日，一般做重大的事情都需要做，由风水先生主持

阴间地契 iŋ⁴⁵ kaŋ⁴⁵⁻³³ di²¹³⁻¹³ tɕʰie³³⁴　为逝者的下葬之处写地契的风俗习惯，是一种具有道教文化特征的丧葬风俗。"阴间地契"一般由风水先生来写

做志成 tsu³³⁴⁻⁵⁵ tsʅ³³⁴⁻³³ zɿŋ²²¹　出殡前几天家人请法师和歌唱班为死者超度亡灵的仪式

做功德 tsu³³⁴⁻⁵⁵ kəŋ⁴⁵⁻³³ tɛʔ⁵

功德簿 kəŋ⁴⁵⁻³³ tɛʔ⁵ buə¹³　记录死者生平功德的本子

守暝 yɛ⁵³³⁻⁵⁵ miaŋ²¹³　守夜，醒到天亮

坐暝 zu¹³ miaŋ²¹³

醒暝 ɕiŋ⁵³³⁻⁵⁵ miaŋ²¹³

烧草纸 ɕiɐu⁴⁵⁻⁵⁵ tsʰɐu⁵³³⁻³³ tɕie⁵³³

八仙 paʔ⁵⁻³ ɕiẽ⁴⁵　入殓师

落材 lɔʔ²³ zei²²¹　入殓，由专门请来的几位入殓师负责。入殓师们分别抱头、抱脚、抱腰，并用绸巾兜住死者的腰，先将脚放入棺内，然后慢慢地将尸体平放入棺内，最后，在尸体两侧放些死者生前所爱之物

读衣裳单 dəuʔ²³ i⁴⁵⁻⁵⁵ ziaŋ²¹³⁻²¹ taŋ⁴⁵　读衣物清单。死者入殓后，风水先生要把事先写好的衣物单当众宣读一遍，念完后立即焚烧，并将焚烧后的灰烬用布包好后放入棺材

殡棺 piŋ³³⁴⁻³³ kuẽ⁴⁵　盖棺

坟头 vən²²¹⁻²² du²²¹⁻²¹³　坟

修坟 ɕɯ⁴⁵ vən²²¹

金钵 tɕin⁴⁵⁻³³ pɛʔ⁵　棺材入墓几年后，将尸骨装入的陶罐

石碑 ʑiʔ²³⁻² pei⁴⁵

出丧 tɕʰyɛʔ⁵⁻³ sən⁴⁵⁻⁵³³　出殡

　　出殡 tɕʰyɛʔ⁵ pin³³⁴

　　送葬 sən³³⁴⁻⁵⁵ tsən³³⁴

扛棺材 kən⁴⁵⁻³³ kuɛ̃⁴⁵⁻⁵⁵ zei²²¹⁻²¹³　抬棺材

做七 tsu³³⁴⁻³³ tɕʰiʔ⁵　人死后每隔七日做一个祭奠活动，包括头七、二七、三七直至七七四十九天除灵止

头七 du²²¹⁻²² tɕʰiʔ⁵　人去世后的第一个"七"，家人会隆重纪念。民间迷信认为，死者魂魄会于"头七"返家，家人应该于魂魄回来前，给死者魂魄准备一顿饭

百日 piaʔ⁵ nɛ²³　人死后满百日，需举行较隆重的祭奠活动

供阴寿 tɕiən³³⁴⁻³³ in⁴⁵⁻⁵⁵ ʑɯ²¹³　祭阴寿。人去世后，若逢重大诞辰日（如八十周年、九十周年、一百周年等），亲人要在其灵位前供上丰盛的祭品并焚香燃烛进行祭奠

供三年 tɕiən³³⁴⁻³³ san⁴⁵⁻⁵⁵ ɲiɛ̃²²¹⁻²¹³　三周年之祭。人去世后的三周年纪念日，亲人们要到死者坟前供上祭品、燃烧纸钱进行祭奠

咥斋饭 tiɛʔ⁵⁻³ tsa⁴⁵⁻⁵⁵ van²¹³　吃斋饭

火葬 xu⁵³³⁻⁵³ tsən³³⁴　殡葬改革后，遂昌普遍实行火葬，并开辟了多个公墓供人们祭奠

火化 xu⁵³³⁻⁵³ xɒ³³⁴

骨灰 kuɛʔ⁵ xuei⁴⁵

骨灰盒 kuɛʔ⁵ xuei⁴⁵⁻³³ ɛʔ⁵

公墓 kən⁴⁵⁻⁵⁵ mu²¹³

追悼会 tsei⁴⁵ dɐɯ²¹³⁻¹³ uei²¹³

五、信仰

神仙 ʑin²²¹⁻²¹ ɕiɛ̃⁴⁵

成仙 ʑiŋ²²¹⁻²² ɕiɛ̃⁴⁵

玉皇大帝 ȵiɔʔ²³ ɔŋ²²¹⁻²² da²¹³⁻¹³ tiɛ³³⁴

王母娘娘 iɔŋ²²¹⁻²² mu¹³ ȵiaŋ²²¹⁻²² ȵiaŋ²²¹⁻²¹³

太白金星 tʰa³³⁴⁻³³ biaʔ²³ tɕiŋ⁴⁵⁻³³ ɕiŋ⁴⁵

仙女 ɕiɛ̃⁴⁵ ȵyɛ¹³

七仙女 tɕʰiʔ⁵⁻³ ɕiɛ̃⁴⁵ ȵyɛ¹³

牛郎 ȵiɯ²²¹⁻²² lɔŋ²²¹⁻²¹³

织女 tɕiʔ⁵ ȵyɛ¹³

上天 dʑiaŋ¹³⁻²² tʰiɛ̃⁴⁵

落凡 lɔʔ²³ vaŋ²²¹　下凡

老佛 lɐɯ¹³⁻²² vəɯʔ²³　佛、菩萨等的统称

如来佛 lu²²¹⁻²² lei²²¹⁻²¹ vəɯʔ²³

布袋僧 puə³³⁴⁻⁵⁵ dei²¹³⁻²¹ sɛ̃⁴⁵　弥勒佛

菩萨 bu²²¹⁻²¹ saʔ⁵

观音菩萨 kuɛ̃⁴⁵⁻³³ iŋ⁴⁵ bu²²¹⁻²¹ saʔ⁵
　　观音 kuɛ̃⁴⁵⁻³³ iŋ⁴⁵

灶君菩萨 tsɐɯ³³⁴⁻³³ tɕiŋ⁴⁵ bu²²¹⁻²¹ saʔ⁵　‖"君"韵母发生音变，读同"金"

雷公菩萨 lei²²¹⁻²¹ kəŋ⁴⁵ bu²²¹⁻²¹ saʔ⁵　雷公
　　雷公 lei²²¹⁻²¹ kəŋ⁴⁵

土地公 tʰuə⁵³³⁻⁵⁵ di²¹³⁻²¹ kəŋ⁴⁵　土地爷
　　土地 tʰuə⁵³³⁻⁵⁵ di²¹³

土地婆 tʰuə⁵³³⁻⁵⁵ di²¹³⁻¹³ bu²²¹

财神 zei²²¹⁻²² ʑiŋ²²¹⁻²¹³

门神 məŋ²²¹⁻²² ʑiŋ²²¹⁻²¹³

罗汉 lu²²¹⁻²² xɛ̃³³⁴

金刚 tɕiŋ⁴⁵⁻³³ kɔŋ⁴⁵

唐僧 dɔŋ²²¹⁻²¹ sɛ̃⁴⁵

孙悟空 sɛ̃⁴⁵⁻³³ ŋuə²¹³⁻²¹ kəŋ⁴⁵

猪八戒 tʊ⁴⁵⁻³³ paʔ⁵ ka³³⁴

沙僧 sɒ⁴⁵⁻³³ sɛ̃⁴⁵

慈仁大帝 zɤ²²¹⁻¹³ ȵin²²¹⁻²² da²¹³⁻²² tiɛ³³⁴　遂昌大柘及西乡一带所敬仰的神

樟树娘 tɕiaŋ⁴⁵⁻⁵⁵ dʑiɯ²¹³⁻¹³ ȵiaŋ²²¹　一些树龄达上百乃至千年的老樟树，常被人们看作是神木而当作神灵来崇拜。家中儿女若有五行缺木者，也需认一棵樟树为母亲，称为"樟树娘"

阳间 iaŋ²²¹⁻²¹ kaŋ⁴⁵

阴间 iŋ⁴⁵ kaŋ⁴⁵⁻⁰

阎王 iɛ̃²²¹⁻²² iɔŋ²²¹⁻²¹³

鬼 kuei⁵³³

吊死鬼 tiɐɯ³³⁴⁻³³ sɤ⁵³³⁻⁴⁵ kuei⁵³³

魂 uɛ̃²²¹　灵魂

　　魂灵 uɛ̃²²¹⁻²² liŋ²²¹⁻²¹³

香 ɕiaŋ⁴⁵

烧香 ɕiɐɯ⁴⁵⁻³³ ɕiaŋ⁴⁵

拜老佛 ba³³⁴⁻³³ lɐɯ¹³⁻²² vəʔ²³　拜佛，拜菩萨

磕头脑壳 kʰɛʔ⁵ du²²¹⁻²² nɐɯ¹³⁻²¹ kʰɔʔ⁵　磕头

香火榜 ɕiaŋ⁴⁵⁻⁵⁵ xu⁵³³⁻³³ pɔŋ⁵³³

香案 ɕiaŋ⁴⁵⁻⁵⁵ uɛ̃³³⁴

香炉 ɕiaŋ⁴⁵⁻⁵⁵ luə²²¹⁻²¹³

蜡烛台 laʔ²³⁻² tɕiɔʔ⁵ dei²²¹

点香灯 tiɛ̃⁵³³⁻⁵³ ɕiaŋ⁴⁵⁻³³ tiŋ⁴⁵　向佛敬香之前将香引燃的行为

敬香 tɕiŋ³³⁴⁻³³ ɕiaŋ⁴⁵

烧草纸 ɕiɐɯ⁴⁵⁻⁵⁵ tsʰɐɯ⁵³³⁻³³ tɕiɛ⁵³³　烧纸钱

和尚 u²²¹⁻⁵⁵ ʑiaŋ²¹³

尼姑 ȵi²²¹⁻²¹ kuə⁴⁵

老佛殿 lɐɯ¹³ vəɯʔ²³⁻² diɛ̃²¹³　寺庙

和尚庙 u²²¹⁻²² ʑiaŋ²¹³⁻²² miɐɯ²¹³

尼姑庵 ȵi²²¹⁻²² kuə⁴⁵⁻³³ ɛ̃⁴⁵

土地庙 tʰuə⁵³³⁻³³ di²¹³⁻²² miɐu²¹³

财神殿 zei²²¹⁻²² ʑiŋ²²¹⁻²² diɛ̃²¹³

社殿 ʑiŋ¹³⁻²² diɛ̃²¹³

社殿摆祭 ʑiŋ¹³⁻²² diɛ̃²¹³⁻²¹ pa⁵³³⁻⁵³ tɕie³³⁴　在元宵节前一两天到当地的社殿去祭奠神灵，以祈求太平，称为"社殿摆祭"

城隍 ʑiŋ²²¹⁻²² ɔŋ²²¹⁻²¹³　迷信传说中主管某个城的神

城隍庙 ʑiŋ²²¹⁻²² ɔŋ²²¹⁻²² miɐu²¹³

关公庙 kuaŋ⁴⁵⁻³³ kəŋ⁴⁵ miɐu²¹³

道士 dɐu¹³ ʑiu¹³⁻²¹³

算命先生 sɛ̃³³⁴⁻⁵⁵ miŋ²¹³⁻²¹ ɕiɛ̃⁴⁵⁻³³ ɕiaŋ⁴⁵

算命 sɛ̃³³⁴⁻⁵⁵ miŋ²¹³

测字 tɕʰɯʔ⁵ zɤ²¹³

望风水 mɔŋ²¹³⁻²¹ fəŋ⁴⁵⁻³³ ɕy⁵³³　看风水

望相 mɔŋ²¹³⁻²² ɕiaŋ³³⁴　看相

卜筒 bɔʔ²³ dəŋ²²¹　占卜

　卜卦 bɔʔ²³ kɒ³³⁴

求签 dʑiɯ²²¹⁻²² tɕʰiɛ̃⁴⁵

解签 ka⁵³³⁻⁵³ tɕʰiɛ̃⁴⁵

许愿 xɤ⁵³³⁻⁵⁵ ȵyɛ̃²¹³

还愿 uaŋ²²¹⁻²² ȵyɛ̃²¹³

祠堂 zɤ²²¹⁻²² dɔŋ²²¹⁻²¹³

五代板 ŋuə¹³⁻²² dei²¹³⁻¹³ paŋ⁵³³　作为祭祖的场所，有的祠堂内正对大门靠墙的台阶上陈列着按辈分排列的木制祖宗牌位，叫作"五代板"。五代板后的白墙上画有几幅比较出色的祖先画像。遇有刚去世的，则在相应位置上放一块写有该人姓名的红底黑字纸片，稍后再将其姓名写在五代板相应的位置上

家谱 kɒ⁴⁵⁻³³ pʰuə⁵³³

打醮 tiaŋ⁵³³⁻⁵³ tɕiɐu³³⁴　法师设坛做法、求福禳灾的一种法事活动

师公 ɕiu⁴⁵⁻³³ kəŋ⁴⁵　法师

求雨 dʑiɯ²²¹⁻²² ye¹³

做表 tsu³³⁴⁻³³ piɐɯ⁵³³　法师在打醮过程中给天上各路神仙发帖的一种仪式

许太平愿 xɤ⁵³³⁻⁵³ tʰa³³⁴⁻³³ biŋ²²¹⁻²² ȵyẽ²¹³　向老天爷许愿，是打醮的最后一项内容

符 vuə²²¹　符咒

命 miŋ²¹³

运气 yŋ²¹³⁻²² tsʰɿ³³⁴

皇天 ɔŋ²²¹⁻²¹ tʰiẽ⁴⁵　苍天，老天爷，民间因冤极、痛极、危极、急极而呼天的说法

讴皇天 ɐɯ⁴⁵ ɔŋ²²¹⁻²¹ tʰiẽ⁴⁵　因冤极、痛极、危极、急极而呼天

五行 ŋuə¹³ ɔŋ²²¹　古代哲学的一种系统，包含金、木、水、火、土

八卦 paʔ⁵ kɒ³³⁴　形成于中国远古的一套象征性符号，有三条长画或断画组成的八种图式，用于占卜等

阴阳 iŋ⁴⁵⁻⁵⁵ iaŋ²²¹⁻²¹³　古代哲学概念。古代思想家把万事万物概括为阴、阳两个对立的范畴

第十六节　官司诉讼

公安 kəŋ⁴⁵⁻³³ ẽ⁴⁵

公安局 kəŋ⁴⁵⁻⁵⁵ ẽ⁴⁵⁻³³ dʑiɔʔ²³

派出所 pʰa³³⁴⁻³³ tɕʰyɐʔ⁵⁻³ su⁵³³

法院 faʔ⁵ yẽ²¹³

检察院 tɕiẽ⁵³³⁻⁵³ tsʰaʔ⁵ yẽ²¹³

牢监 lɐɯ²²¹⁻²¹ kaŋ⁴⁵　监狱

打官司 tiaŋ⁵³³⁻⁵³ kuẽ⁴⁵⁻³³ sɤ⁴⁵

告状 kɐɯ³³⁴⁻⁵⁵ ʑiɔŋ²¹³

状纸 ʑiɔŋ²¹³⁻¹³ tɕie⁵³³

法官 faʔ⁵⁻³kuɛ̃⁴⁵
传票 dzyɛ̃²²¹⁻²²pʰiɐɯ³³⁴
律师 liʔ²³⁻²sʅ⁴⁵
辩护 biɛ̃²¹³⁻¹³uə²¹³
搭 kʰɒ³³⁴　逮捕，抓
认 ȵiŋ²¹³　供认
审案 ɕiŋ⁵³³⁻⁵³uɛ̃³³⁴
犯法 van²¹³⁻²¹faʔ⁵
判 pʰɛ̃³³⁴
公判 kəŋ⁴⁵⁻⁵⁵pʰɛ̃³³⁴
判刑 pʰɛ̃³³⁴⁻³³iŋ²²¹
罚款 vaʔ²³kʰuɛ̃⁵³³
拘留 tɕyɛ⁴⁵⁻³³liɯ²²¹
游街 iɯ²²¹⁻²²ka⁴⁵　押着罪犯在街上游行，以示惩戒
坐牢监 zu¹³⁻²²lɐɯ²²¹⁻²¹kaŋ⁴⁵　坐牢
　坐牢 zu¹³lɐɯ²²¹
杀头 saʔ⁵du²²¹
枪毙 tɕʰiaŋ⁴⁵⁻⁵⁵bi²¹³
手铐 ɕiɯ⁵³³⁻⁵³kʰɐɯ³³⁴
手镣 ɕiɯ⁵³³⁻⁵⁵liɐɯ²²¹⁻²¹³　手镣
骹镣 kʰɐɯ⁴⁵⁻⁵⁵liɐɯ²²¹⁻²¹³　脚镣
铐 kʰɐɯ³³⁴　（1）名词；（2）动词
官印 kuɛ̃⁴⁵⁻⁵⁵iŋ³³⁴
公章 kəŋ⁴⁵⁻³³tɕiaŋ⁴⁵
私章 sʅ⁴⁵⁻³³tɕiaŋ⁴⁵
捺手手头印 naʔ²³tɕʰyɛʔ⁵tɕʰyɛʔ⁵du²²¹⁻²²iŋ³³⁴　摁手印
　捺手印 naʔ²³ɕiɯ⁵³³⁻⁵³iŋ³³⁴
贪污 tʰɛ̃⁴⁵⁻³³uə⁴⁵
塞钞票 sɛʔ⁵⁻³tsʰɯ⁴⁵⁻⁵⁵pʰiɐɯ³³⁴　行贿

偷 tʰu⁴⁵

偷东西 tʰu⁴⁵⁻⁵⁵ təŋ⁴⁵⁻³³ ɕie⁴⁵

剪绺 tɕiẽ⁵³³⁻⁵³ liɯ¹³⁻⁴⁵　扒窃

打劫 tiaŋ⁵³³⁻⁵³ tɕieʔ⁵　抢劫

抢 tɕʰiaŋ⁵³³

抢东西 tɕʰiaŋ⁵³³⁻⁵³ təŋ⁴⁵⁻³³ ɕie⁴⁵

放毒 fɔŋ³³⁴⁻³³ dəuʔ²³

弄送 ləŋ²¹³⁻²² səŋ³³⁴⁻⁴⁵　作弄,戏弄,算计

旋 ʐyẽ²¹³　骗

　骗 pʰiẽ³³⁴

旋农 ʐyẽ²¹³⁻¹³ nəŋ²²¹　骗人

　骗农 pʰiẽ³³⁴⁻³³ nəŋ²²¹

黄六 ɔŋ²²¹⁻²¹ ləɯʔ²³　欺诈

　黄六旋 ɔŋ²²¹⁻¹³ ləɯʔ²³⁻² ʐyẽ²¹³

强奸 dʑiaŋ²²¹⁻²¹ kaŋ⁴⁵

杀农 saʔ⁵ nəŋ²²¹　杀人

犯农 vaŋ¹³ nəŋ²²¹　犯人

贪污犯 tʰẽ⁴⁵⁻³³ uə⁴⁵ vaŋ¹³

盗窃犯 dəɯ²¹³⁻²¹ tɕʰieʔ⁵ vaŋ¹³

抢劫犯 tɕʰiaŋ⁵³³⁻⁵³ tɕieʔ⁵ vaŋ¹³

强奸犯 dʑiaŋ²²¹⁻²¹ kaŋ⁴⁵ vaŋ¹³

杀农犯 saʔ⁵ nəŋ²²¹⁻²² vaŋ¹³　杀人犯

第十七节　商　贸　活　动

一、行业

生意 ɕiaŋ⁴⁵⁻⁵⁵ i³³⁴

做生意 tsu³³⁴⁻³³ ɕiaŋ⁴⁵⁻⁵⁵ i³³⁴

开店 kʰei⁴⁵⁻⁵⁵ tiẽ³³⁴

店 tiẽ³³⁴

小店 ɕiɯ⁵³³⁻⁵³ tiẽ³³⁴

店号 tiẽ³³⁴⁻⁵⁵ ɐɯ²¹³　商店的名号

招牌 tɕiɐɯ⁴⁵⁻⁵⁵ ba²²¹⁻²¹³

门面 məŋ²²¹⁻²² miẽ²¹³

布店 puə³³⁴⁻⁵⁵ tiẽ³³⁴

粮站 liaŋ²²¹⁻²¹ dzaŋ²¹³⁻¹³　过去农村收获谷物后换取金钱和完成任务的地方。20 世纪 90 年代之前，每家农户都有谷物上缴要求

粮店 liaŋ²²¹⁻²² tiẽ³³⁴　卖粮食的商店

肉店 ȵiuʔ²³ tiẽ³³⁴

面食店 miẽ²¹³⁻²² ʑiʔ²³ tiẽ³³⁴　馄饨店

菜店 tsʰei³³⁴⁻⁵⁵ tiẽ³³⁴

菜场 tsʰei³³⁴⁻³³ dʑiaŋ²²¹　菜市场

剃头店 tʰiɛ³³⁴⁻³³ du²²¹⁻²² tiẽ³³⁴　理发店

剃头担 tʰiɛ³³⁴⁻³³ du²²¹⁻²² taŋ³³⁴　理发挑子

书店 ɕye⁴⁵⁻⁵⁵ tiẽ³³⁴

药店 iaʔ²³ tiẽ³³⁴

当铺 toŋ³³⁴⁻⁵⁵ pʰuə³³⁴

当 toŋ³³⁴　典当

银行 ȵin²²¹⁻²² oŋ²²¹⁻²¹³

摆摊 pa⁵³³⁻⁵³ tʰaŋ⁴⁵

二、经营、交易

行日 oŋ²²¹⁻²¹ nɐʔ²³　集日，有集市的日子。过去，遂昌各个乡镇都有"行日"，但相邻的几个乡镇"行日"的时间一般不相同，以便于人们跨乡镇赶集。例如，县城妙高镇的"行日"时间为农历逢二、七，大柘镇为农历逢一、六

赶行 kuẽ⁵³³⁻⁵³ ɔŋ²²¹　赶集

开业 kʰei⁴⁵⁻³³ ȵieʔ²³

盘店 bẽ²²¹⁻²² tiẽ³³⁴　商店定期（一般是每月一次）清点存货，该日不对外营业

倒灶 tɐɯ⁵³³⁻⁵³ tsɐɯ³³⁴　（1）倒闭；（2）倒霉

价钿 kɒ³³⁴⁻³³ diẽ²²¹　价钱

问价钿 mən²¹³⁻²¹ kɒ³³⁴⁻³³ diẽ²²¹　问价钱

乐价 ŋɐɯ²¹³⁻²¹ kɒ³³⁴　要价

还价 uaŋ²²¹⁻²² kɒ³³⁴

讨价还价 tʰɐɯ⁵³³⁻⁵³ kɒ³³⁴⁻³³ uaŋ²²¹⁻²² kɒ³³⁴

压价 aʔ⁵ kɒ³³⁴

杀价 saʔ⁵ kɒ³³⁴

打折 tiaŋ⁵³³⁻⁵³ tɕieʔ⁵

折扣 tɕieʔ⁵ kʰu³³⁴

本钿 pẽ⁵³³⁻³³ diẽ²²¹　本钱

利润 li²¹³⁻¹³ yŋ²¹³

货色 xu³³⁴⁻³³ səɯʔ⁵　货物的成色、质量等

值钿 dʑiʔ²³ diẽ²²¹　值钱

贵 tɕy³³⁴

便宜 biẽ²²¹⁻²² ȵi²¹³

实惠 ʑiʔ²³ uei²¹³

钞票 tsʰɐɯ⁴⁵⁻⁵⁵ pʰiɐɯ³³⁴

铜钿 dən²²¹⁻²² diẽ²²¹⁻²¹³　铜钱，是秦汉以后出现的方孔圆钱。一直到清末民初，仍在使用这种类型的钱币

铅板 kʰaŋ⁴⁵⁻³³ paŋ⁵³³　硬币

散票 saŋ⁵³³⁻⁵³ pʰiɐɯ³³⁴　散钱

一块头 iʔ⁵⁻³ kʰuei³³⁴⁻⁵⁵ du²²¹⁻²¹³　一元一张或一枚的钞票

两块头 lẽ¹³ kʰuei³³⁴⁻⁵⁵ du²²¹⁻²¹³　两元一张或一枚的钞票

五块头 ŋuɯ¹³ kʰuei³³⁴⁻⁵⁵ du²²¹⁻²¹³　五元一张的钞票

十块头 ʑyɛʔ²³⁻² kʰuei³³⁴⁻⁵⁵ du²²¹⁻²¹³　十元一张的钞票

廿块头 ȵiẽ²¹³⁻²¹ kʰuei³³⁴⁻⁵⁵ du²²¹⁻²¹³　二十元一张的钞票

五十块头 ŋuə¹³ ɕyɛʔ²³⁻⁵ kʰuei³³⁴⁻⁵⁵ du²²¹⁻²¹³　五十元一张的钞票

一百块头 iʔ⁵⁻³ piaʔ⁵ kʰuei³³⁴⁻⁵⁵ du²²¹⁻²¹³　一百元一张的钞票

销路 ɕiɤɯ⁴⁵⁻⁵⁵ luə²¹³

赚 dzaŋ¹³

赚钞票 dzaŋ¹³ tsʰɐɯ⁴⁵⁻⁵⁵ pʰiɤɯ³³⁴

保本 pɐɯ⁵³³⁻⁵³ pẽ⁵³³

蚀 ʑiɛʔ²³　亏本

　蚀本 ʑiɛʔ²³ pẽ⁵³³

税 ɕyɛ³³⁴

交税 kɐɯ⁴⁵⁻⁵⁵ ɕyɛ³³⁴

租钿 tsuə⁴⁵⁻³³ diẽ²²¹　租金

　租金 tsuə⁴⁵⁻³³ tɕiŋ⁴⁵

契约 tɕʰiɛ³³⁴⁻³³ iaʔ⁵

写契 ɕiŋ⁵³³⁻⁵³ tɕʰiɛ³³⁴

字据 zɿ²¹³⁻¹³ tɕyɛ³³⁴

借条 tɕiŋ³³⁴⁻³³ diɐɯ²²¹

发票 faʔ⁵ pʰiɤɯ³³⁴

租 tsuə⁴⁵

欠 tɕʰiẽ³³⁴

借 tɕiŋ³³⁴

借钞票 tɕiŋ³³⁴ tsʰɐɯ⁴⁵⁻⁵⁵ pʰiɤɯ³³⁴

还 uaŋ²²¹

赔 bei²²¹

找 tsɐɯ⁵³³　找（零钱）

开销 kʰei⁴⁵⁻³³ ɕiɤɯ⁴⁵

电费 diẽ²¹³⁻¹³ fiɛ³³⁴

烑费 y⁵³³⁻⁵³ fiɛ³³⁴　水费

炑电费 y⁵³³⁻⁵³ diɛ̃²¹³⁻¹³ fiɛ³³⁴　水电费

账房 tiaŋ³³⁴⁻³³ vɔŋ²²¹

账 tiaŋ³³⁴

记账 tsɿ³³⁴⁻⁵⁵ tiaŋ³³⁴

赊账 ɕiŋ⁴⁵⁻⁵⁵ tiaŋ³³⁴

欠账 tɕʰiɛ̃³³⁴⁻⁵⁵ tiaŋ³³⁴

还账 uaŋ²²¹⁻²² tiaŋ³³⁴

讨账 tʰuə⁵³³⁻⁵³ tiaŋ³³⁴

取账 tɕʰiu⁵³³⁻⁵³ tiaŋ³³⁴

无赖皮 muə²²¹⁻²² la²¹³⁻¹³ bi²²¹　赖账

赖账 la²¹³⁻¹³ tiaŋ³³⁴

债 tsa³³⁴

欠债 tɕʰiɛ̃³³⁴⁻⁵⁵ tsa³³⁴

还债 uaŋ²²¹⁻²² tsa³³⁴

讨债 tʰuə⁵³³⁻⁵³ tsa³³⁴

抵债 tiɛ⁵³³⁻⁵³ tsa³³⁴

利息 liʔ²³⁻² ɕiʔ⁵

贷款 dei²¹³⁻¹³ kʰuɛ̃⁵³³

放款 fɔŋ³³⁴⁻³³ kʰuɛ̃⁵³³

高利贷 kɐɯ⁴⁵⁻³³ li²¹³⁻²² dei²¹³

工钿 kəŋ⁴⁵⁻⁵⁵ diɛ̃²²¹⁻²¹³　工钱

工资 kəŋ⁴⁵⁻³³ tsɿ⁴⁵

发工钿 faʔ⁵ kəŋ⁴⁵⁻⁵⁵ diɛ̃²²¹⁻²¹³　发工钱

发工资 faʔ⁵ kəŋ⁴⁵⁻³³ tsɿ⁴⁵

老板 lɐɯ¹³ paŋ⁵³³

学徒 ɔʔ²³ duə²²¹

顾客 kuə³³⁴⁻³³ kʰaʔ⁵

老客 lɐɯ¹³⁻²² kʰaʔ⁵　老主顾

三、商贸工具

算盘 sɛ̃³³⁴⁻³³ bɛ̃²²¹

算盘珠 sɛ̃³³⁴⁻³³ bɛ̃²²¹⁻²² tɕyɛ⁴⁵

打算盘 tiaŋ⁵³³⁻⁵³ sɛ̃³³⁴⁻³³ bɛ̃²²¹

天平 tʰiɛ̃⁴⁵⁻⁵⁵ biŋ²²¹⁻²¹³

秤 tɕʰiŋ³³⁴　统称

手秤 ɕiɯ⁵³³⁻⁵³ tɕʰiŋ³³⁴　杆秤

盘秤 bɛ̃²²¹⁻²² tɕʰiŋ³³⁴

涝⁼ lɐɯ²¹³　大型杆秤，使用时以竹木杠或扁担穿过秤纽由两人抬着

磅秤 poŋ⁵³³⁻⁵³ tɕʰiŋ³³⁴

秤盘 tɕʰiŋ³³⁴⁻³³ bɛ̃²²¹

秤星 tɕʰiŋ³³⁴⁻³³ ɕiŋ⁴⁵

秤钩 tɕʰiŋ³³⁴⁻³³ ku⁴⁵

定盘星 diŋ²¹³⁻²² bɛ̃²²¹⁻²¹ ɕiŋ⁴⁵

秤花 tɕʰiŋ³³⁴⁻³³ xɒ⁴⁵

秤梗 tɕʰiŋ³³⁴⁻³³ kuaŋ⁵³³　秤杆

秤锤 tɕʰiŋ³³⁴⁻³³ dʐy²²¹

秤头 tɕʰiŋ³³⁴⁻³³ du²²¹

秤纽 tɕʰiŋ³³⁴⁻³³ ȵiɯ¹³

大纽 du²¹³⁻²¹ ȵiɯ¹³　外纽

二纽 ȵi²¹³⁻²¹ ȵiɯ¹³　内纽

小秤盘 ɕiɐɯ⁵³³⁻⁵³ tɕʰiŋ³³⁴⁻³³ bɛ̃²²¹　戥秤，是称贵重物品或名贵中药用的一种小型手秤

称 tɕʰiŋ⁴⁵　称（重量）

轩 ɕiɛ̃⁴⁵　称东西时秤尾上抬，表示分量足

平 biŋ²²¹　称东西时秤尾持平，表示分量正好

软 ȵyɛ̃¹³　称东西时秤尾下垂，表示分量不够

斗 tu⁵³³　量米的容器

合 kaʔ⁵　量米的容器
尺 tɕʰiʔ⁵
皮尺 bi²²¹⁻²¹ tɕʰiʔ⁵　用漆布等材料做的卷尺
卷尺 tɕyɛ̃⁵³³⁻⁵³ tɕʰiʔ⁵　以钢卷尺最为常见
市尺 zʅ¹³⁻²¹ tɕʰiʔ⁵　市制长度的单位，合三分之一米
尺寸 tɕʰiʔ⁵ tsʰɛ̃³³⁴

第十八节　交 通 邮 政

一、陆路交通

路 luə²¹³
大路 du²¹³⁻²² luə²¹³
小路 ɕiɐu⁵³³⁻⁵⁵ luə²¹³
路口 luə²¹³⁻¹³ kʰu⁵³³
三岔路口 saŋ⁴⁵⁻³³ tsʰɒ⁴⁵ luə²¹³⁻¹³ kʰu⁵³³
十字路口 ʑyɛʔ²³ zʅ²¹³⁻²¹ luə²¹³⁻¹³ kʰu⁵³³
丁字路口 tiŋ⁴⁵ zʅ²¹³⁻²¹ luə²¹³⁻¹³ kʰu⁵³³
车 tɕʰiŋ⁴⁵　车的统称
汽车 tsʰʅ³³⁴⁻⁵³ tɕʰiŋ⁴⁵　机动车的统称
料车 liɐu²¹³⁻²¹ tɕʰiŋ⁴⁵　货车
油罐车 iu²²¹⁻²² kuaŋ³³⁴⁻³³ tɕʰiŋ⁴⁵
小宝车 ɕiɐu⁵³³⁻⁵³ pɐu⁵³³⁻³³ tɕʰiŋ⁴⁵　轿车
客车 kʰaʔ⁵⁻³ tɕʰiŋ⁴⁵
面包车 miɛ̃²¹³⁻²² pɐu⁴⁵⁻³³ tɕʰiŋ⁴⁵　前后没有突出的发动机仓和行李仓，像面包一样的车辆
大巴 dɒ²¹³⁻²¹ pɒ⁴⁵　大型客车
中巴 tɕiɔŋ⁴⁵⁻³³ pɒ⁴⁵　中型客车

公交车 kəŋ⁴⁵⁻⁵⁵ kɐɯ⁴⁵⁻³³ tɕʰiɒ⁴⁵

长途车 dziaŋ¹³⁻²² duə²²¹⁻²² tɕʰiɒ⁴⁵

火车 xu⁵³³⁻⁵³ tɕʰiɒ⁴⁵

高铁 kɐɯ⁴⁵⁻³³ tʰiɛʔ⁵

动车 dəŋ¹³⁻²¹ tɕʰiɒ⁴⁵

铁路 tʰiɛʔ⁵ luə²¹³

公路 kəŋ⁴⁵⁻⁵⁵ luə²¹³

飞机 fi⁴⁵⁻³³ tsʅ⁴⁵

车站 tɕʰiɒ⁴⁵⁻⁵⁵ dzaŋ²¹³

汽车站 tsʰʅ³³⁴⁻³³ tɕʰiɒ⁴⁵⁻⁵⁵ dzaŋ²¹³

火车站 xu⁵³³⁻⁵³ tɕʰiɒ⁴⁵⁻⁵⁵ dzaŋ²¹³

车票 tɕʰiɒ⁴⁵⁻⁵⁵ pʰiɐɯ³³⁴

订票 tiŋ³³⁴⁻⁵⁵ pʰiɐɯ³³⁴

买票 ma¹³ pʰiɐɯ³³⁴

卖票 ma²¹³⁻²² pʰiɐɯ³³⁴

坐票 zu¹³ pʰiɐɯ³³⁴　有座位的车票

站票 dzaŋ²¹³⁻¹³ pʰiɐɯ³³⁴　没有座位的车票

站台票 dzaŋ²¹³⁻¹³ dei²²¹⁻²² pʰiɐɯ³³⁴　月台票。持该票可进入火车站至月台接送乘客，但不可乘车。2014 年起，全国所有火车站均已停售站台票

汽车票 tsʰʅ³³⁴⁻³³ tɕʰiɒ⁴⁵⁻⁵⁵ pʰiɐɯ³³⁴

火车票 xu⁵³³⁻⁵³ tɕʰiɒ⁴⁵⁻⁵⁵ pʰiɐɯ³³⁴

飞机票 fi⁴⁵⁻³³ tsʅ⁴⁵⁻⁵⁵ pʰiɐɯ³³⁴

机票 tsʅ⁴⁵⁻⁵⁵ pʰiɐɯ³³⁴

黄包车 ɔŋ²²¹⁻²² pɐɯ⁴⁵⁻³³ tɕʰiɒ⁴⁵　一种双轮载客工具，最初是用人力拖拉的，后发展为脚踩乃至电动的三轮载客车。早期，车身涂黄漆，故名

三轮车 san⁴⁵⁻³³ liŋ²²¹⁻²² tɕʰiɒ⁴⁵　三轮载货车，过去多为脚踩

脚踏车 tɕiaʔ⁵ daʔ²³⁻² tɕʰiɒ⁴⁵　自行车

骑车 dzɿ²²¹⁻²² tɕʰiɒ⁴⁵

手车 ɕiɯ⁵³³⁻⁵³ tɕʰiɒ⁴⁵　手拉车

马达克 maʔ² daʔ²³⁻² kʰɛʔ⁵　摩托车

　摩托车 mɔʔ² tʰɔʔ⁵⁻³ tɕʰiɒ⁴⁵

电瓶车 diẽ²¹³⁻¹³ biŋ²²¹⁻²² tɕʰiɒ⁴⁵　电动车

拖拉机 tʰu⁴⁵⁻⁵⁵ lɒ²²¹⁻²² tsɿ⁴⁵

开车 kʰei⁴⁵⁻³³ tɕʰiɒ⁴⁵

坐车 zu¹³⁻²² tɕʰiɒ⁴⁵

上车 dʑiaŋ¹³⁻²² tɕʰiɒ⁴⁵

落车 lɔʔ²³⁻² tɕʰiɒ⁴⁵　下车

停车 diŋ²²¹⁻²² tɕʰiɒ⁴⁵

晕车 yŋ²¹³⁻²¹ tɕʰiɒ⁴⁵

轮盘 liŋ²²¹⁻²² bẽ²²¹⁻²¹³　车轮

方向盘 fɔŋ⁴⁵⁻⁵⁵ ɕiaŋ³³⁴⁻³³ bẽ²²¹

轿 dʑiɐɯ²¹³　轿子

坐轿 zu¹³⁻²² dʑiɐɯ²¹³

扛轿 kɔŋ⁴⁵⁻⁵⁵ dʑiɐɯ²¹³　抬轿

二、水路交通

桥 dʑiɐɯ²²¹

板桥 paŋ⁵³³⁻⁵³ dʑiɐɯ²²¹　过去大溪上最常见的木板桥。这种桥由一段一段的木桥板拼接而成，均匀地架在梯形支撑架上。每年汛期，为了防止桥板被大水冲走，人们用一根长长的铁链子将桥板拴住，发大水前将桥板及支架拆了集中保护；大水过后，再将板桥复原。现已不复存在

便桥 biẽ²¹³⁻¹³ dʑiɐɯ²²¹　用几块木板或几根树木拼合而成的简易桥，一般仅可通行一人，多见于山区水沟上

吊桥 tiɐɯ³³⁴⁻³³ dʑiɐɯ²²¹

拱桥 tɕiɔŋ⁵³³⁻⁵⁵ dʑiɐɯ²²¹⁻²¹³

廊桥 lɔŋ²²¹⁻²² dʑiɐɯ²²¹⁻²¹³　一种有屋顶的桥,可保护桥梁,同时亦可遮阳避雨、供人休憩。遂昌较有名的廊桥,比如王村口镇的宏济桥,它始建于明代,后几经修缮。宏济桥将王村口的桥西村和桥东村两个村子连接了起来,如今仍在通行

桥亭 dʑiɐɯ²²¹⁻²² diŋ²²¹⁻²¹³　廊桥上供人遮阳避雨和休憩用的部分,意即桥上之亭

桥墩 dʑiɐɯ²²¹⁻²¹ tẽ⁴⁵

桥头 dʑiɐɯ²²¹⁻²² du²²¹⁻²¹³

桥骸 dʑiɐɯ²²¹⁻²¹ kʰɯɐ⁴⁵　河流中对桥梁起支撑作用的桥墩

桥洞 dʑiɐɯ²²¹⁻²² dəŋ²¹³

桥板 dʑiɐɯ²²¹⁻¹³ paŋ⁵³³　铺在桥上的木板

船 ʐyẽ²²¹

竹排 tiuʔ⁵ ba²²¹　竹筏

渔船 ŋɤ²²¹⁻²² ʐyẽ²²¹⁻²¹³

渡船 duə²¹³⁻¹³ ʐyẽ²²¹

轮船 ləŋ²²¹⁻²² ʐyẽ²²¹⁻²¹³

船头 ʐyẽ²²¹⁻²² du²²¹⁻²¹³

船篷 ʐyẽ²²¹⁻²² bəŋ²²¹⁻²¹³

舵 duə¹³

撑船 tɕʰiaŋ⁴⁵⁻⁵⁵ ʐyẽ²²¹⁻²¹³

渡口 duə²¹³⁻¹³ kʰu⁵³³

三、邮政通讯

信 ɕiŋ³³⁴

信纸 ɕiŋ³³⁴⁻³³ tɕiɐ⁵³³

信壳 ɕiŋ³³⁴⁻³³ kʰɔʔ⁵　信封

邮票 iɯ²²¹⁻²² pʰiɐɯ³³⁴　供寄递邮件贴用的邮资凭证,一般由国家统一发行

邮费 iɯ²²¹⁻²² fiɐ³³⁴　邮寄的费用

寄信 tsṛ³³⁴⁻⁵⁵ ɕiŋ³³⁴

平信 biŋ²²¹⁻²² ɕiŋ³³⁴　一种邮寄信件的最常用方法，使用标准信封。与挂号信相比，平信不给收据，不负责赔偿，但最省钱

挂号信 kɒ³³⁴⁻³³ ɯa²¹³⁻²¹ ɕiŋ³³⁴　一种邮寄信件的方法，邮件须到邮局营业窗口交寄，经邮局营业人员验视、封装后办理挂号手续，并出具挂号信收据；挂号邮件丢失或损毁，可按规定进行赔偿

明信片 miŋ²²¹⁻²¹ ɕiŋ³³⁴⁻⁵⁵ pʰiẽ³³⁴　一种不用信封就可直接投寄的写有文字内容并带有图像的卡片，投寄时须贴有足够面值的邮票（有的正式发行的明信片已附印邮票）。一般其正面为图像，反面写收件人信息以及对收件人说的话。所写内容公开，故名

包裹 pɐɯ⁴⁵⁻³³ ku⁵³³

邮电局 iɯ²²¹⁻²² diẽ²¹³⁻²¹ dʑiɔʔ²³　负责邮政和电信的机构。过去，邮政和电信都由邮电局负责，20 世纪 90 年代末，邮政和电信分家，分属不同机构

集邮 dʑiʔ²³ iɯ²²¹　一种以邮票为对象的收集、鉴赏、研究及交易的行为。有的稀缺邮票在若干年后会大幅增值

邮筒 iɯ²²¹⁻²² dəŋ²²¹⁻¹³　邮箱的一种，是用来收集外寄信件的邮政设施，常见于街道边

邮箱 iɯ²²¹⁻²¹ ɕiaŋ⁴⁵　(1)用来收集外寄信件的邮政设施，通常是木箱；(2)电子邮箱

快递 kʰua³³⁴⁻⁵⁵ di²¹³　由专门邮递员负责的快速递送邮件的方式

电报 diẽ²¹³⁻¹³ pɐɯ³³⁴　一种最早用电的方式来传送信息的、即时远距离通信方式，随着电话、电子邮件等的普及，电报已很少被人使用

拍电报 pʰaʔ⁵ diẽ²¹³⁻¹³ pɐɯ³³⁴　发送电报。最早发送电报用的老式编码设备，只有一两个按键，通过敲击次数来译码或解码，故名

收电报 ɕiɯ⁴⁵ diẽ²¹³⁻¹³ pɐɯ³³⁴　接收电报

电报费 diẽ²¹³⁻¹³ pɐɯ³³⁴⁻³³ fiẽ³³⁴

电话 diẽ²¹³⁻¹³ u²¹³

电话线 diẽ²¹³⁻¹³ u²¹ ɕiẽ³³⁴

电话机 diɛ̃²¹³⁻¹³ u²¹³⁻²¹ tsɿ⁴⁵

打电话 tiaŋ⁵³³⁻⁵³ diɛ̃²¹³⁻¹³ u²¹³

接电话 tɕiɛʔ⁵ diɛ̃²¹³⁻¹³ u²¹³

手机 ɕiɯ⁵³³⁻⁵³ tsɿ⁴⁵

打手机 tiaŋ⁵³³⁻⁵³ ɕiɯ⁵³³⁻⁵³ tsɿ⁴⁵

接手机 tɕiɛʔ⁵ ɕiɯ⁵³³⁻⁵³ tsɿ⁴⁵

电话簿 diɛ̃²¹³⁻¹³ u²¹³⁻²¹ buə¹³

电话号码 diɛ̃²¹³⁻¹³ u²¹³⁻²¹ ɐɯ²¹³⁻²¹ mɒ¹³

手机号码 ɕiɯ⁵³³⁻⁵³ tsɿ⁴⁵ ɐɯ²¹³⁻²¹ mɒ¹³

电话费 diɛ̃²¹³⁻¹³ u²¹³⁻²¹ fiɛ³³⁴

上网 dʑiaŋ¹³⁻²² mɔŋ¹³

微信 uei⁴⁵⁻⁵⁵ ɕiŋ³³⁴

QQ kʰiɯ³³ kʰiɯ⁴⁵

邮件 iɯ²²¹⁻²¹ dʑiɛ̃¹³

短信 tɛ̃⁵³³⁻⁵³ ɕiŋ³³⁴　手机发送的信息

第十九节　文化教育

一、学校教育

学堂 ɔʔ²³ dɔŋ²²¹　学校

幼儿班 iɯ⁴⁵⁻³³ ȵiɛ²²¹⁻²² paŋ⁴⁵　针对学龄前儿童实施保育和教育的机构

小班 ɕiɐɯ⁵³³⁻⁵³ paŋ⁴⁵

中班 tɕiɔŋ⁴⁵⁻³³ paŋ⁴⁵

大班 du²¹³⁻²¹ paŋ⁴⁵

小学 ɕiɐɯ⁵³³⁻⁵³ ɔʔ²³

中学 tɕiɔŋ⁴⁵ ɔʔ²³

初中 tsʰuə⁴⁵⁻³³/tɕʰiu⁴⁵⁻³³ tɕiɔŋ⁴⁵　‖"初"两读

高中 kɐɯ⁴⁵⁻³³ tɕioŋ⁴⁵

理科班 li¹³ kʰu⁴⁵⁻³³ paŋ⁴⁵　以语文、数学、外语、政治、物理、化学为主要课程的教学班

文科班 mən²²¹⁻²² kʰu⁴⁵⁻³³ paŋ⁴⁵　以语文、数学、外语、政治、历史、地理为主要课程的教学班

快班 kʰua³³⁴⁻³³ paŋ⁴⁵　由学习成绩较好的学生组成的教学班

慢班 maŋ²¹³⁻²¹ paŋ⁴⁵　由学习成绩较差的学生组成的教学班

平行班 biŋ²²¹⁻²² aŋ²²¹⁻²² paŋ⁴⁵　同年级的班

理科 li¹³⁻²¹ kʰu⁴⁵

文科 mən²²¹⁻²² kʰu⁴⁵

专业 tɕyɛ̃⁴⁵ ȵieʔ²³

系 ɕie³³⁴

学院 ɔʔ²³ yɛ̃²¹³

大学 dɒ²¹³⁻²¹ ɔʔ²³　一般指大学本科院校，与专科院校相对

大专 dɒ²¹³⁻²¹ tɕyɛ̃⁴⁵　大学专科院校

中专 tɕioŋ⁴⁵⁻³³ tɕyɛ̃⁴⁵　中等专业学校

职高 tɕiʔ⁵⁻³ kɐɯ⁴⁵　职业高中

职业中专 tɕiʔ⁵ ȵieʔ²³⁻² tɕioŋ⁴⁵⁻³³ tɕyɛ̃⁴⁵

本科 pɛ̃⁵³³⁻⁵³ kʰu⁴⁵

专科 tɕyɛ̃⁴⁵⁻³³ kʰu⁴⁵

函授 ɛ̃²²¹⁻²² ʑiɯ²¹³　以自学为主、面授为辅的大学教育形式，一般是利用寒、暑假指派教师到各地函授站组织面授和考试，学生多为在职人员

自考 zɿ²¹³⁻¹³ kʰɐɯ⁵³³　高等教育自学考试的简称，成绩合格后由主管部门颁发毕业证书，符合条件者可授予学位

电大 diɛ̃²¹³⁻¹³ dɒ²¹³　广播电视大学

教授 kɐɯ³³⁴⁻⁵⁵ ʑiɯ²¹³

副教授 fuə³³⁴⁻³³ kɐɯ³³⁴⁻⁵⁵ ʑiɯ²¹³

讲师 kɔŋ⁵³³⁻⁵³ sʅ⁴⁵

研究生 ȵiɛ²²¹⁻⁵⁵ tɕiɯ⁴⁵⁻³³ ɕiaŋ⁴⁵

博士 pɔʔ⁵ zɤ¹³

北大 pɔʔ⁵ dɒ²¹³　北京大学

清华 tɕʰiŋ⁴⁵⁻³³ uɒ²²¹　清华大学

复旦 fəɯʔ⁵ taŋ³³⁴　复旦大学

浙大 tɕiɛʔ⁵ dɒ²¹³　浙江大学

浙师大 tɕiɛʔ⁵⁻³ sɤ⁴⁵⁻⁵⁵ dɒ²¹³　浙江师范大学

杭师大 ɔŋ²²¹⁻²² sɤ⁴⁵⁻⁵⁵ dɒ²¹³　杭州师范大学

丽水学院 li²²¹⁻¹³ ɕy⁵³³⁻⁵³ ɔʔ²³ yɛ̃²¹³

丽水师专 li²²¹⁻¹³ ɕy⁵³³⁻⁵³ sɤ⁴⁵⁻³³ tɕyɛ̃⁴⁵　丽水师范专科学校，后与浙江少数民族师范学校、丽水农校、丽水工校、丽水卫校等合并为丽水学院

遂昌中学 ʑy²¹³⁻²¹ tɕʰiaŋ⁴⁵⁻³³ tɕioŋ⁴⁵ ɔʔ²³　遂昌最好的中学，校名由粟裕大将题写

学生证 ɔʔ²³⁻² ɕiaŋ⁴⁵⁻⁵⁵ tɕiŋ³³⁴

校徽 ʙɯ²¹³⁻²¹ xuei⁴⁵

学历 ɔʔ²³⁻² liʔ²³

学位 ɔʔ²³ uei²¹³

毕业 piʔ⁵ ȵiɛʔ²³

毕业证书 piʔ⁵ ȵiɛʔ²³ tɕiŋ³³⁴⁻³³ ɕyɛ⁴⁵

结业 tɕiɛʔ⁵ ȵiɛʔ²³

结业证书 tɕiɛʔ⁵ ȵiɛʔ²³ tɕiŋ³³⁴⁻³³ ɕyɛ⁴⁵

肄业 i²¹³⁻²¹ ȵiɛʔ²³　不能毕业

教室 kʙɯ³³⁴⁻³³ ɕiʔ⁵

位置 uei²¹³⁻¹³ tsʅ³³⁴

座位 zu²¹³⁻¹³ uei²¹³

实验室 ʑiʔ²³ ȵiɛ²¹³⁻²¹ ɕiʔ⁵

图书馆 duə²²¹⁻²¹ ɕyɛ⁴⁵⁻³³ kuɛ̃⁵³³

图书 duə²²¹⁻²¹ ɕyɛ⁴⁵

报纸 pɐɯ³³⁴⁻³³ tɕiɛ⁵³³

操场 tsʰɐɯ⁴⁵⁻⁵⁵ dʑiaŋ²²¹⁻²¹³

食堂 ziʔ²³ dɔŋ²²¹

餐厅 tsʰaŋ⁴⁵⁻³³ tʰiŋ⁴⁵

寝室 tɕʰiŋ³³⁴⁻³³ ɕiʔ⁵　宿舍

读书 dəɯʔ²³⁻² ɕyɛ⁴⁵　上学；入学

读书农 dəɯʔ²³⁻² ɕyɛ⁴⁵ nəŋ²²¹⁻⁰　读书人

学习 ɔʔ²³⁻² ziʔ²³

自修 zɿ²¹³⁻²¹ ɕiɯ⁴⁵　自学

开会 kʰei⁴⁵⁻⁵⁵ uei²¹³

文盲 məŋ²²¹⁻²² mɔŋ²²¹

学费 ɔʔ²³ fiɛ³³⁴

放假 fɔŋ³³⁴⁻³³ kɑ⁵³³

暑假 ɕyɛ⁵³³⁻³³ kɑ⁵³³

寒假 ɛ̃²²¹⁻²² kɑ⁵³³

农忙假 nəŋ²¹⁻²² mɔŋ²²¹⁻²¹ kɑ⁵³³　我国农业发展过程中产生的一种地区性、不规律的假期

调查 diɐɯ²¹³⁻¹³ dzɑ²²¹

放学 fɔŋ³³⁴⁻³³ ɔʔ²³

上课 dʑiaŋ¹³⁻²² kʰu³³⁴

落课 lɔʔ²³ kʰu³³⁴　下课

听课 tʰiŋ⁴⁵⁻⁵⁵ kʰu³³⁴

开小差 kʰei⁴⁵⁻³³ ɕiɐɯ⁵³³⁻⁵³ tsʰɑ⁴⁵　听课时思想走神

认真 ȵiŋ²¹³⁻²² tɕiŋ⁴⁵

订正 tiŋ³³⁴⁻⁵⁵ tɕiŋ³³⁴　对作业或考试进行修改错误的行为

考试 kʰɐɯ⁵³³⁻⁵³ sɿ³³⁴⁻⁴⁵

补考 puə⁵³³⁻⁵³ kʰɐɯ⁵³³

考卷 kʰɐɯ⁵³³⁻⁵³ tɕyɛ̃³³⁴

发考卷 faʔ⁵⁻³ kʰɐɯ⁵³³⁻⁵³ tɕyɛ̃³³⁴

改考卷 kei⁵³³⁻⁵³ kʰɐɯ⁵³³⁻⁵³ tɕyɛ̃³³⁴

成绩 ʑiŋ²²¹⁻²¹ tɕiʔ⁵

成绩单 ʑiŋ²²¹⁻²¹ tɕiʔ⁵⁻³ taŋ⁴⁵

学分 ɔʔ²³⁻² fən⁴⁵ 用于计算学生学习量的一种计量单位，按学期计算。一般来说18课时左右为一个学分

修学分 ɕiɯ⁴⁵ ɔʔ²³⁻² fən⁴⁵ 为取得学分而进行的学习活动

逃课 dɐɯ²²¹⁻²² kʰu³³⁴ 在应该上课的时间内却不上课的行为

语文 n̠yɛ¹³ mən²²¹

算学 sɛ̃³³⁴⁻³³ ɔʔ²³ 算术

数学 suə³³⁴⁻³³ ɔʔ²³

政治 tɕiŋ³³⁴⁻⁵⁵ dzʅ²¹³

历史 liʔ²³ suə⁵³³

地理 di²¹³⁻²¹ li¹³

物理 uɔʔ²³⁻² li¹³

化学 xɒ³³⁴⁻³³ ɔʔ²³

外语 ua²¹³⁻²¹ n̠yɛ¹³

生物 ɕiaŋ⁴⁵ vɐɯʔ²³

科学 kʰu⁴⁵⁻³³ ɔʔ²³ 课名

思想品德 sɤ⁴⁵⁻³³ ɕiaŋ⁵³³⁻⁵³ pʰiŋ⁵³³⁻⁵³ tɛʔ⁵ 课名

　思品 sɤ⁴⁵⁻³³ pʰiŋ⁵³³

劳动 lɐɯ²²¹⁻²¹ dən¹³ 指劳动课

早操 tsɐɯ⁵³³⁻⁵³ tsʰɐɯ⁴⁵ 早上正式上课前所做的体操

课间操 kʰu³³⁴⁻⁵⁵ tɕiɛ⁴⁵⁻³³ tsʰɐɯ⁴⁵ 上午课中间所做的体操

眼保健操 ŋan¹³ pɐɯ⁵³³⁻⁵³ dziɛ̃²¹³⁻²¹ tsʰɐɯ⁴⁵

优 iɯ⁴⁵

良 liaŋ²²¹

中 tɕiəŋ⁴⁵

及格 dziʔ²³⁻² kaʔ⁵

差 tsʰɒ⁴⁵

升级 ɕiŋ⁴⁵⁻³³ tɕiʔ⁵

留级 liɯ²²¹⁻²¹ tɕiʔ⁵

跳级 tʰieɯ³³⁴⁻³³ tɕiʔ⁵

进步 tɕiŋ³³⁴⁻⁵⁵ buə²¹³

退步 tʰei³³⁴⁻⁵⁵ buə²¹³

少先队员 ɕieɯ⁵³³⁻⁵³ ɕiɛ̃⁴⁵ dei²¹³⁻¹³ yɛ̃²²¹　中国少年先锋队队员。1968—1978年间曾被改称为"红小兵"

红领巾 əŋ²²¹⁻¹³ liŋ¹³⁻²¹ tɕiŋ⁴⁵　少先队员佩戴的三角形红色布巾，代表红旗的一角，象征由革命先烈的鲜血染成

团员 dɛ̃²²¹⁻²² yɛ̃²²¹　中国共产主义青年团团员

团徽 dɛ̃²²¹⁻²² xuei⁴⁵

团费 dɛ̃²²¹⁻²² fiɛ³³⁴

党员 tɔŋ⁵³³⁻⁵³ yɛ̃²²¹

党旗 tɔŋ⁵³³⁻⁵³ dzɿ²²¹

党费 tɔŋ⁵³³⁻⁵³ fiɛ³³⁴

预备党员 yɛ²¹³⁻¹³ bi²¹³⁻²¹ tɔŋ⁵³³⁻⁵³ yɛ̃²²¹

三好学生 saŋ⁴⁵⁻³³ xɯɯ⁵³³⁻⁵³ ɔʔ²³⁻² ɕiaŋ⁴⁵　优秀学生的一种荣誉称号。三好是指学习好、体育好、品德好

积极分子 tɕiʔ⁵ dzɿʔ²³⁻² vəŋ²¹³⁻¹³ tsɿ⁵³³

标兵 pieɯ⁴⁵⁻³³ piŋ⁴⁵

奖状 tɕiaŋ⁵³³⁻⁵⁵ ʑiɔŋ²¹³

喜报 ɕiɛ⁵³³⁻⁵³ peɯ³³⁴

表扬 pieɯ⁵³³⁻⁵³ iaŋ²²¹

批评 pʰie⁴⁵⁻³³ biŋ²²¹

捶手掴儿 dzɤ²²¹⁻²² tɕʰye⁵³³⁻⁵³ kuaʔ⁵ ȵie²²¹　打手心，过去的教育惩罚手段之一

徛墙角 gei¹³ ʑiaŋ²²¹⁻²¹ kɔʔ⁵　面壁站立，过去的教育惩罚手段之一

二、教学用具

书 ɕye⁴⁵

课本 kʰu³³⁴⁻³³ pẽ⁵³³

簿 buə¹³　各类本子的统称

作业簿 tsɔʔ⁵ n̠iɛʔ²³ buə¹³

写字簿 ɕiŋ⁵³³⁻⁵⁵ zʏ²¹³⁻²¹ buə¹³

大字簿 du²¹³⁻²² zʏ²¹³⁻²¹ buə¹³

中字簿 tɕiəŋ⁴⁵ zʏ²¹³⁻²¹ buə¹³

小字簿 ɕiɯ⁵³³⁻⁵⁵ zʏ²¹³⁻²¹ buə¹³

作文簿 tsɔʔ⁵ məŋ²²¹⁻²² buə¹³

算学簿 sẽ³³⁴⁻³³ ɔʔ²³ buə¹³　算术簿

笔记本 piʔ⁵ tsɿ³³⁴⁻³³ pẽ⁵³³

田字格 diẽ²²¹⁻²² zʏ²¹³⁻²¹ kaʔ⁵

纸 tɕiɛ⁵³³

白纸 biaʔ²³ tɕiɛ⁵³³

草稿纸 tsʰɐɯ⁵³³⁻⁵³ kɐɯ⁵³³⁻⁵³ tɕiɛ⁵³³

笔 piʔ⁵

墨笔 mɔʔ²³⁻² piʔ⁵　毛笔

墨笔套 mɔʔ²³⁻² piʔ⁵ tʰɐɯ³³⁴　毛笔套

墨盘 mɔʔ²³ bẽ²²¹　砚

墨 mɔʔ²³

墨汁 mɔʔ²³⁻² tɕyɛʔ⁵　墨磨出的汁水，用于写毛笔

写墨笔 ɕiŋ⁵³³⁻⁵³ mɔʔ²³⁻² piʔ⁵　写毛笔

鏧笔 biɛ²¹³⁻¹³ piʔ⁵　搽笔

字帖 zʏ²¹³⁻²¹ tʰiɛʔ⁵

铅笔 iẽ²²¹⁻²¹ piʔ⁵

钢笔 kəŋ⁴⁵⁻³³ piʔ⁵

钢笔鏧 kəŋ⁴⁵⁻³³ piʔ⁵⁻³ kəŋ⁵³³　钢笔套

墨㶽 mɔʔ²³ y⁵³³　墨水，用于写钢笔

原珠笔 n̠yẽ²²¹⁻²² tɕyɛ⁴⁵⁻³³ piʔ⁵　圆珠笔

㶽笔 y⁵³³⁻⁵³ piʔ⁵　水笔

蜡笔 laʔ²³⁻² piʔ⁵

画笔 uɒ²¹³⁻²¹ piʔ⁵

水彩笔 ɕy⁵³³⁻⁵³ tsʰei⁵³³⁻⁵³ piʔ⁵

笔芯 piʔ⁵ ɕiŋ⁴⁵

铅笔芯 iɛ̃²²¹⁻²¹ piʔ⁵ ɕiŋ⁴⁵

原珠笔芯 n̠yɛ̃²²¹⁻²² tɕyɛ⁴⁵⁻³³ piʔ⁵ ɕiŋ⁴⁵

红笔 əŋ²²¹⁻²¹ piʔ⁵　写出红字的笔，一般用于批改作业和考卷

铅笔盒 iɛ̃²²¹⁻²¹ piʔ⁵ ɛʔ²³

三角板 saŋ⁴⁵⁻³³ kɔʔ⁵⁻³ paŋ⁵³³　三角尺，分等腰直角三角形的与不等腰直角三角形的两种，不等腰的三个角分别是 30°、60°、90°

直尺 dʑiʔ²³⁻² tɕʰiʔ⁵

量角器 liaŋ²²¹⁻²² kɔʔ⁵ tsʰɿ³³⁴　画图用具，材质多为塑料或铁质，可根据需要画出一定的角度，常与圆规一起使用

圆规 yɛ̃²²¹⁻²¹ kuei⁴⁵　在数学和制图中用来绘制圆或弦的工具

订书机 tiŋ³³⁴⁻⁵⁵ ɕyɛ⁴⁵⁻³³ tsɿ⁴⁵

钢板 kəŋ⁴⁵⁻³³ paŋ⁵³³　用于刻钢板字的一种板，钢材制作

铁笔 tʰiɛʔ⁵⁻³ piʔ⁵　刻钢板字用的笔

蜡纸 laʔ²³ tɕiɛ⁵³³　一种专门用于刻钢板字的纸，刻好后付诸油印。20世纪电脑、打印机尚未普及，学校最常见的印制手段便是用钢板、蜡纸和铁笔

黑板 xɛʔ⁵⁻³ paŋ⁵³³

粉笔 fəŋ⁵³³⁻⁵³ piʔ⁵

黑板擦 xɛʔ⁵⁻³ paŋ⁵³³⁻⁵³ tsʰaʔ⁵

课桌 kʰu³³⁴⁻³³ tiɔʔ⁵

课堂凳 kʰu³³⁴⁻³³ dəŋ²²¹⁻²² tiŋ³³⁴　课椅

讲台 kɔŋ⁵³³⁻⁵³ dei²²¹

橡皮 ʑiaŋ¹³ bi²²¹

小刀 ɕiɐɯ⁵³³⁻⁵³ tɐɯ⁴⁵　铅笔刀

铅笔卷 iɛ̃²²¹⁻²¹ piʔ⁵⁻³ tɕyɛ̃⁵³³

面糊 miẽ²¹³⁻²² guə²²¹⁻²¹³　浆糊

胶狄 kɐɯ⁴⁵⁻³³ y⁵³³　胶水

书包 ɕyɛ⁴⁵⁻³³ pɐɯ⁴⁵

　　书包袋 ɕyɛ⁴⁵⁻³³ pɐɯ⁴⁵⁻⁵⁵ dei²¹³

铃 liŋ²²¹　铃铛。铗铛声表示上课或下课

摇铃 iɐɯ²²¹⁻²² liŋ²²¹⁻²¹³　用手摇的铃铛，20世纪80年代前常见

电铃 diẽ²¹³⁻¹³ liŋ²²¹

三、读书识字

字 zɤ²¹³

　　字眼 zɤ²¹³⁻²¹ ŋaŋ¹³

识字 tɕiʔ⁵ zɤ²¹³

笔划 piʔ⁵ yaʔ²³/uaʔ²³　笔画

直 dʑiʔ²³　竖

划 yaʔ²³　横

撇 pʰiɛʔ⁵

捺 naʔ²³

点 tiẽ⁵³³

踢 tʰiʔ⁵　提

勾 ku⁴⁵

旁 bəŋ²²¹　偏旁

单徛农 taŋ⁴⁵ gei¹³ nəŋ²²¹　单人旁

　　单农旁 taŋ⁴⁵ nəŋ²²¹⁻²² bəŋ²²¹

双徛农 ɕiɔŋ⁴⁵ gei¹³ nəŋ²²¹　双人旁

　　双农旁 ɕiɔŋ⁴⁵ nəŋ²²¹⁻²² bəŋ²²¹

覆帽 pʰəɯʔ⁵ mɐɯ²¹³　宝盖头

　　宝盖头 pɐɯ⁵³³⁻⁵³ ka³³⁴⁻³³ du²²¹

竖心旁 zyɛ¹³⁻²¹ ɕiŋ⁴⁵ bəŋ²²¹

耳朵旁 ɳi¹³ tu⁵³³⁻⁵³ bəŋ²²¹

立刀旁 liʔ²³⁻² tɐɯ⁴⁵ boŋ²²¹

反文旁 faŋ⁵³³⁻⁵³ mən²²¹⁻²² boŋ²²¹

三点㧱 saŋ⁴⁵ tiẽ⁵³³⁻⁵³ y⁵³³　三点水

两点㧱 lẽ¹³ tiẽ⁵³³⁻⁵³ y⁵³³　两点水

走之 tsu⁵³³⁻⁵³ tsɿ⁴⁵　走之底

草头 tsʰɐɯ⁵³³⁻³³ du²²¹

竹字头 tiuʔ⁵ zʴ²¹³⁻¹³ du²²¹

写字 ɕiɒ⁵³³⁻⁵⁵ zʴ²¹³

写白字 ɕiɒ⁵³³⁻⁵³ biaʔ²³ zʴ²¹³　写错别字

白字先生 biaʔ²³ zʴ²¹³⁻²¹ ɕiẽ⁴⁵⁻³³ ɕiaŋ⁴⁵　对经常写错别字的人的称谓

画图画 uɒ²¹³⁻²¹ duɒ²²¹⁻²² uɒ²¹³

作业 tsɔʔ⁵ ȵiɛʔ²³

做作业 tsu³³⁴⁻³³ tsɔʔ⁵ ȵiɛʔ²³

听写 tʰiŋ³³⁴⁻³³ ɕiɒ⁵³³

默写 mɔʔ²³ ɕiɒ⁵³³

写作文 ɕiɒ⁵³³⁻⁵³ tsɔʔ⁵ mən²²¹

草稿 tsʰɐɯ⁵³³⁻⁵³ kɐɯ⁵³³

打草稿 tiaŋ⁵³³⁻⁵³ tsʰɐɯ⁵³³⁻⁵³ kɐɯ⁵³³

影字娘 iŋ⁵³³⁻⁵³ zʴ²¹³⁻¹³ ȵiaŋ²²¹　描红

翻译 faŋ⁴⁵⁻³³ iʔ²³

第二十节　文娱活动

一、游戏玩具

嬉 sɿ⁴⁵　玩儿

　搞 kɐɯ⁵³³

纸鹞 tɕiɛ⁵³³⁻⁵⁵ iɐɯ²¹³　风筝

放纸鹞 foŋ³³⁴⁻³³ tɕiɛ⁵³³⁻⁵⁵ iɐɯ²¹³　放风筝

猪尿泡 tɒ⁴⁵⁻³³ ɕy⁴⁵⁻⁵⁵ pʰɐɯ³³⁴　气球

吹猪尿泡 tɕʰy⁴⁵ tɒ⁴⁵⁻³³ ɕy⁴⁵⁻⁵⁵ pʰɐɯ³³⁴　吹气球

□猫儿 tiu⁴⁵⁻³³ miɐɯ²²¹⁻²² n̠iɛ²²¹⁻²¹³　捉迷藏

骆驼 loʔ²³ du²²¹　陀螺

旋骆驼 ʐyɛ̃²¹³⁻²¹ loʔ²³ du²²¹　打陀螺

弹子 daŋ²¹³⁻¹³ tsɿ⁵³³　弹子球

打弹子 tiaŋ⁵³³⁻⁵³ daŋ²¹³⁻¹³ tsɿ⁵³³　打弹子球

弹子盘 daŋ²¹³⁻¹³ tsɿ⁵³³⁻⁵³ bɛ̃²²¹　用轴承当轮子所做的木头车，方向盘下面一个轮子，底座下面两个轮子

弹子盘车 daŋ²¹³⁻¹³ tsɿ⁵³³⁻⁵³ bɛ̃²²¹⁻²² tɕʰiŋ⁴⁵

坐弹子盘 zu¹³⁻²² daŋ²¹³⁻¹³ tsɿ⁵³³⁻⁵³ bɛ̃²²¹

铁圈 tʰiɛʔ⁵ tɕʰyɛ̃⁴⁵　用细铁条做成的圈儿

勖铁圈 lei²¹³⁻²¹ tʰiɛʔ⁵ tɕʰyɛ̃⁴⁵　用一根细铁棍钩着一个铁圈来回跑，是20世纪80年代以前孩子们最喜爱的游戏之一。勖是"滚动"的意思

撇㧟儿 pʰiɛʔ⁵ y⁵³³⁻³³ n̠iɛ²²¹　用小石片在河面上打水漂

号鸟 ɐɯ²¹³⁻¹³ tiɐɯ⁵³³　哨子

吹号鸟 tɕʰy⁴⁵ ɐɯ²¹³⁻¹³ tiɐɯ⁵³³　吹哨子

翻卷头 faŋ⁴⁵⁻³³ tɕyɛ̃³³⁴⁻⁵⁵ du²²¹⁻²¹³　正翻筋头

翻冈叉 faŋ⁴⁵⁻⁵⁵ koŋ⁴⁵⁻³³ tsʰɒ⁴⁵　侧翻筋头

跳洋房 tʰiɐɯ³³⁴⁻³³ iaŋ²²¹⁻²² voŋ²²¹⁻²¹³　跳房子

橡皮筋 ʑiaŋ¹³⁻²² bi²²¹⁻²¹ tɕiŋ⁴⁵

跳橡皮筋 tʰiɐɯ³³⁴⁻³³ ʑiaŋ¹³⁻²² bi²²¹⁻²¹ tɕiŋ⁴⁵　游戏活动名，分单人跳和集体跳两大类。单人跳由两人拉着三四米长的皮筋，在皮筋的中间单人跳；集体跳是将数条皮筋拉成各种图案，由许多人同时参加

老鸦搭鸡儿 lɐɯ¹³⁻²² ɒ⁴⁵ kʰɒ³³⁴⁻³³ iɛ⁴⁵⁻⁵⁵ n̠iɛ²²¹⁻²¹³　老鹰抓小鸡

摔猪儿 ɕyʔ⁵⁻³ tɒ⁴⁵⁻⁵⁵ n̠iɛ²²¹⁻²¹³　荡秋千

皮枪 bi²²¹⁻²¹ tɕʰiaŋ⁴⁵　皮弹弓

打皮枪 tiaŋ⁵³³⁻⁵³ bi²²¹⁻²¹ tɕʰiaŋ⁴⁵　打皮弹弓

术术筒 ʐyʔ²³⁻² ʐyʔ²³ dəŋ²²¹　竹制的水枪

啪啪筒 pʰaʔ⁵⁻³ pʰaʔ⁵ dəŋ²²¹　竹制的枪，打小纸团粒或一种植物的子粒，打时会发出"啪"的声音，故名

啪啪子 pʰaʔ⁵⁻³ pʰaʔ⁵ tsɿ⁵³³　用于打啪啪筒的一种植物的子粒

礛头骰剪布 daŋ²²¹⁻²² du²²¹⁻²¹ kʰɐɯ⁴⁵⁻³³ tɕiẽ⁵³³⁻⁵³ puə³³⁴　石头剪刀布　骰剪布 kʰɐɯ⁴⁵⁻³³ tɕiẽ⁵³³⁻⁵³ puə³³⁴

绳=共=谢 dʑiŋ²²¹⁻²² gəŋ²¹³⁻²¹ ʑiŋ²¹³⁻¹³　以手心手背分组或决定先后

捂=捽 uə³³⁴⁻³³ ɕyʔ⁵　用手指比大小：拇指比食指大，食指比小指大，小指比拇指大

撮阄 tsʰəɯʔ⁵⁻³ ku⁴⁵　抓阄

豁拳 xuaʔ⁵ dʑyẽ²²¹　划拳，猜拳

打通关 tiaŋ⁵³³⁻⁵³ tʰəŋ⁴⁵⁻³³ kuaŋ⁴⁵　喝酒猜拳时，一个人与同桌的每个人依次猜拳

打谜猜 tiaŋ⁵³³⁻⁵⁵ miŋ²²¹⁻²¹ tsʰei⁴⁵　猜谜
　　打谜 tiaŋ⁵³³⁻⁵⁵ miŋ²²¹⁻²¹³

走棋 tsu⁵³³⁻⁵³ dʑɿ²²¹

象棋 ʑiaŋ¹³ dʑɿ²²¹

卒卒儿 tɕyɛʔ⁵⁻³ tɕyɛʔ⁵ ȵie²²¹　卒子

兵 piŋ⁴⁵

马 mɒ¹³

跳马 tʰiɐɯ³³⁴⁻³³ mɒ¹³

相 ʑiaŋ¹³

飞相 fi⁴⁵ ʑiaŋ¹³

仕 ʑiu¹³

架仕 kɒ³³⁴⁻³³ ʑiu¹³

炮 pʰɐɯ³³⁴

架炮 kɒ³³⁴⁻⁵⁵ pʰɐɯ³³⁴

车 tɕyɛ⁴⁵

对车 tei³³⁴⁻³³ tɕyɛ⁴⁵

帅 sa³³⁴

将 tɕiaŋ³³⁴

将 tɕiaŋ⁴⁵　将军，动词

　　将军 tɕiaŋ⁴⁵⁻³³ tɕyŋ⁴⁵

和 u²²¹　和棋

　　和棋 u²²¹⁻²² dzʅ²²¹⁻²¹³

军棋 tɕyŋ⁴⁵⁻⁵⁵ dzʅ²²¹⁻²¹³

围棋 uei²²¹⁻²² dzʅ²²¹⁻²¹³

跳棋 tʰiɐu³³⁴⁻³³ dzʅ²²¹

搓麻将 tsʰu⁴⁵⁻³³ mɒ²²¹⁻²² tɕiaŋ³³⁴

和 uə²²¹　麻将和了

邋遢和 laʔ²³⁻² tʰaʔ⁵ uə²²¹　烂和

天和 tʰiẽ⁴⁵⁻⁵⁵ uə²²¹⁻²¹³　抓完牌就和了

全清 ʐyẽ²²¹⁻²² tɕʰiŋ⁴⁵　清一色

十三弗搭 ʐyɛʔ²³⁻² saŋ⁴⁵ fɐuʔ⁵⁻³ taʔ⁵　十三不靠

咥 tiɛʔ⁵　吃，上一家出的牌刚好跟自己的牌组成顺子

碰 pʰəŋ³³⁴　任一家出的牌刚好跟自己的一个对子相同，从而组成三个相同的牌

杠 kəŋ³³⁴　任一家出的牌刚好跟自己的三个牌相同，从而组成四个相同的牌，这叫明杠。自己抓上一个牌，刚好跟自己的另外三个牌相同，从而组成四个相同的牌，这叫暗杠

做庄 tsu³³⁴⁻³³ tiəŋ⁴⁵

　　坐庄 zu¹³⁻²² tiəŋ⁴⁵

庎庄 kʰaʔ⁵ tiəŋ⁴⁵　押庄

　　押庄 aʔ⁵ tiəŋ⁴⁵

扑克 pʰɔʔ⁵⁻³ kʰɛʔ⁵

打扑克 tiaŋ⁵³³⁻⁵³ pʰɔʔ⁵⁻³ kʰɛʔ⁵

搭猪鳖 kʰɒ³³⁴⁻³³ tɒ⁴⁵⁻³³ piɛʔ⁵　打黑尖。从 3 开始打,牌内有主牌和副牌。以一幅牌为例,坐庄方若被敌方挣够 40 分即告负,否则庄家升一级。敌方若得 0 分,庄家升两级,叫作跳级。牌中黑桃 A 最大,如果被对方抓住了就要降一级

红五星 əŋ²²¹⁻¹³ ŋuə¹³⁻²² ɕiŋ⁴⁵　打法与搭猪鳖一样,但最大的牌是红桃五。红桃五被对方抓住了也要降一级

红五 əŋ²²¹⁻²¹ ŋuə¹³

打上游 tiaŋ⁵³³⁻⁵³ dʑiaŋ¹³ iɯ²²¹　争上游。以扑克牌先出完者为胜方,按出完先后的不同记分。最大的牌是正司令(各地叫法不一,如"大王、大猫、大鬼"等)

上游 dʑiaŋ¹³ iɯ²²¹

打赌 tiaŋ⁵³³⁻⁵³ tuə⁵³³

赌博 tuə⁵³³⁻⁵³ pɔʔ⁵

输 ɕyɛ⁴⁵

赢 iŋ²²¹

翻稍 faŋ⁴⁵⁻³³ sɐɯ⁴⁵　翻本

二、体育活动

踢毽 tʰiʔ⁵ tɕiẽ³³⁴

跳绳 tʰiɐɯ³³⁴⁻³³ dʑiŋ²²¹

皮球 bi²²¹⁻²² dʑiɯ²²¹⁻²¹³

拍皮球 pʰaʔ⁵ bi²²¹⁻²² dʑiɯ²²¹⁻²¹³

篮球 laŋ²²¹⁻²² dʑiɯ²²¹⁻²¹³

打篮球 tiaŋ⁵³³⁻⁵³ laŋ²²¹⁻²² dʑiɯ²²¹⁻²¹³

排球 ba²²¹⁻²² dʑiɯ²²¹⁻²¹³

打排球 tiaŋ⁵³³⁻⁵³ ba²²¹⁻²² dʑiɯ²²¹⁻²¹³

乒乓球 pʰiŋ⁴⁵⁻³³ pʰɔŋ⁴⁵⁻⁵⁵ dʑiɯ²²¹⁻²¹³

打乒乓球 tiaŋ⁵³³⁻⁵³ pʰiŋ⁴⁵⁻³³ pʰɔŋ⁴⁵⁻⁵⁵ dʑiɯ²²¹⁻²¹³

打乒乓 tiaŋ⁵³³⁻⁵³ pʰiŋ⁴⁵⁻³³ pʰɔŋ⁴⁵

羽毛球 yɛ²¹³⁻¹³ mɐɯ²²¹⁻²² dʑiɯ²²¹⁻²¹³

打羽毛球 tiaŋ⁵³³⁻⁵³ yɛ²¹³⁻¹³ mɐɯ²²¹⁻²² dʑiɯ²²¹⁻²¹³

足球 tɕiɔʔ⁵ dʑiɯ²²¹

 踢足球 tʰiʔ⁵⁻³ tɕiɔʔ⁵ dʑiɯ²²¹

跑步 pʰɐɯ⁵³³⁻⁵⁵ buə²¹³

长跑 dʑiaŋ²²¹⁻²² pʰɐɯ⁵³³

短跑 tẽ⁵³³⁻⁵³ pʰɐɯ⁵³³

跳高 tʰiɐɯ³³⁴⁻³³ kɐɯ⁴⁵

跳远 tʰiɐɯ³³⁴⁻³³ yẽ¹³

铅球 tɕʰĩɛ⁴⁵⁻³³ dʑiɯ²²¹

掯铅球 xəŋ²¹³⁻²¹ tɕʰĩɛ⁴⁵⁻³³ dʑiɯ²²¹ 掷铅球

铁饼 tʰiɛʔ⁵⁻³ piŋ⁵³³

掯铁饼 xəŋ²¹³⁻²¹ tʰiɛʔ⁵⁻³ piŋ⁵³³ 掷铁饼

手榴弹 ɕiɯ⁵³³⁻³³ liɯ²²¹⁻²² daŋ²¹³

掯手榴弹 xəŋ²¹³⁻²¹ ɕiɯ⁵³³⁻³³ liɯ²²¹⁻²² daŋ²¹³ 掷手榴弹

标枪 piɐɯ⁴⁵⁻³³ tɕʰiaŋ⁴⁵

掯标枪 xəŋ²¹³⁻²¹ piɐɯ⁴⁵⁻³³ tɕʰiaŋ⁴⁵ 掷标枪

广播操 kɔŋ⁵³³⁻⁵³ pu⁴⁵⁻³³ tsʰɐɯ⁴⁵

做广播操 tsu³³⁴⁻³³ kɔŋ⁵³³⁻⁵³ pu⁴⁵⁻³³ tsʰɐɯ⁴⁵

划泳儿 uŋ²²¹⁻²¹ y⁵³³⁻³³ ȵiɛ²²¹ 游泳

钻泳儿 tsẽ⁴⁵⁻³³ y⁵³³⁻³³ ȵiɛ²²¹ 潜水

踏泳 daʔ²³ y⁵³³ 踩水，一种游泳方法，人直立水中，两腿交替上提下踩，保持身体不沉并能前进

打拳 tiaŋ⁵³³⁻⁵³ dʑyẽ²²¹

功夫 kəŋ⁴⁵⁻³³ fuə⁴⁵

 武功 muə¹³⁻²¹ kəŋ⁴⁵

少林功夫 ɕiɐɯ⁵³³⁻³³ liŋ²²¹⁻²² kəŋ⁴⁵⁻³³ fuə⁴⁵ 河南嵩山少林寺的武功，闻名天下

太极拳 tʰa³³⁴⁻³³ dʑiʔ²³ dʑyẽ²²¹ 武功的一种，以柔克刚，是民间最为

中老年人喜爱的功夫体操

打太极拳 tian⁵³³⁻⁵³ tʰa³³⁴⁻³³ dʑiʔ²³ dʑyɛ̃²²¹

轻功 tɕʰin⁴⁵⁻³³ kəŋ⁴⁵　中国传统武术中的一种功法。练习轻功并不能使体重变轻，却可以大幅提高奔跑跳跃、闪转腾挪的能力

三、文化活动

戏班 sɿ³³⁴⁻³³ paŋ⁴⁵　戏班子

戏台 sɿ³³⁴⁻³³ dei²²¹　唱戏的舞台

唱戏 tɕʰian³³⁴⁻⁵⁵ sɿ³³⁴

望戏 mɔŋ²¹³⁻²¹ sɿ³³⁴　看戏

京戏 tɕin³³⁴⁻⁵⁵ sɿ³³⁴　京剧

越剧 yɛʔ²³⁻² dʑyʔ²³　发源于浙江绍兴嵊州的一种剧种，广泛流行于上海、浙江一带，为中国五大戏曲剧种之一。20世纪五六十年代，遂昌也曾经有过越剧团

黄梅戏 ɔŋ²²¹⁻¹³ mei²²¹⁻²² sɿ³³⁴　起源于湖北黄梅，发展壮大于安徽安庆的一种著名剧种，为中国五大戏曲剧种之一

金华戏 tɕin⁴⁵⁻⁵⁵ uŋ²²¹⁻²¹ sɿ³³⁴　婺剧，浙江省地方戏曲剧种之一。它以金华为中心，流行于浙西南一带。因金华古称婺州，故名。遂昌也有婺剧团

婺剧 muə²¹³⁻²¹ dʑyʔ²³

昆曲十番 kʰuəŋ⁴⁵⁻³³ tɕʰiɔʔ⁵ ʑyɛʔ²³⁻² faŋ⁴⁵　遂昌昆曲十番，曲目主要是用昆曲曲牌，且有人声伴唱，以其演奏（唱）昆曲而独具特色。相传是汤显祖在遂昌任知县期间把昆曲传到遂昌的，从而形成了昆曲十番的演奏（唱）形式，历经四百余年

正本 tɕin³³⁴⁻³³ pɛ̃⁵³³　全本戏

插剧 tsʰaʔ⁵ dʑyʔ²³　折子戏

戒方 ka³³⁴⁻³³ fɔŋ⁴⁵　醒堂木

胡琴 uə²²¹⁻²² dʑin²²¹⁻²¹³　二胡

拖胡琴 tɕʰa⁴⁵⁻³³ uə²²¹⁻²² dʑin²²¹⁻²¹³　拉二胡

弹三弦 daŋ$^{221-22}$ saŋ^{45} iɛ̃^{221}

箫 ɕiɐu^{45}　（1）笛子；（2）箫。遂昌人笛子和箫不分

吹箫 tɕʰy$^{45-33}$ ɕiɐu^{45}　（1）吹笛子；（2）吹箫

喇叭 lɒ$^{213-21}$ pɒ^{45}

吹喇叭 tɕʰy$^{45-55}$ lɒ$^{213-21}$ pɒ^{45}

　　吹号 tɕʰy$^{45-55}$ ɐɯ^{213}

捶鼓板 dʐy$^{221-22}$ ku$^{533-33}$ paŋ^{533}　击打鼓板

摧锣鼓 kʰɔʔ^5 lu$^{221-13}$ kuə^{533}　敲锣鼓

傀儡戏 kʰɔʔ^5 lei$^{13-22}$ sʅ^{334}　木偶戏

走长骹 tsu$^{533-53}$ dɛ̃$^{221-21}$ kʰɐɯ^{45}　踩高跷

电影 diɛ̃$^{213-13}$ iŋ^{533}

放电影 fɔŋ$^{334-33}$ diɛ̃$^{213-13}$ iŋ^{533}

望电影 mɔŋ$^{213-21}$ diɛ̃$^{213-13}$ iŋ^{533}　看电影

电影院 diɛ̃$^{213-13}$ iŋ$^{533-53}$ yɛ̃^{213}

戏院 sʅ$^{334-55}$ yɛ̃^{213}　剧院

放影机 fɔŋ$^{334-33}$ iŋ$^{533-53}$ tsʅ^{45}　放映机

电影胶片 diɛ̃$^{213-13}$ iŋ$^{533-53}$ kɐɯ$^{45-55}$ pʰiɛ̃^{334}

双机 ɕiɔŋ$^{45-33}$ tsʅ^{45}　由两个放映机轮换放映

单机 tŋ$^{45-33}$ tsʅ^{45}　由一个放映机放映

换片 uaŋ$^{213-21}$ pʰiɛ̃^{334}　由一个放映机放映时，当一个片子放完了，需要由放映员换下一个片子继续放映

胶片烧了 kɐɯ$^{45-55}$ pʰiɛ̃$^{334-33}$ ɕiɐu^{45} lə^0　过去，在放映过程中经常会出现电影胶片被烧而暂时中断放映的情况

接片 tɕiɛʔ^5 pʰiɛ̃^{334}　胶片如果烧了，需要由放映员进行处理，将两截胶片接上

黑白片 xɛʔ^5 biaʔ^{23} pʰiɛ̃^{334}　黑白电影

彩色片 tsʰei$^{533-53}$ səɯʔ^5 pʰiɛ̃^{334}　彩色电影

故事片 kuə$^{334-55}$ zuə$^{213-21}$ pʰiɛ̃^{334}

打个电影 tiaŋ$^{533-53}$ kɛʔ$^{5-0}$ diɛ̃$^{213-13}$ iŋ^{533}　战争片

纪录片 tsʅ³³⁴⁻³³ liəʔ²³ pʰiɛ̃³³⁴

宽银幕 kʰuɛ̃⁴⁵ ȵin²²¹⁻²² mu²¹³

宽银幕电影 kʰuɛ̃⁴⁵ ȵin²²¹⁻²² mu²¹³⁻²¹ diɛ̃²¹³⁻¹³ iŋ⁵³³

露天电影 luə²¹³⁻²¹ tʰiɛ̃⁴⁵ diɛ̃²¹³⁻¹³ iŋ⁵³³　在露天场地放映的电影

望电视 mɔŋ²¹³⁻²¹ diɛ̃²¹³⁻¹³ zʅ²¹³　看电视

电视机 diɛ̃²¹³⁻¹³ zʅ²¹³⁻²¹ tsʅ⁴⁵

　电视 diɛ̃²¹³⁻¹³ zʅ²¹³

彩电 tsʰei⁵³³⁻⁵⁵ diɛ̃²¹³　彩色电视

　彩色电视 tsʰei⁵³³⁻⁵³ səuʔ⁵ diɛ̃²¹³⁻¹³ zʅ²¹³

黑白电视 xɛʔ⁵ biaʔ²³ diɛ̃²¹³⁻¹³ zʅ²¹³

音箱 iŋ⁴⁵⁻³³ ɕiaŋ⁴⁵

唱歌 tɕʰiaŋ³³ ku⁴⁵

跳舞 tʰiɐu³³⁴⁻³³ muə¹³

舞狮 muə¹³⁻²² ɕiu⁴⁵

拍照片 pʰaʔ⁵⁻³ tɕiɐu³³⁴⁻⁵⁵ pʰiɛ̃³³⁴

做戏法 tsu³³⁴⁻³³ sʅ³³⁴⁻³³ faʔ⁵　变魔术

第二十一节　人事交际

一、一般交际

道路 dɐu¹³⁻²² luə²¹³　事情

走亲眷 tsu⁵³³⁻⁵³ tɕʰiŋ⁴⁵⁻⁵⁵ tɕyɛ̃³³⁴　走亲戚

做客 tsu³³⁴⁻³³ tɕʰiaʔ⁵

请客 tɕʰiŋ⁵³³⁻⁵³ tɕʰiaʔ⁵

打平伙 tiaŋ⁵³³⁻⁵³ biŋ²²¹⁻²² xu⁵³³　聚餐时凑份子

客气 tɕʰiaʔ⁵ tsʰʅ³³⁴

泡茶 pʰɐu³³⁴⁻³³ dzɒ²²¹

冲茶 tɕʰiɔŋ⁴⁵ dzɿ²²¹　一般冲七分满

筛酒 ɕiŋ⁴⁵⁻⁵³ tɕiuɯ⁵³³　一般要筛十分满。民间有"浅茶满酒"之说

咥酒 tiɛʔ⁵⁻³ tɕiuɯ⁵³³　赴宴

办酒筵 baŋ²¹³⁻²¹ tɕiuɯ⁵³³⁻³³ iɛ̃²²¹　办酒席

送农情 sən³³⁴⁻³³ nən²²¹⁻²² ziŋ²²¹⁻²¹³　送礼金

送礼 sən³³⁴⁻³³ li¹³

托熟农 tʰɔʔ⁵ ʑiu²³ nən²²¹　托熟人办事，套人情

　　捱面子 a²²¹⁻⁵⁵ miɛ̃²¹³⁻¹³ tsɿ⁵³³

帮忙 pɔŋ⁴⁵ mɔŋ²²¹

走跳 tsu⁵³³⁻⁵³ tʰiɐɯ³³⁴　跑腿

打架 tiaŋ⁵³³⁻⁵³ kɑ³³⁴

捶农 dʑy²²¹⁻²² nən²²¹⁻²¹³　打人

　　攉农 kʰɔʔ⁵ nən²²¹

　　舂农 iɔŋ⁴⁵ nən²²¹

相争 ɕiaŋ⁴⁵⁻³³ tɕiaŋ⁴⁵　吵架

讲道理 kɔŋ⁵³³⁻⁵⁵ dɐɯ¹³⁻²¹ li¹³

挨火 ŋa¹³⁻²² xu⁵³³　挨打、挨骂

面掴 miɛ̃²¹³⁻²² kuaʔ⁵　耳光

揎面掴 ɕyɛ̃⁴⁵ miɛ̃²¹³⁻²² kuaʔ⁵　打耳光

凿栗谷= zɔʔ²³ lɔʔ²³⁻² kɘɯʔ⁵　用食指或中指的骨节敲打别人的头部　‖"栗"韵母音变

讲弗来 kɔŋ⁵³³⁻⁵³ fəɯʔ⁵ lei²²¹　闹不和

弗搭界 fəɯʔ⁵⁻³ taʔ⁵ ka³³⁴　没关系

无要紧 muə²²¹⁻²¹ iɐɯ³³⁴⁻³³ tɕiŋ⁵³³　不要紧

有要紧 uɔʔ²³ iɐɯ³³⁴⁻³³ tɕiŋ⁵³³　要紧

□舞 pɛ̃⁴⁵⁻³³ muɐ¹³　欺负，摆布，数落

　　掇索 tɔʔ⁵⁻³ sɔʔ⁵

　　欺负 tɕʰy⁴⁵⁻³³ vuə¹³

吹牛屄 tɕʰy⁴⁵⁻³³ ȵiuɯ²²¹⁻²¹ pi⁴⁵

托脬 tʰɔʔ⁵⁻³ pʰɐɯ⁴⁵　拍马屁
　　托卵脬 tʰɔʔ⁵⁻³ lyɛ̃¹³⁻²² pʰɐɯ⁴⁵
　　巴结 pɒ³³⁴⁻³³ tɕiʔ⁵
戴炭篓 ta³³⁴⁻³³ tʰaŋ³³⁴⁻³³ lu¹³　把炭篓戴在别人头上，喻指恭维别人
　　戴高帽 ta³³⁴⁻³³ kɐɯ⁴⁵⁻⁵⁵ mɐɯ²¹³
鬼研磨 kuei⁵³³⁻³³ ȵiɛ̃²²¹⁻²² mu²¹³　无休止地做无益或损人之事
无搭煞 muə²²¹⁻²² taʔ⁵⁻³ saʔ⁵　没好结局，没好结果
　　无结煞 muə²²¹⁻²² tɕieʔ⁵⁻³ saʔ⁵
无讲究 muə²²¹⁻²² kɔŋ⁵³³⁻⁵³ tɕiɯ⁴⁵⁻³³⁴　无法收拾，无休无止
望弗起 mɔŋ²¹³⁻²¹ fəɯʔ⁵⁻³ tsʰɿ⁵³³　看不起
磨灭 mu²²¹⁻²¹ mieʔ²³　折磨
无涉 muə²²¹⁻²¹ ziɛʔ²³　无关

二、言语交际

讲 kɔŋ⁵³³
讲说话 kɔŋ⁵³³⁻⁵³ ɕyɛʔ⁵ u²¹³　说话
　　讲话 kɔŋ⁵³³⁻⁵⁵ u²¹³
讲聊天 kɔŋ⁵³³⁻⁵³ liɐɯ²²¹⁻²¹ tʰiɛ̃⁴⁵　(1) 聊天；(2) 说笑话
私己话 sɿ⁴⁵⁻³³ tsɿ⁵³³⁻⁵⁵ u²¹³　悄悄话
问 məŋ²¹³
报 pɐɯ³³⁴　告诉
答 taʔ⁵
　　应 iŋ³³⁴
　　答应 taʔ⁵ iŋ³³⁴
　　回答 uei²²¹⁻²¹ taʔ⁵
讴 ɐɯ⁴⁵　叫，喊
劝 tɕʰyɛ̃³³⁴
謷 zɔʔ²³　骂
謷农 zɔʔ²³ nəŋ²²¹　骂人

装你个娘 tɕiəŋ⁴⁵ n̠ie¹³⁻²² kɛʔ⁵⁻⁰ n̠iaŋ²²¹　肏你妈，詈语
　　装你娘 tɕiəŋ⁴⁵ n̠ie¹³⁻²² n̠iaŋ²²¹
　　入你个娘 ʐyɛʔ²³ n̠ie¹³⁻²² kɛʔ⁵⁻⁰ n̠iaŋ²²¹
　　入你娘 ʐyɛʔ²³ n̠ie¹³⁻²² n̠iaŋ²²¹
装渠娘 tɕiəŋ⁴⁵ gɤ²²¹⁻²² n̠iaŋ²²¹　肏他妈，詈语
你嬰个胐 n̠ie¹³⁻²² mei⁴⁵ kɛʔ⁵⁻⁰ pʰiʔ⁵　你妈屄，詈语
　　你嬰胐 n̠ie¹³⁻²² mei⁴⁵⁻³³ pʰiʔ⁵
　　嬰个胐 mei⁴⁵ kɛʔ⁵⁻⁰ pʰiʔ⁵
犬装 tɕʰiẽ⁵³³⁻⁵³ tɕiəŋ⁴⁵　与狗性交，詈语
老卵 lɐu¹³⁻²² lyɛ̃¹³　鸡巴，粗话
衔髎子 gaŋ²²¹⁻¹³ liɐu²²¹⁻²² tsɿ⁵³³⁻⁴⁵　胡说八道，粗话
　　衔卵 gaŋ²²¹⁻¹³ lyɛ̃¹³
空卵篆= kʰəŋ⁴⁵⁻³³ lyɛ̃¹³⁻²² dzyẽ²¹³　没有成果的劳作
　　空捞=捞= kʰəŋ⁴⁵⁻³³ lɐu⁴⁵ lɐu⁴⁵⁻⁰
胐卵篆= kʰəŋ⁴⁵⁻³³ pʰiʔ⁵ dzyẽ²¹³　喻指比较复杂而说不清楚的交往或者事项
畚箕覆 pẽ³³⁴⁻⁵⁵ i⁴⁵⁻³³ pʰəɯʔ⁵　旧时农村小孩年幼夭折，家人将其用破畚箕装着送到山上挖个坑埋葬，同时把破畚箕覆在坑上面，比喻短命。大人常以此骂不听话的小孩，也常作为小孩间吵架时的詈语
　　畚箕□pẽ³³⁴⁻⁵⁵ i⁴⁵⁻³³ guaŋ¹³
　　畚箕挈 pẽ³³⁴⁻⁵⁵ i⁴⁵⁻³³ tɕʰiɛʔ⁵
　　短命种 pẽ⁵³³⁻⁵³ miŋ²¹³⁻¹³ tɕiəŋ⁵³³
　　板大挟 paŋ⁵³³⁻⁵⁵ du²¹³⁻²¹ gaʔ²³
十三点 ʐyɛʔ²³⁻² saŋ⁴⁵ tiẽ⁵³³
　　十三 ʐyɛʔ²³⁻² saŋ⁴⁵
两百五 lẽ¹³ piaʔ⁵ ŋuə¹³
死农骨 sɿ⁵³³⁻⁵³ nəŋ²²¹⁻²¹ kuɛʔ⁵　木头、呆子、死人，詈语
争 tɕiaŋ⁴⁵　争吵

车=农 tɕʰiɒ⁴⁵nən²²¹　背地里搬弄是非

洗=农 ɕiɛ⁵³³⁻⁵³nən²²¹　背地里说别人的短处

献丑 ɕiɛ̃⁵³³⁻³³tɕʰiɯ⁵³³　（1）大庭广众之下的不文雅言行；（2）谦逊的表白

撩 lɐɯ⁴⁵/liɐɯ²²¹　挑逗

哄 xəŋ⁵³³

商量 ɕiaŋ⁴⁵⁻⁵⁵liaŋ²¹³

搭话 taʔ⁵u²¹³

让 ȵiɔŋ²¹³　（1）让；（2）饶恕

讨让 tʰuə⁵³³⁻⁵⁵ȵiɔŋ²¹³　求饶

谢谢 ziŋ²¹³⁻²¹ziŋ²¹³⁻¹³

麻烦 mu²²¹⁻²²vaŋ²²¹

慢慢儿 maŋ²¹³⁻²²maŋ²¹³⁻¹³ȵiɛ²²¹

再会 tsei³³⁴⁻⁵⁵uei²¹³　再见

　再见 tsei³³⁴⁻⁵⁵tɕiɛ̃³³⁴

作揖 tsɔʔ⁵⁻³i⁴⁵　旧时拱手礼

第二十二节　日　常　生　活

一、衣

着 tɛʔ⁵　穿

脱 tʰəɯʔ⁵　脱（衣裳、帽）

褪 tʰən³³⁴　脱（衣裳、帽、手表、戒指）

戴 ta³³⁴　戴（帽、手表、戒指）

挂 kɒ³³⁴　挂（项链）

钮 ȵiɯ¹³　扣（扣子）

解 ka⁵³³　解（扣子、鞋带、裤带）

踢⁼膊子儿 tʰiʔ⁵⁻³ pɔʔ⁵ tsɿ⁵³³⁻³³ ȵie²²¹　赤膊

　　打踢⁼膊 tiaŋ⁵³³⁻⁵³ tʰiʔ⁵⁻³ pɔʔ⁵

　　踢⁼膊髎条 tʰiʔ⁵⁻³ pɔʔ⁵ lieɯ²²¹⁻²² dieɯ²²¹⁻²¹³

洗 ɕie⁵³³

汏 da²¹³　淘洗

泡 pʰɐɯ³³⁴

洗衣裳 ɕie⁵³³⁻⁵³ i⁴⁵⁻⁵⁵ ʑiaŋ²²¹⁻²¹³　洗衣服

汏衣裳 da²¹³⁻²¹ i⁴⁵⁻⁵⁵ ʑiaŋ²²¹⁻²¹³　涮衣服

做衣裳 tsu³³⁴⁻³³ i⁴⁵⁻⁵⁵ ʑiaŋ²²¹⁻²¹³　做衣服

做花 tsu³³⁴⁻³³ xɒ⁴⁵　绣花

晾 lɔŋ²¹³　晾（衣服）

烫 tʰɔŋ³³⁴　烫（衣服）

烘 ɕiɔŋ⁴⁵

折 tɕiɛʔ⁵　折（被子）

爪⁼ tsɐɯ⁵³³　挽（袖子）

缝 vən²²¹

缉鞋底 tɕʰiʔ⁵⁻³ a²²¹⁻¹³ tie⁵³³

钉钮子 tiŋ³³⁴⁻³³ ȵiɯ¹³ tsʅ⁵³³　缝扣子

入被 ȵiʔ²³ bi¹³　装棉被

包被 pɐɯ⁴⁵⁻⁵⁵ bi¹³　包棉被

晒被 sa³³⁴⁻³³ bi¹³　晒棉被

二、食

□饭 pɛ̃⁴⁵⁻⁵⁵ vaŋ²¹³　做饭

煮饭 iɛ⁵³³⁻⁵⁵ vaŋ²¹³

　　焗饭 dʑiuʔ²³ vaŋ²¹³

撩饭 lieɯ²²¹⁻²² vaŋ²¹³　捞饭

煮粥 iɛ⁵³³⁻⁵³ tɕiuʔ⁵

□菜 pɛ̃⁴⁵⁻⁵⁵ tsʰei³³⁴　做菜

烧菜 ɕiɐu⁴⁵⁻⁵⁵ tsʰei³³⁴

炒菜 tsʰɐu⁵³³⁻⁵³ tsʰei³³⁴

洗米 ɕie⁵³³⁻⁵³ mie¹³　淘米

烧镬穿 ɕiɐu⁴⁵⁻³³ ɔʔ²³⁻² tɕyŋ⁴⁵　烧锅灶

力⁼ liʔ²³　划（火柴）

　　刮 kuaʔ⁵

破樵 pʰa³³⁴⁻³³ ziɐu²²¹　劈柴火

切菜 tɕʰiɛʔ⁵ tsʰei³³⁴

钐 tsaŋ⁴⁵　剁

杀猪 saʔ⁵⁻³ tɒ⁴⁵

破鱼 pʰa³³ ŋɤ²²¹　剖鱼

滗 piʔ⁵　挡住渣滓或固体的东西，将液体倒出

滤 li²¹³　过滤

炒 tsʰɐu⁵³³

煠 zaʔ²³　煮（粽子、鸡蛋）

煮 iɛ⁵³³　煮（饭、粥）

焐 uə³³⁴　长时间煮

焐 uə³³⁴　用热的东西接触凉的或湿的东西使暖和、变干

朽⁼ ɕiɯ⁵³³　锅内汤水烧开后放入粉类食物煮成糊状，如"～立夏糊，～面糊"

蒸 tɕiŋ⁴⁵

沸 pei⁵³³　水开

焯 tsʰɯ⁴⁵　肉食类放入沸水中烫一下，时间短，如"～排骨"

　　烫 tʰɔŋ³³⁴

撩 liɐu²²¹　蔬菜类放入沸水中烫一下，时间短，如"～马兰头"

　　烫 tʰɔŋ³³⁴

搨 tʰaʔ⁵　煎

　　煎 tɕiẽ⁴⁵

熯 xẽ³³⁴　用火隔锅干煎食物

煨 uei⁴⁵　在带火的灰里烧熟东西
燹 ɕiʔ⁵　锅内稍注水，入剩饭使热
咥饭 tieʔ⁵ vaŋ²¹³
掘饭 dʐyɛʔ²³ vaŋ²¹³　盛饭
　　齿饭 tie³³⁴⁻³³ vaŋ²¹³
添饭 tʰĩɛ̃⁴⁵ vaŋ²¹³
过 ku³³⁴　用菜下饭
　　配 pʰei³³⁴
挟菜 kaʔ⁵ tsʰei³³⁴
掇 tɛʔ⁵　端（碗、凳子）
咥酒 tieʔ⁵⁻³ tɕiɯ⁵³³　喝酒
洟 mi⁴⁵　小口喝（酒）
过酒 ku³³⁴⁻³³ tɕiɯ⁵³³　下酒
鼓胀 kuə⁵³³⁻⁵³ tɕiaŋ³³⁴　狂吃滥喝
　　鼓 kuə⁵³³
冲 tɕʰioŋ⁴⁵　兑（酒）
噎 iɛʔ⁵
嚼 ʑiaʔ²³
配饭 pʰei³³⁴⁻³³ vaŋ²¹³
烧沸汤 ɕiɐɯ⁴⁵⁻³³ pei⁵³³⁻⁵³ tʰɔŋ⁴⁵　烧开水
咥茶 tieʔ⁵ dʐɒ²²¹　喝茶
咥烟 tieʔ⁵⁻³ ĩɛ̃⁴⁵　抽烟，统称
北⁼烟 pɔʔ⁵⁻³ ĩɛ̃⁴⁵　抽烟的具体动作
抐面 ȵiɔʔ²³ miɛ̃²¹³　揉面
舂麻糍 ioŋ⁴⁵⁻³³ mu²²¹⁻²² ʐʅ²²¹⁻²¹³　在石臼里打麻糍
腹饥 pəɯʔ⁵⁻³ kei⁴⁵　肚子饿
口燥 kʰu⁵³³⁻⁵³ sɐɯ³³⁴　口渴
搭⁼酒 taʔ⁵⁻³ tɕiɯ⁵³³　酿酒
　　做酒 tsu³³⁴⁻³³ tɕiɯ⁵³³

白药 biaʔ²³⁻² iaʔ²³　酒曲
　　酒曲 tɕiɯ⁵³³⁻⁵³ tɕʰiɔʔ⁵
做酱 tsu³³⁴⁻³³ tɕiaŋ³³⁴
馊 ɕyɐɯ⁴⁵
烂 laŋ²¹³
霉 mei²²¹
餲 ɛʔ⁵　(1) 粮食因发酵而变质,如"谷～了";(2) 利用发酵加工
　　食物的方法,如"～豆豉酱"
油气 iɯ²²¹⁻¹³ kʰei⁵³³　油性食品变质的气味
殕气 pʰəɯʔ⁵⁻³ kʰei⁵³³　干性食品变质的气味　‖"殕"字韵母促化
殕 pʰəɯʔ⁵　东西腐败生长白膜
生毛 ɕiaŋ⁴⁵ mɐɯ²²¹
发乌边 faʔ⁵ uə⁴⁵⁻³³ piɛ̃⁴⁵　食物发黑变质

三、住

搣起 uaʔ⁵ tɕʰiʔ⁵⁻⁰　起床
洗面 ɕiɛ⁵³³⁻⁵⁵ miɛ̃²¹³
洗骹 ɕiɛ⁵³³⁻⁵³ kʰɐɯ⁴⁵
洗浴儿 ɕiɛ⁵³³⁻⁵³ iuʔ²³ ȵiɛ²²¹　洗澡
缴浴 tɕiɐɯ⁵³³⁻⁵³ iuʔ²³　擦身子
暖汤 nəŋ¹³⁻²¹ tʰɔŋ⁴⁵　热水
洗面汤 ɕiɛ⁵³³⁻⁵⁵ miɛ̃²¹³⁻²¹ tʰɔŋ⁴⁵　洗脸水
洗牙齿 ɕiɛ⁵³³⁻⁵³ ŋa²²¹⁻¹³ tɕʰiu⁵³³　刷牙
盪嗾 dɔŋ¹³ tɕʰy⁵³³　漱口
掠头 liaʔ²³ du²²¹　梳头
　　梳头 sɒ⁴⁵⁻⁵⁵ du²²¹⁻²¹³
打辫 tiaŋ⁵³³⁻⁵³ biɛ̃¹³　打辫子
剃胡须 tʰiɛ³³⁴⁻³³ uə²²¹⁻²¹ suə⁴⁵
　　刮胡须 kuaʔ⁵ uə²²¹⁻²¹ suə⁴⁵

装扮 tsɔŋ⁴⁵⁻⁵⁵ paŋ³³⁴

遮被 tɕiɑ⁴⁵⁻⁵⁵ bi¹³　盖被子

瞓去 kʰəŋ³³⁴⁻³³ kʰɤ³³⁴⁻⁰　睡着

打鼾 tiaŋ⁵³³⁻⁵³ xuɛ̃⁴⁵

碓米 tei³³⁴⁻³³ miɛ¹³　打瞌睡

　　啄啄□ təuʔ⁵⁻³ təuʔ⁵ zɤ²²¹

　　鸡啄米 iɛ⁴⁵⁻³³ təuʔ⁵ miɛ¹³

打荒⁼ □tiaŋ⁵³³⁻⁵³ xɔŋ⁴⁵⁻⁵⁵ xei³³⁴　打哈欠

做梦 tsu³³⁴⁻³³ məŋ²¹³

讲弄话 kɔŋ⁵³³⁻⁵³ ləŋ²¹³⁻²² u²¹³　讲梦话

醒 ɕiŋ⁵³³

开门 kʰei⁴⁵ məŋ²²¹

关门 kəŋ⁴⁵ məŋ²²¹

开 kʰei⁴⁵　打扫,整理

开卫生 kʰei⁴⁵⁻³³ uei²¹³⁻²¹ ɕiaŋ⁴⁵　打扫卫生

开房间 kʰei⁴⁵⁻³³ vɔŋ²²¹⁻²¹ kaŋ⁴⁵　（1）打扫房间；（2）（宾馆）开房

开场面 kʰei⁴⁵⁻³³ dʑiaŋ²²¹⁻²² miɛ̃²¹³　打扫地方

扫地 suə⁵³³⁻⁵⁵ di²¹³

齐东西 ʑiɛ²²¹⁻²² təŋ⁴⁵⁻³³ ɕiɛ⁴⁵　收拾东西

乘凉 ʑiŋ²²¹⁻²² liaŋ²²¹⁻²¹³

晒日头 sa³³⁴⁻³³ nɛʔ²³ du²²¹　晒太阳

烘手 ɕiɔŋ⁴⁵⁻³³ tɕʰyɛ⁵³³

四、行

走路 tsu⁵³³⁻⁵⁵ luə²¹³

碰着 pʰəŋ³³⁴⁻³³ dɛʔ²³

等 tɛ̃⁵³³

插 tsʰaʔ⁵　抄（近路）

插队 tsʰaʔ⁵ dei²¹³

趟 dɔŋ²¹³　闲逛、散步

旋 ʑyɛ̃²¹³　逛

趟街 dɔŋ²¹³⁻²¹ ka⁴⁵　逛街

旋街 ʑyɛ̃²¹³⁻²¹ ka⁴⁵

出门 tɕʰyɛʔ⁵ məŋ²²¹

归处 kuei⁴⁵⁻⁵⁵ tɕʰyɛ³³⁴　回家

归去 kuei⁴⁵⁻⁵⁵ kʰɤ³³⁴　回去

转来 tyɛ̃⁵³³⁻³³ lei²²¹　回来

转去 tyɛ̃⁵³³⁻⁵³ kʰɤ³³⁴　回去

转头 tyɛ̃⁵³³⁻³³ du²²¹　掉头,半路折回

回头 uei²²¹⁻²² du²²¹⁻²¹³

碰聚 pʰəŋ³³⁴⁻³³ ʑiɯ¹³　碰一块儿

望农 mɔŋ²¹³⁻¹³ nəŋ²²¹　看人

第二十三节　一般动作

一、头部动作

望 mɔŋ²¹³　看

见 iɛ̃³³⁴

晗 kɛʔ⁵　（1）闭（眼）；（2）眨（眼）

盯 tiŋ⁴⁵

眉头打疙瘩 mi²² du²²¹⁻²¹ tiaŋ⁵³³⁻⁵³ kəɯʔ⁵⁻³ taʔ⁵　因遇见难事而打不起精神的脸色

皱眉头 tɕiɯ⁴⁵ mi²²¹⁻²² du²²¹⁻²¹³　对某事或人表示不屑或不满的表情

叫 iɐɯ³³⁴　哭

靶⁼目辞⁼ pɒ⁵³³⁻⁵³ məɯʔ²³ zɤ²²¹　掉眼泪

听 tʰiŋ³³⁴

喷⁼ pʰəŋ⁴⁵　闻

绷 piaŋ⁴⁵　（1）张（嘴）；（2）睁（眼）

闭 pi³³⁴　闭嘴

嚼 ʑiaʔ²³

啮 ŋuɛʔ²³　咬

吞 tʰẽ⁴⁵　咽

含 gəŋ²²¹

吐 tʰuə⁵³³　吐（果核）

吐 tʰuə³³⁴　呕吐

吹 tɕʰy⁴⁵　吹气

敨气 tʰu⁵³³⁻⁵³ tsʰʅ³³⁴　呼气

呵气 xɒ⁴⁵⁻⁵⁵ tsʰʅ³³⁴

欻 tɕyɛʔ⁵　吮吸

舔 tʰĩ⁵³³

角⁼ 喙儿 kɔʔ⁵ tɕʰy⁵³³⁻³³ ȵiɛ²²¹　亲嘴

笑 tɕʰiɤɯ³³⁴

摇头 iɤɯ²²¹⁻²² du²²¹⁻²¹³

仰 ȵiaŋ¹³

低头 tiɛ⁴⁵ du²²¹

侧 tsɛʔ⁵

□ nɐɯ²¹³　摇晃，晃动

二、手部动作

乞 kʰaʔ⁵　给

担 naŋ⁴⁵　拿　‖"担"字声母发生音变

　驮 du²²¹

　搋 iaʔ⁵

招 tɕiɐɯ⁴⁵

伸 ɕiŋ⁴⁵

拍手 pʰaʔ⁵⁻³ ɕiɯ⁵³³

扶 vuə²²¹

搀 tsʰaŋ⁴⁵

搂 lu¹³

抱 buə¹³

挟 dʑiaʔ²³

捧 pʰəŋ⁵³³

摔 ɕyʔ⁵　(1) 扔,丢弃；(2) 投掷

挋 xəŋ²¹³　用力投掷

掼 guaŋ²¹³　(1) 投掷；(2) 摔,跌

□guaŋ¹³　提、拎

拎 liŋ⁴⁵

挈 tɕʰiɛʔ⁵

搬 bẽ²²¹

倒 tɐɯ⁵³³　倒掉（剩菜等）

递 diɛ²¹³

捺 nɛʔ²³

推 tʰei⁴⁵

捅⁼ tʰəŋ⁵³³

搡 səŋ⁵³³　猛推

㲴 pʰiaʔ⁵　撕,掰

泼 xuaʔ⁵　(1) 泼洒；(2) 甩掉水

挑 tʰiẽ³³⁴　挑,拨

搨 tʰaʔ⁵　搽（粉、面油等）

研 ɲiẽ¹³　研成粉

□tɕyɛʔ⁵　拧（皮肉）,力度较小

扭 ɲiɯ⁴⁵

□ɲiɐɯ²²¹　力度较大

绞 kɐɯ⁵³³　拧：～面巾

□ȵiɐɯ²²¹

搣 miɛʔ⁵　捻

捏 ȵiaʔ²³

掐 kʰaʔ⁵

　摘 tiʔ⁵

棕⁼ tsən⁴⁵　抓住衣领或发辫,引申为捉住

摸 məɯʔ⁵

挼 nu²²¹　揉(皮肤)

蒙 mian⁴⁵　捂(眼)

牵 tɕʰiɛ̃⁴⁵

撩 liɐɯ²²¹　水中捞物

打 tian⁵³³

捶 dʑy²²¹

攉 kʰɔʔ⁵　敲打

扑 pʰɔʔ⁵　用木棍拍打(人、蛇)

搒 bian²²¹　用棍棒、竹板或手轻度拍打

摑 kuaʔ⁵　用手掌打

揎 ɕyɛ̃⁴⁵　用力掴批

撴 tən⁴⁵　(1)以拳直捅;(2)以恶语刺人

搓 tsʰu⁴⁵

缴 tɕiɐɯ⁵³³　擦

托 tʰɔʔ⁵

接 tɕiɛʔ⁵

扛 kɔn⁴⁵

㾿 kʰaʔ⁵　用物体压

捺 naʔ²³　(1)按、摁;(2)一撇一～

摒 pian³³⁴　拔:～秧、～草

戳 tɕʰiɔʔ⁵

□tiaʔ⁵　钩,动词,名词

剥 pɔʔ⁵

拦 laŋ²²¹

撑 tɕʰiaŋ⁴⁵　撑（雨伞）

拖 tʰa⁴⁵　拖动

削 ɕiaʔ⁵　削：～皮

刨 bɐɯ²¹³

劙 li²¹³　割划

破 pʰa³³⁴　剖开：～西瓜、～鱼

芟 ɕiẽ⁴⁵　斩除杂草杂树

挢 dzɯɯ¹³　撬

𢳆⁼ dziɔʔ²³　捅，以木棒捣刺

　　戳 tɕʰiɔʔ⁵

罨 kən⁵³³　盖（盖子）

覆 pʰəɯʔ⁵　罩住：碗～起

缚 bɔʔ²³　系，捆绑

解 ka⁵³³

摊 tʰaŋ⁴⁵

挖 uɐ⁴⁵　挖（菜地）

挖 uaʔ⁵　挖（墙脚）

齾 ŋaʔ⁵　物体有稍大的缝隙

瘪 piɛʔ⁵　器物受到碰压而产生的凹陷

□ŋaʔ⁵　折断

　　拗 ɐɯ⁵³³

铺 pʰuɐ⁴⁵　铺设

□tɔʔ⁵　使竖立

　　隑 gei²¹³

□gəŋ²¹³　架，动词

三、腿脚动作

走 tsu⁵³³

跳 tʰiɯ³³⁴　跑

逃 dɐɯ²²¹

磨 mu²²¹　老弱者慢步移动

躐 liɛʔ²³　追赶

跟 kɛ̃⁴⁵　跟随

踏 daʔ²³

跓 tiɛ̃⁴⁵

翘 tɕʰiɯ³³⁴

踢 tʰiʔ⁵

扁⁼ piɛ̃⁵³³　用腿脚横扫别人

别 biɛʔ²³　（1）伸脚绊人；（2）脚崴

伏 bəɯʔ²³

踞 tɕiɯ⁴⁵　蹲

跪 dzy¹³

蹭 tsʰɛ̃⁴⁵　跳，多单脚

栈⁼ dzaŋ²¹³　跳，多双脚

标⁼ piɐɯ⁴⁵　人或动物跳跃或突然跃出

□ gaŋ²²¹　迈，跨

鐾 biɛ²¹³　擦，蹭，指进屋前用脚在地上或垫子上磨踩，为了不把脏物带进房间

蹅 tsʰɒ⁵³³

四、全身动作

坐 zu¹³

徛 gei¹³　也可用作介词，相当于普通话的"在"：我~杭州工作。

靠 kʰɐɯ³³⁴

覆 pʰəɯʔ⁵　趴着

勆 lei²¹³　滚动

靶⁼ pɒ⁵³³　跌

掼 guaŋ²¹³

跌 tiɛʔ⁵

爬 bɒ²²¹

背 pei⁴⁵

擖 gɛʔ²³　肩挑

□ȵiɕʔ⁵　闪（腰）

闪 ɕiɛ̃⁵³³

忍⁼ȵiŋ¹³

搭 kʰɒ³³⁴　抓，捉

装 tsɔŋ⁴⁵

囥 kʰɔŋ³³⁴　（1）放；（2）藏

放 fɔŋ³³⁴

摆 pa⁵³³

摅 iaʔ⁵　（1）拿；（2）藏放

□tiu⁴⁵　躲

匿 iɛ̃⁵³³　躲藏，如"～门后（躲在门后）"，引申为偷偷的行为，如"走路～记～记"

碰 pʰəŋ³³⁴　遇

遮 tɕiɒ⁴⁵

睨 iɛ̃³³⁴　比较尺寸的长短

拣 kaŋ⁵³³　挑选

填 diɛ̃²²¹

葬 tsɔŋ³³⁴　埋

寻 ziŋ²²¹

膣臀拸 kʰuɔʔ⁵ dɛ̃²²¹⁻²² təŋ³³⁴　屁股突然着地

轧 gaʔ²³　剪

剪 tɕiɛ̃⁵³³

杀 saʔ⁵

豉 tɔʔ⁵　用尖物刺或点一下

□ tsʅ⁴⁵

拼 pʰiŋ⁴⁵　拼凑

斗 tu³³⁴

引 iɛ̃¹³　引诱

五、心理动作

忖 tsʰɛ̃⁵³³　想

记 tsʅ³³⁴

猜 tsʰei⁴⁵

打算 tiaŋ⁵³³⁻⁵³ sɛ̃³³⁴

见觉 iɛ̃³³⁴⁻³³ kɔʔ⁵　感觉

识着 tɕiʔ⁵ dɛʔ²³⁻⁰　知道

　　知得 tsɤ⁴⁵ tiʔ⁵⁻⁰

懂 təŋ⁵³³

认着 n̠iŋ²¹³⁻²¹ dɛʔ²³　认识

慈和 zɤ²²¹⁻²² u²²¹⁻²¹³　仁慈,和善

福相 fəuʔ⁵ ɕiaŋ³³⁴　儿童、婴儿发育良好的样子

合适 ɛʔ²³⁻² ɕiʔ⁵　喜欢

　　喜欢 sʅ⁵³³⁻⁵³ xuɛ̃⁴⁵

满意 mɛ̃¹³ i³³⁴

满足 mɛ̃¹³ tɕiɔʔ⁵

高兴 kɐu⁴⁵⁻⁵⁵ ɕiŋ³³⁴

生气 ɕiaŋ⁴⁵⁻⁵⁵ tsʰʅ³³⁴

鳢⁼面 ləuʔ²³ miɛ̃²¹³　(1)反目;(2)板着脸

发火 faʔ⁵⁻³ xu⁵³³

心火热 ɕiŋ⁴⁵⁻³³ xu⁵³³⁻⁵³ n̠iɛʔ²³　忌妒

难为情 naŋ²²¹⁻²² uei²¹³⁻¹³ ziŋ²²¹

发脾气 faʔ⁵ bi²²¹⁻²² tsʰʅ³³⁴

无办法 muə²²¹⁻²² baŋ²¹³⁻²¹ faʔ⁵　没办法

嫌憎 aŋ²²¹⁻²² tɕiŋ³³⁴　嫌弃

怨 yẽ³³⁴

恨 ən²¹³

烦 vaŋ²²¹　烦恼

埋怨 ma²²¹⁻²² yẽ³³⁴

懊恼 ɐɯ³³⁴⁻³³ nɐɯ¹³

悔 xuei³³⁴

小心 ɕiɐɯ⁵³³⁻⁵³ ɕiŋ⁴⁵

惊 kuaŋ⁴⁵　（1）害怕；（2）担心

吓 xaʔ⁵　（1）害怕；（2）吓唬

慌 xɔŋ⁴⁵　担心

威 y⁴⁵　威风

燥脾 sɐɯ³³⁴⁻³³ bi²²¹　痛快

失心 ɕiʔ⁵⁻³ ɕiŋ⁴⁵　出神，痴呆，痴恋

孤西 kuə⁴⁵⁻³³ ɕiɛ⁴⁵　感伤，悲凉

利市 li²¹³⁻²² ʑiu¹³　吉利

倒时 tɐɯ⁵³³⁻³³ zɿ²²¹　晦气，倒运

　　倒灶 tɐɯ⁵³³⁻⁵³ tsɐɯ³³⁴

天修 tʰiẽ⁴⁵ ɕiɯ⁴⁵　老天来修理，对恶人的诅咒，对霉运的感叹

发狠 faʔ⁵⁻³ xən⁵³³　勤劳，发奋

郎当 laŋ²²¹⁻²² taŋ⁴⁵　颓唐，不修边幅，居室脏乱

　　吊里郎当 tiɐɯ³³⁴⁻³³ li¹³⁻⁴⁵ laŋ²²¹⁻²² taŋ⁴⁵

焦憋 tɕiɐɯ⁴⁵⁻³³ piɛʔ⁵　做事、生活不如意，或发生意外，心里感觉不舒服时的用语，以抒发心中的不快

　　绝灭 ʐyɛʔ²³⁻² miɛʔ²³

研缠 n̠iẽ¹³ dziẽ²²¹　不爽利，纠缠

㺄 tɕʰiɛʔ⁵　狭隘乖戾，无法接近

劳心 lɐɯ²²¹⁻²² ɕiŋ⁴⁵

巴弗得 pɒ⁴⁵⁻³³ fəɯʔ⁵⁻³ tiʔ⁵　巴不得

舍得 ɕiɴ$^{533-53}$ tiʔ^5

舍弗得 ɕiɴ$^{533-53}$ fəɯʔ$^{5-3}$ tiʔ^5　舍不得

　　弗舍得 fəɯʔ$^{5-3}$ ɕiɴ$^{533-53}$ tiʔ^5

咥弗落 tiɛʔ^5 fəɯʔ$^{5-3}$ lɔʔ^{23}　（1）吃不消；（2）吃不下（食物）

挂心 kɒ$^{334-33}$ ɕiɴ^{45}　挂念

疑心 ȵi$^{221-21}$ ɕiɴ^{45}　怀疑

忘记 miŋ$^{221-22}$ tɕiu^{334}

相信 ɕiaŋ$^{45-55}$ ɕiŋ^{334}

六、系动词等

是 zi ʔ^{23}　（1）是；（2）确实：你个东西～弗错（你的东西确实不错）　‖ 韵母读音特殊，促化

弗是 fəɯʔ^5 ziʔ^{23}　不是

有 uɔʔ^{23}　‖ 韵母读音特殊，促化

无 muə^{221}　没有

像 dziaŋ^{13}

　　相像 ɕiaŋ$^{45-33}$ dziaŋ^{13}

刻板印 kʰɛʔ$^{5-3}$ paŋ$^{533-53}$ iŋ^{334}　一个模子出来的，比喻两个人很像：渠对渠爹像险，～个（他跟他爸很像，像一个模子出来的）

　　刷＝像 ɕyɛʔ^5 dziaŋ^{13}

做 tsu^{334}　当：～老师，～医师

肖 ɕiɐɯ^{334}　属某个生肖：～老鼠

讴 ɐɯ^{45}　（1）名叫：我～张三；（2）让，使：～张三来做

由随 iɯ$^{221-22}$ zei$^{221-213}$　任凭：～你

会 uei^{213}

弗会 fəɯʔ^5 uei^{213}　不会

　　舲 fei^{45}　"弗会"的合音词

乐 ŋɐɯ^{213}　要

弗乐 fəɯʔ^5 ŋɐɯ^{213}　不要

觢 fɐɯ⁴⁵　"弗乐"的合音词

有法 uɔʔ²³⁻² faʔ⁵　能，可以

　　好 xɐɯ⁵³³

　　可以 kʰu⁵³³⁻⁵³ i¹³⁻³³⁴

无法 muə²²¹⁻²¹ faʔ⁵　不能，不可以

　　弗好 fəuʔ⁵⁻³ xɐɯ⁵³³

　　弗可以 fəuʔ⁵⁻³ kʰu⁵³³⁻⁵³ i¹³⁻³³⁴

有得 uɔʔ²³ tiʔ⁵　能，可以

无得 muə²²¹⁻²² tiʔ⁵　不能，不可以

可能 kʰu⁵³³⁻⁵³ nẽ²²¹

确莫 kʰɔʔ⁵ mɔʔ⁵　可能，估计

能够 nẽ²²¹⁻²² ku³³⁴

应该 iŋ⁴⁵⁻³³ kei⁴⁵

弗止 fəuʔ⁵⁻³ tsʅ⁵³³　不止

第二十四节　性　　状

一、形状、颜色

大 du²¹³

小 ɕiɐɯ⁵³³

粗 tsʰuə⁴⁵

细 ɕiɛ³³⁴

　　□细 miʔ⁵ ɕiɛ³³⁴　生动形式

长 dẽ²²¹　(1) 长；(2) 高

短 tẽ⁵³³　(1) 短；(2) 矮

高 kɐɯ⁴⁵

低 tiɛ⁴⁵

矮 a⁵³³

厚 gu¹³

薄 bɔʔ²³

　□薄 tʰi⁴⁵bɔʔ²³　生动形式

阔 kʰuɛʔ⁵

狭 aʔ²³　狭窄

深 tɕʰyẽ⁴⁵

浅 tɕʰiẽ⁵³³

弯 uaŋ⁴⁵

直 dʑiʔ²³

　笔直 piʔ⁵dʑiʔ²³　生动形式

正 tɕiŋ³³⁴

笡 tɕʰiɳ³³⁴　歪；斜

平 biŋ²²¹　（1）平；（2）坡度小

隋 gei²¹³　陡峭

　竖 ʑyɛ¹³

　笔隋 piʔ⁵gei²¹³　非常陡，生动形式

横 yaŋ²²¹

直 dʑiʔ²³

坦 tʰaŋ⁵³³　口子大、深度小：碗～（碗浅而口大）

快 kʰua³³⁴　锋利

钝 dẽ²¹³

尖 tɕiẽ⁴⁵

突 dɯʔ²³　凸

　凸 dɛʔ²³ / tʰɯʔ⁵

凹 ɐɯ⁴⁵

圆 yẽ²²¹

扁 piẽ⁵³³

方 fɔŋ⁴⁵

瘪 piɛʔ⁵

光 kəŋ⁴⁵　亮

乌 uə⁴⁵　暗

清 tɕʰiŋ⁴⁵

浑 uẽ²²¹

拎清 liŋ²²¹⁻²¹ tɕʰiŋ⁴⁵　清楚

 清 tɕʰiŋ⁴⁵

 清楚 tɕʰiŋ⁴⁵⁻³³ tsʰuə⁵³³

糊涂 uə²²¹⁻²² duə²²¹⁻²¹³

 糊 uə²²¹

颜色 ŋaŋ²²¹⁻²¹ səɯʔ⁵

乌 uə⁴⁵　黑

 青 tɕʰiŋ⁴⁵　黑：～洋布

 墨乌 mɔʔ²³⁻² uə⁴⁵　墨黑，生动形式

白 biaʔ²³　（1）颜色白；（2）蛋白

 雪白 ɕyɛʔ⁵ biaʔ²³　生动形式

红 əŋ²²¹

 绯红 fi⁴⁵ əŋ²²¹　生动形式

黄 ɔŋ²²¹　（1）颜色黄；（2）蛋黄

 腊黄 laʔ²³ ɔŋ²²¹　生动形式

绿 liəʔ²³

 碧绿 piʔ⁵ liəʔ²³　生动形式

青 tɕʰiŋ⁴⁵

蓝 laŋ²²¹

紫 tsɿ⁵³³

浓 nʲiəŋ²²¹　颜色深

浅 tɕʰiẽ⁵³³　颜色浅

 淡 daŋ¹³

二、状态、感受

多 tu⁴⁵

有昌 uɔʔ²³⁻² tɕʰiaŋ⁴⁵　多，丰足
少 tɕiɐɯ⁵³³
无昌 muə²²¹⁻²¹ tɕʰiaŋ⁴⁵　少，不足
了够 liɐɯ¹³⁻²² ku³³⁴　够
弗了够 fəuʔ⁵ liɐɯ¹³⁻²² ku³³⁴　不够
远 yɛ̃¹³
近 gɛ̃¹³
远近 yɛ̃¹³ gɛ̃¹³
重 dʑioŋ¹³
轻 tɕʰiŋ⁴⁵
　屁轻 pʰiʔ⁵ tɕʰiŋ⁴⁵　生动形式　‖"屁"字促化，发生音变
轻重 tɕʰiŋ⁴⁵⁻⁵⁵ dʑioŋ¹³
热 ȵieʔ²³
浸 tsʰən³³⁴　冷
　冰浸 piŋ⁴⁵ tsʰən³³⁴　生动形式
温吞 uɛ̃⁴⁵⁻³³ tʰɛ̃⁴⁵　温
暖 nən¹³
燥 sɐɯ³³⁴　干燥
　焦燥 tɕiɐɯ⁴⁵ sɐɯ³³⁴　生动形式
湿 tɕʰiaʔ⁵
　粥湿 tɕiuʔ⁵ tɕʰiaʔ⁵⁻⁰　生动形式
潮 dʑiɐɯ²²¹
厚 gu¹³　（粥）稠
薄 bɔʔ²³　（粥）稀
密 miʔ²³
疏 sɒ⁴⁵
硬 ȵiaŋ²¹³
　铁硬 tʰieʔ⁵ ȵiaŋ²¹³　生动形式
软 ȵyɛ̃¹³

□软 miʔ⁵ȵyɛ̃¹³　生动形式

脆 tsʰei³³⁴

□ȵiɯ²¹³　有韧性

霉 mei²²¹

嫩 nɛ̃²¹³

　　糟⁼嫩 tsɐɯ⁴⁵nɛ̃²¹³　非常嫩，生动形式

　　嫩滋滋 nɛ̃²¹³⁻²¹tsʅ⁴⁵tsʅ⁴⁵⁻⁰　生动形式

　　嫩纠⁼纠 nɛ̃²¹³⁻²¹tɕiɯ⁴⁵tɕiɯ⁴⁵⁻⁰　生动形式

老 lɐɯ¹³

熟 dʑiuʔ²³/ʑiuʔ²³

生 ɕiaŋ⁴⁵

牢 lɐɯ²²¹　扎实

　　扎实 tsaʔ⁵ʑiʔ²³

松 səŋ⁴⁵

紧 tɕiŋ⁵³³

稳 uɛ̃⁵³³

滑 guaʔ²³

　　滑溜 guaʔ²³liɯ²¹³

　　溜 liɯ²¹³

體 tʰiɛ³³⁴　细腻

糙 tsʰɐɯ³³⁴

粘 ȵiɛ̃⁴⁵　（1）形容词；（2）动词

空 kʰəŋ⁴⁵

　　醒⁼空 ɕiŋ⁵³³⁻⁵³kʰəŋ⁴⁵　生动形式，范围较小

　　醒⁼荡空 ɕiŋ⁵³³⁻⁵⁵dɔŋ²¹³⁻²¹kʰəŋ⁴⁵　生动形式，范围较大

满 mɛ̃¹³

　　朴⁼满 pʰɔʔ⁵mɛ̃¹³　生动形式

狭 gaʔ²³　拥挤

乱 lyɛ̃²¹³

齐 ʑiɛʔ²²¹

匀 yŋ²²¹

爽利 ɕiɔŋ⁵³³⁻⁵⁵ li²¹³　干净

爽爽利利 ɕiɔŋ⁵³³⁻³³ ɕiɔŋ⁵³³⁻⁴⁵ li²¹³⁻²² li²¹³　干干净净

邋遢 laʔ²³⁻² tʰaʔ⁵　肮脏

邋里邋遢 laʔ²³⁻² liʔ¹³⁻⁵ laʔ²³⁻² tʰaʔ⁵

糊 guə²¹³　烂污，泥泞

　　别⁼糊 biɛʔ²³ guə²²¹⁻²¹³　非常泥泞，生动形式

破 pʰa³³⁴

丁⁼倒头 tɕiŋ⁴⁵⁻⁵⁵ tɐɯ⁵³³⁻³³ du²²¹　颠倒

塕 əŋ⁵³³　尘土飞扬状

味道 mi²¹³⁻²² dɐɯ¹³　(1) 舒服；(2) 味道

酸 sɿ⁴⁵

甜 diẽ²²¹

　　蜜甜 miʔ²³⁻⁵ diẽ²²¹　生动形式　‖ "蜜"由阳入调变为阴入调

苦 kʰuə⁵³³

辣 laʔ²³

咸 aŋ²²¹

淡 daŋ¹³

　　涕淡 tʰi³³⁴⁻⁴⁵ daŋ¹³　生动形式

鲜 ɕiẽ⁴⁵

麻 mɒ²²¹

兴时 ɕiŋ⁴⁵⁻⁵⁵ zɿ²²¹⁻²¹³　新奇，时髦，迎合潮流

厌 iẽ³³⁴

落饭 lɔʔ²³ vaŋ²¹³　下饭

粉 fəŋ⁵³³　形容水果、食物淀粉多

香 ɕiaŋ⁴⁵

　　芬香 pʰəŋ⁴⁵⁻⁵³ ɕiaŋ⁴⁵　生动形式

臭 tɕʰiɯ³³⁴

恶臭 ɔʔ⁵ tɕʰiɯ³³⁴　生动形式

腥气 ɕiŋ⁴⁵⁻⁵⁵ tsʰɿ³³⁴　腥

骚气 sɐɯ⁴⁵⁻⁵⁵ tsʰɿ³³⁴　膻味

猛 miaŋ¹³　（火）旺

善 ʑiẽ¹³　（火）弱,（声音）小

三、性质

好 xɐɯ⁵³³

　　道地 dɐɯ¹³⁻²² di²¹³

尚好 ʑiaŋ²¹³⁻¹³ xɐɯ⁵³³　依然好

还好 aŋ²²¹⁻²² xɐɯ⁵³³

弗错 fəʔ⁵ tsʰu³³⁴　不错

蛮好 maŋ²²¹⁻⁴⁵ xɐɯ⁵³³

高级 xɐɯ⁴⁵ tɕiʔ⁵⁻⁰

蹩脚 biɛʔ²³⁻² tɕiaʔ⁵

蹩里蹩脚 biɛʔ²³⁻² li²¹³⁻⁵ biɛʔ²³⁻² tɕia ʔ⁵

坏 ua²¹³

　　乔⁼ dziɐɯ²²¹

推扳 tʰei⁴⁵⁻³³ paŋ⁴⁵　（1）差；（2）相差

　　差 tsʰɒ⁴⁵

弗好 fəʔ⁵⁻³ xɐɯ⁵³³　不好

真 tɕiŋ⁴⁵

假 kɒ⁵³³

正宗 tɕiŋ³³⁴⁻³³ tsəŋ⁴⁵

纯 ʑyŋ²²¹

对 tei³³⁴

错 tsʰu³³⁴

快 kʰua³³⁴

　　飞快 fi⁴⁵ kʰua³³⁴　生动形式

慢 maŋ²¹³

迟 dzʅ²²¹

 晏 uɛ̃³³⁴

早 tsɐɯ⁵³³

新 ɕiŋ⁴⁵

 察⁼新 tsʰaʔ⁵ɕiŋ⁴⁵ 生动形式

旧 dziɯ²¹³

响 ɕiaŋ⁵³³

静 ziŋ¹³

 雪静 ɕyɛʔ⁵ziŋ¹³ 生动形式

闹热 nɐɯ²¹³⁻²¹ȵiɛʔ²³ 热闹

 热闹 ȵiɛʔ²³nɐɯ²¹³

静托⁼托⁼ ziŋ¹³tʰɔʔ⁵tʰɔʔ⁵⁻⁰ 冷清

难 naŋ²²¹

容易 ioŋ²²¹⁻²²iɛ²¹³

 好 xɐɯ⁵³³ ～做：容易做

古怪 ku⁵³³⁻⁵³kua³³⁴

奇怪 dzʅ²²¹⁻²²kua³³⁴

滑稽 uaʔ²³⁻²tsʅ⁴⁵

好笑 xɐɯ⁵³³⁻⁵³tɕʰiɐɯ³³⁴

四、形貌、性格

壮 tɕiaŋ³³⁴ (1)(动物、人)肥胖；(2)(肉)肥

瘦 ɕyɐɯ³³⁴

精 tɕiŋ⁴⁵ (肉)瘦

健 dziɛ̃²¹³ (老人)健朗

老 lɐɯ¹³

年轻 ȵiɛ̃²²¹⁻²¹tɕʰiŋ⁴⁵

农貌 nəŋ²²¹⁻¹³mɐɯ²¹³ 相貌

样子儿 iaŋ²¹³⁻¹³ tsʅ⁵³³⁻⁵³ ȵie²²¹

样子 iaŋ²¹³⁻¹³ tsʅ⁵³³

相貌 ɕiaŋ³³⁴⁻⁵⁵ mɐɯ²¹³

好望 xɐɯ⁵³³⁻⁵⁵ mɔŋ²¹³　漂亮，好看

　道地 dɐɯ¹³⁻²² di²¹³

　数得 ɕiu⁵³³⁻⁵³ tiʔ⁵

　齐整 ziɛ²²¹⁻¹³ tɕiŋ⁵³³

难望 naŋ²²¹⁻²² mɔŋ²¹³　丑，难看

　□ zəŋ²²¹

　死相 sʅ⁵³³⁻⁵³ ɕiaŋ³³⁴

贼相 zeʔ²³ ɕiaŋ³³⁴　贼的模样，难看

量气 ȵiaŋ²¹³⁻²² tsʰʅ³³⁴　气量

性急 ɕiŋ³³⁴⁻³³ tɕiʔ⁵

　急 tɕiʔ⁵

凶 ɕiɔŋ⁴⁵

直爽 dziʔ²³ sɔŋ⁵³³

　爽快 sɔŋ⁵³³⁻⁵³ kʰua³³⁴

活泼 uaʔ²³⁻² pʰɛʔ⁵

惊生疏 kuaŋ⁴⁵ ɕiaŋ⁴⁵⁻³³ ɕiu⁴⁵　怕生

活络 uaʔ²³⁻² lɔʔ²³　灵光、机灵

滑头 uaʔ²³ du²²¹

死弗搭活 sʅ⁵³³⁻⁵³ fəɯʔ⁵ taʔ⁵ uaʔ²³　不死不活

一条鞭 iʔ⁵ diɐɯ²²¹⁻²¹ piɛ̃⁴⁵　专心，专门，老是

死板 sʅ⁵³³⁻⁵³ paŋ⁵³³

百高 piaʔ⁵⁻³ kɐɯ⁴⁵　（小孩）乖、听话

　慧 uei²¹³

　听讲 tʰiŋ⁴⁵⁻³³ kɔŋ⁵³³

孝顺 xɐɯ³³⁴⁻⁵⁵ ʐyŋ²¹³

道德 dɐɯ¹³⁻²¹ tɛʔ⁵

蛮 maŋ²²¹　（小孩）调皮,顽劣
　　皮 bi²²¹
燥 tsɐɯ³³⁴　（脾气）火爆

五、境况、品行

顺利 ʐyŋ²¹³⁻¹³ li²¹³

合适 ɛʔ²³⁻² ɕiʔ⁵　适合

味道 mi²¹³⁻²² dɐɯ¹³　舒服
　　舒服 ɕyɛ⁴⁵⁻³³ vəɯʔ²³

爽 sɔŋ⁵³³　生活宽裕
　　富 fuə³³⁴

苦 kʰuə⁵³³　生活拮据,贫困,破落
　　穷 dʑiɔŋ²²¹
　　跌鼓 tiɛʔ⁵⁻³ kuə⁵³³

烦 vaŋ²²¹　啰嗦

十七 ʐyɛʔ²³⁻² tɕʰiʔ⁵　不真实,碰不得硬,不正派
　　十里十七 ʐyɛʔ²³ li¹³⁻⁰ ʐyɛʔ²³⁻² tɕʰiʔ⁵

恨心 ən²¹³⁻²¹ ɕiŋ⁴⁵　恼火

火 xu⁵³³

浑 uẽ²²¹　心智不清

难当 naŋ²²¹⁻²¹ tɔŋ⁴⁵　（身体、心里）难受
　　难过 naŋ²²¹⁻²² ku³³⁴

无心向 muə²²¹⁻²² ɕiŋ⁴⁵⁻⁵⁵ ɕiaŋ³³⁴　没心思,没兴致

昏头搭脑 xẽ⁴⁵ du²²¹⁻²² taʔ⁵ nɐɯ¹³　发昏,糊里糊涂

糊涂 uə²²¹⁻²² duə²²¹⁻²¹³

弗爽农 fəɯʔ⁵⁻³ sɔŋ⁵³³⁻⁵³ nɔŋ²²¹　不舒服,有病

便当 biẽ²¹³⁻²² tɔŋ³³⁴　方便

倒霉 tɐɯ⁵³³⁻³³ mei²²¹

端正 tẽ⁴⁵⁻⁵⁵ tɕiŋ³³⁴　糟了,坏了

出忒= tɕʰyɛʔ⁵⁻³ tʰɛʔ⁵
十八力 ʑyɛʔ²³⁻² paʔ⁵ liʔ²³　硬碰硬,动真格
　　拉十八力 lɒ⁴⁵ ʑyɛʔ²³⁻² paʔ⁵ liʔ²³
　　硬拍硬 ȵiaŋ²¹³⁻²¹ pʰaʔ⁵ ȵiaŋ²¹³
要紧 iɐu⁴⁵⁻³³ tɕiŋ⁵³³
洋气 iaŋ²²¹⁻²² tsʰɿ³³⁴
土气 tʰuə⁵³³⁻⁵³ tsʰɿ³³⁴
讲究 sɔŋ⁵³³⁻⁵³ tɕiɯ⁴⁵
忙 mɔŋ²²¹
空 kʰəŋ³³⁴
急 tɕiʔ⁵
熟悉 ʑiuʔ²³⁻² ɕiʔ⁵
生疏 ɕiaŋ⁴⁵⁻³³ ɕiɯ⁴⁵
合算 kɛʔ⁵ sẽ³³⁴　划算
罪过 zei¹³⁻²² ku³³⁴　可怜
坏 ua²¹³
懒 laŋ¹³
勤力 dʑiŋ²²¹⁻²¹ liʔ²³
实落 ʑiʔ²³⁻² lɔʔ²³　实在,可靠
春风 tɕʰyŋ⁴⁵⁻³³ fəŋ⁴⁵　和悦喜人
直龙通 dʑiʔ²³ ləŋ²²¹⁻¹³ tɕʰəŋ⁴⁵⁻⁵³³　直而上下同粗细,引申为耿直,不
　知权变
省 ɕiaŋ⁵³³　节约
　　节约 tɕiɛʔ⁵⁻³ iaʔ⁵
大气 du²¹³⁻²² tsʰɿ³³⁴
小气 ɕiɐu⁵³³⁻⁵³ tsʰɿ³³⁴
老实 lɐu¹³⁻²² ʑiʔ²³
奸 kaŋ⁴⁵　奸诈、狡猾
巧宗 tɕʰiɐu⁵³³⁻⁵³ tsəŋ⁴⁵　取巧

懣 gɒŋ²¹³　高傲

善 ziẽ¹³

恶 ɔʔ⁵

花 xɒ⁴⁵　好色

下作 iɒ¹³⁻²² tsɔʔ⁵　下流

触目 tɕʰiɔʔ⁵ məɯʔ²³　令人恶心，令人讨厌

无出结 muə²²¹⁻²² tɕʰyɛʔ⁵⁻³ tɕiɛʔ⁵　下流，没出息

无救星 muə²² tɕiɯ³³ ɕiŋ⁴⁵　没救了

咥农精 tiɛʔ⁵ nəŋ²²¹⁻²¹ tɕiŋ⁴⁵　（1）令人讨厌；（2）小孩子可爱、讨人疼的样子

腻心 ȵi²²¹⁻²¹ ɕiŋ⁴⁵　带有恶心或不文雅的意思

刁 tiɐɯ⁴⁵

滑头 uaʔ²³ du²²¹

大剌 du²¹³⁻²² laʔ²³⁻¹³　大大咧咧　‖"剌"韵、调变

鬼渌渌 kuei⁵³³⁻⁵³ ləɯʔ²³⁻² ləɯʔ²³　鬼头鬼脑

戳戳剥剥 tɕʰiɔʔ⁵ tɕʰiɔʔ⁵ pɔʔ⁵⁻³ pɔʔ⁵　说话带刺、挖苦

精 tɕiŋ⁴⁵

木段 məɯʔ²³ dəŋ²¹³　笨

　木夹 məɯʔ²³⁻² gaʔ²³

　木段段 məɯʔ²³ dəŋ²¹³⁻²² dəŋ²¹³⁻⁰　生动形式

木 mu²³⁻⁴⁵　笨，磨蹭　‖"木"韵、调变

　木气老鳖 mu²³⁻²² tsʰɿ³³⁴⁻⁴⁵ ləɯ¹³⁻²² piɛʔ⁵

衔炭 gaŋ²²¹⁻²² tʰaŋ³³⁴　打铁时刃口部位出现夹炭缺口的现象，比喻某人有点傻乎乎，行为不正常

衔 gaŋ¹³　有点傻乎乎，行为不正常

腊腿 laʔ²³ tʰei⁵³³　比喻脸皮厚、不听劝告的人脸皮比腊腿还要硬：乙个农～相个，无农讲得听个（这个人像腊腿，没人说得动他）

赤豆 tɕʰiʔ⁵ du²¹³　比喻思维不正常、有点傻的人

　赤豆傻 tɕʰiʔ⁵ du²¹³⁻²¹ sɒ⁴⁵

大株赤 du²¹³⁻²¹ tɕyɛ⁴⁵⁻³³ tɕʰiʔ⁵　比喻大傻瓜

接种 tɕiɛʔ⁵⁻³ tɕioŋ⁵³³　詈语，骂行为不端或家风不好的人

  风水接 fəŋ⁴⁵⁻³³ ɕy⁵³³⁻⁵³ tɕiɛʔ⁵

  风水接蒂 fəŋ⁴⁵⁻³³ ɕy⁵³³⁻⁵³ tɕiɛʔ⁵ tiɛ³³⁴

凿四方穿 zɔʔ²³ sɿ³³⁴⁻⁵⁵ fəŋ⁴⁵⁻³³ tɕʰyŋ⁴⁵　一点一刻，呆板

  凿四方洞 zɔʔ²³ sɿ³³⁴⁻³³ fəŋ⁴⁵⁻⁵⁵ dəŋ²¹³

倔 dʐyɛʔ²³　倔强

呆 ŋei²²¹　傻，愚蠢

无用 duə²²¹⁻²² ioŋ²¹³　没用，不中用

有用 uɔʔ²³ ioŋ²¹³　有用

第二十五节　数　量　词

一、数词

一 iʔ⁵

二 n̠i²¹³　序数词：第一、第～

两 lɛ̃¹³　基数词：～个、～千

三 saŋ⁴⁵

四 sɿ³³⁴

五 ŋuə¹³

六 ləɯʔ²³

七 tɕʰiʔ⁵

八 paʔ⁵

九 tɕiɯ⁵³³

十 ʑyɛʔ²³

零 liŋ²²¹

十二 ʑyɛʔ²³ n̠i²¹³

廿 ȵiɛ̃²¹³　二十

五十 ŋuə¹³ ɕyɛʔ²³⁻⁵　‖ "十"变高调后声母清化

百 piaʔ⁵

千 tɕʰiɛ̃⁴⁵

万 maŋ²¹³

半 pɛ̃³³⁴

个把 kei³³⁴⁻³³ pu⁵³³⁻⁴⁵

两三个 lɛ̃¹³ saŋ⁴⁵⁻⁵⁵ kei³³⁴

十来个 zyɛʔ²³ lei²²¹⁻²² kei³³⁴

百把个 piaʔ⁵⁻³ pu⁵³³⁻⁴⁵ kei³³⁴⁻⁰

光景 kɔŋ⁴⁵⁻³³ tɕiŋ⁵³³　(1) 左右：十个~；(2) 境况，状况

第一 diɛ²¹³⁻²² iʔ⁵

第二 diɛ²¹³⁻²² ȵi²¹³

头两个 du²²¹⁻²² lɛ̃¹³⁻⁴⁵ kei³³⁴⁻⁰　前几个

二、量词

个 kei³³⁴　一~农（人）

头 du²²¹　一~猪，一~牛

枚 mei²²¹　一~鱼

樷 bəŋ²¹³　一~树，一~草，一~菜，一~花（整株花，不是一朵）

朵 tu⁵³³　一~花

根 kɛ̃⁴⁵　一~樵（柴）

箸⁼ dziɛ²¹³　一~笔，一~香烟，一~凳，一~桌

匹 pʰiʔ⁵　一~马，一匹布

只 tɕiʔ⁵　一~鸡，一~手，一~船

口 kʰu⁵³³　一~井

贴 tʰiɛʔ⁵　一~药

厨 dzyɛ²²¹　一~饭

埭 da²¹³　(1) 行：一~字；(2) 趟：去了一~

部 bu¹³　一～车

张 tiaŋ⁴⁵　一～床

床 ʑiɔŋ²²¹　一～被

封 fəŋ⁴⁵　一～信

件 dziẽ²¹³　一～衣裳

套 tʰɐɯ³³⁴　一～衣裳，一～处

粒 lɛʔ⁵　一～豆、米、珠

沰 tɔʔ⁵　一～牙膏、鸟儿浼（鸟屎）

蒲 bu²²¹　一～蒜

瓶 biŋ²²¹　一～酒

串 tɕʰyŋ³³⁴　一～珠，一～葡萄

条 diɯ²²¹　一～布裤

绺 liɯ¹³　一～坼（一条裂缝）

扇 ɕiẽ³³⁴　一～门

袋⁼ dei²¹³　一～尿，一～浼（一泡屎）

间 kaŋ⁴⁵　一～处（一间房）

座 zu²¹³　一～处（一座房子）

□ pʰiŋ³³⁴　一～墙：一堵墙

样 iaŋ²¹³　一～道路、一～东西

笔 piʔ⁵　一～生意

双 ɕiɔŋ⁴⁵　一～鞋

副 fuə³³⁴　一～眼镜、一～对联

窠 kʰu⁴⁵　一～鸟

管 kuẽ⁵³³　一～锁；一～笔

爿 baŋ²²¹　一～菜地

肖 ɕiɐɯ³³⁴　年龄相差十二岁为一肖

尺 tɕʰiʔ⁵　一～布

寸 tsʰẽ³³⁴　一～布

里 li¹³　一～路

□ gɒ²²¹　一～：一拃，拇指与中指伸开的最大距离

庹 tʰɔʔ⁵　一～：两臂向左右伸开的最大长度

步 buə²¹³　一～路

斤 tɕin⁴⁵　一～菜

两 liaŋ²¹³　一～肉

亩 mɤɯ¹³　一～田

丘 tɕʰiɯ⁴⁵　一～田

升 ɕin⁴⁵　一～米

合 kaʔ⁵　一～米

斗 tu⁵³³　一～米

块 kʰuei³³⁴　一～钞票；一～地

角 kɔʔ⁵　一～钞票

分 fəŋ⁴⁵　一～钞票

记 tsɿ³³⁴　一下：(打、坐、玩)～

□ ʑie²¹³　阵：一～雨

滴滴儿 tiʔ⁵⁻³ tiʔ⁵ ȵie²²¹⁻⁰　～东西（一点点东西）

些 sɛʔ⁵　一～东西

第二十六节　地名、方位、趋向

一、地名

国家 kuɛʔ⁵⁻³ kɒ⁴⁵

中国 tɕiɔŋ⁴⁵⁻³³ kuɛʔ⁵

省 ɕiaŋ⁵³³

市 zɤ¹³

地区 di²¹³⁻²¹ tɕʰyɛ⁴⁵

县 yẽ²¹³

乡 ɕiaŋ⁴⁵

镇 tɕiŋ³³⁴

乡镇 ɕiaŋ⁴⁵⁻⁵⁵ tɕiŋ³³⁴

公社 kəŋ⁴⁵⁻⁵⁵ ʑiŋ¹³

村 tsʰɛ̃⁴⁵

北京 pɔʔ⁵⁻³ tɕiŋ⁴⁵

天津 tʰiɛ̃⁴⁵⁻³³ tɕyŋ⁴⁵

上海 ʑiaŋ²¹³⁻¹³ xei⁵³³

重庆 dʑiɔŋ²²¹⁻¹³ tɕʰiŋ³³⁴

河北 u²²¹⁻²² pɔʔ⁵

山西 saŋ⁴⁵⁻³³ ɕiɛ⁴⁵

辽宁 lieɯ²²¹⁻²² ȵiŋ²²¹⁻²¹³

吉林 tɕiʔ⁵ liŋ²²¹

黑龙江 xɛʔ⁵ liɔŋ²²¹⁻²¹ kɔŋ⁴⁵

江苏 kəŋ⁴⁵⁻³³ suə⁴⁵

安徽 ɛ̃⁴⁵⁻³³ xuei⁴⁵

福建 fəuʔ⁵ tɕiɛ̃³³⁴

江西 kəŋ⁴⁵⁻³³ ɕiɛ⁴⁵

山东 saŋ⁴⁵⁻³³ təŋ⁴⁵

河南 u²²¹⁻²² nɛ̃²²¹⁻²¹³

湖北 uə²²¹⁻²² pɔʔ⁵

湖南 uə²²¹⁻²² nɛ̃²²¹⁻²¹³

广东 kɔŋ⁵³³⁻⁵³ təŋ⁴⁵

海南 xei⁵³³⁻⁵³ nɛ̃²²¹

四川 sʅ³³⁴⁻³³ tɕʰyɛ̃⁴⁵

贵州 kuei³³⁴⁻³³ tɕiɯ⁴⁵

云南 yŋ²²¹⁻²² nɛ̃²²¹⁻²¹³

陕西 saŋ⁵³³⁻⁵³ ɕiɛ⁴⁵

甘肃 kɛ̃⁴⁵⁻³³ səɯʔ⁵

青海 tɕʰiŋ⁴⁵⁻³³ xei⁵³³

台湾 dei²²¹⁻²¹ uaŋ⁴⁵

内蒙古 nei²¹³⁻²² məŋ²²¹⁻¹³ kuə⁵³³

广西 kɔŋ⁵³³⁻⁵³ ɕiɛ⁴⁵

西藏 ɕiɛ⁴⁵⁻⁵⁵ zɒŋ²¹³

宁夏 n̠iŋ²²¹⁻²² ɒ²¹³

新疆 ɕiŋ⁴⁵⁻³³ tɕiaŋ⁴⁵

香港 ɕiaŋ⁴⁵⁻³³ kɔŋ⁵³³

澳门 ɐɯ³³⁴⁻³³ məŋ²²¹

浙江 tɕiɛʔ⁵⁻³ kɔŋ⁴⁵

杭州 ɔŋ²²¹⁻²² tɕiɯ⁴⁵

嘉兴 kɒ⁴⁵⁻³³ ɕiŋ⁴⁵

湖州 uə²²¹⁻²¹ tɕiɯ⁴⁵

绍兴 ʑiɐɯ¹³⁻²¹ ɕiŋ⁴⁵

宁波 n̠iŋ²²¹⁻²¹ pu⁴⁵

舟山 tɕiɯ⁴⁵⁻³³ saŋ⁴⁵

台州 tʰei⁴⁵⁻³³ tɕiɯ⁴⁵

温州 uɛ̃⁴⁵ tɕiɯ⁴⁵⁻⁰

金华 tɕiŋ⁴⁵⁻⁵⁵ uɒ²¹³

衢州 dʑyɛ²²¹⁻²¹ tɕiɯ⁴⁵

丽水 li²²¹⁻¹³ ɕy⁵³³

遂昌 ʑy²¹³⁻²¹ tɕʰiaŋ⁴⁵

妙高 miɐɯ²¹³⁻²¹ kɐɯ⁴⁵　遂昌乡镇名，县治所在地

云峰 yŋ²²¹⁻²¹ fəŋ⁴⁵　遂昌乡镇名，下同

北界 pɔʔ⁵ ka³³⁴

大柘 da²¹³⁻²² tɕiɒ³³⁴

石练 ziʔ²³ liɛ̃²¹³

金竹 tɕiŋ⁴⁵⁻³³ tiuʔ⁵

黄沙腰 ɔŋ²²¹⁻²¹ sɒ⁴⁵⁻⁵⁵ iɐɯ³³⁴

新路湾 ɕiŋ⁴⁵⁻⁵⁵ luə²¹³⁻²¹ uaŋ⁴⁵

王村口 ɔŋ²²¹⁻²¹ tsʰɛ̃⁴⁵ ku⁵³³

焦滩 tɕiɐu⁴⁵⁻³³ tʰaŋ⁴⁵

应村 iŋ⁴⁵ tsʰɛ⁴⁵⁻⁰

湖山 uə²²¹⁻²¹ saŋ⁴⁵

濂竹 liɛ̃²²¹⁻²¹ tiuʔ⁵

高坪 kɐu⁴⁵⁻⁵⁵ biŋ²²¹⁻²¹³

蔡源 tsʰa³³⁴⁻³³ n̠ʑyɛ̃²²¹

龙洋 liɔŋ²²¹⁻²² iaŋ²²¹⁻²¹³

西畈 ɕiɛ⁴⁵⁻⁵⁵ faŋ³³⁴

垵口 uɛ̃⁴⁵⁻³³ kʰu⁵³³

柘岱口 tɕiɒŋ³³⁴⁻³³ dei²¹³⁻¹³ kʰu⁵³³

三仁 saŋ⁴⁵ n̠ʑiŋ²²¹

二、方位

方向 fɔŋ⁴⁵⁻⁵⁵ ɕiaŋ³³⁴

场面 dʑiaŋ²²¹⁻²² miɛ̃²¹³ 　地方

　　地方 di²¹³⁻²¹ fɔŋ⁴⁵

东面 təŋ⁴⁵ miɛ̃²¹³

　　东 təŋ⁴⁵

南面 nɛ̃²²¹⁻²² miɛ̃²¹³

　　南 nɛ̃²²¹

西面 ɕiɛ⁴⁵ miɛ̃²¹³

　　西 ɕiɛ⁴⁵

北面 pɒʔ⁵ miɛ̃²¹³

　　北 pɒʔ⁵

中央 təŋ⁴⁵⁻³³ iaŋ⁴⁵　中间 ‖ "党中央"的"中央"读 tɕiɔŋ⁴⁵⁻³³ iaŋ⁴⁵

半中央 pɛ̃³³⁴⁻⁵⁵ təŋ⁴⁵⁻³³ iaŋ⁴⁵　半当中

上底 dʑiaŋ²¹³⁻¹³ tiɛ⁵³³　　上面

下底 iŋ¹³ tiɛ⁵³³　下面

内底 nei¹³ tiɛ⁵³³　里面

外底 ua²¹³⁻¹³ tiɛ⁵³³　外面

反手面 faŋ⁵³³⁻⁵³ tɕʰyɛ⁵³³⁻⁵⁵ miɛ̃²¹³　左边

顺手面 ʐyŋ²¹³⁻¹³ tɕʰyɛ⁵³³⁻⁵⁵ miɛ̃²¹³　右边

前头 ʐyɛ̃²²¹⁻²²/ʐy²²¹⁻²² du²²¹⁻²¹³　前面

　　前面 ʑiɛ̃²²¹⁻²² miɛ̃²¹³　‖"前"有[ʑiɛ̃²²¹][ʐyɛ̃²²¹][ʐy²²¹]三读

后底 u¹³ tiɛ⁵³³　后面

　　后面 u¹³⁻²² miɛ̃²¹³

臜臀后 kʰuəʔ⁵ dɛ̃²²¹⁻²¹ u¹³　最后面

　　塔⁼末了 tʰaʔ⁵ mɛʔ²³ liɐu¹³

背脊后 pei³³⁴⁻³³ tɕiʔ⁵ u¹³　背后

对面 tei³³⁴⁻⁵⁵ miɛ̃²¹³

团圈 dɛ̃²²¹⁻²¹ tɕʰyɛ⁴⁵　到处

　　一世界 iʔ⁵⁻³ ɕiɛ³³⁴⁻⁵⁵ ka³³⁴

边上 piɛ̃⁴⁵ dʑiaŋ²¹³⁻⁰

地下 di²¹³⁻²¹ iŋ¹³　地上

街上 ka⁴⁵ dʑiaŋ²¹³⁻⁰

门⁼床上 məŋ²²¹⁻²² zɛ̃²²¹⁻²¹ dʑiaŋ²¹³⁻¹³　床上

上横头 dʑiaŋ²¹³⁻¹³ yaŋ²²¹⁻²² du²²¹⁻²¹³　桌子的正位

下横头 iŋ¹³ yaŋ²²¹⁻²² du²²¹⁻²¹³　桌子的非正位

门口 məŋ²²¹⁻¹³ kʰu⁵³³

半路上 pɛ̃³³⁴⁻⁵⁵ luə²¹³⁻²¹ dʑiaŋ²¹³⁻¹³　途中

三、趋向动词

来 lei²²¹

去 kʰɤ³³⁴

上 dʑiaŋ¹³

上来 dʑiaŋ¹³ lei²²¹

上去 dʑiaŋ¹³⁻²² kʰɤ³³⁴

落 lɔʔ²³　下
落来 lɔʔ²³ lei²²¹　下来
落去 lɔʔ²³ kʰɤ³³⁴　下去
归 kuei⁴⁵　(1)进；(2)回
归去 kuei⁴⁵⁻⁵⁵ kʰɤ³³⁴　(1)进去；(2)回去
归来 kuei⁴⁵⁻³³ lei²²¹　(1)进来；(2)回来
出 tɕʰyɛʔ⁵
出来 tɕʰyɛʔ⁵ lei²²¹
出去 tɕʰyɛʔ⁵ kʰɤ³³⁴
开 kʰei⁴⁵　(走)开
聚 ziɯ¹³　(坐、站、围)拢、一块儿：徛～(站拢)　‖ 只能做补语
起 tɕʰiʔ⁵⁻⁰　起来：热～,坐～

第二十七节　指代词

一、人称代词

我 ŋɒ¹³
你 ȵiɛ¹³
渠 gɤ²²¹　他
我些农 ŋɒ¹³ sɛʔ⁵⁻⁰ nəŋ²²¹⁻⁰　我们
卬些农 aŋ⁴⁵ sɛʔ⁵⁻⁰ nəŋ²²¹⁻⁰　咱们
　卬 aŋ⁴⁵
你些农 ȵiɛ¹³ sɛʔ⁵⁻⁰ nəŋ²²¹⁻⁰　你们
渠些农 gɤ²²¹⁻²² sɛʔ⁵⁻⁰ nəŋ²²¹⁻⁰　他们
卬两农 aŋ⁴⁵ lɛ̃¹³ nəŋ²²¹⁻⁰　咱俩
你两农 ȵiɛ¹³ lɛ̃¹³⁻⁴⁵ nəŋ²²¹⁻⁰　你俩
渠两农 gɤ²²¹⁻²² lɛ̃¹³⁻⁴⁵ nəŋ²²¹⁻⁰　他俩

自家 zɿ²¹³⁻²² kɒ⁴⁵⁻³³⁴　自己

别个农 biɛʔ²³⁻² kei³³⁴⁻⁴⁵ nəŋ²²¹⁻⁰　别人

大势 da²¹³⁻²² ɕie³³⁴　大家

　　大些农 da²¹³⁻²² sɛʔ⁵⁻⁰ nəŋ²²¹⁻⁰

个农儿 kei³³⁴⁻³³ nəŋ²²¹⁻²² ȵie²²¹⁻²¹³　独自

　　一个农儿 iʔ⁵ kei³³⁴⁻³³ nəŋ²²¹⁻²² ȵie²²¹⁻²¹³

二、指示代词

乙个 iʔ⁵ kei³³⁴⁻⁰　这个

许个 xaʔ⁵ kei³³⁴⁻⁰　那个

乙澢 iʔ⁵ dɔŋ¹³　这里

许澢 xaʔ⁵ dɔŋ¹³　那里

乙些 iʔ⁵ sɛʔ⁵⁻⁰　这些

许些 xaʔ⁵ sɛʔ⁵⁻⁰　那些

乙式 iʔ⁵ sɛʔ⁵⁻⁰　这样、这么

许式 xaʔ⁵ sɛʔ⁵⁻⁰　那样、那么

乙记 iʔ⁵ tsɿ³³⁴⁻⁰　现在、这时

　　乙套记 iʔ⁵ tʰɐɯ³³⁴⁻⁰ tsɿ³³⁴⁻⁰

许记 xaʔ⁵ tsɿ³³⁴⁻⁰　那时

　　许套记 xaʔ⁵ tʰɐɯ³³⁴⁻⁰ tsɿ³³⁴⁻⁰

乙相 iʔ⁵⁻³ ɕiaŋ³³⁴⁻⁵³³　这样

　　相 ɕiaŋ³³⁴⁻⁵³³

　　乙□ iʔ⁵⁻³ xaŋ³³⁴⁻⁵³³

许相 xaʔ⁵⁻³ ɕiaŋ³³⁴⁻⁵³³　那样、那么，表示程度或方式

　　□xaŋ³³⁴　"许样"的合音

　　许样 xaʔ⁵ iaŋ²¹³

乙耀= iʔ⁵ iɐɯ²¹³⁻⁰　这种

　　乙套 iʔ⁵ tʰɐɯ³³⁴⁻⁰

许耀= xaʔ⁵ iɐɯ²¹³⁻⁰　那种

许套 xaʔ⁵ tʰɐɯ³³⁴⁻⁰

另外 liŋ²¹³⁻²² ua²¹³

其他 dzɿ²²¹⁻²² tʰɒ⁴⁵

三、疑问代词

哪个 laʔ¹³ kei³³⁴

哪盪 laʔ¹³⁻² dɔŋ¹³　　哪里　‖"哪"韵母特殊,促化

　　哪场面 laʔ¹³ dʑiaŋ²²¹⁻²² miɛ̃²¹³

哪农 laʔ¹³ nəŋ²²¹　　谁

　　哪个农 laʔ¹³⁻² kei³³⁴⁻⁴⁵ nəŋ²²¹⁻⁰

哪时节 laʔ¹³⁻² zɿ²²¹⁻²¹ tɕiɛʔ⁵　　什么时候

　　哪时间 laʔ¹³⁻²² zɿ²²¹⁻²¹ kaŋ⁴⁵

哪西 laʔ¹³⁻² ɕiɛ⁴⁵⁻³³⁴　　什么

拨⁼哪西 pɛʔ⁵ laʔ¹³⁻² ɕiɛ⁴⁵⁻³³⁴　（1）做什么；(2) 为什么　‖"拨⁼"可能是"□□[pɛ̃⁴⁵]饭: 做饭"的韵母促化

　　做哪西 tsu³³⁴⁻³³ laʔ¹³⁻² ɕiɛ⁴⁵⁻³³⁴

为哪西 uei²¹³⁻²¹ laʔ¹³⁻² ɕiɛ⁴⁵⁻³³⁴　　为什么

哪□ na¹³⁻²¹ nəŋ⁴⁵　　什么,只能作定语,不可单用,如：～东西(什么东西)　‖"哪"声母发生逆同化

哪□ laʔ¹³⁻²³ xaŋ³³⁴　　怎样

争儿 tɕiaŋ⁴⁵⁻³³ ɲiɛ²²¹　　怎么,怎样

几多 kei⁵³³⁻⁵³ tu⁴⁵　　多少,多么

几 kei⁵³³

第二十八节　副　　词

一、时间

首先 ɕiɯ⁵³³⁻⁵³ ɕiɛ̃⁴⁵

先 ɕiɛ̃⁴⁵

开初 kʰei⁴⁵⁻³³ tsʰuə⁴⁵　开始的时候

蛮⁼时 maŋ²²¹⁻²² ʑiu²¹³　本来，原来

拥⁼ioŋ⁴⁵　刚，才

　堪堪 kʰaŋ⁴⁵⁻³³ kʰaŋ⁴⁵　还表示"刚刚、正"，如"鞋～好，弗大弗小"

　正正 tɕiŋ³³⁴⁻³³ tɕiŋ⁴⁵

就乐 ʑiu²¹³⁻¹³ ŋɯ²¹³　就要

　就 ʑiu²¹³

本身 pɛ̃⁵³³⁻⁵³ ɕin⁴⁵　本来

一直 iʔ⁵ dʑiʔ²³　一向

等记儿 tɛ̃⁵³³⁻⁵³ tsʅ³³⁴⁻³³ ȵiɛ²²¹⁻⁴⁵　待会儿

一记儿 iʔ⁵ tsʅ³³⁴⁻³³ ȵiɛ²²¹⁻⁴⁵　马上

连慌 liɛ̃²²¹⁻²² xɔŋ⁴⁵　连忙

赶紧 kuɛ̃⁵³³⁻³³ tɕiŋ⁵³³

最后 tsei³³⁴⁻⁴⁵ u¹³　终于

慢慢儿 maŋ²¹³⁻²² maŋ²¹³⁻¹³ ȵiɛ²²¹　(1) 渐渐；(2) 慢慢儿

从小 ʑioŋ²²¹⁻²² ɕiɯ⁵³³

专门 tɕyɛ̃⁴⁵ mən²²¹⁻⁰

老早 lɯ¹³ tsɐɯ⁵³³

已经 i¹³⁻²¹ tɕiŋ⁴⁵

永骨⁼ioŋ¹³ kuɛʔ⁵　永远

再 tsei³³⁴

还乐 aʔ²³ ŋɯ²¹³　还要

　还 aʔ²³

尚 ʑiaŋ²¹³　仍然、还

是滃 ʑiʔ²³ dɔŋ¹³　正在，近指：小张～望书

是许滃 ʑiʔ²³⁻² xaʔ⁵ dɔŋ¹³　正在，远指：小张～望书

二、程度

十窠⁼ ʑyɛʔ²³⁻² kʰu⁴⁵　十分、非常

交关 tɕieu⁴⁵⁻³³kuaŋ⁴⁵

十分 zyɛʔ²³⁻²fən⁴⁵

死 sʅ⁵³³

死农 sʅ⁵³³⁻⁵⁵nəŋ²²¹⁻²¹³

弗识个 fəuʔ⁵⁻³tɕiʔ⁵kɛʔ⁵⁻⁰

无解 muə²²¹⁻¹³ka⁵³³

顶 tiŋ⁵³³　最

最 tsei³³⁴

尽 zən¹³　(1)尽可能地：～快,～小心；(2)不停地、尽情地：～叫,～笑

比较 pi⁵³³⁻⁵³kɐu³³⁴

蛮 maŋ²²¹　挺：～好

有儿 uɔʔ²³n̠ie²²¹⁻⁰　有点儿：～热(有点热)

忒 tʰɛʔ⁵　太

弗赖⁼ fəuʔ⁵la²¹³　不大,不太：～喜欢(不大喜欢)　‖"赖⁼"可能是"大"的声母弱化

越发 yɛʔ²³⁻²faʔ⁵　更加

更 kɛ̃⁴⁵

还乐 aʔ²³⁻²ŋɐu²¹³⁻⁴⁵　还要：今日比昨莫⁼～热(今天比昨天还要热)

起码 tsʰʅ⁵³³⁻⁵⁵mɒ¹³

三、范围

都 tu⁴⁵

通通 tʰəŋ⁴⁵⁻³³tʰəŋ⁴⁵　统统

全 ʑyɛ̃²²¹

　全部 ʑyɛ̃²²¹⁻²²bu¹³

共共聚 dʑiɔŋ²¹³⁻²¹dʑiɔŋ²¹³⁻²²ʑiu¹³　总共

　总共 tsən⁵³³⁻⁵⁵dʑiɔŋ²¹³

　一共 iʔ⁵gəŋ²¹³

夹七夹八 kaʔ⁵⁻³ tɕʰiʔ⁵ kaʔ⁵⁻³ paʔ⁵

一齐 iʔ⁵ ʑiɛ²²¹　一起

　一起 iʔ⁵ tsʰɿ⁵³³

只 iʔ⁵　光、只

也 iaʔ²³　‖韵母促化

拎清 liŋ²²¹⁻²¹ tɕʰiŋ⁴⁵　另外：～囥起（另外放起来）

　另外 liŋ²¹³⁻²² ua²¹³

四、肯定、否定

弗 fəuʔ⁵

未 mi²¹³

还未 aʔ²³ mi²¹³

䁻 vẽ²²¹　"弗曾"的合音词

还䁻 aʔ²³ vẽ²²¹

弗乐 fəuʔ⁵ ŋɯɯ²¹³　（1）不要，动词；（2）别，副词

覙 fɐɯ⁴⁵　别，副词，"弗乐"的合音词

笃定 tɔʔ⁵ diŋ²¹³　一定

硬 n̠iaŋ²¹³　执意：张三～乐去（张三执意要去）

五、情状、语气

桨⁼真 tɕiaŋ⁵³³⁻⁵³ tɕiŋ⁴⁵　果真

　桨⁼□真 tɕiaŋ⁵³³⁻⁵³ aŋ²¹³⁻²¹ tɕiŋ⁴⁵

　当真 tɔŋ⁴⁵⁻³³ tɕiŋ⁴⁵

　真个 tɕiŋ⁴⁵ kɛʔ⁵⁻⁰

还是 aʔ²³⁻² ʑiʔ²³　仍然：张三～坐教室里做作业

特地 dɛʔ²³ di²¹³

难道 naŋ²²¹⁻²² dɐɯ²¹³

好像 xɐɯ⁵³³⁻⁵³ dziaŋ¹³

白 biaʔ²³　白白：～做了

白白 bia$ʔ^{23-2}$ bia$ʔ^{23}$

乱 ly$\tilde{ɛ}^{213}$　胡：～做

还好 aŋ$^{221-22}$ xɐɯ^{533}　幸亏

讲弗来 kɔŋ$^{533-53}$ fəɯʔ$^{5-0}$ lei^{221}　说不定

横直 yaŋ$^{221-21}$ dʑiʔ^{23}　反正

偏偏 pʰi$\tilde{ɛ}^{45-33}$ pʰi$\tilde{ɛ}^{45}$

　偏 pʰi$\tilde{ɛ}^{45}$

尽 tɕiŋ^{533}　老是，总是

索性 sɔʔ$^{5-3}$ ɕiŋ$^{334-45}$

一记儿 iʔ^5 tsɿ$^{334-33}$ n̠iɛ$^{221-45}$　突然

　传＝空 dʐy$\tilde{ɛ}^{221-21}$ kʰəŋ^{45}

　突然 dəɯʔ^{23} ʐy$\tilde{ɛ}^{221}$

随便 ʐy$^{221-22}$ bi$\tilde{ɛ}^{213}$

赶紧 ku$\tilde{ɛ}^{533-33}$ tɕiŋ^{533}

　赶快 k$\tilde{ɛ}^{533-53}$ kʰua^{334}

　快些 kʰua$^{334-33}$ sɛʔ^5

差滴滴儿 tsʰɿ$^{45-33}$ tiʔ$^{5-3}$ tiʔ^5 n̠iɛ$^{221-0}$　差一点儿

根本 k$\tilde{ɛ}^{45-33}$ p$\tilde{ɛ}^{533}$

慢慢儿 maŋ$^{213-21}$ maŋ$^{213-13}$ n̠iɛ^{221}

好好儿 xɐɯ$^{533-53}$ xɐɯ$^{533-33}$ n̠iɛ^{221}

一栈＝习 iʔ^5 dzaŋ$^{213-21}$ ʑiʔ^{23}　……一跳：吓了～（吓了一跳）

第二十九节　介词、连词

乞 kʰaʔ^5　被动：渠～农骗了（他被人骗了）

　担 naŋ^{45}　渠～农骗了（他被人骗了）

帮 pɔŋ^{45}　处置：你～门关起（你把门关上）

对 tei^{334}　和、跟、同、与：我～小张一齐去；我～小张都是老师

问 məŋ²¹³　向：我～小张借了十块钞票

比 pi⁵³³　比：我～渠长（我比他高）

□tiu⁴⁵　在：我～杭州工作

　　是 ʑiʔ²³　在：我～杭州工作

　　徛 gei¹³　在：我～杭州工作

　　坐 zu¹³　在：我～杭州工作

望 mɔŋ²¹³　往：～东走一百米

到 tɐu³³⁴　到：～丽水去

用 iɔŋ²¹³　用：～钢笔写字

为 uei²¹³　为：渠～我做了好多道路（他为我做了很多事情）

　　为了 uei²¹³⁻²¹ lə¹³⁻⁰　为：渠～我做了好多道路（他为我做了很多事情）

因为 iŋ⁴⁵⁻⁵⁵ uei²¹³　因：～天气弗好，我弗去罢（因为天气不好，我不去了）

所以 su⁵³³⁻⁵⁵ i¹³⁻²¹³　所以：天气弗好，～我弗去罢（天气不好，所以我不去了）

虽然 ɕy⁴⁵ zyɛ̃²²¹　虽然：～天气弗好，我还是乐去（虽然天气不好，我仍然要去）

弗过 fəuʔ⁵ ku³³⁴　不过：天气弗好，～我还是乐去（天气不好，不过我仍然要去）

但是 daŋ²¹³⁻²¹ ʑiʔ²³　但是：天气弗好，～我还是乐去（天气不好，但是我仍然要去）

许便 xaʔ⁵ bɛʔ²³⁻⁰　那么：你忖去，～你就去（你想去，那么你就去）

怪弗得 kua³³⁴⁻³³ fəuʔ⁵⁻³ tiʔ⁵　怪不得：渠生病啦？～今日弗来上课（他生病了？怪不得今天不来上课）

宁可 ȵiŋ¹³ kʰu⁵³³　宁愿：我～个农儿去，也弗对渠一起去（我宁可一个人去，也不跟他一起去）

乐便 ŋɐu²¹³⁻²¹ bɛʔ²³⁻⁰　要么：～你去，～我去，都可以

弗单 fəuʔ⁵⁻³ taŋ⁴⁵　不但：渠～喜欢篮球，还喜欢足球

弗样 fəɯʔ⁵iaŋ²¹³　不然：主要是因为渠生病了，～卬就弗会输（主要是因为他生病了，不然咱们就不会输）

弗样个话 fəɯʔ⁵iaŋ²¹³⁻²¹ kɛʔ⁵⁻⁰ u²¹³⁻⁰　不然的话：主要是因为渠生病了，～卬就弗会输（主要是因为他生病了，不然的话咱们就不会输）

个话 kɛʔ⁵⁻⁰ u²¹³⁻⁰　……的话：洞⁼雨～就弗去罢（下雨的话就不去了）

另外 liŋ²¹³⁻²² ua²¹³　～，我还乐报你一个好事（另外，我还要告诉你一件好事）

第三十节　唯补词、助词等

险 ɕiẽ⁵³³　很：天热～（天很热）

添 tʰiẽ⁴⁵　再：望遍～（再看一遍）

过 ku³³⁴　重新：做件～（重新做一件）

起 tsʰɿ⁵³³　先：你去～（你先去）

着 dɛʔ²³　着：碰～、望～

个 kɛʔ⁵⁻⁰　(1) 定语标记"的"：我～书（我的书）；(2) 状语标记"地"：慢慢儿～走（慢慢地走）；(3) 表示确认的语气词"的"：我去～（我去的）

了 lə¹³⁻⁰　(1) 完成体标记"了₁"：我咥～三碗饭（我吃了三碗饭）；(2) 完成体标记"了₂"：洞⁼雨～（下雨了）

罢 ba⁰　完成体标记"了₂"：洞⁼雨～（下雨了）

望 mɔŋ²¹³⁻⁰　尝试体标记"看"：试试～（试试看），～～～（看一看）

察 tsʰɛʔ⁵⁻⁰　试试～（试试看），望望～（看一看）

第六章
语法概况

本章主要介绍遂昌话中与普通话相对而言比较特殊的语法特点,对于那些跟普通话完全一样的语法特点,本书不写或根据需要略写。

语法包括词法和句法两部分。

词法主要包括派生词和形态变化,如形容词的生动形式、小称、动词重叠以及某些形态后缀。

句法分为结构和范畴。结构包括短语构造(如动补、偏正、介宾)、语序、双宾句、连词和复句等;范畴包括否定、疑问、指称、指代、时体、态(处置、被动)、比较、情态、语气、数量等。

语义语用范畴有时跟虚词关系更密切,但常常也与句法结构相关联,因此具体写作的时候互相结合,比如:否定词、否定句和否定范畴、比较句和比较范畴,处置句和处置范畴等等。

以下标题的排序在结构上并不平行,只是依次分别说明上述语法问题。

第一节 构 词 法

构词常见的手段有两种,包括复合(compounding)和派生(derivation)。派生构词的主要方式包括词缀和重叠。

一、复合构词

(一) 普通式

遂昌话中,复合是最主要的构词手段。像普通话一样,常见的复合方式有并列、偏正、动宾、动补、主谓等。例略。

(二) 特殊式1:动物性别的语素在后

遂昌话中,表示动物性别的语素有的位于动物语素之后,与普通话相反。例如:

(1) 鸡娘母鸡,猪娘母猪,牛娘母牛,猪牯公猪,牛牯公牛

(三) 特殊式2:同素异序词

遂昌话中个别词有同素异序词并存的情况。例如:

(2) 闹热/热闹

其中,"闹热"是遂昌话早期的说法,"热闹"则是受外方言(北方官话)影响的说法。

(四) 特殊式3:AB结构的形容词生动形式

AB结构的形容词生动形式一般为状中偏正结构,意思大概可用"像A一样B"式推导出来,如"雪白"意思是"像雪一样白","雪静"意思是"像雪后一样安静"。这类词大多与人的各个感觉有关。例如:

(3) a. 视觉词:绯红,雪白,墨乌,碧绿,蜡黄,笔直,醒=空,朴=满

b. 味觉词:蜜甜,涕淡

c. 嗅觉词:芬香,恶臭

d. 听觉词:雪静

e. 触觉词:冰浸,糟=嫩,铁硬,□[mi?⁵]软

f. 综合感觉词:粥湿,焦燥,屁轻,□[mi?⁵]细

(五) 特殊式4:"A+农"式形容词

某些心理动词或表示感觉的形容词可以与"农"一起构成"A+农"式形容词,表示"令人感到……的样子"。例如:

(4) 吓农吓人,惊农吓人,漫农冷

(六) 特殊式 5:"形+量"式形容词

某些形容词可以与量词一起构成"形+量"式形容词,从数量上表示事物的性状。例如:

(5) 大根(个糖蔗)_{粗(的甘蔗)},小枚(个针)_{细(的针)},长条(些个凳)_{长(些的凳子)}

二、加缀构词

遂昌话构词词缀分前缀和后缀。前缀主要有"老、第、初",后缀主要有"儿、头、子"。遂昌话没有"阿"前缀。

(一) 前缀"老、第、初"

前缀主要有"老、第、初"等,与普通话基本相同。例如:

(6) a. 老师,老鼠

　　b. 第一,第七

　　c. 初一,初七

(二) 后缀"儿"

遂昌话中,"儿"缀词很丰富。例如:

(7) a. 名词+儿:小农儿,鸭儿,猫儿,鸟儿,李儿,桔儿

　　b. 数量短语+儿:一个儿,一记儿

　　c. 动词 AA+儿:嬉嬉儿,搞搞儿

　　d. 动词 A 记+儿:嬉记儿,搞记儿

　　e. 形容词 AA+儿:小小儿,慢慢儿,甜甜儿,咸咸儿

"名词+儿"大多表示动物(包括人)、植物,除表示"小孩儿"意思的"小农儿"外,大都并非表小,如"一个农儿"意思是"一个人","鸭儿"指"鸭子","猫儿"指"猫","李儿"表示"李子","桔儿"表示"橘子",等等。也就是说,遂昌话中的"儿"相当于普通话构词后缀"子"。如果要表"小",只能前加"小"一词,如"小农儿、小鸭儿、小猫儿",等等。

"数量短语+儿"一般表示名量或动量较少。试比较:

(8) a. 内底有八个。(里面有八个。)

　　　内底只有八个儿。(里面只有八个。)

b. 桌上有一块西瓜。（桌上有一块西瓜。）

　　　　桌上只有一块儿西瓜。（桌上只有一块西瓜。）

"动词 AA＋儿"一般表示随意,而且"儿"一般不能省略。例如：

(9) 卬到外底去嬉嬉儿。（我们到外面去玩儿玩儿。）

　　　＊卬到外底去嬉嬉。

"动词 A 记＋儿"一般也表示随意,"儿"可以省略。例如：

(10) a. 卬到外底去嬉记儿。（我们到外面去玩一下儿。）

　　　b. 卬到外底去嬉记。（我们到外面去玩一下。）

"形容词 AA＋儿"表示程度加深,与普通话同。

"儿"在读音上自成音节"[ɲiɛ]（调值取决于其前一个音节的调值）",这点与普通话不同。

(三) 后缀"头"

"头"缀词有两种,一种是名词性语素加"头",表示人或事物的名称；另一种是动词性语素加头,表示"值得 V"。例如：

(11) a. 日头_{太阳},木头,枕头,贼骨头_{小偷}

　　　b. 咥头_{吃头},望头_{看头},听头

"头"[du]不读轻声,调值取决于其前一个音节的调值,这点也与普通话不同。

(四) 后缀"子"

"子"单念时读[tsɿ⁵³³],作词缀时读[tsɿ]（调值取决于其前一个音节的调值）。

"子"缀词很少,例如：

(12) 髎子_{阴茎},饺子,包子

除"髎子_{阴茎}"外,"饺子、包子"是外来词,可以看出,"子"缀并非遂昌话固有的构词形式。

三、重叠构词

重叠在遂昌话中也是一种构词手段,包括名词性重叠和形容词性重叠。

(一) 重叠式名词

名词重叠在遂昌话中并不常见,只见于个别亲属称谓(一般是面称)的重叠。例如:

(13) 伯伯,叔叔,哥哥,姊姊

(二) 重叠式形容词

遂昌话形容词主要有 AA 儿、A 里 AB、AABB、ABB 等重叠形式,但不存在北部吴语常见的 AAB 式重叠,像"雪雪白"这样的在遂昌话中不能说。

形容词 AA 式重叠结构一般很少独立使用,重叠后往往需要连上"儿"缀,句中常作状语、定语或谓语。ABB 式这种结构的形容词很少,目前能够调查到的只有一两个词。A 里 AB、AABB 式形容词重叠一般表示程度加深,ABB 式形容词一般也表示程度加深。像普通话一样,A 里 AB 式形容词为贬义。例如:

(14) a. 你好好儿讲。(你好好儿讲。)
　　　b. 你慢慢儿咥。(你慢慢儿吃。)
　　　c. 好好儿个东西就破了。(好好儿的东西就破了。)
　　　d. 我买个东西小小儿个。(我买的东西小小儿的。)

(15) 木里木段_{笨头笨脑}、邋里邋遢、蹩里蹩脚

(16) 爽爽利利_{干干净净}、快快活活

(17) 嫩纠=纠=_{非常嫩}、嫩滋滋_{非常嫩}

第二节　人　称　代　词

一、三身代词

遂昌方言有一套完整的三身代词系统"我""你"和"渠",以及相应的复数形式。复数形式是在单数形式基础上加上后缀"些农"。见表 6-1:

表 6-1　遂昌话人称代词

	单　数	复　数
第一人称	我[ŋɒ¹³]	我些农[ŋɒ¹³ sɛʔ⁵⁻⁰ nən²²¹⁻⁰]我们 卬些农[aŋ⁴⁵ sɛʔ⁵⁻⁰ nən²²¹⁻⁰]/卬[aŋ⁴⁵]咱们
第二人称	你[nie¹³]	你些农[nie¹³ sɛʔ⁵⁻⁰ nən²²¹⁻⁰]你们
第三人称	渠[gɿ²²¹]他/她/它	渠些农[gɿ²²¹⁻²² sɛʔ⁵⁻⁰ nən²²¹⁻⁰]他们

"卬些农"和"卬"都是"咱们"的意思,是包括式,而"我些农"是非包括式。例如:

(18) a. 渠些农坐处里,卬些农/卬去起。(他们待家里,咱们先走。)

b. 你些农坐处里,我些人去起。(你们待家里,我们先走。)

二、反身代词、旁称代词和统称代词

(一) 反身代词

遂昌话中一般用"自家"或"自"表示"自己"。例如:

(19) a. 小明渠自家/自会去个。(小明他自己会去的。)

b. 我自家/自会做,弗乐你帮。(我自己会做,不用你帮。)

c. 你乐相信自家。(你要相信自己。)

d. 你去讴渠些农自家做。(你去让他们自己做。)

(二) 旁称代词

遂昌话的旁称代词有"别个农"和"其他农",意思分别是"别人"和"其他人"。例如:

(20) a. 你弗去我就讴别个农去。(你不去我就让别人去。)

b. 别个农个道路你弗乐管。(别人的事情你别管。)

(21) a. 你弗去我就讴其他农去。(你不去我就让其他人去。)

b. 除了小明对小英,还有其他农去弗?(除了小明和小英,还有其他人去吗?)

(三) 统称代词

遂昌话的统称代词是"大势"或"大势农",意思是"大家"。例如:
(22) a. 等大势来了再咥。(等大家来了再吃。)
　　 b. 大势农弗乐吓,乙耀⁼蛇无毒个。(大家别怕,这种蛇没毒的。)

第三节　指　示　词

遂昌话的基本指示词包括近指和远指两套系统,其中"乙"为近指,"许"为远指。跟普通话的"这"和"那"不同,遂昌话的"乙"和"许"都是粘着词,需要后接量词、方位名词或时间名词等成分后才能说。见表 6-2:

表 6-2　遂昌话的指示系统

	近　指	远　指
个体指示	乙个[i$?^5$ kei⁰]这个	许个[xa$?^5$ kei⁰]那个
群体指示	乙些[i$?^5$ sɛ$?^0$]这些	许些[xa$?^5$ sɛ$?^0$]那些
方位指示	乙盪[i$?^5$ dɔŋ¹³]这里 盪[dɔŋ¹³]这里	许盪[xa$?^5$ dɔŋ¹³]那里
时间指示	乙记[i$?^5$ tsɿ⁰]这会儿 乙套记[i$?^5$ tʰɐɯ⁰ tsɿ⁰]这会儿	许记[xa$?^5$ tsɿ⁰]那会儿 许套记[xa$?^5$ tʰɐɯ⁰ tsɿ⁰]那会儿
方式指示	乙相[i$?^3$ ɕiaŋ⁵³³]这样 相[ɕiaŋ⁵³³]这样 乙□[i$?^3$ xaŋ⁵³³]这样	许相[xa$?^3$ ɕiaŋ⁵³³]那样 □[xaŋ⁵³³]那样 许样[xa$?^5$ iaŋ²¹³]那样
种类指示	乙耀⁼[i$?^5$ iɐɯ⁰]这种 乙套[i$?^5$ tʰɐɯ⁰]这种	许耀⁼[xa$?^5$ iɐɯ⁰]那种 许套[xa$?^5$ tʰɐɯ⁰]那种
程度指示	夯⁼[xaŋ⁴⁵]这么/那么	

一、个体指示

"乙个"表示"这个、这","许个"表示"那个、那",常作定语、主语。

例如:

(23) a. 乙个东西忒贵。(这个东西太贵。)

　　b. 乙个是我个,弗是你个。(这个是我的,不是你的。)

(24) a. 许个农是渠爹。(那个人是他爸爸。)

　　b. 许个是小明个弟。(那是小明的弟弟。)

"乙个"作定语时均常脱落"乙",量词"个"音变后(读作[kɛʔ⁵])直接充当代词,表示"这个"。例如:

(25) a. 个东西忒贵。(这个东西太贵。)

　　b. 个农真有意思,讲讲讲讲就会笑起。(这个人真有意思,说着说着就会笑起来。)

　　c. 个地方无法□[tiu⁴⁵],忒热。(这个地方没法待,太热。)

　　d. 个奋箕挈个东西,十分无样子。(这个短命的东西,太不像话了。)

这类句子往往有因感到不寻常而感叹的意思。试比较:

(26) a. 乙个农是渠爹。(这个人是他爸爸。)

　　＊个农是渠爹。(这个人是他爸爸。)

　　b. 个农是渠爹? 弗可能(这个人是他爸爸? 不可能。)

遂昌话的"乙"和"许"除了指示个体外,还可以指示群体。例如:

(27) a. 乙些东西弗是我个。(这些东西不是我的。)

　　b. 乙十个是我个,许十个是你个。(这十个是我的,那十个是你的。)

　　c. 许两农麻烦你照顾记。(那两人麻烦你照顾一下。)

从数量上看,虽然是群体,但实际上是把"十个""两农"分别作为个体看待的,所以,从这个意义上讲,它们仍然是指示个体。

另外,"乙个""许个"可能分别是"乙一个""许一个"的简略式,但由于"乙"与"一"同音,为避拗口,口语中不会出现"乙一个"的说法,但"许一个"却是可以说的。如果数量大于一,则数词不能省略。例如:

(28) a. 乙个是我个,许一个拥⁼是你个。(这个是我的,那一个才是你的。)

b. 乙三个是我个,许四个是你个。(这三个是我的,那四个是你的。)

c. 乙个也弗对,许个也弗对,到底哪个对啊?(这也不对,那也不对,到底哪个对啊?)

d. 乙个道路乞许个农识着了。(这事被那人知道了。)

二、方位指示

"乙瀊"或"瀊"表示"这里","许瀊"表示"那里",在句中常作主语、宾语或定语。例如:

(29) a. 乙瀊是我处。(这里是我家。)

　　b. 小明弗是乙瀊。(小明不在这里。)

　　c. 瀊个农好险个。(这里的人很好的。)

(30) a. 许瀊一个农都无。(那里一个人都没有。)

　　b. 渠去许瀊了。(他去那里了。)

　　c. 许瀊个桔甜险甜甜。(那里的橘子非常甜。)

一般来说,"瀊"表示近指,但如果出现在其他名词或代词之后,则表示"(XX)处"的意思,不区分远近。例如:

(31) a. 渠到渠爹瀊去了。(他到他爸爸那里去了。)

　　b. 渠个电脑是上海瀊,朆带来。(他的电脑在上海那里,没带来。)

　　c. 你帮电脑摆我瀊起。(你先把电脑放在我这儿。)

从意义上看,"瀊"是"处"的意思,"乙瀊"即"此处","许瀊"即"彼处",上两例中的"渠爹瀊"即"他爸处","上海瀊"即"上海处"。不过,"瀊"如果单用的话,只能表示近指。例如:

(32) a. 瀊是我处,许瀊是你处。(这里是我家,那里是你家。)

　　b. 东西囥瀊,弗乐囥许瀊。(东西放这里,别放那里。)

三、时间指示

"乙记"或"乙套记"表示"现在","许记"或"许套记"表示"那时、那会儿",在句中常作状语。例如：

(33) a. 乙记我无时间,等记再讲。(现在我没时间,待会儿再说。)

　　b. 乙套记争儿办呢？(现在怎么办呢？)

(34) a. 许记我□[tiu⁴⁵]处里。(那会儿我在家里。)

　　b. 许套记我还糙掇起。(那会儿我还没起床。)

四、方式指示

"乙相""相"或"乙□[xaŋ⁵³³]"表示"这样","许相""□[xaŋ⁵³³]"或"许样"表示"那样",在句中常作状语或定语。例如：

(35) a. 乙件道路是乙相做个。(这件事情是这样做的。)

　　b. 相个话渠就弗会去了。(这样的话他就不会去了。)

　　c. 渠根本弗会做乙□[xaŋ⁵³³]个道路。(他根本不会做这样的事情。)

(36) a. 许相,卬就一起去。(那样,咱们就一起去。)

　　b. 我根本弗相信渠是□[xaŋ⁵³³]个农。(我根本不相信他是那样的人。)

　　c. 许样个话我就弗去罢。(那样的话我就不去了。)

五、种类指示

"乙耀⁼""乙套"表示"这种","许耀⁼""许套"表示"那种",在句中常作定语。例如：

(37) a. 乙耀⁼农你弗乐理渠。(这种人你别理他。)

　　b. 乙套道路卬无法做个。(这种事情咱们是不能做的。)

(38) a. 许耀⁼东西我从来糙咥过。(那种东西我从来没吃过。)

　　b. 我根本弗相信渠讲个许套话。(我根本不相信他说的那种话。)

六、程度指示

"夯⁼[xaŋ⁴⁵]"是指示程度的代词,表示"这么、那么"的意思,常修

饰形容词,在句中作状语。例如:

(39) a. 乙本书争儿夯⁼贵!(这本书怎么这么贵!)

b. 夯⁼重个东西卬扛弗动。(那么重的东西咱们抬不动。)

表示程度的"夯⁼[xaŋ⁴⁵]"与表示方式的"□[xaŋ⁵³³]"在声调上有区别,前者读阴平调,后者读阴上调,以声调区别意义。

第四节 数词和量词

一、数词

基数词除了"廿"表示"二十"外,其他的与普通话基本相同,不过在某些方面也存在细微差别。以下举例说明。

遂昌话数词"两"[lẽ¹³]与表示斤两的"两"[liaŋ²¹³]读音不同。另外,普通话常说的"二两",遂昌话则说"两[lẽ¹³]两[liaŋ²¹³]",不说"二两"。

另外,遂昌话"二"只能出现在个位数而不能出现在十位数以上,例如"十二、一百零二"。普通话可以说"二百、二千、二万",遂昌话却只能说"两百、两千、两万"。

普通话说的"一百五十、一千六百、一万三千",遂昌话一般说"百五、千六、万三"。

序数词与普通话基本相同,说"第 X"。但如果是排在第一,遂昌话一般说"头一(个/名/排)",第二以后则仍说"第 X 个/名/排"。

二、量词

遂昌话中,与中心语搭配的量词跟普通话有较大差异(详见第五章第二十五节第二部分"量词")。

此外,遂昌话量词也有重叠用法。

(一) 一＋量词重叠

"一＋量词重叠"表示逐一。例如：

(40) a. 饭乐一口口咥。（饭要一口一口吃。）

b. 道路乐一样样做。（事情要一件一件做。）

(二) 量词重叠

(41) a. 样样道路都乐认真做。（每件事情都要认真做。）

b. 渠日日都乐到田里去。（他每天都要到田里去。）

三、有定的"量名"结构

遂昌话中，量词和名词可以构成有定结构，表示"这 X"。其实，这是"指量名"结构省略了指示词。例如：

(42) a. 个东西忒贵。（这个东西太贵。）

b. 支笔无氽了。（这支笔没水了。）

c. 双鞋无法着，忒短。（这双鞋没法穿，太短。）

d. 帮张桌搬到外底去。（把这张桌子搬到外面去。）

其中，a 句"个"的读音与它作普通量词的读音有所不同："乙个[kei⁰]东西忒贵"/"个[kɛʔ⁵]东西忒贵"。

第五节 领 属 结 构

一、"个"字领属结构

遂昌话中，"个"可用作相当于普通话表示领属关系的"的"。例如：

(43) a. 乙些是渠个东西。（这些是他的东西。）

b. 前头许个农是小张个爹。（前面那个人是小张的爸爸。）

二、无"个"字领属结构

表示亲属等关系称谓的领属结构中，"个"字常常省略，非亲属等关系称谓的领属结构中的"个"一般不能省略。例如：

(44) a. 前头许个农是小张爹。（前面那个人是小张爸爸。）

b. 渠娘舅是老师。（他舅舅是老师。）

c. 老张弟是做木老师。（老张弟弟是木匠。）

d. 渠同学对渠好险。（他同学对他很好。）

* 乙些是渠东西。（* 这些是他东西。）

第六节 助　　词

一、动态助词"了"

遂昌话相当于普通话"了$_1$"的动态助词也是"了"[lə⁰]，用法也与普通话差不多。例如：

(45) a. 咥了一碗饭。（吃了一碗饭。）

b. 道路做了再去。（事情做了再去。）

二、语气助词"罢"和"了"

遂昌话相当于普通话"了$_2$"的动态助词有"罢"和"了"两种，意思一样。例如：

(46) a. 洞⁼雨罢！（下雨了！）

b. 乐洞⁼雨罢！（要下雨了！）

c. 道路做好罢。（事情做完了。）

(47) a. 洞⁼雨了！（下雨了！）

b. 乐洞⁼雨了！（要下雨了！）

c. 道路做好了。（事情做完了。）

有时，"了"后往往还可以再加"罢"，反之不行。例如：

(48) a. 洞⁼雨了罢！（下雨了！）

* 洞⁼雨罢了！

b. 乐洞⁼雨了罢！（要下雨了！）

  ＊乐洞⁼雨罢了！

  c. 道路做好了罢。（事情做完了。）

  ＊道路做好罢了。

这说明，遂昌话固有的句末语气助词是"罢"，"了"是受官话影响的结果。

三、结构助词"个"和"得"

遂昌话定中结构助词是"个"，相当于普通话的结构助词"的"。例如：

(49) a. 我个书比你个书新。（我的书比你的书新。）

  b. 我个比你个新。（我的比你的新。）

遂昌话状中结构助词是"个"，相当于普通话的结构助词"地"。例如：

(50) a. 轻轻儿个帮渠囥着地下。（轻轻地把它放在地上。）

  b. 好好儿个讲，弗乐叫。（好好地说，别哭。）

事实上，遂昌话状中结构很少用"个"，上两句一般说"轻轻儿帮渠囥着地下""好好儿讲，弗乐叫"。

遂昌话中补结构助词是"得"，用法与普通话基本相同。例如：

(51) a. 乙件衣裳做得真道地！（这件衣服做得真漂亮！）

  b. 乙个题目你做得出弗？（这道题目你做得出吗？）

第七节　动词及动词性结构

一、动词重叠

（一）"AA"式

遂昌话中，纯粹的单音节动词VV重叠式一般很少单用，动词重叠后习惯上要连上"儿""望""察"等成分，否则感觉有点拗口。例如：

(52) a. 我到外底去嬉嬉儿。（我到外面去玩玩儿。）
　　 b. 乞我来试试望。（让我来试试看。）
　　 c. 你去望望察。（你去看看。）
　　 d. 你去望望望。（你去看看。）

"察"义为"看"，但与"望"不同。"望"既可单用（如"望电影"），也可用于动词重叠后表示"尝试"，而"察"却只能用于动词重叠式后表示"尝试"。d 句"你去望望望"中，前两个"望望"是动词"望"的重叠，第三个"望"则是表示"尝试"意义的成分。"VV 望"和"VV 察"是遂昌话尝试体的标记。

但是，如果 VV 后接宾语，则可以成句，这跟普通话用法一样。例如：

(53) a. 你到外底去晒晒日头。（你到外面去晒晒太阳。）
　　 b. 我归处还乐洗洗衣裳，扫扫地。（我回家还要洗洗衣服，扫扫地。）

普通话常用的"V一V"式重叠，遂昌话一般不说。

（二）"ABAB"式

跟普通话一样，有些双音节动词也可以构成"ABAB"式重叠。例如：

(54) a. 你些农先商量商量起。（你们先商量商量。）
　　 b. 乙件道路还乐再讨论讨论。（这件事情还要再讨论讨论。）
　　 c. 我买了件新衣裳乞渠高兴高兴。（我买了件新衣服让她高兴高兴。）

（三）"AAB"式

遂昌话中，动词重叠后可以带形容词/趋向动词/方位短语等成分，常用于祈使句。例如：

(55) a. 帮帽戴戴好。（把帽子戴好。）
　　 b. 帮铁箱扛扛上去。（把铁箱抬上去。）
　　 c. 帮桌园园外底。（把桌子放外面。）

也可用于表示将来的陈述句。例如：

(56) a. 等我帮帽戴戴好就来。（等我把帽子戴好了就来。）

b. 你些农帮铁箱扛扛上去再落来哐饭。（你们把铁箱抬上去再下来吃饭。）

但是不可以用于表示过去的陈述句。试比较：

(57) 等记我帮衣裳洗洗好就去做道路。（等会儿我把衣服洗好就去做事情。）

*天光我帮衣裳洗洗好就去做道路了。（早晨我把衣服洗好就去做事情了。）

也不可以用于疑问句。例如：

(58) *你帮帽戴戴好了牆？（你把帽子戴好了吗？）

这种"AAB"句式在普通话中是不成立的。例如：

(59) a. *把帽子戴戴好。（把帽子戴好。）

b. *把铁箱抬抬上去。（把铁箱抬上去。）

c. *把桌子放放外面。（把桌子放外面。）

二、双宾结构

表示"给予、取得、称呼"义的动词一般都可以带双宾语。这样的动词主要有"乞、担、摁、借、送、卖、欠、还、找找零钱、讴叫"等。例如：

(60) a. 我乞你十块钞票。（我给你十元钱。）

b. 渠担你一本书。（他给你一本书；他拿走你一本书。）

c. 小张摁渠一支笔。（小张给他一支笔。）

d. 我借渠一百块钞票。（我借给他一百元钱；我向他借一百元钱。）

c. 小明送我一双鞋。（小明送我一双鞋。）

f. 我卖你三块钞票。（我卖你三元钱。）

g. 你欠我三百块钞票。（你欠我三百元钱。）

h. 小李还图书馆十本书。（小李还图书馆十本书。）

i. 服务员找我两块钞票。（服务员找我两元零钱。）

j. 我讴渠表舅。（我叫他表舅。）

遂昌话的双宾句中，直接宾语和间接宾语相对位置比普通话要灵活。例如：

(61) a. 乞我支笔。（给我一支笔。）
　　 b. 乞支笔我。（给我一支笔。）
　　 c. 渠乞了我支笔。（他给了我一支笔。）
　　 d. 渠乞了支笔我。（他给了我一支笔。）

上例中，b、d 两种说法普通话不成立。

在遂昌，从口语实际使用的频率来看，"乞支笔我"的说法远高于"乞我支笔"。"乞支笔我"的句式应该是遂昌话早期固有的常用说法。顺序不同，说明动作行为的关注点不一。遂昌话以物为近宾语，强调所"给"的是"物"而不是"人"，即强调的是"物"这一直接宾语而非"人"这一间接宾语。

此外，还可以说"乞/担/撼支笔乞我"，此时，"我"前面的"乞"相当于普通话的介词"给"。

三、动补结构

遂昌话动补结构中的补语从意义上分类主要包括"结果、趋向、可能、数量、状态、时间、地点"等。

（一）结果补语结构

结果补语结构所表达的意义是动作行为的结果。例如：

(62) a. 渠乞农打伤了。（他被人打伤了。）
　　 b. 饭烧熟了。（饭烧熟了。）
　　 c. 洗爽利衣裳再归处。（洗干净衣服再回家。）
　　 d. 我今年着破三双鞋。（我今年穿破三双鞋。）

（二）趋向补语结构

趋向补语结构所表达的意义是动作行为的方向。例如：

(63) a. 雨洞⁼来罢。（雨下来了。）
　　 b. 渠拥⁼走出去。（他刚走出去。）

c. 快些跳到内底去。（快点跑到里面去。）

d. 氼满出来了。（水满出来了。）

e. 渠从包里担出来一百块钞票。（他从包里拿出来一百元钱。）

（三）可能补语结构

可能补语结构包括"V 得"/"V 弗得"和"V 得 A"/"V 弗 A"两类，表示动作行为可能或不可能。例如：

(64) a. 乙种东西咥得。（这种东西吃得。）

　　　b. 乙种东西咥弗得。（这种东西吃不得。）

　　　c. 乙套道路做得。（这种事情做得。）

　　　d. 乙套道路做弗得个。（这种事情做不得的。）

(65) a. 乙碗饭我咥得落。（这碗饭我吃得下。）

　　　b. 乙碗饭我咥弗落。（这碗饭我吃不下。）

　　　c. 许个坎渠爬得上。（那个坎他爬得上。）

　　　d. 许个坎渠爬弗上。（那个坎他爬不上。）

（四）数量补语结构

数量补语结构所表达的意义是动作行为的数量。例如：

(66) a. 乙本书渠总共望了三遍。（这本书他一共看了三遍。）

　　　b. 我北京去过三次。（我北京去过三次。）

（五）状态补语结构

状态补语结构所表达的意义是动作行为的状态。例如：

(67) a. 渠咥酒咥得面绯红。（他喝酒喝得脸通红。）

　　　b. 渠急得不识争儿办。（他急得不知怎么办。）

第八节　介词和介词结构

一、表"在"的介词

遂昌话表示"在"的方向介词有"徛[gei¹³]""□[tiu⁴⁵]""是[ziʔ²³]"。

"徛"本义是"站立","□[tiu⁴⁵]"的本义是"躲藏","是"的本义就是"是",它们都可用如普通话动词兼介词的"在"。例如:

(68) a. 小强徛杭州。(小强在杭州。)

　　 b. 小强徛杭州教书。(小强在杭州教书。)

　　 c. 小强今日徛上海开会。(小强今天在上海开会。)

(69) a. 小明□[tiu⁴⁵]教室里。(小明在教室里。)

　　 b. 小明□[tiu⁴⁵]教室里做作业。(小明在教室里做作业。)

　　 c. 小明乙记□[tiu⁴⁵]图书馆望书。(小明这会儿在图书馆看书。)

(70) a. 渠是处里。(他在家里。)

　　 b. 渠是处里咥饭。(他在家里吃饭。)

　　 c. 渠拥⁼还是外底嬉。(他刚才还在外面玩儿。)

以上 a 句都是动词的用法,b、c 句则是介词的用法。

此外,"徛[gei¹³]""□[tiu⁴⁵]"后还能加助词"着",表示附着;"是[zi?²³]"后不能加助词"着"。例如:

(71) a. 小强徛着杭州。(小强在杭州。)

　　 b. 小明□[tiu⁴⁵]着教室里做作业。(小明在教室里做作业。)

在很多方言中,表示"在"的方向介词往往与表示"站、蹲、坐"意义的动词有关。例如:

(72) a. 庆元话:渠坐处咥饭。(他在家里吃饭。)

　　 b. 松阳话:渠踞蹲处咥饭。(他在家里吃饭。)

坐,从土,才声,表示草木初生在土上,本义是存活着,生存,存在。据《说文》,在,存也。按,字从土,与坐同意。可见,以"坐"表示"在"自古有之,而与"坐"属相同义类的"站立、躲藏"表示"在"也就不奇怪了。

但是,跟普通话"在"不同的是,它们在回答问题时不能单独使用,需要整句连起来说。例如:

(73) 问:小强徛杭州弗?(小强在杭州吗?)

　　 答:徛杭州。(在杭州。)

　　 　 *徛。(在。)

弗倚杭州。(不在杭州。)

*弗倚。(不在。)

(74) 问：小明□[tiu⁴⁵]教室里做作业弗？(小明在教室里做作业吗？)

答：□[tiu⁴⁵]教室里做作业个。(在教室里做作业的。)

*□[tiu⁴⁵]。(在。)

(75) 问：渠是处里弗？(他在家里吗？)

答：是处里。(在家里。)

是。(在。)

第三例可以单说的"是"，其实是对全句的肯定，用作判断动词，相当于普通话"是的"。

事实上，遂昌话的"倚""□[tiu⁴⁵]""是"后面如果没有处所名词的话，只表示它们的各自的本义：站立、躲藏、是(不是)，而一旦后面跟上了处所名词，就都表示"在"的意思，这跟普通话的"在"有差别。

另外，在遂昌话中，由相当于普通话的"在"所引导的介词短语不能用于动词后充当补语，普通话的"在"却可以。试比较：

(76) a. 遂昌话：*渠坐□[tiu⁴⁵]教室里。

b. 普通话：他坐在教室里。

(77) a. 遂昌话：*我帮书园倚桌上。

b. 普通话：我把书放在桌上。

(78) a. 遂昌话：*小张睏是沙发上。

b. 普通话：小张睡在沙发上。

这里，遂昌话中可以用"着"(读[tɛʔ⁰]或[tiʔ⁰])来代替它们(也可以省略)。例如：

(79) a. 渠坐着教室里。(他坐在教室里。)

b. 我帮书园着桌上。(我把书放在桌上。)

c. 小张睏着沙发上。(小张睡在沙发上。)

据王力(2004)，"到了南北朝以后，'着'字开始虚化。一方面，它不用作谓词，另一方面，它在某种程度上保存着'附着'的意义……颇有'在'字的意义,但是它是连上念的,不是连下念的,所以和'在'不同"。遂昌话的这个"着"就是王力所说的这种情况,它在句法关系上是承上不承下的,即是"坐着""囥着""睏着",不是"着教室里""着桌上""着沙发上";而且,"着教室里""着桌上""着沙发上"都不能用于动词前作状语。我们认为,遂昌话的这个"着"并非介词,而是助词。

另外,遂昌话"V 着"后面不仅可以接处所名词,表示"V 在",还可以接表示人的名词或代词,表示"V 到"。例如:

(80) a. 我今日□[tiu⁴⁵]街上碰着小张了。(我今天在街上碰到小张了。)

b. 我望着渠了。(我看到他了。)

c. 渠做梦梦着渠爹了。(他做梦梦到他爸爸了。)

二、表"往、朝、向"的介词

表示"往、朝、向"的介词是"望[mɔŋ²¹³]"。"望"的本义是"看",如"望电影、望书"。遂昌话中,"望"还可用于表示"往、朝、向"的介词。例如:

(81) a. 望东面走去,你就望着老佛殿罢。(往东走去,你就看到寺庙了。)

b. 弗乐望内底望。(别向里面看。)

c. 望上是遂昌,望下是松阳。(往上走是遂昌,往下走是松阳。)①

古籍中也有"望"表示"往、朝、向"的用例,如"望朱砂庵而登"(《徐霞客游记·游黄山记》)。从意义关联度看,"望"表示"往、朝、向"也是很自然的。马贝加(1987)以《董解元西厢记》卷二、《元曲选·货郎旦》第三折、《元曲选·潇湘夜雨》第三折、《元曲选外编·遇上皇》第一折以及《水浒》中的一些用例说明,"介词'望'的产生大约在元时期"。

由"望+N"构成的方向介词短语可以直接回答问题。例如:

(82) 问:到老佛殿争儿走?(去寺庙怎么走?)

---

① 遂昌人习惯以河的上游方向为"上",下游方向为"下"。

答：望东面。（往东。）

(83) 问：去松阳争儿走？（去松阳怎么走？）

答：望下。（往下。）

由"望＋N"构成的方向介词短语不能用作补语，而普通话的"往、向"可以。试比较：

(84) a. 遂昌话：＊渠走望操场。

＊渠正去望宿舍。

b. 普通话：他走向操场。

他正赶往宿舍。

三、表"经过、经、沿着、从"的介词

表示"经过、经、沿着、从"的介词是"过[ku^{334}]"。"过"的本义是"通过、经过"，作动词。例如：

(85) a. 乙根溪忒阔，无船个话过弗去。（这条溪太宽，没船的话过不去。）

b. 乙记去龙游乐过好多个山洞。（现在去龙游要通过好几个山洞。）

c. 到电影院乐过渠处。（去电影院要经过他家。）

d. 到上海去乐过着杭州。（到上海去要经过杭州。）

e. 到北京乐从杭州过。（到北京要经过杭州。）

遂昌话中，"过"还可用作表示"经过、经、沿着"的介词。例如：

(86) a. 过乙条路去，你就可以到渠处。（经这条路去，你就可以到他家。）

b. 过乙蘯也可以到渠处。（经过这里也可以到他家。）

c. 过溪边走近些。（沿着河边走近些。）

"过弗过 V、过未过 V、过嬲过 V"结构可用于正反疑问句。例如：

(87) a. 到渠处过弗过乙条路去？（到他家经不经这条路去？）

b. 到电影院去过弗过溪边走个？（到电影院去沿不沿溪边走的？）

c. 上次你到电影院去过未/蠁过溪边走？（上次你到电影院去沿没沿溪边走？）

回答问题时一般说"过个（经过的）"或"弗/未/蠁过（不/没经过）"。

四、表"自从、从"的介词

表示"自从、从"的介词是"从[ziɔŋ²²¹]"。例如：

(88) a. 渠从上底靶⁼落来了。（他从上面掉下来了。）

b. 从第三排开始大势农都倚起。（从第三排开始大家都站起来。）

c. 从今日起，卬些农乐准备复习罢。（从今天开始，我们要准备复习了。）

由"从＋N"构成的方向介词短语可以独立回答问题。例如：

(89) 问：渠从哪瀊靶⁼落来个？（他从哪里掉下来的？）

答：从上底。（从上面。）

(90) 问：从哪一排开始大势农都倚起？（从第几排开始大家都站起来？）

答：从第三排。（从第三排。）

跟普通话一样，由"从＋N"构成的方向介词短语不能充当补语：

(91) *渠靶⁼从上底落来了。

"从弗从、从未从"结构可用于正反疑问句。例如：

(92) a. 渠明日从弗从上海来？（他明天从不从上海来？）

b. 渠昨莫⁼从未从上海来？（他昨天从没从上海来？）

五、表"到"的介词

表示"到"的介词是包括"到[tɯ³³⁴]"和"去[kʰɤ³³⁴]"。例如：

(93) a. 我每日到南菜场买菜。（我每天到南菜场买菜。）

b. 放假了我乐到上海嬉。（放假了我要到上海玩儿。）

c. 我弗忖一个农儿到外底旋。（我不想一个人到外面逛。）

(94) a. 我每日去南菜场买菜。（我每天去南菜场买菜。）

b. 放假了我乐去上海嬉。（放假了我要去上海玩儿。）

　　　c. 我弗忖一个农儿去外底旋。（我不想一个人去外面逛。）

跟普通话一样，由"到＋N方位"构成的介词短语可以用作补语。例如：

(95) a. 渠个农儿旋到街上嬉了。（他一个人逛到街上玩了。）

　　　b. 小张骑车骑到溪边钓鱼。（小张骑车骑到河边钓鱼。）

　　　c. 你弗乐爬到坎上去。（你不要爬到坎上去。）

六、表"替"的介词

表示"替"的介词一般是"帮"。例如：

(96) a. 你写弗来，我帮你写。（你不会写，我替你写。）

　　　b. 等记儿你帮我接记电话。（等会儿你替我接下电话。）

　　　c. 我帮你对渠讲过乙件道路了。（我替你跟他说过这件事情了。）

七、表"为"的介词

表示"为"的介词也是"为、为了"。例如：

(97) a. 为渠个道路，老王帮了弗识多个忙。（为他的事，老王帮了很多忙。）

　　　b. 为完成任务，今日黄昏我只好不睏罢。（为完成任务，今天晚上我只好不睡了。）

　　　c. 你无法为了你自家弗管别个农。（你不能为了你自己而不管别人。）

　　　d. 为了完成任务，渠昨莫＝一暝齰睏。（为了完成任务，他昨天一夜没睡。）

八、表"向"的介词

表示"向"的介词是"问"。例如：

(98) a. 我问小明借了一百块钞票。（我向小明借了一百元钱。）

　　　b. 小明问小强乐了两个苹果。（小明向小强要了两只苹果。）

九、表"跟、和、同"的介词

表示"跟、和、同"的介词主要是"对[tei^{334}]"。例如：

(99) a. 我对渠去县里望电影了。（我跟他去城里看电影了。）
　　b. 我对你讲，你弗乐听渠。（我跟你说，你别听他。）
　　c. 渠已经对小李打过电话了。（他已经跟小李打过电话了。）

"对"用作介词后，可读作[tei^{334}]，也常读作[tɛʔ^5]，音同"德"。
除了"对"以外，"跟"也可用如该介词。例如：

(100) a. 你跟渠一起去。（你跟他一起去。）
　　　b. 你跟渠讲，我黄昏弗归处了。（你跟他讲，我晚上不回家了。）
　　　c. 渠是昨莫$^=$跟渠爹去上海个。（他是昨天跟他爸爸去上海的。）

在遂昌话中，表示"跟、和、同"的介词"对"和"跟"也可用作连词。例如：

(101) a. 我对渠都是老师。（我和他都是老师。）
　　　b. 你跟渠都聪明险。（你和他都很聪明。）
　　　c. 小张对小李一齐去了杭州。（小张和小李一起去了杭州。）

第九节　处置句和被动句

一、处置句

遂昌话处置句式的介词一般用"帮"，它是由动词"帮"虚化而来的。用作动词的"帮"可以构成兼语结构或重叠式。例如：

(102) a. 我帮你扫地。（我帮你扫地。）
　　　b. 你帮帮渠。（你帮帮他。）

遂昌话"帮"字句与普通话"把"字句在用法上完全一样。例如：

(103) a. 帮门关起。（把门关上。）

　　　　b. 帮饭咥了。（把饭吃了。）

　　　　c. 渠帮外底个东西都搬到内底来了。（他把外面的东西都搬到里面来了。）

遂昌话处置句式的介词也可以用"拨"。例如：

(104) a. 拨门关起。（把门关上。）

　　　　b. 拨地扫扫爽利。（把地扫干净。）

　　　　c. 快些拨外底个东西撖归来。（快点把外面的东西拿进来。）

"拨"字句可能是受北部吴语（特别是杭州话——曾为宋都的官方语言）影响的结果。对于遂昌话而言，"帮"字作为处置句的介词应是其早期固有形式，而"拨"则是受官话影响的结果。

跟普通话一样，遂昌话的处置句有以下几个特点：

第一，动词必须具有处置意味。例如：

(105) a. 帮地扫爽利。（把地扫干净。）

　　　　b. 帮门关起。（把门关起来。）

　　　　*帮渠喜欢。（*把她喜欢。）

第二，动词不可以是孤零零的光杆动词，其后必须有粘着成分。例如：

(106) a. 帮衣裳洗爽利。（把衣服洗干净。）

　　　　*帮衣裳洗。（*把衣服洗。）

　　　　b. 帮东西囥好。（把东西放好。）

　　　　*帮东西囥。（*把东西放。）

第三，能愿动词或否定词应在"帮"字前，不能在"帮"字后。例如：

(107) a. 你可以帮苹果咥了。（你可以把苹果吃了。）

　　　　*你帮苹果可以咥了。（*你把苹果可以吃了。）

　　　　b. 弗乐帮鱼杀了。（别把鱼杀了。）

　　　　*帮鱼弗乐杀了。（*把鱼别杀了。）

二、被动句

遂昌话被动句式的介词一般用"乞[k^{h}a$ʔ^5$]"，它是由动词"乞（'给'

的意思)"虚化来的。

用作动词的"乞"可以表示"给"的意思。例如:

(108) a. 我乞渠一本书。(我给他一本书。)

　　　b. 渠乞了你多险帮助。(他给了你很多帮助。)

还可以表示"让"的意思,用于兼语句。例如:

(109) a. 弗乐拦渠,乞渠去好了。(别拦他,让他去好了。)

　　　b. 我忖出去,我爹弗乞我出去。(我想出去,我爸爸不让我出去。)

　　　c. 乞我试记添。(让我再试一下。)

在这类兼语中,兼语是被大主语"允许",而非"致使"。例如:

(110) *乙件道路乞渠十分弗高兴。

而普通话可以说"这件事让他很不高兴"。

"乞"常用于被动句。例如:

(111) a. 渠乞农骗了。(他被人骗了。)

　　　b. 帽乞风吹去了。(帽子被风吹走了。)

　　　c. 饭乞渠些农咥了了。(饭被他们吃完了。)

　　　d. 帮东西囥好来,弗乐乞农望着。(把东西藏好,别让人看见。)

遂昌话的被动句还可以用"担[naŋ⁴⁵]"作介词。"担"的本义是"拿",并引申出"给"的意思。例如:

(112) a. 教室里有凳,你去担。(教室里有凳子,你去拿。)

　　　b. 我明日担些好咥个东西乞你。(我明天拿些好吃的东西给你。)

　　　c. 小明拥⁼担乞我一本书。(小明刚才拿给我一本书。)

　　　d. 小明拥⁼担我一本书。(小明刚才给我一本书。)

"拿"可以"拿来",也可以"拿去",这时,"担"就引申出了"给"的意思,如上 d 句。再如:

(113) a. 我担渠一个桔儿。(我给他一只橘子。)

　　　b. 担我十块钞票用着弗?(给我十元钱可以吗?)

表示被动的"担"是由表示"给"的意思引申虚化而来的。例如：
(114) a. 渠担农骗了。（他被人骗了。）
　　　b. 帽担风吹去了。（帽子被风吹走了。）
　　　c. 饭担渠些农咥了了。（饭被他们吃完了。）
　　　d. 帮东西园好来，弗乐担农望着。（把东西藏好，别让人看见。）

与普通话"被"字句式不同的是，遂昌话被动句中的动作发出者不能省略。试比较：
(115) a. 遂昌话：渠乞农骗了。（他被人骗了。）
　　　　　　＊渠乞骗了。
　　　b. 普通话：他被人骗了。
　　　　　　他被骗了。

跟普通话一样，遂昌话的被动句有以下几个特点：
第一，动词必须具有处置意味。例如：
(116) 饭乞渠咥了。（饭被他吃了。）
　　　＊渠乞农喜欢了。（＊他被人喜欢了。）
第二，动词不可以是孤零零的光杆动词，必须有粘着成分。例如：
(117) 衣裳乞农洗了。（衣服被人洗了。）
　　　＊衣裳乞农洗。（＊衣服被人洗。）
第三，否定成分应该在"乞"字而不是动词前。例如：
(118) 鱼黫乞渠杀了。（鱼没被他杀了。）
　　　＊鱼乞渠黫杀了。（＊鱼被他没杀了。）

第十节　存现句

遂昌话存现句句式与普通话基本一样。例如：
(119) a. 桌上有三个苹果。（桌上有三个苹果。）
　　　b. 渠处里来了好多客。（他家里来了好多客人。）

c. 树上停了一只老鸦。（树上停了一只乌鸦。）

d. 隔壁村死了一个农。（隔壁村死了一个人。）

但是，表示存在的存现句常常在谓语动词后边加上方位代词，强调方位。例如：

(120) a. 树上停许盪_那里_一只老鸦。（树上停了一只乌鸦。）

b. 门=床上睏许盪_那里_一个老成农。（床上睡着一个老人。）

第十一节　领有句

领有句是表示领属关系的句式。遂昌话领有句主要包括"N_1＋有＋N_2"和"N_2＋是＋N_1个"两类。例如：

(121) a. 渠有两支笔。（他有两支笔。）

b. 渠袋里有两支笔。（他口袋里有两支笔。）

c. 我处里有五个农。（我家有五口人。）

(122) a. 乙两支笔是渠个。（这两支笔是他的。）

b. 渠袋里乙两支笔是我个。（他口袋里这两支笔是我的。）

c. 许些东西都是渠处里个。（那些东西都是他家里的。）

第十二节　判断句

遂昌话判断句主要有"N_1 是/弗是 N_2"和"N_1＋N_2"两种句式。例如：

(123) a. 渠是遂昌应村农。（他是遂昌应村人。）

b. 渠个衣裳是新个。（他的衣服是新的。）

c. 渠弗是遂昌应村农。（他不是遂昌应村人。）

d. 渠个衣裳弗是新个。（他的衣服不是新的。）

(124) a. 渠遂昌应村农。（他遂昌应村人。）

b. 渠个衣裳新个。(他的衣服新的。)
　　　c. 苹果昨莫⁼买来个。(苹果昨天买来的。)

第十三节　时间范畴与体标记

　　跟普通话和其他汉语方言一样,遂昌话也是通过不同的词或短语来表现"进行、持续、完成、经历、重复、将行、尝试"等不同的"体"。

一、进行体

　　普通话的进行体是通过副词"在"加动词或动词加"着"两种不同的形式表现的,遂昌话没有这两种情况。遂昌话是通过"是/徛/□[tiu⁴⁵]"加方位词的形式来表现某一动作行为正在进行。这类句子既表示"进行体",又表示动作进行的具体方位。例如:

(125) a. 小强徛杭州教书。(小强正在杭州教书。)
　　　b. 小明徛北京读大学。(小明正在北京上大学。)
(126) a. 小明□[tiu⁴⁵]教室里做作业。(小明正在教室里做作业。)
　　　b. 小强□[tiu⁴⁵]外底嬉。(小强正在外面玩儿。)
(127) a. 渠是处里咥饭。(他正在家里吃饭。)
　　　b. 我是电影院望电影。(我正在电影院看电影。)

　　接在"是/徛/□[tiu⁴⁵]"后的方位词通常是表示"这里"或"那里"的"乙盪/盪"或"许盪"。例如:

(128) a. 渠是/徛/□[tiu⁴⁵]盪咥饭。(他正在这儿吃饭。)
　　　b. 渠是/徛/□[tiu⁴⁵]许盪望电影。(他正在那儿看电影。)

　　通常,动词("是"除外)后面会带上一个"着"。例如:

(129) a. 渠徛/□[tiu⁴⁵]着盪咥饭。(他正在这儿吃饭。)
　　　b. 渠徛/□[tiu⁴⁵]着许盪望电影。(他正在那儿看电影。)

　　"着"[tɛʔ⁵]本义"穿",自"附着"义引申而来(另见本章第十六节"关于遂昌话几个不同的'着'")。在这里,"着"因语法化而读作"[tiʔ]"。

二、持续体

普通话一般是通过动词加"着"表示"持续体",而遂昌话则通常是通过动词加方位词"乙盪/盪"或"许盪"来表示"持续体",另外,在语序上与表示"进行体"的情况刚好相反。例如:

(130) a. 门开乙盪。(门在这里开着。)
    b. 衣裳挂许盪。(衣服在那里挂着。)

跟"进行体"的情况一样,动词后面常会带上一个"着"[tɛʔ⁰]或[tiʔ⁰]。例如:

(131) a. 门开着盪。(门在这里开着。)
    b. 衣裳挂着许盪。(衣服在那里挂着。)

可以看出,遂昌话的这个表示"附着"意义的"着"还没有完全虚化,还不能像普通话那样说"门开着""衣裳挂着"。

三、完成体

(一) 了

遂昌话中相当于普通话"了₁"的"完成体"标记也是助词"了"。例如:

(132) a. 去年我毕业了就去了北京。(去年我毕业了就去了北京。)
    b. 明日我咥了日午饭就去上海。(明天我吃了中饭就去上海。)
    c. 渠讲渠做好了作业再出去嬉。(他说他做完了作业再出去玩儿。)

"了"还可用作句末语气词,相当于普通话的"了₂",但遂昌话中相当于"了₂"的词通常用"罢"。例如:

(133) a. 洞⁼雨罢!(下雨了!)
    b. 好咥饭罢!(可以吃饭了!)
    c. 洞⁼雨了!(下雨了!)
    d. 作业做好了!(作业做完了!)

第 c、d 句后面还可以加上"罢",起到加强语气的作用。例如:

(134) a. 洞⁼雨了罢!(下雨啦!)

　　　 b. 作业做好了罢!(作业做完啦!)

反之不行,即不能说"洞⁼雨罢了"。从这个意义上看,"罢"是遂昌话固有的"了₂",而"了"则是受官话影响的结果,是后起的。在"洞⁼雨了罢"句中,"了"其实是"了₁","罢"才是"了₂"。

(二) 过

"过"也可以表示"完成"。例如:

(135) a. 渠讲渠咥过饭再去学堂。(他说他吃了饭再去学校。)

　　　 b. 我咥过饭就去学堂了。(我吃了饭就去学校了。)

　　　 c. 雨洞⁼过了!(雨下过了!)

四、经历体

"过"用在动词后,可以表示"曾经"。例如:

(136) a. 乙套东西我咥过两次。(这种东西我吃过两回。)

　　　 b. 上海你去过䚻?(上海你去过吗?)

　　　 c. 许部电影我望过。(那部电影我看过。)

五、重复体

"过"还可用作"重复体"的标记。详见第七章第三节。

六、尝试体

遂昌话一般用动词重叠加"望"或"察"来表示"尝试"的意义。详见本章第七节第一部分。

七、时间副词

遂昌话时间副词主要有"老早、已经、正正/堪堪/拥⁼、就(乐)/就、一记儿、最后、经常、慢慢儿、迟早、总是、一直、连慌、赶紧、永骨⁼"等。例如:

(137) a. 渠老早就去了。(他老早就走了。)

b. 我老早就弗用墨笔写字罢。(我老早就不用毛笔写字了。)

(138) a. 小张已经毕业罢。(小张已经毕业了。)

b. 渠已经出去了。(他已经出去了。)

(139) a. 王老师正正来。(王老师刚来。)

b. 小明堪堪还是瀊嬉。(小明刚刚还在这里玩儿。)

c. 渠拥=到上海。(他刚到上海。)

(140) a. 望天个样子就乐洞=雨罢。(看天的样子就要下雨了。)

b. 你些农等记儿,老师就来罢。(你们等一下,老师就来了。)

(141) a. 弗乐慌着,饭一记儿就熟。(先别慌,饭马上就熟。)

b. 望到渠爹,渠一记儿就叫了。(看到他爸爸,他马上就哭了。)

(142) a. 最后火乌了罢。(终于火灭啦。)

b. 最后渠还是来了。(终于他还是来了。)

(143) a. 渠乙段时间经常感冒。(他这段时间经常感冒。)

b. 小明经常弗来上课。(小明经常不来上课。)

(144) a. 天慢慢儿乌落来了。(天渐渐黑下来了。)

b. 慢慢儿讲,弗乐叫。(慢慢儿说,别哭。)

(145) a. 渠迟早会来个。(他迟早会来的。)

b. 多练两遍,你迟早会通过个。(多练几遍,你迟早会通过的。)

(146) a. 渠儿黄昏总是叫。(他儿子晚上总是哭。)

b. 小明总是一个农倚处里望书。(小明总是一个人在家里看书。)

(147) a. 雨从昨莫=黄昏开始一直洞=。(雨从昨天晚上开始一直下。)

b. 渠一直是瀊嬉。(他一直在这里玩儿。)

(148) a. 望着乐洞⁼雨罢渠连慌跳归处。(看到要下雨了他连忙跑回家。)

　　　b. 我连慌帮门关起。(我赶紧把门关上。)

(149) a. 赶紧些,弗样个话乐迟到罢。(赶紧些,否则的话要迟到了。)

　　　b. 赶紧写,渠等着许澶乐。(赶紧写,他等着那里要。)

(150) a. 乙个地方我永骨⁼弗来罢。(这个地方我永远不来了。)

　　　b. 我永骨⁼都弗会忘记许件道路。(我永远都不会忘记那件事情。)

第十四节　情态范畴

一、情态动词

情态动词能用在动词、形容词前面表示客观的可能性、必要性和人的主观意愿,有评议作用。

(一) 表"可能"的情态动词

表示"可能"的情态动词主要有"会、可能"。例如:

(151) a. 今日会洞⁼雨。(今天会下雨。)

　　　b. 渠明日会来。(他明天会来。)

(152) a. 渠明日可能去。(他明天可能去。)

　　　b. 我可能弗去罢。(我可能不去了。)

(二) 表示"可以"的情态动词主要有"好、有法("无法"表示不可以)、可以"。例如:

(153) a. 乙耀⁼东西好咥个。(这种东西能吃的。)

　　　b. 乙记日头大险,好晒棉被罢。(现在太阳很大,可以晒被子了。)

(154) a. 许个场面有法去。(那个地方可以去。)

　　　b. 我个农儿有法去弗?(我一个人可以去吗?)

(155) a. 苹果弗洗爽利你无法咥。（苹果不洗干净你不能吃。）

　　　b. 你无法对渠讲乙种话个！（你不能跟他说这种话的！）

(156) a. 你可以望电视。（你可以看电视。）

　　　b. 你无手机个话可以跳去对渠讲。（你没有手机的话可以跑去跟他说。）

（三）表"意愿"的情态动词

表示"意愿"的情态动词主要有"肯、忖、乐、惊、敢、高兴、愿意"。例如：

(157) a. 渠弗肯去。（他不肯去。）

　　　b. 我肯对你一起去个。（我肯跟你一起去的。）

(158) a. 我忖去险。（我很想去。）

　　　b. 渠讲乙记渠弗忖做作业。（他说现在他不想做作业。）

(159) a. 小明讲渠乐参加个。（小明说他要参加的。）

　　　b. 我弗乐跟乙种农一起去。（我不愿跟这种人一起去。）

(160) a. 许个地方我惊去。（那个地方我怕去。）

　　　b. 渠讲渠惊望乙种鬼个电影。（她说她害怕看这种鬼片。）

(161) a. 渠弗敢个农儿去北京。（他不敢一个人去北京。）

　　　b. 你敢弗敢一个农儿黄昏到许场面去？（你敢不敢一个人晚上到那里去？）

(162) a. 我高兴对你一起去。（我喜欢跟你一起去。）

　　　b. 我弗高兴望着你□[xaŋ⁵³³]样子。（我不喜欢看见你这个样子。）

(163) a. 渠弗赖⁼愿意参加乙个活动。（他不太愿意参加这个活动。）

　　　b. 我愿意对你一齐到外底嬉。（我愿意跟你一起到外面玩儿。）

（四）表"必要"的情态动词

表示"必要"的情态动词主要有"乐、应当、应该、一定、值得"。例如：

(164) a. 你乐听渠个话。(你得听他的话。)

b. 你乐帮衣裳洗了拥⁼好出去嬉。(你得把衣服洗了才能出去玩儿。)

(165) a. 做学生个应当尊重老师。(做学生的应当尊重老师。)

b. 你□[xaŋ]⁵³³做是弗应当个。(你这样做是不应当的。)

(166) a. 我帮你是应该个。(我帮你是应该的。)

b. 你弗应该讴渠个农儿去许种地方。(你不应该让他一个人去那种地方。)

(167) a. 我一定听渠个话。(我一定听他的话。)

b. 你一定乐帮我个道路做好。(你一定要把我的事情做好。)

(168) a. 乙件道路值得做。(这件事情值得做。)

b. 渠许种农弗值得做朋友。(他那种人不值得做朋友。)

二、情态副词

据黄伯荣、廖序东《现代汉语》增订五版所列的情态副词主要有"大肆、肆意、特意、亲自、猛然、忽然、公然、连忙、赶紧、悄悄、暗暗、大力、稳步、阔步、单独"等,其中很多意思在遂昌话中并没有对应的词,比如"大肆、肆意、亲自、猛然、忽然、公然、悄悄、暗暗、大力、稳步、阔步"等。以此为参考,遂昌话常用的情态副词有"特地、一记儿、连慌、赶紧、个农儿、尚",此外,还有"偏、偏偏、反正、索性、幸亏(还好、亏得)、到底"等。例如:

(169) a. 渠特地跳来报我。(他特地跑来告诉我。)

b. 你是北方农,我特地包饺子乞你咥。(你是北方人,我特地包饺子给你吃。)

(170) a. 雨一记儿就洞⁼起了。(雨忽然就下起来了。)

b. 渠一记儿叫起了。(她突然哭了起来。)

(171) a. 渠连慌跳出去帮衣裳收归来。(他连忙跑出去把衣服收回来。)

b. 望着渠来了我连慌□[tiu⁴⁵]着门后底。(看见他来了我连忙躲在门后。)

(172) a. 赶紧些,弗样个话来弗及罢。(赶紧些,不然的话来不及了。)

b. 赶紧帮衣裳收归来,就乐洞⁼雨了。(赶紧把衣服收回来,就要下雨了。)

(173) a. 渠个农儿去上海了,无农陪渠。(他独自去上海了,没人陪他。)

b. 黄昏外底墨乌个,弗乐个农儿出去。(晚上外面漆黑的,别单独出去。)

(174) a. 哑了两个月个药,渠尚是□[xaŋ⁵³³]样子。(吃了两个月的药,他仍然是这个样子。)

b. 尚好,衣服蟺乞雨泥湿。(还好,衣服没被雨淋湿。)

(175) a. 你弗乞我去,我偏/偏偏乐去。(你不让我去,我偏要去。)

b. 我偏/偏偏弗去洗衣裳,气气渠。(我偏不去洗衣服,气气他。)

(176) a. 弗乐慌,反正来得及。(别慌,反正来得及。)

b. 慢慢儿做,反正时间还多险。(慢慢做,反正时间还很多。)

(177) a. 等记儿,索性卬一起去。(等会儿,索性咱们一起去。)

b. 索性帮渠摔了算了。(索性把它扔了算了。)

(178) a. 幸亏你来,弗样个话我就无办法了。(幸亏你来,不然的话我就没办法了。)

b. 还好是你,是渠个话渠就弗会帮我。(还好是你,是他的话他就不会帮我。)

(179) a. 你到底去弗去?(你到底去不去?)

b. 到底是你做个还是渠做个?(到底是你做的还是他做的?)

三、可能补语"V 得 C、V 弗 C"

遂昌话可能补语"V 得 C、V 弗 C"属情态范畴。例如：

(180) a. 乙些作业我做得好。（这些作业我能做完。）
      b. 许个地方我爬得上去。（那个地方我爬得上去。）

(181) a. 乙张桌忒重，我搬弗动。（这张桌子太重，我搬不动。）
      b. 今日菜忒多了，根本咥弗了。（今天菜太多了，根本吃不完。）

第十五节 否 定 范 畴

这里所说的否定词是指属于否定范畴、具有否定意义或只能出现于否定句的词。遂昌话属于否定范畴的否定词主要有三类：一是"弗""无""未"；二是由"弗"与其他词构成的三个合音词"糒""觍""觢"；三是否定句句末语气词"着"。

一、否定词"弗"

弗，副词，相当于普通话的"不"，修饰动词、形容词，作状语。例如：

(182) a. 我弗去。（我不去。）
      b. 我还弗忖睏着。（我还不想睡。）
      c. 东西弗重。（东西不重。）

"弗"用于动词或动词短语后所构成的"V(N)弗"结构是遂昌话最常用的疑问句式。例如：

(183) a. 你去弗？（你去不？）
      b. 你咥烟弗？（你抽烟不？）
      c. 渠是老师弗？（他是老师不？）

在疑问句中，"弗"加上"啊"后所形成的合音词"哦[fa⁰]"相当于普通话的"吗"。例如：

(184) a. 你去哦？（你去吗？）

b. 你咥烟哦？（你抽烟吗？）

c. 渠是老师哦？（他是老师吗？）

还可构成"V 弗 V"结构表达正反疑问。例如：

(185) a. 你去弗去？（你去不去？）

b. 你咥弗咥烟？（你抽不抽烟？）

c. 渠是弗是老师？（他是不是老师？）

"V 弗 V"或"V 弗"这两种结构可以自由替换。

在回答问题时一般需要与动词一起出现，似乎不会独立成句。例如：

(186) 问：你去弗？（你去不？）

答：弗去。（不去。）

？弗。（不。）

如果是对整件事情进行否定，也可独立成句或小句。例如：

(187) 问：卬后日去上海用着弗？（我们后天去上海可以吗？）

答：弗。（不。）

弗，大后日去好些。（不，大后天去好些。）

"弗"还可以作为否定语素构成一些复合否定词，如"弗乐别、弗管、弗止、弗好不可以、弗过、弗单不但、弗样不然"。例如：

(188) a. 你弗乐听渠乱讲。（你别听他乱说。）

b. 你讴渠弗乐个农儿团圈跳。（你叫他不要一个人到处跑。）

(189) a. 弗管你去弗去，我都乐去。（不管你去不去，我都要去。）

b. 弗管渠是弗是贼骨头，你都无法捶渠。（不管他是不是贼，你都不能打他。）

(190) a. 菜篮内底弗止十个苹果。（菜篮里面不止十个苹果。）

b. 望样子乙个村弗止四百个农。（看样子这个村不止四百个人。）

(191) a. 上课个时节你弗好接手机个。（上课的时候你不可以接手机的。）

b. 我弗好报你乙件道路，有规定个。（我不能告诉你这件事情，有规定的。）

(192) a. 乙次你考得好险，弗过你弗乐骄傲。（这次你考得很好，不过你别骄傲。）

b. 渠帮桔皮剥了，弗过赠咥。（他把橘子皮剥了，不过没有吃。）

(193) a. 弗单渠是遂昌农，我也是遂昌农。（不但他是遂昌人，我也是遂昌人。）

b. 渠弗单帮衣裳洗了，还帮地扫了。（他不但把衣服洗了，还把地扫了。）

(194) a. 你乐再用力些，弗样个话成绩会退步。（你要再努力些，不然成绩会退步。）

b. 多着些衣裳，弗样个话会冻去个。（多穿些衣服，不然会冻着的。）

二、否定词"无"

无，动词，相当于普通话动词"没、没有"，常带宾语，作谓语中心。但与普通话"没"不同的是，普通话可以说"没有"，遂昌话却不能说"无有"。例如：

(195) a. 我无钞票。（我没钱。）

*我无有钞票。

b. 无东西咥。（没东西吃。）

*无有东西咥。

也常与"有"一起使用，构成"有无N""有N无""N有无""N有还是无"等结构的正反疑问句。另外，"有无"与"有弗"意思一样，但可以说"有无N"，却不可以说"有弗N"。例如：

(196) a. 你有无钞票？（你有没有钱？）

　　　　　＊你有弗钞票？

　　　b. 你有无渠个手机号码？（你有没有他的手机号码？）

　　　　　＊你有弗渠个手机号码？

（197）a. 你有钞票无？（你有钱吗？）

　　　b. 你有渠个手机号码无？（你有他的手机号码没有？）

（198）a. 钞票你有无？（钱你有没有？）

　　　b. 渠个手机号码你有无？（他的手机号码你有没有？）

（199）a. 钞票你有还是无？（钱你有还是没有？）

　　　b. 渠个手机号码你有还是无？（他的手机号码你有还是没有？）

此外，遂昌话可以说"有弗有"，却不可以说"有无有"。例如：

（200）a. 你有弗有钞票？（你有钱吗？）

　　　　　＊你有无有钞票？

　　　b. 你有弗有渠个手机号码？（你有没有他的手机号码？）

　　　　　＊你有无有渠个手机号码？

在回答问题时"无"可以独立成句。例如：

（201）问：你有无钞票？（你有没有钱？）

　　　　答：无。（没有。）

　　　"无"还可以作为否定语素构成一些复合否定词，如"无法、无用没用、无解非常、无赖皮赖账、无搭煞/无结煞没好结局、无讲究无休无止、无涉无关、无得不能、无昌少，不足"等，例略。

三、否定词"未"

　　未，副词，相当于普通话的副词"没有、没"，修饰动词、形容词，作状语。例如：

（202）a. 渠还未去。（他还没去。）

　　　b. 饭还未熟。（饭还没熟。）

　　也可用于正反疑问句，构成"X了未"或"X未X"句式。例如：

（203）a. 渠去了未？（他去了没有？）

b. 饭熟了未？（熟了没有？）

（204）a. 渠去未去？（他去没去？）

b. 饭熟未熟？（饭熟没熟？）

"X 了未"或"X 未 X"这两种结构可以互换，表达同样的意思，不过从口语使用频率看，"X 了未"要比"X 未 X"高些。

在回答问题时，"未"可以独立成句。例如：

（205）问：前日渠去了未？（前天他去了没有？）

答：未。（没有。）

（206）问：乙记渠来了未？（现在他来了没有？）

答：未。（没有。）

四、否定词"䐶"

䐶，副词，是"弗曾[fəuʔ⁵ zɛ̃²²¹]不曾"的合音词（但口语中已不再说"弗曾"而只能说"䐶"，这一点与邻县松阳刚好相反：松阳话只能说"弗曾"而不能说"䐶"），相当于普通话副词"没有、没"，修饰动词、形容词，作状语。例如：

（207）a. 渠䐶去。（他没去。）

b. 饭还䐶熟。（饭还没熟。）

也可用于正反疑问句，构成"X 了䐶"或"X 䐶 X"句式。例如：

（208）a. 渠去了䐶？（他去了没有？）

b. 饭熟了䐶？（饭熟了没有？）

（209）a. 渠去䐶去？（他去没去？）

b. 饭熟䐶熟？（饭熟没熟？）

"X 了䐶"或"X 䐶 X"这两种结构可以互换，表达同样的意思。跟"未"的情况一样，"X 了䐶"要比"X 䐶 X"的使用频率要高。

在回答问题时，"䐶"可以独立成句。例如：

（210）问：渠去了䐶？（他去了没有？）

答：䐶。（没有。）

实际上，从语义看，遂昌话的"䐶"和普通话的"不曾"还是有区别的：普通话"不曾"表示"曾然"，而遂昌话"艚"则表示"已然"。试比较遂昌话的这两个句子：

（211）a. 渠艚去。（他没去。）
　　　　b. 我艚咥。（我没吃。）
（212）a. 渠艚去过。（他没去过。）
　　　　b. 我艚咥过。（我没吃过。）

显然，要表达"他不曾去"这个意思，应该用上面第二个例句，但这句所表达的"不曾"的意思其实是由"过"赋予的。第一个例句表达的则是"他未去"的意思。

从语义和用法上看，遂昌话中的"未"和"艚"在大多数情况下似乎没有什么区别：即能够用"未"的地方大都可以用"艚"替代。从语言经济原则的角度看，两个语义和句法功能一模一样的词，迟早有一个会被淘汰。从本人的语感及使用的实际情况看，口语中使用"艚"要比使用"未"更加频繁。这会不会就是反映了这么一种趋势呢？其实不然。

在遂昌话中，当要表达"曾然"这个意思时，往往是通过"过"这个助词表现的。例如：

（213）a. 渠去过。（他去过。）
　　　　b. 乙种东西渠咥过。（这种东西他吃过。）

如果要表示"不曾"这意思，则是通过"艚"和"过"的组合实现，而不能说"未……过"。例如：

（214）a. 渠艚去过。（他没去过。）
　　　　 *渠未去过。（他没去过。）
　　　　b. 乙种东西渠艚咥过。（这种东西他没吃过。）
　　　　 *乙种东西渠未咥过。（这种东西他没吃过。）

这一情况反映了"艚"的本义即"弗曾 不曾"。即遂昌话"艚"其实有两个意思：一个是其本义"弗曾 不曾"，另一个是其引申义"未 没有"。至于遂昌话"弗曾"的合音词"艚"在"渠艚去 他没去"这样的句子中是如何从"不曾"义向"未"义转化的，有待进一步研究。

五、否定词"覅"

覅,副词,是"弗乐_{不要、别}"的合音词,但口语中以说"覅"为常,意义相当于普通话的副词"别、不要"。与"弗乐"不同的是,"弗乐"既可作动词,又可作副词,而"覅"只能作副词。

表示"要不要"的"要",丽水一带(包括遂昌)方言大都说"乐"。据《集韵》《韵会》《正韵》,"乐"又音"鱼教切",疑母、肴韵、阳去调。

遂昌话中,"覅"修饰动词,作状语,一般用于祈使句。例如:

(215) a. 你覅去。(你别去。)
　　　b. 你覅听渠乱讲。(你别听他乱讲。)

也可以使用它的非合音形式。例如:

(216) a. 你弗乐去。(你别去。)
　　　b. 你弗乐听渠乱讲。(你别听他乱讲。)

在回答问题时不可以独立成句,而要与动词或动词短语一起回答,或者用它的非合音形式"弗乐_{别、不要}"。例如:

(217) 问:我可以对渠讲弗?(我可以跟他说吗?)
　　　答:覅对渠讲。(别跟他说。)/覅讲。(别说。)
　　　　　弗乐对渠讲。(别跟他说。)/弗乐讲。(别讲。)
　　　　　弗乐。(别。)
　　　　　*覅。

六、否定词"𠁠"

𠁠,副词,是"弗会_{不会}"的合音词,但口语中以说"𠁠"为常,意义相当于普通话短语"不会",修饰动词、形容词,作状语,一般用于陈述句。例如:

(218) a. 渠𠁠去个。(他不会去的。)
　　　b. 火太小,饭𠁠熟。(火太小,饭不会熟。)
　　　c. 我𠁠讲日本话。(我不会说日语。)

也可以使用它的非合音形式"弗会_{不会}"。例如:

(219) a. 渠弗会去个。(他不会去的。)

b. 火太小,饭弗会熟。(火太小,饭不会熟。)

c. 我弗会讲日本话。(我不会说日语。)

在回答问题时不可以独立成句,而要与动词或动词短语一起回答,或者用它的非合音形式"弗会_{不会}"。例如:

(220) 问:你会对渠讲弗?(你会跟他说吗?)

答:鲹对渠讲。(不会跟他说。)/鲹讲。(不会说。)

弗会对渠讲。(不会跟他说。)/弗会讲。(不会说。)

弗会。(不会。)

*鲹。

"鲹"还可用于正反疑问句。例如:

(221) a. 你会对渠讲鲹?(你会不会跟他说?)

b. 渠会去鲹?(他会不会去?)

合音词是方言中的常见现象。合音词前后音节的组合一般遵循类似于"反切"这样的原理,但是,遂昌话这三个合音词却反映了两种不同的"反切"情况:

弗曾[fəuʔ⁵ zẽ²²¹]→赠[vẽ²²¹]

弗乐[fəuʔ⁵ ŋɐɯ²¹³]→䬷[fɐɯ⁴⁵]

弗会[fəuʔ⁵ uei²¹³]→鲹[fei⁴⁵]

遂昌话声调按声母清浊情况可分为四声八调,"曾"的调值是[221],"会、乐"的调值都是[213],"弗"的调值是[5]。可以看出,"赠"是取反切上字之浊化了的声母、反切下字的韵母和声调,而"䬷"和"鲹"则是取上字之声母、阴平字之声调、下字之韵母。显然,两者都没有严格遵循汉语音韵学的反切原理。前面我们已经知道,"赠"与"䬷、鲹"在句法功能上有一个重要区别:前者可以独立成句,后者不可以。而这并不能成为上述反切途径不一致的原因,该问题有待进一步研究。

七、否定句句末语气词"着[dɛʔ²³]"

在遂昌话中,读音为[dɛʔ²³]的"着"(以下称之为"着₃")主要有三个不同意思和用法(分别把它们叫作"着$_{3a}$、着$_{3b}$、着$_{3c}$")。见表6-3：

表6-3　遂昌话"着$_3$[dɛʔ²³]"的类别、意义和用法

词	类别	意义	例　句
着$_3$[dɛʔ²³]	着$_{3a}$	在	渠坐着(常读作[tɛʔ⁰]，弱化时读[tiʔ⁰])交椅上他坐在椅子上。
	着$_{3b}$	到	今日我碰着你爹了今天我碰到你爸爸了。
	着$_{3c}$	还(没)	饭未熟着饭还没熟。
		先(别)	弗乐慌着先别慌。

其中，着$_{3c}$是只能用于否定句中表示"未然"的句末语气词，在语义及句法功能上与肯定句中表示"已然"的句末语气词"了$_2$"形成互补关系：即当表示"已然"时用"了$_2$"，表示"未然"时用"着$_{3c}$"。本章将"着$_{3c}$"定性为"否定句句末语气词"，详见下节关于遂昌话几个不同的"着"。

综上所述，遂昌话否定词的词形、语义、句法功能如表6-4所示：

表6-4　遂昌话否定词语义、句法功能一览表

词形	词性	词义	句法功能	例　句
弗	副词	不	修饰动词、形容词，作状语	我弗去我不去。 东西弗重东西不重。
			构成正反疑问句	你去弗去你去不去？ 你去弗你去不？
			回答问题时，如果对整件事情进行否定可独立成句	——印后日去上海用着弗我们后天去上海可以吗？ ——弗不。
无	动词	没、没有	带宾语，作谓语中心	我无钞票我没钱。
			构成正反疑问句"有无……"或"有……无"句式	你有无钞票你有没有钱？ 你有钞票无你有钱吗？
未	副词	没、没有	修饰动词、形容词，作状语	渠还未去他还没去。 饭还未熟饭还没熟。

续　表

词形	词性	词义	句法功能	例句
未	副词	没、没有	构成正反疑问句	渠去了未他去了没有？ 渠未去他没去。
			回答问题时可独立成句	——渠去了未他去了没有？ ——未没有。
糒	副词	没、没有	修饰动词、形容词，作状语	渠糒去他没去。 饭还糒熟饭还没熟。
			构成正反疑问句	渠去糒去他去没去？ 渠去了糒他去了没有？
			回答问题时可独立成句	——渠去了糒他去了没有？ ——糒没有。
覕	副词	别、不要	修饰动词，作状语	你覕去你别去。
			回答问题时不能独立成句，但它的非合音形式可以独立成句	——我可以对渠讲弗我可以跟他说吗？ ——弗乐别。 *覕。
艍	副词	不会	修饰动词、形容词，作状语	渠艍去个他不会去的。 火太小，饭艍熟火太小，饭不会熟。
			回答问题时不能独立成句，但它的非合音形式可以独立成句	——你会对渠讲弗你会跟他说吗？ ——弗会不会。 *艍。
着$_{3c}$	语气词	还（没）	用于否定句句末。在语义及句法功能上与肯定句中表示"已然"的句末语气词"了$_2$"形成互补关系	饭未熟着饭还没熟。
		先（别）		弗乐慌着先别慌。

第十六节　关于遂昌话几个不同的"着"

一、着$_1$、着$_2$、着$_3$

在遂昌话中，有三个不同读音的"着"，分别是[dei¹³]（阳上，舒声）、[tɛʔ⁵]（阴入，促声）、[dɛʔ²³]（阳入，促声）。读音不同，意思也不一样。我们将它们分别叫作"着$_1$[dei^{13}]""着$_2$[tɛʔ^5]""着$_3$[dɛʔ^{23}]"。

着$_1$,动词,意思是"燃烧"。例如:

(222) a. 火着了。(火着了。)

b. 樵忒湿,着都着弗起。(柴太湿,着都着不起来。)

着$_2$,动词,意思是"穿"。例如:

(223) a. 帮衣裳着起。(把衣服穿起来。)

b. 渠今日着皮鞋。(他今天穿皮鞋。)

着$_3$,有几种不同的意思。其一相当于普通话介词"在"。例如:

(224) a. 东西囥着箱内底。(东西放在箱子里。)

b. 渠坐着交椅上。(他坐在椅子上。)

c. 缚着树上。(绑在树上。)

但与普通话的"在"不完全相同。普通话的"在"可直接连处所词而成句(用作动词),而遂昌话的这个"着[dɛʔ^{23}]"却必须用在动词和处所词中间。试比较:

(225) a. 遂昌话问:渠坐着哪盥?(他坐在哪儿?)

答:坐着交椅上。(坐在椅子上。)

*着交椅上。

b. 普通话问:他坐在哪儿?

答:坐在椅子上。

在椅子上。

其二相当于普通话介词"到",如:

(226) a. 今日我碰着你爹了。(今天我碰到你爸爸了。)

b. 我些农拥⁼讲着你。(我们刚讲到你。)

c. 铅笔寻弗着。(铅笔找不到。)

d. 我听得着你讲话。(我听得到你讲话。)

e. 送客乐送着处门口。(送客要送到家门口。)

f. 忖着我个时节乞我打电话。(想到我的时候给我打电话。)

其三用于否定句句末,语义上相当于普通话的"还$_{饭还没熟}$"或"先$_{先别慌}$",均表"未然",如前所述。

为区别起见,这里将这三种有不同意义和用法的"着₃"分别叫做"着₃ₐ""着₃ᵦ""着₃c"。

遂昌话的几种不同的"着"见表 6-5:

表 6-5 遂昌话着₁、着₂和着₃

着		读音	意义	例 句
着₁		[dei¹³]	燃烧	火着了。(火着了。)
着₂		[tɛʔ⁵]	穿	着衣裳。(穿衣服。)
着₃	着₃ₐ	[dɛʔ²³]	在	坐着交椅上。(坐在椅子上。)
	着₃ᵦ		到	今日我碰着你爹了。(今天我碰到你爸爸了。)
	着₃c		还 先	饭未熟着。(饭还没熟。) 弗乐慌着。(先别慌。)

二、"着₃c"的语法意义

如上所述,在遂昌话中,读音为[dɛʔ²³]的"着"主要有三个不同意思和用法。其中,"着₃c"是只能用于否定句中表示"未然"的句末语气词,在语义及句法功能上与肯定句中表示"已然"的句末语气词"了₂"形成互补关系:即当表示"已然"时用"了₂",表示"未然"时用"着₃"。见表 6-6:

表 6-6 遂昌话"了₂"和"着₃c"

"了₂"的例句	"着₃c"的例句
渠去了。(他去了。)	渠糚去着。(他还没去。)
电影放了。(电影放了。)	电影糚放着。(电影还没放。)
车开了。(车开了。)	车糚开着。(车还未开。)
教室里有人了。(教室里有人了。)	教室里无人着。(教室里还没有人。)
饭熟了。(饭熟了。)	饭未熟着。(饭还没熟。)
慌了。(慌了。)	弗乐慌着。(先别慌。)

以下介绍的是遂昌话中语义上相当于普通话用于否定句的"还_{饭还没熟}"或"先_{先别慌}",句法上只能用于否定句的句末语气词"着$_{3c}$"。见表 6-7:

表 6-7　遂昌话否定句句末语气词"着[dɛʔ²³]"

我艚去。(我没去。)	我艚去着。(我还没去。)
电影艚放。(电影没放。)	电影艚放着。(电影还没放。)
车艚开。(车未开。)	车艚开着。(车还未开。)
教室里无人。(教室里没有人。)	教室里无人着。(教室里还没有人。)
饭未熟。(饭没熟。)	饭未熟着。(饭还没熟。)
弗乐慌。(别慌。)	弗乐慌着。(先别慌。)

从上表可以看出,语义上,遂昌话的"着"除了与普通话"还_{饭还没熟}"相当外,还可用于祈使句,表示"先_{先别慌}"的意思;句法上,它只能用于否定句的句尾,表示动作行为尚未发生或实现,即"未然"。

三、"着$_{3c}$"的性质

如上所述,遂昌话的"着$_{3c}$"只能用于否定句,表示"未然"。

在遂昌话中,表示"已然""曾然"的助词有"了[ləº]""过[ku³³⁴]"。

"了"表示动作行为已发生(已然),相当于普通话的动态助词"了"。例如:

(227) a. 我咥了饭去学堂。(我吃了饭去学校。)
　　　 b. 渠作业做了。(他作业做了。)

"过"表示动作行为曾经发生(曾然),与普通话的动态助词"过"相当。例如:

(228) a. 上海我去过。(上海我去过。)
　　　 b. 我咥过许个东西。(我吃过那个东西。)

那么,遂昌话的"着$_{3c}$"是不是表示"未然"的动态助词呢? 如果是这样,遂昌话中表示"体"的助词就非常整齐了:"已然、未然、曾然"一应俱全。

我们知道,普通话最常见的动态助词有"着(持续、进行)","了(实现)","过(曾经)"。它们既可出现在句中,又可出现在句末。句末的"了"兼属语气词(黄伯荣、廖序东,2007)。动态助词的特点是用在动词、形容词后边,表示动作或性状在变化过程中的情况。

与上述普通话动态助词不同的是,遂昌话的"着$_{3c}$",既可以出现在动词后:

(229) a. 车蹧开着$_{3c}$。(车还未开。)
　　　b. 饭还未熟着$_{3c}$。(饭还没熟。)

也可以出现在名词后:

(230) a. 教室里无人着$_{3c}$。(教室里还没有人。)
　　　b. 乙记还无公交车着$_{3c}$。(现在还没有公交车。)

甚至还可以直接出现在省略句中的副词后:

(231) 问:饭熟了蹧?(饭熟了没有?)
　　　答:蹧着$_{3c}$。(还没有。)

另外,从句法上看,"着$_{3c}$"与其他几个"着"并不在同一层面上。"着$_{3c}$"可以出现在其他所有含"着"字的句尾(且只能在句尾)。例如:

(232) a. 火蹧着$_1$着$_{3c}$。(火还没着。)
　　　b. 衣服蹧着$_2$着$_{3c}$。(衣服还没穿。)
　　　c. 东西蹧囥着$_{3a}$箱里着$_{3c}$。(东西还没有放在箱子里。)
　　　d. 铅笔蹧寻着$_{3b}$着$_{3c}$。(铅笔还没有找到。)

可见,"着$_{3c}$"是附着在整个句子之上的语法成分,所修饰的是它前面所有的语言片断。而遂昌话的"了""过"却既可在句末,也可在句中。因此,遂昌话的"着$_{3c}$"与动态助词"了""过"并不是同一个层面的语法成分,虽然它们分别表示"未然""已然""曾然"。

普通话的"了"包括动态助词"了$_1$"和语气词"了$_2$",前者用于动词后,常出现于句中;后者用于句末,是全句的语气词。在遂昌话中,也有与普通话用法一样的"了$_1$"和"了$_2$/罢"。例如:

(233) a. 渠去了$_1$上海了$_2$/罢。(他去了上海了。)

b. 我咥了₁饭了₂/罢。(我吃了饭了。)

上句情况如果还没有发生,遂昌话就说:

(234) a. 渠艚去上海着₃c。(他还没去上海。)

　　　b. 我艚咥饭着₃c。(我还没吃饭。)

可见,遂昌话的"着₃c"是否定句中表示"未然"的句末语气词,它与肯定句中表示"已然"的"了₂"形成互补,即当表示"已然"时用"了₂",表示"未然"时用"着₃c"。见表 6-8:

表 6-8　遂昌话着₃c 和了₂

我去了。(我去了。)	我艚去着。(我还没去。)
电影放了。(电影放了。)	电影艚放着。(电影还没放。)
车开了。(车开了。)	车艚开着。(车还未开。)
教室里有人了。(教室里有人了。)	教室里无人着。(教室里还没有人。)
饭熟了。(饭熟了。)	饭未熟着。(饭还没熟。)
慌了。(慌了。)	弗乐慌着。(先别慌。)

四、部分文献所谈到的"着"

据王力(2004),"着"本作"著"。据《广韵》,著,张略切,服衣于身。又直略、张豫二切。又,著,附也,直略切。后人为了要求分别,把入声的"著"写成"着"。形尾"着"字就是从"附着"的意义演变而来的。它最初是"纯粹的动词",这一意义的用法在遂昌话中已不存在。"在汉末,'着'字已经有了虚化的迹象……到了南北朝以后,'着'字开始虚化。一方面,它不用作谓词,另一方面,它在某种程度上保存着'附着'的意义……颇有'在'字的意义,但是它是连上念的,不是连下念的,所以和'在'不同。""到了唐代……'着'字的意义也有了变化,它带有'到'的意思。"遂昌话中的"着₃a""着₃b"即此,但没有像普通话那样走继续虚化的路子(如"他写着字"中的"着")。如果要表示"他写着字"这样的意思,遂昌话一般说"渠是盪写字_{他在这里写字}",需要连带处所成分。

梅祖麟(2000)在他的《汉语方言里虚词"著"字三种用法的来源》一文中曾经指出:"虚词'著'在汉语方言里有三种用法:方位介词,跟普通话'坐在椅子上'的'在'字相当;持续貌词尾,跟'坐着吃'的'着'字相当;完成貌词尾,跟'吃了饭就去'的'了'字相当。"并进行了说明:"'著'字在闽语里用作介词,吴语里用作持续貌、完成貌词尾,湘鄂方言里用作完成貌词尾,官话方言里用作持续貌词尾。"同时考察了"这些用法在文献上最早的用例,介词是完成貌、持续貌词尾的来源,虚词'著'字在几个吴、闽、鄂、湘方言里的音韵演变"。

梅文还指出:"'著'字在静态动词后面意思是'在',动态动词后面意思是'到'。"后者是"吴语完成貌词尾'著'字的来源"。"'著'字在汉语方言里既然至少有介词、持续貌、完成貌三种用法,……三种用法中或选一,或选二,或选三,一共有 3+3+1=7 种可能。这七种可能中有几种出现在汉语方言?"并提出:"汉语方言中动词后面的'著'字还有什么其他用法?"

梅文就此还指出,"青田话是唯一把'著'一字三用的方言",不过,他在文中并没有举出用作"持续貌"词尾的"著"的用例。从梅文所举青田话的几个例子看,遂昌话也都具备青田话"著"的这两种用法:介词、完成貌。而从笔者对青田话的实地调查来看,青田话中并未出现与"坐著吃"的'著'字相当的"著"。梅文中关于青田话中的"著""也是持续貌词尾"的说法比较可疑。

汉语其他方言中也有专门用于句末的"着"。例如,李泉(1992)曾介绍过一种"用于句末,表示命令、祈使的语气"的"着",并统计了"汝缘不会,听我说着"等 20 个例句。这种用法在浙南松阳话中也可听到。例如:"勥慌着。""帮饭咥落去着。"但这里的"着"具有"先"这样的语义,即两句分别表示"先别慌""先把吃下去"。刘长锋(2012)也曾列举过沂南方言"用在句末,有要求对方等待之意,起增强句子委婉语气的作用"的例子,如:"这事儿啦,今们儿没工夫儿,明天着。你先坐那里,我给你查查看看着。"这一类"着"含有相当于普通话"……再说"的意思,与松阳话表示"先"的"着"似有相通之处。

遂昌话的"着₃c",既不同于梅文所提及的三种用法,与其他方言中用于句末的"着"在功能和语义上也有着较大区别。

五、遂昌话"着"的语义演变关系

普通话的"着"没有表示"还饭还没熟"或"先先别慌"且只能用于否定句句尾的用法,遂昌话的"着₃c"是其自身演变的结果,也算是"着"的另一种"其他用法"吧。

从意义上看,遂昌话表示"燃烧"的"着₁"和表示"穿"的"着₂"显然是早期用法的保留。这两个不同读音、不同意义的"着",与表示"附着"意义的"纯粹的动词"的"着"有意义联系。无论是表示"穿"的"着₂",还是表示"燃烧"的"着₁",都是表示事物在某个方面的"附着"。这里,它们仍作谓词。表示"在"的"着₃a"和"到"的"着₃b",是表示"附着"义的"着"语法化的结果,但"在某种程度上保存着'附着'的意义"。

从空间距离看,"附着"属于相对静态,即物体没有发生明显的空间变化,"着₁、着₂、着₃a(意'在':'事物'附着。粘着词)"都具有这个特征。而"着₃b(意'到':'事物'接触。粘着词)"却有空间距离发生变化的意义,这种变化是由远到近、由"未触及"到"触及"的变化。这种"触及"可以是具体可视的,如"今日我碰着你爹了今天我碰到你爸爸了",也可以是抽象的,如"我些农拥=讲着你我们刚讲到你"。

空间(具体、抽象)由"未触及"到"触及",可视为某种动作行为的"发生、实现",即"着₃a""着₃b"。而"着₃c"在句子中表达的是某种动作行为尚未"发生、实现"。这样,我们就可以看出"着₃c"在语义上与"着₃a""着₃b"的联系了。"弗乐慌着先别慌"中的"着₃c"用于祈使句,是针对将要"发生、实现"的动作行为而言的。

可见,"着₃a""着₃b""着₃c"的语义联系是某种动作行为是否"发生、实现"。"着₃c"之所以只能用于否定句的句尾,表示某种动作行为"未发生、未实现",即"未然",可能与肯定句中已有了表示"已然"义的语气词"了₂"有关。这样,"着₃c"和"了₂"各司其职,在语义和句法上形成互补。

遂昌话中各个"着"之间的关系见下(这里不考察其意义演变的时

间先后,只分析语义关系):

着(附着) {
→着₁(燃烧:"火"附着。自由词)
→着₂(穿:"衣物"附着。自由词)
→着₃ₐ(在:"事物"附着。粘着词)
　　　[了₂(已然;肯定句)]→着₃c(未然;否定句)
→着₃b(到:"事物"接触。粘着词)
}

第十七节　疑 问 范 畴

运用语调进行提问是一种重要的语法手段,遂昌话也是如此。例如:

(235) a. 你是王老师?(你是王老师?)
　　　b. 你饭咥过了?(你吃过饭了?)

一、疑问句的分类

根据提问的手段和语义情况,疑问句可以分为"是非问、特指问、选择问、正反问"等四个大类。以下分别举例说明。

(一) 是非疑问句

提出问题,要求别人回答"是"或"否"的疑问句。例如:

(236) a. 你是王老师?(你是王老师?)
　　　b. 渠去啦?(他去啦?)

(二) 特指疑问句

用疑问代词代替未知的部分进行提问,要求对方针对未知的部分做出回答的疑问句。例如:

1. 问人

(237) 哪农是村长?(谁是村长?)

2. 问物

(238) 乙个是哪西?(这个是什么?)

3. 问地点

(239) 你去哪凼？（你去哪里？）

4. 问时间

(240) 你哪时节归处？（你什么时候回家？）

5. 问原因

(241) 渠拨⁼哪西弗去？（他为什么不去？）

6. 问数量

(242) 你乐几多？（你要多少？）

7. 问方式

(243) 乙件道路争儿做？（这件事情怎么做？）

关于疑问代词表示疑问的更多例句详见本章第十六节第三部分"疑问代词"。

（三）选择疑问句

提出两种或两种以上的情况，让对方从中进行选择的疑问句。例如：

(244) a. 你去呢还是渠去？（你去还是他去？）

　　　b. 你喜欢咥苹果还是咥桔？（你喜欢吃苹果还是吃橘子？）

　　　c. 你是王老师还是黄老师？（你是王老师还是黄老师？）

（四）正反疑问句

使用肯定和否定叠加的方式进行提问，希望对方从肯定和否定的内容中做出选择的疑问句。遂昌话共有"弗不、无没有 v、赠没有 adv、未没有 adv"四类否定词，相应地，遂昌话也有四类正反疑问句。

"弗[fəɯʔ⁵]"字正反疑问句主要有"V 弗 V"和"V 弗"两种格式。例如：

(245) a. 你去弗去？（你去不去？）

　　　b. 苹果你咥弗咥？（苹果你吃不吃？）

(246) a. 你去弗？（你去不？）

　　　b. 苹果你咥弗？（苹果你吃不？）

"无[muə²²¹]"字正反疑问句主要有"N 有无""有 N 无""有无 N"和"有 N 无 N"等格式。例如：

(247) a. 你钞票有无?（你钱有没有?）

　　　b. 处里谷有无?（家里稻谷有没有?）

(248) a. 你有钞票无?（你有钱没有?）

　　　b. 处里有谷无?（家里有稻谷没有?）

(249) a. 你有无钞票?（你有没有钱?）

　　　b. 处里有无谷?（家里有没有稻谷?）

(250) a. 你有钞票无钞票?（你有钱没钱?）

　　　b. 处里有谷无谷?（家里有稻谷没有稻谷?）

"蹧[vɛ̃²²¹]"字正反疑问句主要有"V 蹧 V"和"V 了 蹧"两种格式。例如：

(251) a. 渠去蹧去?（他去没去?）

　　　b. 饭熟蹧熟?（饭熟没熟?）

(252) a. 渠去了蹧?（他去了没有?）

　　　b. 饭熟了蹧?（饭熟了没有?）

"未[mi²¹³]"字正反疑问句主要包括"V 未 V"和"V 了 未"两种格式。例如：

(253) a. 渠去未去?（他去没去?）

　　　b. 饭熟未熟?（饭熟没熟?）

(254) a. 渠去了未?（他去了没有?）

　　　b. 饭熟了未?（饭熟了没有?）

二、基本疑问词"哪"和"几"

"哪"和"几"基本上是粘着词，需要与其他名词性成分一起使用，例如"哪个农谁;哪个人、哪座处哪座房子、哪张纸哪张纸、哪箸＝笔哪支笔、哪碗饭哪碗饭；几、几多、几多时"等。其中，使用相对比较固定的询问人、物、地点、时间的以"哪"作为词首构成的词，主要有"哪农谁、哪西什么、哪盪哪里、哪时节什么时候"等。这里暂且将它们视作疑问代词（其实是疑问短语）。

三、疑问代词

遂昌话疑问代词主要有"哪农、哪西、哪㘦、拨=哪西、哪时节、争儿、几多/几、几多时"等。以下分别举例说明。

(一) 问人

问人的代词主要有"哪农[la¹³ nəŋ²²¹]/哪个[la¹³ kei³³⁴]/哪个农[laʔ² kei⁰ nəŋ²²¹]/哪□农什么人[la²¹ nəŋ⁴⁵ nəŋ²²¹]"等，相当于"谁"。例如：

(255) a. 你寻哪农？（你找谁？）
　　　b. 你寻哪个？（你找谁？）
　　　c. 哪个农是你儿？（谁是你儿子？）
　　　d. 你是哪□[nəŋ⁴⁵]农？（你是谁？）

"哪农/哪个/哪个农"都只能表示单数，而"哪□[nəŋ⁴⁵]农"既可表示单数，又可表示复数。"哪□[nəŋ⁴⁵]农"表示单数还是复数可从语境中得知。例如：

(256) a. 你些农是哪□[nəŋ⁴⁵]农？（你们是谁？）
　　　b. 你乐寻哪□[nəŋ⁴⁵]农？（你要找谁？）

"哪个"还可问物，意即"哪个东西"。例如：

(257) a. 你乐哪个？（你要哪个？）
　　　b. 弗识着渠喜欢哪个？（不知他喜欢哪个？）

(二) 问事物

问物的代词主要有"哪西[laʔ² ɕiɛ⁴⁵]/哪东西[la¹³ təŋ³³ ɕiɛ⁴⁵]/哪□东西[la²¹ nəŋ⁴⁵ təŋ³³ ɕiɛ⁴⁵]"，相当于"什么"。例如：

(258) a. 乙个是哪西？（这是什么？）
　　　b. 你做哪西？（你做什么？）

口语中以说"哪西"为常，有时也说"哪东西"或"哪□[nəŋ⁴⁵]东西"。其中，"哪□[nəŋ⁴⁵]东西"应该是最原始的形式，后来经"哪东西"而进一步简化为"哪西"。

(三) 问地点

问地点的代词主要有"哪㘦[laʔ² dɔŋ¹³]/[laʔ² lɔŋ¹³]"，相当于"哪里"。例如：

(259) a. 你去哪盪？（你去哪里？）

b. 哪盪可以望病？（哪里可以看病？）

(四) 问原因

问原因的代词主要有"拨⁼哪西[pɛʔ⁵ laʔ² ɕiɛ³³⁴]/拨⁼西[pɛʔ⁵ ɕiɛ³³⁴]"，相当于"为什么"。例如：

(260) a. 你拨⁼哪西叫？（你为什么哭？）

b. 你拨⁼哪西弗去？（你为什么不去？）

"拨⁼西"是"拨⁼哪西"的简化形式。例如：

(261) a. 你拨⁼西叫？（你为什么哭？）

b. 你拨⁼西弗去？（你为什么不去？）

(五) 问时间

问时间的代词主要有"哪时节[laʔ² zʅ²¹ tɕiɛʔ⁵]/哪时间[la¹³ zʅ²¹ kaŋ⁴⁵]/"，相当于"什么时候"。例如：

(262) a. 你哪时节去？（你什么时候去？）

b. 你些农哪时间放假？（你们什么时候放假？）

"几多时[kei⁵³ tu⁴⁵ ʑiu²¹³]"是询问时长，相当于"多久"。例如：

(263) a. 你还乐望几多时？（你还要看多久？）

b. 电影乐几多时会放啊？（电影要多久才会放啊？）

(六) 问方式

问方式的代词主要有"争儿[tɕiaŋ³³ ȵiɛ²²¹]"，相当于"怎么、怎么样"。例如：

(264) a. 乙个字争儿写？（这个字怎么写？）

b. 许件道路乙记争儿了（那件事情现在怎么样了？）

(七) 问数量

问数量的代词主要有"几多[kei⁵³ tu⁴⁵]"和"几[kei⁵³³]"，相当于"多少"。例如：

(265) a. 总共有几多个？（一共有多少个？）

b. 总共有几个？（一共有几个？）

"几多"和"几"在用法上有区别,"几多"既可以修饰量词,也可以修饰名词,而"几"只能修饰量词,不能修饰名词。例如:

(266) a. 你班里有几多学生？（你班里有多少学生？）

b. 你班里有几个学生？（你班里有多少个学生？）

*你班里有几学生？

当询问年龄时,遂昌话可以用"几岁"来询问不同年龄段的人。例如:

(267) a. 你囡儿几岁罢？读小学了糌？（你女儿几岁了？读小学了吗？）

b. 你外公今年几岁罢？（你外公今年多大了？）

上例第二句在普通话中不能成立。

(八) 问程度

问程度的代词主要有"几多[kei^{53}tu^{45}]",相当"多么"。例如:

(268) a. 渠个处有几多高啊！（他的房子有多么高啊！）

b. 渠个处有几多漂亮啊！（他的房子有多么漂亮啊！）

四、疑问语气副词

遂昌话表示疑问的语气副词主要是"难道、到底"。例如:

(269) a. 你难道忖哇？（你难道想吃？）

b. 渠难道是一个农儿去上海了？（他难道是一个人去上海了？）

(270) a. 你到底去弗去个？（你到底去不去的？）

b. 渠到底去未去上海？（他到底去没去上海？）

上述两个疑问副词中,"难道"具有自足表达疑问的功能,可谓"全职"疑问语气副词,而"到底"则需要借助其他手段表达疑问语气,是"兼职"疑问语气副词。

在口语中,有时还可以通过语气助词来加强语气,也能够表达"到底"这样的意思。例如:

(271) a. 你去弗去□[uɛ^0]？（你到底去不去啊？）

b. 你忖好了糌□[uɛ^0]？（你到底想好了没有啊？）

五、疑问语气助词

遂昌话没有相当于普通话"吗"的疑问助词,如果要表示这个意思,一般用"弗"字句。例如:

(272) a. 你去弗?(你去吗?)

   b. 你是老师弗?(你是老师吗?)

不过,遂昌话也有几个表示疑问的语气词,主要有"唻、呢、啊、□[uɛ⁰]"等。

(一)唻[lɛ⁰]/呢[nɛ⁰]

(273) a. 小王唻?(小王在哪里?)

   b. 小张是杭州农,小王唻?(小张是杭州人,小王呢?)

以上两句中,第一句可以自足成句,第二句则需要有前面的话语作为铺垫。普通话也是如此。

老年人以说"唻"为常,年轻人"唻""呢"都说。"唻"应该是遂昌话固有的语气词,而"呢"应该是外来词。

(二)啊[a⁰]

(274) a. 你是王老师啊?(你是王老师啊?)

   b. 小张是杭州农啊?(小张是杭州人啊?)

一般是在不太肯定或表示怀疑的时候问,以便核实情况,意思与"你是王老师弗(你是王老师吗)"不太一样。

在口语中,"啊"常与其前一个音节合并而构成合音词。例如:

(275) a. 你去[弗啊][fa⁰]?(你去吗?)

   b. 渠去[了啊][la⁰]?(他去啦?)

   c. 是□[xaŋ⁵³³][个啊][ka⁰]?(是这样的啊?)

(三)□[uɛ⁰]

遂昌话相当于"(谁)啊"的疑问语气词是"□[uɛ⁰]"。本字不详,且其韵母并不在遂昌话音系中(前面提到的"唻""呢"中的[ɛ]也是如此)。例如:

(276) a. 哪农□[uɛ⁰]?(谁啊?)

b. 你忖寻个农是弗是渠□[uɛº]？（你想找的人是不是他啊？）

　a 这句话一般是在别人提到某个人时问话人问的，即表示"你刚才说的是谁啊"这样的意思。

　有时，在强调某个事实（相当于"就是……啊"）或同意别人的某个建议（相当于普通话"那就……吧"）时，也会用到这个"□[uɛº]"，这时，"□[uɛº]"并不表示疑问语气。例如：

（277）a. 我忖寻个农就是渠□[uɛº]！（我想找的人就是他啊！）

　　b. 许就去□[uɛº]！（那就去吧！）

（四）嗯[ŋº]

　上述语气助词是通过附着在句尾来表达或辅助表达疑问语气，而"嗯"（这里记作[ŋº]，实际为高升语调）则可以独立成句表示疑问，它是对对方话语有疑问时（没听清楚或没听懂）说的话，这时，只需一个"嗯"就表达了疑问的意思，相当于"什么"。例如：

（278）问：……。

　　　答：嗯？

"啊"（也是高升语调）也具有这个功能。

六、疑问格式

　选择疑问和是非疑问常常是通过一定的疑问格式进行的，比如，选择疑问句的格式一般是"（是）……还是……？"，是非疑问句的格式一般是"V 弗 V""有 N 无"。例如：

（279）a. 你咥饭还是咥面？（你吃饭还是吃面条？）

　　b. 渠是张老师还是王老师？（他是张老师还是王老师？）

（280）a. 你是弗是王老师？（你是不是王老师？）

　　b. 渠是弗是忖咥面险了？（他是不是很想吃面条了？）

（281）a. 你有钞票无？（你有钱没有？）

　　b. 渠处里有谷无？（他家里有稻谷没有？）

七、疑问词和疑问句的特殊用法

(一) 疑问词的活用

疑问词的活用主要包括"任指"和"虚指"两类。例如：

(282) a. 我哪瀍都忖去。（我哪儿都想去。）

       b. 渠哪西都忖咥。（他什么都想吃。）

(283) a. 我忖到哪瀍去旋记儿。（我想到哪儿去转一下。）

       b. 我问问哪农察再报你。（我问一问谁，然后再告诉你。）

(二) 反问

反问句是疑问句的特殊用法，即无疑而问。例如：

(284) a. 我争儿弗识着？（我怎么不知道？——我当然知道。）

       b. 你识着哪西？（你知道什么？——你啥也不知道。）

第十八节　比 较 范 畴

一、差比句

遂昌话差比句的句式主要有以下几种：

(一) A 比 B……

(285) a. 乙个比许个大。（这个比那个大。）

       b. 乙个比许个大滴滴儿。（这个比那个大一点点儿。）

       c. 乙个比许个大得多。（这个比那个大得多。）

(二) A 无 B……

(286) a. 乙个无许个大。（这个没那个大。）

       b. 渠无你懂事。（他不如你懂事。）

(三) A 对 B 比，还是 A/B……

(287) a. 乙个对许个比，还是许个大。（这个和那个比，还是那个大。）

b. 乙个对许个,还是许个大。(这个和那个比,还是那个大。)

　　c. 乙个还是许个大。(这个和那个比,还是那个大。)

后面两种说法普通话不能成立,即普通话不能说"这个和那个,还是那个大"或"这个还是那个大"这样的句子。

曹志耘(2010)在《走过田野——一位方言学者的田野调查笔记》中有这么一句:"我忽然发现,珊瑚的月亮,真的比北京的圆。如果用王文胜的吴式语法来说,应该是:北京的月亮还是珊瑚的圆。"

李蓝(2003)认为,"南部吴语中,大多数方言的差比句都是比字式,……这个看去不完整的句子应即由"比字式"删并而来",并通过实例指出,"吴语的差比句确实存在明显的删并现象"。他也列举了"北京的月亮还是珊瑚的圆"一句。

二、等比句

等比句是指类似于普通话"A 跟 B 一样/差不多＋形容词"这样的句子。遂昌话表示"一样"的词主要有"共样、一样",表示"差不多"的词是"差弗多"。例如:

(288) a. 小明对小强共样高。(小明跟小强一样高。)

　　b. 乙个跟许个一样贵。(这个跟那个一样贵。)

　　c. 今日对昨莫＝差弗多热。(今天跟昨天差不多热。)

三、极比句

极比句是指表示最高级别的句子。遂昌话表示"最"的词主要有"顶、最、第一"等。例如:

(289) a. 渠班里小明顶长。(他班里小明最高。)

　　b. 中国河南农口最多。(中国河南人口最多。)

　　c. 乙些农内底小强第一聪明。(这些人里面小强最聪明。)

"顶、最"还可以用在主语前面,表示强调。例如:

(290) a. 渠班里顶小明长。(他班里小明最高。)

　　b. 中国最河南农口多。(中国河南人口最多。)

第十九节 声音范畴

这里所说的声音词包括感叹词、拟声词、呼唤/驱赶动物词等。以下列举一些具有典型意义的遂昌话感叹词、拟声词、呼唤/驱赶动物词,简要介绍它们的读音特点、语义功能和语用环境。

一、感叹词

（一）挖⁼察⁼那⁼ [ua$ʔ^5$ tsʰa$ʔ^3$ na^{21-}（这类短杠表示可延长发音）] /挖⁼察⁼ [ua$ʔ^5$ tsʰa$ʔ^{3-}$]

表达惊叹,其中,前者比后者惊叹的程度更深。比如在地里突然挖出一个金元宝的情况下,当事人发出这种感叹。

（二）□□[xɔ$ʔ^5$ xɔ^{21}]

表达惊叹,但语气比上面的要弱些。比如见到一个从未见过的东西时,当事人发出这种感叹。

（三）□□[xɔ$^{33-}$ xɔ$^{21-}$]

表达极度遗憾或费解。例如在考试才考了40分的情况下,家长发出这种感叹。

实景：笔者在做遂昌方言文化典藏时,有一次,当我的合作人将镜头对准一户农家的厕所时,脑后突然传来了这么一句:"□□[xɔ$^{33-}$ xɔ$^{21-}$],□[xaŋ^{45}]这么无东西拍了罢？连粪缸都乐拍拍儿!(……,这么没东西可以拍了吗？连厕所都要拍!)"

（四）□[uɛ$^{21-3}$（短杠表示发音延长）]

对别人在某方面有着高水平的表现而发出的赞叹声。例如某人考试得了第一名,或某人跳远跳出了令人想象不到的距离,别人发出这种感叹。

（五）□[nei^{213}]

对某种动作行为未实现预定目标或关键时候发现遗忘了某事而

所发出的惋惜声。例如打篮球时某人瞄了半天球却未进，或到了门前一摸口袋发现没带钥匙时，当事人发出这种感叹。

（六）啧[tsɿ⁵]

表达不满或不耐烦时的咂嘴声，清音、短促。其中，[ɿ]仅表示发完音后的舌位所在，实际并未发出该韵母。例如孩子吵个不停，家长表示不耐烦时发出这种声音。

二、拟声词

（一）啶吟啋咙[diŋ³³ liŋ³³ gɔŋ³³ lɔŋ³¹⁻]

模拟较多物件先后坠落的声音，比如，箱柜上的一些东西翻落在地。

（二）□[tɕiu⁵¹⁻]

想象尖状物向远处发射时所发出的声音，比如射箭。

（三）□[bɔŋ³¹]

模拟爆炸声或坠落声。例如模拟单响的鞭炮声，模拟人或重物从较高处落地的声音。

（四）□[biaŋ³¹]

模拟爆炸声或坠落声。例如模拟单响的鞭炮声，模拟人或重物从较高处落地的声音。

如果模拟的是双响的鞭炮声，则先后发出"□[bɔŋ³¹]-□[biaŋ³¹]"。

（五）□[tɔʔ⁵]

模拟硬物的清脆敲击声。比如敲门、打更、和尚击打木鱼等的声音。

（六）□[pʰiaʔ⁵]

模拟比较清脆的拍打声，如打耳光、用尺子拍击桌子等的声音。

（七）□[pʰia³¹]

模拟枪支射击的声音，一声"□[pʰia³¹]"表示枪响了一下，两声"□[pʰia³¹]□[pʰia³¹]"表示枪响了两下，依此类推。也可以是[bia³¹]的声音，表达的意思一样。

(八) 嘀嘀□[ti₀⁵ ti₀⁵ u¹³⁻]

模拟汽车鸣叫，以及开过来或开过去的声音，其中，"嘀嘀"是喇叭鸣叫声，"□[u¹³⁻]"是发动机声。

(九) 唝咙唝咙[gəŋ³³ ləŋ³¹ gəŋ³³ ləŋ³¹]

模拟火车(旧式的，不是高铁或动车)开过来的声音。

(十) 铎铎铎[dɔʔ² dɔʔ² dɔʔ²]

模拟摩托车开过来或开过去的声音。也可以是"哒哒哒[daʔ² daʔ² daʔ²]"的声音，表达的意思一样。

(十一) 叮铃[tiŋ⁵⁵ liŋ⁵⁵]

模拟自行车开过来或开过去的声音。也可以是"叮铃铃[tiŋ⁵⁵ liŋ⁵⁵ liŋ⁵⁵]"的声音，表达的意思一样。

(十二) □[u¹³⁻]

模拟疾风吹的声音。可以连续发出若干个"□[u¹³⁻]□[u¹³⁻]□[u¹³⁻]"，也可以是"□[u¹³⁻]啊□[u¹³⁻]"的声音。

(十三) 哗[xua³¹]

模拟下大雨或热烈鼓掌的声音。

(十四) 轰隆[xɔŋ³³ ləŋ³¹]

模拟打雷的声音。如果雷声较大，则一般是"轰隆隆[xɔŋ³³ ləŋ³³ ləŋ³¹]"。

(十五) 嗡嗡嗡[əŋ³³ əŋ³³ əŋ³¹]

模拟苍蝇飞来飞去，或蚊子接近耳边的声音。

(十六) 嗦嗦嗦[sɔʔ⁵ sɔʔ⁵ sɔʔ⁵]

模拟在安静环境下发出的摩擦或窜动声，如老鼠在杂物间钻来钻去的声音。

(十七) 踢托踢托[tʰiʔ⁵ tʰɔʔ⁰ tʰiʔ⁵ tʰɔʔ⁰]

模拟穿着拖鞋在楼板上走动的声音。

(十八) 踢踢托托[tʰiʔ⁵ tʰiʔ⁵ tʰɔʔ⁵ tʰɔʔ⁵]

模拟一个人带着很多大包小包行李的声音(因为多而容易掉落在地)。例如："你踢踢托托担夯⁼多东西拨西□[uɛ³¹⁻]?!(你拿这么多东西干啥啊?!)"

三、呼唤/驱赶动物词

（一）𠾅，𠾅𠾅𠾅𠾅［tɕiu⁴⁵，tɕiu³³ tɕiu³³ tɕiu³³ tɕiu³³］

呼唤鸡的声音。还可以用"𠾅，咯咯［tɕiu⁴⁵，kɔʔ³ kɔʔ³］"来模仿母鸡带小鸡觅食的声音。

（二）哩哩哩哩哩……［li⁴⁵ li³³ li³³ li³³ li³³……］

呼唤鸭、鹅的声音。

（三）□□，□，□□□□［tyə⁵¹ tyə⁵¹ tyə⁵¹，tyə⁵¹，tyə⁵¹ tyə⁵¹ tyə⁵¹ tyə⁵¹ tyə⁵¹］

呼唤狗的声音。

（四）喏，喏［nuə⁵³³，nuə⁵³³］

呼唤猪的声音。

（五）诺，诺诺诺，诺，诺，诺诺诺［no³¹，no³¹ no³¹ no³¹，no³¹，no³¹，no³¹ no³¹］

呼唤牛的声音。

（六）□，□，□，□□□，□［mɛ³¹，mɛ³¹，mɛ³¹，mɛ³³ mɛ³³ mɛ³³，mɛ³¹］

呼唤羊的声音。

（七）□，□，□，□□，□□□，□［ɕya⁵¹，ɕya⁵¹，ɕya⁵¹，ɕya⁵¹ xo²¹，ɕya⁵¹ ɕya⁵¹ ɕya⁵¹，ɕya⁵¹］

驱赶鸡、鸭、鹅等家禽的声音。

（八）□，□，□，□，□［tɕʰiɔ⁵¹，tɕʰiɔ⁵¹，tɕʰiɔ⁵¹，tɕʰiɔ⁵¹，tɕʰiɔ⁵¹］

驱赶狗、猪、牛等家畜的声音。

（九）驾，驾［tɕiɒ⁵³³，tɕiɒ⁵³³］

使唤牛之声，耕田时指挥牛前进。

（十）撇［pʰiɛʔ⁵］

使唤牛之声，在耕田时牛走偏的情况下呼唤，以使牛走向指定的线路。

（十一）哇［uɒ¹³］

使唤牛之声，赶牛或耕田时，指挥牛停止行进。

四、小结

结合遂昌方言音系的特点,通过对上述声音词的考察和分析,可归纳出以下几个特点:

(一) 音系独立

遂昌话绝大多数声音词有独立的音系,像[uɛ]、[yə]、[o]、[ɛ]、[ya]、[iɔ]等韵母均不在遂昌话音系中出现。这可能是一种避讳或区别一般实词的手段,比如呼唤/驱赶禽畜的声音不应也不宜出现在待人接物上。

声调方面也是这样,比如遂昌话中并没有[51]、[33]、[31]等调值。

(二) 物理要素随机变化

遂昌话的声音词在具体使用时,可以根据需要对音强、音长、节奏等物理要素进行调节,特别是呼唤/驱赶禽畜时所发出的声音并没有固定的节奏和音节数目。

五、研究意义

(一) 拓展方言研究的领域,丰富方言研究的内容

过去,人们一般都没有把声音词作为研究对象(至少着墨不多)。事实上,声音词无论是句法语义还是功能上都有一定的研究价值,而且也是可以研究出一些东西来的。

(二) 为分析方言间的亲属关系提供借鉴

以往作为方言分区鉴别特征词的往往是实词,事实上,两地或多地方言如果在声音词上有着较高的亲和度,对证明它们之间的亲密关系可能会有着不同寻常的意义。

第二十节 句子与语序

一、动词谓语句中宾语和补语的位置

遂昌话动词带宾语和补语的句子中,宾语和补语的相对位置比普

通话要灵活。试比较：

(291) a. 遂昌话：打得过渠。(打得过他。)

打得渠过。(打得过他。)

b. 普通话：打得过他。

*打得他过。

(292) a. 遂昌话：打弗过渠。(打不过他。)

打渠弗过。(打不过他。)

打弗渠过。(打不过他。)

b. 普通话：打不过他。

*打他不过。

*打不他过。

二、双宾句中宾语的位置

遂昌话的双宾句中，直接宾语和间接宾语相对位置比普通话要灵活。(见本章第七节第二部分)

第二十一节　复句与关联词语

很多时候，遂昌话复句中的主句和从句之间不需要具体的关联词语连接体现之间的意义关系，往往是从语境中获知的，以下主要列举有显性关联词语的复句情况。

一、因果复句

(一) (因为)……,(所以)……

(293) a. 黄昏晏险瞓,所以今日迟险掀起。(晚上很晚睡,所以今天很晚起床。)

b. 渠生病了,今日无法来上课了。(他生病了,今天不能来上课了。)

c. 因为我无几多钞票,所以也无法帮你。(因为我没多少钱,所以也没法帮你。)

二、条件复句

(一) 只有……,拥⁼……

"只有……,拥⁼……"是必要条件复句的关联词语,相当于普通话的必要条件复句关联词语"只有……,才……"。例如:

(294) a. 只有冬间到了,遂昌拥⁼可能洞⁼雪。(只有冬天到了,遂昌才可能下雪。)

b. 只有小明来,乙件道路拥⁼可以办好。(只有小明来,这件事才可以办好。)

(二) 只乐……,就……

"只乐……,就……"是充分条件复句的关联词语,相当于普通话的充分条件复句关联词语"只要……,就……"。例如:

(295) a. 只乐渠来了,大势农就见觉好笑险。(只要他来了,大家就觉得很好笑。)

b. 只乐是忖好了个道路,就一定乐办好。(只要是想好了的事,就一定要办好。)

(三) 由随……,都……

"由随……,都……"是无条件复句的关联词语,相当于普通话的无条件复句关联词语"无论/不管……,都……"。例如:

(296) a. 由随你争儿讲,我都弗相信。(无论你怎么说,我都不相信。)

b. 由随渠去哪个场面,我都弗管。(随便他去哪里,我都不管。)

除此之外,与之意思相当的关联词语还有"随便……,都……"或"弗管……,都……",它们可能是受官话影响的说法。

三、假设复句

(一) ……个话,(许便)……

"……个话,(许便)……"是假设复句的关联词语,相当于普通话

的假设复句关联词语"如果……,那么……"。例如:

(297) a. 你明日去上海个话,带点东西乞小明。(你明天如果去上海,带点东西给小明。)

b. 明日洞⁼雨个话,许便卬就弗去了。(明天如果下雨,那么我们就不去了。)

(二) 乐是/如果……,(许便)……

受普通话的影响,遂昌也有很多人说"乐是/如果……,(许便)……"这样的句子来表示假设。例如:

(298) a. 你明日乐是/如果去上海,许便带点东西乞小明。(你明天如果去上海,那么带点东西给小明。)

b. 你乐是/如果弗忖过苦日子,就乐用力些做道路。(你如果不想过苦日子,就要用点力干活。)

(三) ……,……也(弗)……

"……,……也(弗)……"也是假设复句的关联词语,相当于普通话的假设复句关联词语"即使……,也(不)……"。例如:

(299) a. 明日天晴,我也弗去。(明天即使天晴,我也不去。)

b. 明日洞⁼雨,我也乐去。(明天即使下雨,我也要去。)

四、转折复句

(一) ……,弗过……

"……,弗过……"是转折复句的关联词语,相当于普通话的转折复句关联词语"虽然……,但是……"。例如:

(300) a. 你聪明险,弗过小明比你还乐聪明。(你很聪明,但是小明比你更加聪明。)

b. 你比我长,弗过渠比你还乐长。(你比我高,但是他比你更高。)

c. 你讲得弗错,弗过我还是弗放心。(你说得不错,但是我仍然不放心。)

五、递进复句

(一) 弗单/弗止……,也/还……

"弗单/弗止……,也/还……"是递进复句的关联词语,相当于普通话的递进复句关联词语"不但……,而且……"。例如:

(301) a. 渠弗单/弗止聪明险,也/还勇敢险。(他不但很聪明,而且还很勇敢。)

b. 我弗单/弗止喜欢打篮球,也/还喜欢划㶺儿。(我不但喜欢打篮球,还喜欢游泳。)

c. 弗单/弗止渠去过北京,我也去过。(不但他去过北京,我也去过。)

六、选择复句

(一) 乐便……,乐便……

"乐便……,乐便……"是选择复句的关联词语,与普通话相同。例如:

(302) a. 乐便你去,乐便渠去,都可以。(要么你去,要么他去,都行。)

b. 乐便咥饭,乐便咥面,由随你。(要么吃米饭,要么吃面条,随便你。)

c. 渠今日乐便出去了,乐便还是徛处里。(他今天要么出去了,要么还在家。)

(二) 宁可……,也……

"宁可……,也……"也是选择复句的关联词语,相当于普通话的选择复句关联词语"宁可……,也……"。例如:

(303) a. 我宁可□[tiu⁴⁵]处里嬉,也弗跟渠去打工。(我宁可待家里玩儿,也不跟他去打工。)

b. 我宁可无钞票赚,也弗做乙种缺德个道路。(我宁可没钱挣,也不做这种缺德的事情。)

(三) ……，宁可……

有时，上述句式也可以采取倒装形式，基本意思不变。例如：

(304) a. 我真弗忖跟渠去打工，宁可□[tiu⁴⁵]处里嬉。（我真不愿意跟他去打工，宁可待家里玩儿。）

b. 我弗会做乙种缺德个道路，宁可无钞票赚。（我不会做这种缺德的事情，宁可没钱挣。）

七、目的复句

(一) ……，(目的)是为了……

"……，(目的)是为了……"是目的复句的关联词语，相当于普通话的目的复句关联词语"……，为了/为的是/以便……"。例如：

(305) a. 我□[xaŋ⁵³³]做，(目的)是为了早些完成任务。（我这样做，目的是为了早点完成任务。）

b. 渠掫得夯⁼早，(目的)是为了去山上锲樵。（他起得这么早，目的是为了去山上砍柴。）

(二) ……，是为了弗……

如果要表达普通话的"……，以免……"这样的意思，遂昌话可以用"……，是为了弗……"这样的结构。例如：

(306) a. 我早些出发，是为了弗迟到。（我早点出发，是为了不迟到。）

b. 渠夯⁼煞心做道路，是为了弗乞别个农讲渠懒。（他这么用力做事情，是为了不被别人说他懒惰。）

(三) 为了……，……

这与普通话的用法一样。例如：

(307) a. 为了弗迟到，我只好早些出发。（为了不迟到，我只好早点出发。）

b. 为了弗乞别个农讲渠懒，渠每日都夯⁼煞心做道路。（为了不被别人说他懒惰，他每天都这么用力做事情。）

第七章
后置成分

　　这里所说的后置成分，并不是一个严格意义上的语法概念，而只是对一种语法现象的直观描述，它是指：普通话只能出现在谓词之前而遂昌话只能出现在谓词之后的、能够表示一定语法意义的成分，其功能大致相当于普通话的状语。

　　遂昌话的后置成分主要有"险""添""过""起"，下面分别讨论。

第一节　险

　　在遂昌话中，相当于普通话"很""非常"等表示程度的成分通常有两类，一类是前置的，如"好、交关、忒、死人、弗识个、十分、特别"等，用在形容词或表示心理活动的动词、动词短语之前，表示程度加深。例如：

（1）今日天好热。（今天天气很热。）

（2）渠个人交关好。（他这个人很好。）

（3）今日忒热了。（今天太热了。）

（4）今日死人热。（今天热得要命。）

（5）乙部电影我弗识个喜欢。（这部电影我非常喜欢。）

（6）你写个字十分难望。（你写的字十分难看。）

（7）渠特别惊黄昏个农儿走路。（他特别害怕晚上一个人走路。）

另一类即所谓的后置成分"险[ɕiẽ⁵³³]",位于形容词或表示心理活动的动词、动宾短语之后,或者在"动词+得"之后,表示程度加深。下面具体分析"险"的用法。

一、"险"的用法

(一) 用于形容词之后

第一,用于一般形容词之后,表示程度加深。例如:

(8) 今日天气热险。(今天天气很热。)

(9) 渠今日高兴险。(他今天很高兴。)

(10) 我感觉着力险。(我感觉很吃力。)

(11) 渠打篮球硬险。(他打篮球很厉害。)

这种句子的否定式是在形容词之前加否定词"弗",表示"不很 A",而并非"很不 A"的意思。如"渠今日弗高兴险",意思是"他今天不很高兴",而不是"他今天很不高兴"。从结构上看,"弗"所修饰的既不是"高兴",也不是"险",而是"高兴险"。"高兴险"意为"很高兴","弗高兴险"意即"不很高兴"。若要表示普通话"很不 A"的意思,则只能采用前置式,多用"十分"或"滴滴儿都—点儿都"加否定词"弗"进行修饰。例如:

(12) 今日天气滴滴儿都弗热。(今天天气一点儿都不热。)

(13) 渠今日十分弗高兴。(他今天很不高兴。)

(14) 我感觉滴滴儿都弗着力。(我感觉一点儿都不吃力。)

(15) 渠打篮球滴滴儿都弗硬。(他打篮球一点儿都不厉害。)

第二,用于少数形容词如"奇特""本领""聪明"等后面,在一定的语境中,表示一种反问的否定语气,多表达说话人的妒忌或蔑视之情。例如:

(16) 奇特险!(有什么值得稀罕的!)

(17) 本领险!(不要以为很有本领!)

(18) 聪明险!(不要以为很聪明!)

这类句子的基本格式是"X 险",也可以说"某某 X 险",但以不出

现主语为常。如果要表达句子的字面义,则主语一般不能省略,要说"某某 X 险"。例如:

(19) 乙个东西奇特险。(这个东西很稀罕。)

(20) 渠本领险。(他很有本领。)

(21) 小张聪明险。(小张很聪明。)

但更为重要的区别是,在例(16)、(17)、(18)这一类句子中,"险"必须重读,且尾音往往拖长;而在例(19)、(20)、(21)这一类句子中,"险"字不能重读,而要读得较前面音节更轻、更弱,以突出前面的形容词成分。如果例(19)、(20)、(21)句的"险"重读,则只能表示类似例(16)、(17)、(18)的意思,即表达否定的意义。

可见,"险"字语音的轻重长短决定了整个句子意思的区别。

另外,如果在"X 险"和"某某 X 险"后面加上一些成分,如"个_的""个农_{的人}""个东西_{的东西}"等(后加"个农""个东西"时,主语后须加"是"),这时整个句子就只能是陈述语气,而且其中的"险"也不能重读。例如:

(22) 乙个东西奇特险个。(这个东西很稀罕的。)

(23) 乙个是奇特险个东西。(这是个很稀罕的东西。)

(24) 奇特险个。(很稀罕的。)

(25) 渠本领险个。(他很有本领的。)

(26) 渠是本领险个农。(他是很有本领的人。)

(27) 本领险个。(很有本领的。)

所以,"险"字句要表达反问的意义,必须具备两个条件:一是"险"重读,且尾音拖长,二是句尾没有任何附加成分。不过,用于表达反问意义的这种特殊用法的形容词并不多,以"奇特""本领""聪明"等为最常见,"X 险"类似于一种固定结构。此式没有否定式。

(二)用于表示心理活动的动词或动宾短语之后

表示程度加深。例如:

(28) 我惊险。(我很害怕。)

(29) 我惊渠险。(我很怕他。)

(30) 渠喜欢险。（他很喜欢。）

(31) 渠喜欢咥险。（他很喜欢吃。）

(32) 我忖险。（我很想。）

(33) 我忖我爹险。（我很想我爸爸。）

(34) 你恨险弗？（你很恨吗？）

(35) 你恨渠险弗？（你很恨他吗？）

其否定式是在动词前加否定词"弗"。例如：

(36) 我弗惊险。（我不很害怕。）

(37) 我弗惊渠险。（我不很怕他。）

(38) 渠弗喜欢险。（他不很喜欢。）

(39) 渠弗喜欢咥险。（他不很喜欢吃。）

(40) 我弗忖险。（我不很想。）

(41) 我弗忖我爹险。（我不很想我爸爸。）

这种否定式表示"不很 V"，而非"很不 V"。如果要表示"很不 V"的意思,则只能用前置副词(多用"十分""滴滴儿都—点儿都"等)加否定词"弗"来修饰。例如：

(42) 我滴滴儿都弗惊。（我一点儿都不害怕。）

(43) 渠十分弗喜欢咥。（他十分不喜欢吃。）

(44) 我滴滴儿都弗忖我爹。（我一点儿都不想我爸爸。）

"险"修饰动宾短语时,只能出现在整个短语之后,而不能直接出现在动词之后,即不能够说：

(45) *我惊险渠。｜*渠喜欢险你。｜*我忖险我爹。｜*你恨险渠弗？

（三）用于"V+得[ti?⁵]"之后

这主要有三种不同的用法。

1. "动＋得＋补＋险"

其中"得"的用法与普通话基本相同,"补"表示结果或可能,而"险"加深了这种结果或可能的程度,分别比较如下。

补语表结果：

(46) 讲得快。(说得快。)——讲得快险。(说得很快。)

(47) 写得清楚。(写得清楚。)——写得清楚险。(写得很清楚。)

(48) 乙件道路做得好。(这件事情做得好。)——乙件道路做得好险。(这件事情做得很好。)

其中,补语一般是形容词。这一句式的否定式是"动＋弗＋形＋险"或"动＋得＋弗＋形＋险",表示"不很 A",而非"很不 A"。例如:

(49) 讲弗快险/讲得弗快险。(说得不很快。)

(50) 写弗清楚险/写得弗清楚险。(写得不很清楚。)

(51) 乙件道路做弗好险/乙件道路做得弗好险。(这件事情做得不很好。)

表示"很不 A"的意思时要用前置式,即在否定词"弗"前加程度副词,如"十分"或"滴滴儿都_{一点儿都}",构成"动＋得＋程度副词＋弗＋形"。例如:

(52) 讲得十分弗快。(说得很不快。)

(53) 写得十分弗清楚。(写得很不清楚。)

(54) 乙件道路做得滴滴儿都弗好。(这件事情做得一点儿都不好。)

补语表可能。这与前面的动补结构不同,可能补语整体相当于形容词。例如:

(55) 爬得上。(能够爬上。)——爬得上险。(完全能够爬上。)

(56) 咥得落。(能够吃下。)——咥得落险。(完全能够吃下。)

(57) 搬得动。(能够搬动。)——搬得动险。(完全能够搬动。)

其中,补语多为趋向动词,有时也可以是形容词,例如:

(58) 乙件道路做得好。(这件事情能够做好。)——乙件道路做得好险。(这件事情完全能够做好。)

例(58)与例(48)从字面上看是一样的,但例(58)的补语表示"可能",而例(48)的补语则表示"结果"。在特定语境中,当地人能够区别二者的不同;而且,从句式的转换也可看出二者的区别:"动＋得＋补_{结果}＋险"有它的否定式"动＋得＋弗＋补_{结果}＋险",而"动＋得＋补_{可能}＋

险"却没有否定式("动+得+补_可能_"的否定式是"动+弗+补_可能_",但是加上"险"后却没有相应的否定式)。另外,二者语音停顿的位置也不同,例(58)的语音停顿为"……做得好\险",而例(48)的语音停顿是"……做得\好险"。

2. "动+得+险"

其中"动+得"表示"可能 V、可以 V、允许 V","险"表示加强这种"可能、可以、允许"的程度。试比较：

(59) 乙个东西咥得。(这个东西可以吃。)——乙个东西咥得险。(这个东西完全可以吃。)

(60) 许个地方去得。(那个地方可以去。)——许个地方去得险。(那个地方完全可以去。)

(61) 许件道路做得。(那件事儿可以做。)——许件道路做得险。(那件事儿完全可以做。)

(62) 乙种书小鬼望得。(这种书小孩儿可以看。)——乙种书小鬼望得险。(这种书小孩儿完全可以看。)

遂昌话中,"动+得"的否定式是在"得"前加否定词"弗",但加上"弗"后,却不能再加"险",即不能说"咥弗得险""去弗得险"等。

按吕叔湘(1980),"(动+得)这种格式里的动词一般都是被动意义,不能带宾语"。"但是'……舍得、舍不得……'等是主动意义,可以带名词、动词做宾语"。也许正是这个原因,遂昌话中"舍弗得"后也可以加"险"。例如：

(63) 乙个东西乞你,我舍弗得险。(把这个东西给你,我很舍不得。)

(64) 我舍弗得渠险。(我很舍不得她。)

(65) 乙个东西我舍弗得咥险。(这个东西我很舍不得吃。)

3. "动+得+险+了"

从语义上看,这里的"得[ti⁵]"相当于普通话表示"情理上、事实上或意志上的需要;应该;必须(吕叔湘 1980)的"得[tei²¹⁴]"或"表示理应如此;应该"(吕叔湘 1980)的"该"(但不同的是,遂昌话"动+得"后面不能够带宾语,而普通话"得/该+动"的后面却可以带宾语)。"动+

得+了"表示某种动作行为"得/该实施了","险"则是加强了这种"应该、必须"的程度,表示某种动作行为"早就该实施了"。试比较:

(66) 去得了。(得去了。)——去得险了。(早就该去了。)

(67) 咥得了。(该吃了。)——咥得险了。(早就该吃了。)

(68) 许件道路做得了。(该做那件事情了。)——许件道路做得险了。(早就该做那件事情了。)

(69) 电影望得了。(该看电影了。)——电影望得险了。(早就该看电影了。)

二、"险"和"得[ti?⁵]"

前面说过,遂昌话"险"相当于普通话的"很、非常",这只是从语义角度来说的,如果从句法看,它们有很大的差别,这不单是指它们与谓词的相对位置不同,还包括它们能够修饰的谓词的范围也有区别。我们知道,遂昌话"险"可以修饰"动+得"结构,而普通话"很"却不能。

遂昌话"得"有三种用法:一是相当于普通话述补结构助词"得";二是用在动词后,表示"可能、可以、允许";三是用在动词后(其后须加"了"),表示"情理上、事实上或意志上的需要;应该;必须"。

第一种用法加"险",如前所述有两种情况。这不仅是补语意义不同(结果或可能),而且语音停顿也有区别,前者的语音停顿模式为"动得\补险",如"讲得\快险""写得\清楚险""做得\好险"。后者的语音停顿模式则是"动得补\险",如"爬得上\险""咥吃得落\险""搬得动\险"。前者的"险"修饰的其实是形容词,后者的"险"则修饰前面所有的成分:"爬得上""咥吃得落""搬得动"。后者是可能补语结构,"得"表示"可能"。

第二种和第三种用法中的"得",它们在语义上虽然有差别(前者表"可能",后者表"应该"),但也都具有"可能"的语义特征。普通话中"可能"类动词有时也可以受到程度副词"很"的修饰,如"很能够说明问题""很应该听一听他的话"。

可见,遂昌话中,"动+得+补"表示状态或可能,"动+得(+了)"

表示可能,后置成分"险"修饰状态或可能,表示程度加深。

第二节 添

根据语法意义和语法功能的不同,遂昌话的"添[$t^hiɛ^{45}$]"有"添$_1$"和"添$_2$"之分。"添$_1$"表示"追加","添$_2$"表示"剩余",以下分别加以分析。

一、"添$_1$"的语义特征及"添$_1$"字句

(一) 表示"追加"的"添$_1$"

"添$_1$"用于动词性词语之后,表示动作行为"有待重复"或动作状态的"继续或持续",也可用于形容词之后,表示形容词性状程度"有待加深"(以下均简称"追加"),达到增加数量、增进程度的目的,相当于"再"的意思。例如:

(70) 乙件道路我忖做遍添。(这件事情我想再做一遍。)

(71) 你讴渠坐记添。(你叫他再坐一会儿。)

(72) 乙块布红些添就更好望。(这块布如果再红一些就更好看。)

(二) "添$_1$"字句

1. 两种情况

根据动词与受事名词关系的不同,"添$_1$"字句可以有以下两种不同情况。

第一,追加同一受事的"数量":

(73) 粥还忖咥碗添。(还想再吃一碗粥。)

(74) 毛笔字还乐写遍添。(还要再写一遍毛笔字。)

(75) 报纸望望添。(再看会儿报纸。)

(76) 衣裳还乐买件添。(还要再买一件衣服。)

第二,追加不同受事的"数量":

(77) 咥了碗饭,还忖咥碗粥添。(吃了碗饭,还想再吃碗粥。)

(78) 钢笔字写了[liɐu¹³]了[lə⁰],写遍毛笔字添。(钢笔字写完了,再写一遍毛笔字。)

(79) 书望了[liɐu¹³]了[lə⁰],望望报纸添。(书看完了,再看一会儿报纸。)

(80) 买了件布裤,还乐买件衣裳添。(买了件裤子,还要再买一件衣服。)

在口语里,上述"添"一般读本调[tʰiɛ̃⁴⁵],但如果"添"字前面的音节是高调,"添"则念轻声[tʰiɛ̃⁰],意思一样。例如:

(81) 拥⁼买了本书,还忖买支笔[piʔ³]添[tʰiɛ̃⁴⁵]。(刚买了本书,还想再买支笔。)

(82) 拥⁼买了本书,还忖买支笔[piʔ⁵]添[tʰiɛ̃⁰]。(刚买了本书,还想再买支笔。)

(83) 拥⁼买了支笔,还忖买支笔[piʔ³]添[tʰiɛ̃⁴⁵]。(刚买了支笔,还想再买支笔。)

(84) 拥⁼买了支笔,还忖买支笔[piʔ⁵]添[tʰiɛ̃⁰]。(刚买了支笔,还想再买支笔。)

2. 特殊用法

在一定的语境里,如果特别强调(重读且拖长尾音,调值由[45]变为[455])"添",则表示"威胁、警告",有"看你还敢再……"的意思。例如:

(85) 叫叫添[tʰiɛ̃⁴⁵⁵]!(看你还敢再哭!)

(86) 嬉记添[tʰiɛ̃⁴⁵⁵]!(看你还敢再玩!)

即便是较复杂的句子也可以这么用:

(87) 我望你以后个农儿到山上旋来旋去添[tʰiɛ̃⁴⁵⁵]!(我看你以后还敢再一个人到山上转来转去!)

试比较:

(88) 嬉记添[tʰiɛ̃⁴⁵],反正还早险。(再玩一会儿,反正还早得很。)

(89) 嬉记添[tʰiɛ̃⁴⁵⁵]!作业做弗好弗乐咥饭。(看你还敢再玩!作业完不成就别吃饭。)

前者表示"建议"或"表态",后者则表示"威胁"或"警告"。

3. 语法特点

"添₁"不能直接修饰动词:

(90) *写添。|*咥吃添。|*望添。

也不能直接修饰动宾短语:

(91) *写字添。|*咥吃菜添。|*望电视添。

"添₁"字句中必须具备表示"数量"的成分。例如:

(92) 写遍字添。(再写一遍字。)

(93) 咥点儿菜添。(再吃点儿菜。)

(94) 望记电视添。(再看会儿电视。)

或者是"添"用在单音节动词重叠式(+名词)之后,因为动词重叠的语法意义也是表示动量或时量。例如:

(95) 写写(字)添。(再写一遍字。)

(96) 咥吃咥吃(菜)添。(再吃点儿菜。)

(97) 望望(电视)添。(再看会儿电视。)

"添"也可以直接加在"数量(名)"之后。例如:

(98) 小王:快些,我些农都是外底等。(快点儿,我们都在外面等。)

小李:来了来了,两个字添就好了。(来了来了,再写两个字就完了。)

(99) 小王:咥弗落去了,弗乐加了。(喝不下去了,不要再加了。)

小李:一碗添,再也弗加了。(再加一碗,以后再也不加了。)

可见,"添₁"字句成句的必要条件是"数量"。为什么"数量"的特征对"添₁"能否成句会产生这么大的影响呢?后面我们还会谈到,"添₁"是从动词"添"("增添、添加"的意思)虚化而来的,它的语义特征[+追加]与"增添"的意思相吻合。[+追加]的语义特征一般要求有[+数量]与之相配。从以上各句可以推知,遂昌话"添₁"在语义上"追加"的是"数量":或者是动量,或者是"受事 N"的数量。所以,如果在句中没有出现[+数量]这一语义特征,那么"添₁"语义指向落空,便不能成句,这是语义选择和限制的结果。换言之,[+数量]是"添₁"字句成立的必要条件。从以上例子不难看出,"添₁"字句中动词、名词都可以省略,唯一不能省略的是数量成分。像例(98)的答句中省略了动词性成分,只有数量短语加受事名词,而例(99)则干脆连名词也省略,只剩下数量短语。

4. 形容词后的"添₁"

有些形容词后面也可以出现"添₁"。例如:

(100) 红些添更好望。(再红一点儿就更好看。)

(101) 天热些添就乐着衬衫了。(天再热一点儿的话就要穿衬衫了。)

有的形容词只有在作比较时才可以有类似的用法。例如:

(102) 你高些添也无我高。(你再怎么高也没有我高。)

如果不作比较,"高些添"的意思是"再(抬)高点儿"。

一些形容词兼作动词的兼类词与动词的"添₁"字句用法完全一样。例如:

(103) 㴐乐热热添。(水要再热一会儿。)

(104) 热些㴐添。(再热一些水。)

谓词为形容词的"添₁"字句与动词的"添₁"字句一样,都要求有"数量",这里不再赘述。

二、"添₂"的语义特征及"添₂"字句

(一) 表示"剩余"的"添₂"

"添₂"常用在"有""剩"之类的动词后面,表示"剩余"。请看以下对话:

(105) 问:内底原来有几个?(里面原来有几个?)

　　　答:有三十个。(有三十个。)

　　　*有三十个添。

(106) 问:内底乙记还有几个?(里面现在还有几个?)

　　　答:只有五个添了。(只有五个了。)

(107) 问:你班内原来总共有几多人?(你班里原来总共有多少人?)

答：有四十个农。（有四十个人。）

*有四十个农添。

(108) 问：你班乙记还有几多农？（你们班现在还有多少人？）

答：还有三十八个农添。（还有三十八个人。）

在以上各组句子中，例(105)、(107)两句问的是人或事物的"原始量"，而例(106)、(108)两句问的是"剩余量"。如果询问的是"原始量"，那么回答时就不能用"添"；如果询问的是"剩余量"，回答时一般要用"添"。所以，这里的"添"表示"剩余"的意思，我们把它称为"添$_2$"，其语义特征是[＋剩余]，与表示[＋追加]的"添$_1$"不同。

（二）"添$_2$"字句中的动词

"添$_2$"字句动词的语义特征是[＋剩余]，这样的动词在遂昌话中主要是"有""剩""余""弗止""弗到""无"等"有无"类动词，例如：

(109) 箱内只有四个添。（箱子里只有四个。）

(110) 教室内只剩三个农添。（教室内只剩三个人。）

(111) 内底还余十四个添。（里面还余十四个。）

(112) 班内弗到十个农添。（班里不到十个人。）

(113) 树上弗止三个鸟儿添。（树上不止三只鸟儿。）

(114) 箱内无几个添了。（箱里没几个了。）

(115) 苹果咥了[liɐɯ^{13}]了[lə^0]还有梨添。（苹果吃完了还有梨。）

(116) 苹果咥了[liɐɯ^{13}]了[lə^0]，只有梨添了。（苹果吃完了，只剩梨了。）

（三）"添$_2$"字句的语义分类

总的来说，"添$_2$"字句的语义也跟数量有关，具体说有三种情况：言其多、言其少、言其无。下面我们以动词"有"为例来加以分析。

1. 言其多

言其多，"添"读本调[tʰiẽ^{45}]：

(117) 箱内还有四个添？我以为无了。（箱子里还有四个？我以为已经没有了。）

(118) 弗乐抢,还有三个添,一人一个。(不要抢,还有三个,一人一个。)

(119) 你还有两次机会添,肯定跳得过去。(你还有两次机会,肯定能够跳过去。)

以上各句的"有"都与"还"结合使用。"还"有"表示项目、数量增加……把事情往大里说"(吕叔湘1980)的语义特点,与此处的"添"相呼应。

2. 言其少

言其少,"添"读轻声$[t^hiɛ̃^0]$:

(120) 箱内只有四个添?我以为还有五个。(箱里只有四个?我以为还有五个。)

(121) 盒儿内底只有三个添了。(盒子里面只有三个了。)

(122) 你乐注意了,只有两次机会添了。(你要注意了,只有两次机会了。)

以上各句的"有"都与"只"结合使用。"只"有"表示除此以外没有别的……限制有关事物的数量"(吕叔湘1980)的语义特点,与这里的"添"相呼应。

虽然,根据例(117)—(122)中分别出现的"还"和"只",听话人也可领会说话人的意思是"言其多"或"言其少",但是,"添"的语音轻重却是听话人能够领会说话人的意思——"言其多"或"言其少"——的重要标记。当表示"言其多"的意思时,"添"总是读本调$[t^hiɛ̃^{45}]$,反之则读轻声$[t^hiɛ̃^0]$。而且,当句中没有"还"或"只"的时候,听话人只能根据"添"的语音轻重来判断说话人的意思究竟是"言其多"还是"言其少"。例如:

(123) 问:内底乙记还有几个。(里面现在还有几个?)

答:五个添$[t^hiɛ̃^{45}]$。(还有五个。)

(124) 问:内底乙记还有几个。(里面现在还有几个?)

答:五个添$[t^hiɛ̃^0]$。(只有五个。)

可见,"添$_2$"字句的"言其多"或"言其少"的不同语义主要是由"添$_2$"的不同读音造成的。

3. 言其无

言其无,"添"读[tʰiɛ̃⁴⁵⁵]或[tʰiɛ̃²¹¹]:

表示"言其少"的"添₂"还有一种比较特殊的用法,表示"极言其少、以至于零",我们称之为"言其无"。但是,这种句子只能用于"还有(N)添"这样的结构中,表示反问,意思是"哪里还有……"。例如:

(125) 还有粥添?!（哪里还有粥?!）

(126) 还有鸟儿添?!（哪里还有鸟儿?!）

(127) 还有农添?!（哪里还有人?!）

其中的名词有时可以承前省略。例如:

(128) 问:粥呢？

答:还有添？（哪里还有?!）

在"言其无"的句子中,"添"字重读,尾音拖长,或读[tʰiɛ̃⁴⁵⁵],或读[tʰiɛ̃²¹¹]。至于什么情况下读[tʰiɛ̃⁴⁵⁵],什么情况下读[tʰiɛ̃²¹¹],则完全是随意的。例如:

(129) 还有粥添[tʰiɛ̃⁴⁵⁵]?!（哪里还有粥?!）

(130) 还有粥添[tʰiɛ̃²¹¹]?!（哪里还有粥?!）

(131) 还有添[tʰiɛ̃⁴⁵⁵]?!（哪里还有?!）

(132) 还有添[tʰiɛ̃²¹¹]?!（哪里还有?!）

三、"添₁"和"添₂"的区别

(一) 语法意义不同

如前所述,"添₁"表示"追加","添₂"表示"剩余"。例如:

(133) 哐碗添₁。（再吃一碗。）

(134) 有一碗添₂。（还/只有一碗。）

(二) 对动词的要求不同

"添₁"字句的动词为一般行为动词,"添₂"字句的动词为表示"剩余"的"有无"类动词。例如:

(135) 做件添₁。（再做一件。）

(136) 望遍添₁。（再看一遍。）

(137) 还有四个添₂。(还有四个。)

(138) 无几个添₂了。(没几个了。)

(三) 呼应成分不同

表示"追加"的"添₁"常与"再"呼应,而表示"剩余"的"添₂"则常与"还"或"只"呼应,这是由它们各自的语义特征所决定的。例如:

(139) 再写次添₁。(再写一次。)

(140) 再做件添₁。(再做一件。)

(141) 只有四个添₂。(只有四个。)

(142) 还有十个添₂。(还有十个。)

不过有时也会出现下面这样的句子:

(143) 再有一个添就好了。(再有一个就好了。)

(144) 再剩三个添个话,就一农一个。(再剩下三个的话,就刚好一人一个。)

(145) 再余四个添就好了,每个农都有。(再余下四个就好了,这样就每个人都有了。)

分析以上三个句子,我们不难发现,它们都表示假设,即从实际中的"无"到假设中的"有",这实际上也就是一种"追加",即假设从"无"追加到"有"。也就是说,它们所反映的是"添₁"而不是"添₂"的特点。若不表假设,"有无"类动词前就不能加"再",只能加"只"或"还",不能说:

(146) *再有一个添。|*再剩三个添。|*再余四个添。

再看下面这个句子:

(147) 再有三个月添,你些农就要考试了。(再过三个月,你们就要考试了。)

这里的"有"实际上已经不是表示"剩余"的"有"了,而是表示"经历、经过"的意思,相当于普通话的动词"过",表示时间上的"追加"。这一点是很重要的,像"剩""余"就不能这样用:

(148) *再剩/余三个月添,你些农就要考试了。

但以上两句的"再"若用"只"代替便可成句,因为这时句子表达的意思是"言其少"。

(四) 数量要求不同

表示"追加"的"添$_1$"字句,句中必须有"数量"成分,而表示"剩余"的"添$_2$"字句可以不出现"数量",而只出现"名词"。不过,这只能出现在两种事物对举的情况下。例如:

(149) 饭咥了[liɐu¹³]了[lə⁰]还有粥添。(饭吃完了还有粥。)

(150) 饭咥了[liɐu¹³]了[lə⁰],只有粥添了。(饭吃完了,只剩粥了。)

(151) 书望了[liɐu¹³]了[lə⁰]还有报纸添。(书看完了还有报纸。)

(152) 只有报纸添了,书乞农担去了。(只有报纸了,书被别人拿走了。)

根据语境,对举的另一部分即使不出现,听话人也能明白说话人的意思。例如:

(153) 还有粥添。(还有粥。)

(154) 只有粥添了。(只有粥了。)

例(153)与例(129)从字面看完全相同,但二者"添"的语音形式却有很大区别:例(153)的"添"读[tʰiɛ̃⁴⁵],而例(129)的"添"则读[tʰiɛ̃⁴⁵⁵]或[tʰiɛ̃²¹¹]。

"添$_1$"所"追加"的是"数量",故"数量"不可省;而"添$_2$"表示"剩余","剩余"的可以是"数量",也可以是"名词",所以有时"数量"可以省略。

综上所述,"添$_1$"与"添$_2$"的区别如表 7-1 所示。

表 7-1 "添$_1$"与"添$_2$"的区别

对比项＼对比词	添$_1$	例 句	添$_2$	例 句
V:行为动词	+	做遍添	−	
V:"有无"类动词	−		+	还有四个添
前加"再"	+	再做遍添	−	
前加"还"或"只"	−		+	还有一碗粥添
可以省略"数量"	−		+	只有粥添

第三节 过

一、"过"的三种用法

遂昌话中,非动词的"过[ku³³⁴]"在语法意义和句法功能上有三种不同的表现形式(语音形式相同),其中有两种相当于普通话"表示动态的助词"(吕叔湘 1980),第三种即所谓的后置成分,表示"重新",是为"重复体"标记。

第一,用在动词后,表示动作完毕。例如:

(155) 渠去过上海以后就到北京去了。(他去过上海后就到北京去了。)

(156) 等我做过作业再讲。(等我做过作业后再说。)

第二,用在动词后,表示过去曾经有这样的事情。例如:

(157) 我去过上海。(我去过上海。)

(158) 许本书我望过。(那本书我看过。)

第三,用在动词后,表示对前一次的动作行为不满意而要求重新实施一次该动作行为,以达到使人满意的效果,有"重新"的意思。例如:

(159) 你许两个字写得弗好望,乐写遍过。(你那几个字写得不好看,需要重新写一遍。)

(160) 你上次做个衣裳无法着,做件过。(你上次做的衣服没法穿,重新做一件。)

以上三个"过"的关系如表 7-2 所示。

表 7-2 三个"过"的关系

对比项 \ 对比词	过$_a$	过$_b$	过$_c$
体（语法意义）	完 成 体		未 完 成 体
	已然	曾然	未然
例 句	等我做过作业再讲	许本书我望过	乙件衣裳做得弗好望，做件过

以下所讨论的是作为后置成分的"过"。

二、"过"和"添$_1$"的比较

（一）共同之处

从语义上看，"过"和"添$_1$"（下称"添"，除非特别说明）有共同之处，都有"重复"前一次动作的意思。例如：

(161) 衣裳乐做件添。（衣服要另外再做一件。）

(162) 衣裳乐做件过。（衣服要重新做一件。）

但是，"过"字句所表达的意思是说话人对前一次动作行为的结果不满意，而要求"重新"实施一次该动作行为；而"添"字句则与满意与否无关，只要求动作行为"有待重复"。例如：

(163) 许件衣裳你做得弗好望，做件过。（那件衣服你做得不好看，重新做一件。）

(164) 许件衣裳你做得弗好望，做件添。（那件衣服你做得不好看，另外再做一件。）

(165) 许件衣裳你做得真好望，做件添。（那件衣服你做得真好看，再做一件。）

(166) 渠乙张对联写弗好，讴渠写张过。（他这副对联写得不好，叫他重新写一张。）

(167) 渠乙张对联写弗好，讴渠写张添。（他这副对联写得不好，叫他另外再写一张。）

(168) 渠乙张对联写得真好，讴渠写张添。（他这副对联写得真好,叫他再写一张。)

(169) 你讲得弗好,讲遍过。(你讲得不好,重新讲一遍。)

(170) 你讲得弗好,讲遍添。(你讲得不好,另外再讲一遍。)

(171) 你讲得真好,讲遍添。你讲得真好,(再讲一遍。)

(172) 你乙两个字写弗好,再写次过。(你这几个字写得不好,重新写一次。)

(173) 你乙两个字写弗好,再写次添。(你这几个字写得不好,另外再写一次。)

(174) 你乙两个字写得真好,再写次添。(你这几个字写得真好,再写一次。)

如果不表示对前一次的动作行为不满意,就不能使用"过"字句。例如:

(175) *许件衣裳你做得真好望,做件过。

(176) *渠乙张对联写得真好,讴渠写张过。

(177) *你讲得真好,讲遍过。

(178) *你乙两个字写得真好,再写次过。

(二) 句法上的比较

第一,"过"字句同"添"字句一样,都需要有"数量"的成分。但是,"过"和"添"对"数量"的"值"的要求不同。"过"字句中的数量必须是"一",而"添"字句中的数量则既可以是"一",也可以是"大于一"。不管是"过"字句还是"添"字句,当数量为"一"时,"一"常常省略。例如:

(179) 做件添——做三件添。

　　　做件过——*做三件过。

(180) 写次添——写五次添。

　　　写次过——*写五次过。

第二,"过"和"添"都可以跟表示重复的"再"呼应使用,不过这个"再"并不是必有的成分。例如:

(181) 做件添——再做件添。

(182) 写次添——再写次添。

(183) 做件过——再做件过。

(184) 写次过——再写次过。

第三,"过"字句可以省略"数量",而"添"字句不能。例如:

(185) 再做过|再写过。

(186) *再做添。|*再写添。

但是,"过"字句省略"数量"有一个前提——动词前必须有"再"。如果没有"再"的话,那么"做过""写过"中的"过"就不是后置成分,而是表示"已然"或"曾然"的"过"。因此,从表面上看,"过"字句似乎是省略了"数量",但其实句子的"数量"成分隐藏在"再"当中。

第四,"添"可以出现在单音节动词的重叠式(+名)之后,而"过"却不能。例如:

(187) 我还糙哑饱,哑哑添。(我还没吃饱,再吃一些。)

(188) *我还糙哑饱,哑哑过。

(189) 乙件道路糙做了[liɛɯ¹³],你乐做做添。(这件事情没做完,你要再做一会儿。)

(190) *乙件道路糙做了[liɛɯ¹³],你乐做做过。

究其原因,这还是由于"数量"在起作用。前面说过,"过"字句的"数量"必须是"一",而"添"字句的"数量"则没有这种限制。动词重叠式也表示一种"数量",但这种"数量"是一种不确定的"数量"。而"过"字句对"数量"的要求又必须是确定的"一",所以,动词重叠式所表示的这么一个不确定的"数量",是"过"字句所不能接受的。这是语义选择和限制的结果。

其实,像"做做过"之类的结构形式在遂昌话中也不是没有,但是,那已不是后置成分的"过",而是表示"曾然"意义的"过"的用法。例如:

(191) 许个是渠哑哑过个东西,你弗乐哑。(那是他吃过的东西,你别吃。)

(192) 别个农做做过个道路你弗乐去做。(别人做过的事情你不要去做。)

第五,"添"可以出现在形容词之后,表示形容词性状程度"有待加

深",而"过"不能。例如:

(193) 还弗了够高,摆摆高些添。(还不够高,再摆高一些。)

(194) 弗了够红,乐红些添。(不够红,需要再红一点儿。)

(195) *还弗了够高,摆摆高些过。｜*弗了够红,乐红些过。

可见,虽然"过"的语义特点是"由于对前一次的动作行为不满意而要求重新实施一次该动作行为",但在上述情形下,"过"字却不能在形容词后出现,而"添"则可以。究其原因,还是由于"过"字句对"数量"的要求只能是"一",而形容词表示性质状态,其程度不可能用确定的"一"来表达。所以,形容词后不能出现"过",也是语义选择和限制的结果。

第六,"过"和"添"可以同现。例如:

(196) 衣裳还乐做件过添。(衣服还要再重新做一件。)

(197) 作业还乐做遍过添。(作业还要再重新做一遍。)

(198) 衣裳还乐做件添过。(衣服还要再重新做一件。)

(199) 作业还乐做遍添过。(作业还要再重新做一遍。)

但是,不管"过"在"添"之前还是之后,表达的意思是一样的,都表示"由于对前一次的动作行为不满意而要求重新实施一次该动作行为"。可以看出,在以上几个句子中,"过"字起主导作用,而"添"字则是加强了说话人要求重新实施一次该动作的愿望。不过,由于"添"的影响,句中不能够省略"数量"。"添"与"过"可以同现大概也可以说明二者在表示"重复"方面具有共同性。

综上所述,"过"和"添"的关系如表 7-3 所示。

表 7-3 "过"和"添"的关系

对比项	对比词及例句	过	例句	添	例句
语义	对前次行为不满意	+	衣裳做得弗好望,做件过	+	衣裳做得弗好望,做件添
	对前次行为满意	−		+	衣裳做得真好望,做件添

续 表

对比项	对比词及例句	过	例 句	添	例 句
句法功能	"数量"为"一"	+	做(一)件过	+	做(一)件添
	"数量"大于"一"	−		+	做三件添
	可与"再"结合使用	+	再做件过	+	再做件添
	"再+V"后可省数量	+	再做过		
	可在动词重叠后出现	−		+	乙件道路乐做做添
	可以在形容词后出现	−		+	还弗了够高,摆摆高些添
	"添"和"过"同现	+	衣裳还乐做件添过	+	衣裳还乐做件过添

第四节 起

"起[tsʰɿ⁵³³]"在遂昌话中有两种不同的用法,一是作动词,二是作后置成分。作动词的"起"有"开始""动作开始""有某种能力或能经受住"等意思,与普通话用法基本相同。分别举例如下:

(200) 今日起大些农乐听渠个话。(从今天起大家要听他的话。)

(201) 第一面望起。(从第一页看起。)

(202) 乙件衣裳我买弗起。(这件衣服我买不起。)

作后置成分的"起",表示在动作的时间次序上,"起"前面的主语或谓语具有领先性,与普通话的"先"具有相同的语法意义(曹志耘 1998)。例如:

(203) 你望起。(你先看。)

(204) 你去起。(你先去。)

动词前还可以加"先",句子意思不变。例如:

(205) 你先望起。(你先看。)

(206) 你先去起。(你先去。)

动词前如果加了"先",则动词后面的"起"可以省略,但以不省略为常。

一、"起"字句

作为后置成分的"起",根据整个句子意思的不同,可以归纳为三种不同的类型。下面具体加以说明。

(一) 表示领先关系

表示一种纯粹的领先关系,"起"前面的主语、谓语或宾语领先于下文并列结构(有时可省略)中的主语、谓语或宾语。例如:

(207) 你去起,我歇记再去。(你先去,我歇会儿再去。)

(208) 你坐落来起,我再报你。(你先坐下来,我再告诉你。)

(209) 等渠上来起,吼再一齐去。(等他先上来,我们再一起去。)

(210) 你咥饭起,还是望电视起?(你先吃饭,还是先看电视?)

(211) 你做作业起,做好了再望电视。(你先做作业,做好了再看电视。)

(212) 你咥饭起,还是咥粥起?(你先吃饭,还是先喝粥?)

(213) 你擦黑板起,再擦桌。(你先擦黑板,再擦桌子。)

(二) 表示暂且

表示暂且进行某个动作。基本格式是"NV+量+起"。比如:

(214) 你望记报纸起。(你先看一会儿报纸。)

(215) 你坐记起。(你先坐会儿。)

(216) 你坐记起,我再报你。(你先坐会儿,我再告诉你。)

(217) 你坐坐起,饭烧好了再咥饭。(你先坐会儿,饭做好了再吃饭。)

(218) 你咥点菜起,饭烧好了再咥饭。(你先吃点菜,饭做好了再吃饭。)

(219) 你咥咥菜起,饭烧好了再咥饭。(你先吃点菜,饭做好了再吃饭。)

例(208)与例(216)的区别在于:前者是"NV+趋+起",后者是

"NV＋量＋起"。动词后面是趋向动词还是量词,整个句子的语义有点差别。虽然这两个句子都表示两个不同施事的动作具有先后关系,但是,例(216)的两个动作的时间间隔可能会较长或很长,而例(208)的两个动作之间的时间间隔很短,往往有立即进行的意思。

在这一种格式的句子里,动词后面要求有量词。如果动词后面没有量词,则表示领先关系。试比较下面两组句子:

(220) 你年纪大些,你坐起。(你年纪大一些,你先坐。)
  你坐记起,饭还未烧好。(你先坐会儿,饭还没有烧好。)
(221) 你望报纸起,再望电视。(你先看报纸,再看电视。)
  时间还早险,你望记报纸起。(时间还很早,你先看会儿报纸。)

当某人说"你坐起"时,其后紧接着的意思便是"我/他后坐";而当他说"你坐记起"时,只表示让"你"暂且"坐一会儿"。因此,以下两句就不合适了:

(222) *你坐起,饭还未烧好。|*时间还早险,你望报纸起。

(三) 表示暂时、暂且,以防……

表示暂时、暂且先做这个动作,以防备以后可能会发生的动作或情况(该动作或情况常常不说出来),基本格式是"NV 起"。例如:

(223) 你帮手表带去起,考场内底确莫无闹钟。(你先把手表带上,考场里可能没有闹钟。)
(224) 你还是报渠声起,弗样个话渠会生气个。(你还是先告诉他一声,否则的话他会生气的。)
(225) 天乌落来罢,我帮雨伞带去起。(天阴下来了,我把雨伞先带上。)
(226) 乙件道路记起[tɕʰi²⁰]起[tsʰ1⁵³³],弗乐以后忘记了。(先把这件事儿记上,别以后忘了。)

二、特殊用法

在一定的语境(一般是在含有并列意义的选择问句或特指问句的

对话)中,往往可以省略"起"前面的相同动词,以名词性成分加"起"直接成句。例如:

(227) 问:做作业起还是做道路起?(先做作业还是先干活?)
答:作业起。(先做作业。)

(228) 问:哪农讲起?你起还是我起?(谁先说?你先说还是我先说?)
答:你起。(你先。)

(229) 问:到杭州起还是到上海起?(先到杭州还是先到上海?)
答:杭州起。(先到杭州。)

第五节 关于后置成分的来源

讨论汉语南方方言后置成分的来源,至少可以从两个不同的角度来进行分析:一是从词义上看,二是从结构上看。下面是我们的一些初步想法。

一、实词虚化

(一) 后置成分"险"的来源

后置成分"险",也有人写作"显"。在古代汉语和现代汉语普通话中,"险"都有实在意义,表示"危险、惊险、险要"等意思。据马庆株(1992),"北京话口语中常见的程度补语是'极、死、透、去了、吓人、要死、要命、不行、够呛、够受的、坏、凶、慌、厉害、邪乎、邪行、可怜、不得了'"。另据赵日新(2001),"形容词所带的程度补语大都是'很(狠)……会死、死绝、哭爸、哭父'等不吉利的字眼"。例如温州话说"棺材热_{很热}",金华话说"危险热_{很热}",遂昌县黄沙腰镇说"恶热_{很热}""恶好_{很好}"。在处衢方言中,用来表示形容词程度的还有诸如"恶作、猛、吓农_{吓人}、蛮"之类的词,也是这种情况。

后置成分"险"应该是从表示实义的"险"虚化而来的,写做"显"可能是因为二者在方言中是同音字,另一方面,意义上也有一定的联系,我们倾向于认为本字是"险"。

(二) 后置成分"添"的来源

后置成分"添"是由动词"添"虚化演变而来的,具体来说,是先从动词"添"虚化为后置成分的"添$_1$",再由"添$_1$"演变成"添$_2$"。

1. 从动词"添"到"添$_1$"

遂昌话中,"添"除了用作后置成分外,还可用作行为动词,表示"增添、添加"的意思。例如:

(230) 天浸起了,添件衣裳。(天冷起来了,加一件衣服。)

(231) 壳镬燥去了,乐添些㴜。(锅子干去了,要加点儿水。)

应该说,用作动词、表示"增添、添加"是"添"最基本的用法,而用作后置成分、表示"追加"的"添"应该是从它虚化而来的,虚化后的"添"还滞留着一部分动词"添"的语义。

2. 从"添$_1$"到"添$_2$"

"添$_1$(追加)"和"添$_2$(剩余)"的语义表面上看起来似乎很不相同,但仔细分析就不难发现,"添$_1$"和"添$_2$"仍有共同之处,那就是它们都与"量"有关。"添$_2$"无论是"言其多"还是"言其少"乃至"言其无",其实都表示一种"量"。

这样,我们就可以尝试着描写"添"的演化轨迹:

添(动词:添加)→添$_1$(后置成分:追加)→添$_2$(后置成分:剩余)

(三) 后置成分"过"的来源

遂昌话的"过"有如下用法:一是用作动词(用法与普通话同),表示空间上的位移,即从某一地点移到另一地点,例如:

(232) 到对面去乐过桥。(到对面去要过桥。)

(233) 乙记到北京去弗乐过上海了。(现在到北京去不要过上海了。)

也可以表示时间上的位移。例如:

(234) 农村里过年过节个时节都乐走亲眷。(农村里过年过节的时候都要走亲戚。)

(235) 明日是清明节,你处里争儿过?（明天是清明节,你们家怎么过?）

二是用作非动词性成分。如前所述,遂昌话中非动词性成分的"过"根据语法意义和句法功能的不同有 a、b、c 三种用法,其中 a、b 相当于普通话表示动态的助词,c 是后置成分,表示"重新"。

一般说来,"过"的基本义是"空间位移",即表示人或物在空间上的位移。以"空间位移"为基础,可引申出"时间位移"之义,表示人或物由一时点移动到另一时点,这可能跟"空间位移"上的起点到终点的转移有关。根据动作与完成该动作的时间关系,从"时间位移"中又演化出"已然(用法 a)"和"曾然(用法 b)"的意义,最后引申出"未然(用法 c)"的意义。这样,我们就可以尝试对"过"的演化轨迹作如下描述:

过(动词: 空间位移→时间位移)→过(助词: 动作完毕→曾经发生)→过(后置成分: 重复、重新)

(四) 后置成分"起"的来源

后置成分"起"是由动词"起"虚化而来的。

动词"起"有"从(由、自)……起,表示开始"的意义(吕叔湘 1980)。例如:

(236) 今日起大些农乐听渠个话。（从今天起大家要听他的话。）

(237) 乙盪起到许盪由你负责。（从这里开始到那里由你负责。）

(238) 明日起,你些农就乐考试罢。（从明天开始,你们就要考试了。）

"起"还可作趋向动词,"表示动作开始,一般与'从……'配合;后面不带名词"(吕叔湘 1980)。例如:

(239) 乙个道路乐从去年讲起。（这件事情要从去年开始讲。）

(240) 乙块地乐从许盪挖起。（这块地要从那里开始挖。）

应该说,用作动词、表示"开始"意义的"起"是早期的用法,后来才逐步演化为表示"先"的后置成分。可以看出,表示"动作开始"的"起",与作后置成分的"起"在意义上有密切的联系。从"开始"到"先"的意义演变是很自然的。从语义上看,"起"即"先","先"即"起",所以会有"起先"这一义为"开始"的复合词。同是处衢方言的丽水话,后置成分除了用"先"之外,还可用"起先",例如"你唱起先_{你先唱}"。

遂昌话后置成分"起"的来源轨迹可作如下描述:

起(动词:开始)→起(趋向动词:动作开始)→起(后置成分:先)

二、底层结构

遂昌话修饰谓词的副词一般都在谓词之前,为什么上述的"险、添、过、起"却都在谓词之后呢?我们认为这可能和少数民族语言底层有关。

汉人南迁之前,一般认为吴语区包括处衢一带为古百越族居住地,至今,这一带仍有古百越文化的痕迹。"汉越关系是非常密切的接触关系,是世界上大语言集团中甚为罕见的密切接触关系"(陈保亚1996)。梁敏(1996)认为,"百越的语言,甚至同是源出西瓯、骆越的壮侗诸族的语言……是大同小异……侗台语跟汉语有不少语音相近或对应的词,说明这些民族之间密切的关系由来已久"。汉人南下之前,处衢一带曾是百越族的天下;汉人南下之后,百越各族在与汉民族的交融中,它们的语言成分及结构也必然会在汉语中留下痕迹。

石林(1997)指出,"侗语副词做谓词的状语的位置,有的放在谓词前,有的放在谓词后,但以放在谓词后的为多。古代汉语副词做谓词的状语,其语序是以前置于谓词的为主,但后置的也存在"。遂昌话的后置成分和侗语的后置成分从共时平面上看至少是很相似的。例如侗语(石林1997;音标右上角为调类):

zau^5 最——$lai^1 zau^5$　最好
　　　　　　　好　最

$ɕi^5$ 很——$taŋ^1 ɕi^5$　很久
　　　　　　 久　很

$ɕi^5 wun^5$ 先——$jau^2 pai^1 ɕi^5 wun^5$　我先去
　　　　　　　　　 我　去　先

tin^1 添_再——$ma^1 zau^5 tin^1$　再来一次
　　　　　　　　 来　次　添

　　　　　　$to^3 zau^5 tin^1$　再读一遍
　　　　　　 读　次　添

张元生等(1993)在描写壮语时说,相当于"很"的成分也是放在形容词和心理动词的后边。书中有如下的例子(字母系文字,并非音标):

geu buh neix ndei raixcaix   这件衣服很好
件 衣 这 好   很

mwngz bae gonq   你先走
你   走   先

vunz cungj deuz lo, ngamq lw haj boux dem   人都跑光了,只剩下五个
人   都   跑 了   刚   剩 五 个

最后一句话,作者没有给"dem"注上相应的汉字,但我们可以看出,它与遂昌话的"添[tʰiɛ⁴⁵]",与侗语中的"添[tin¹]"在语音上至少是相似的,而且,它在意义上也与遂昌话表示剩余的"添₂"相同。

当然,遂昌话的"添"等后置成分是否与少数民族语言有关,还有待进一步研究。

第六节　含后置成分句子的历史层次

"险"字句在遂昌话中的使用情况比较稳定,现在看来,它还没有受普通话"很"的影响,而"添"字句、"过"字句、"起"字句则受到了普通话较大的影响,它们常常与普通话的句式融合,形成多种说法并存的状态,各种说法处于不同的历史层次之中。

关于"添"字句,以普通话"再吃一碗"为例,"添₁"字句在遂昌话中同时存在以下三种说法(A 是常用句式):

  A. 咥碗添。   B. 再咥碗添。   C. 再咥碗。

以普通话"还有五个"和"只有五个"为例,"添₂"字句在遂昌话中同时存在以下三种说法(B 是常用句式):

"还有五个"——

  A. 有五个添。   B. 还有五个添。   C. 还有五个。

"只有五个"——

  A. 有五个添。   B. 只有五个添。   C. 只有五个。

关于"过"字句,以普通话"重新做一件"为例,遂昌话同时存在以下三种说法(B 是常用句式):

  A. 做件过。   B. 再做件过。   C. 再做件。

关于"起"字句,以普通话"你先去"为例,遂昌话同时存在以下三种说法(A 是常用句式):

  A. 你去起。   B. 你先去起。   C. 你先去。

在以上四组的 A、B、C 三种说法中,A 式是遂昌话固有的说法,属于第一层次;B 式是与普通话句式交融的结果,属于第二层次;C 式则完全是普通话句式,属于第三层次。

但是,口语中的常用句式并非都是最早的层次,如上所述,"添$_1$"字句和"起"字句的常用句式是 A,而"添$_2$"字句和"过"字句的常用句式是 B。从 A 到 B,可以看到普通话对方言的影响日益加深,如果从长远看,第一层次说法的使用者范围会越来越小,而第二层次,特别是第三层次说法的使用者范围会越来越大,这是推广普通话的必然结果。

第七节 后置成分的分布及特点

关于"险"字句,从地理上看,后置成分"险"主要分布在浙江省西南部处州、衢州的部分地区,如遂昌、松阳、云和、丽水、常山等县市,以及东南部温州片的部分地区。但是,温州话的"险"字句有两种格式,一类与处衢片同,另一类则是形容词重叠并在中间插入"险",即如"好险好、多险多"之类,这一特点也出现在浙南平阳、苍南话中(钱乃荣 1992)。

据曹志耘等(2000),在处衢片中,与普通话的"今天很热"意思相当的说法各种各样,有"今日热险""今日热猛""今日好热""今日猛热""今日蛮热""今日热得很"等不同说法。大致说来,处衢片的遂昌、松阳、丽水、云和、常山等县市说"险"字句,缙云说"今日热猛",庆元说"舌$^=$日儿蛮热",开化说"今日好热",龙游说"今日猛暖",玉山说"今日热得很"。

关于"添"字句,据曹志耘(1998),后置成分"添"分布在吴语(浙江遂昌、松阳、丽水、云和、龙泉、庆元、温州、金华、汤溪、龙游、衢州、开化、常山,江西广丰)、徽语(安徽旧徽州府除祁门外各市县,浙江严州淳安、遂安、建德、寿昌)、闽南话(浙江苍南)、粤语(广州)、客家话(福建连城及广东梅县)等方言区域,用法大同小异。

例如浙江汤溪(曹志耘1998)的"添"字句在动词后可以不出现"数量"的成分,如"尔还来添弗个_{你还来吗}",遂昌话"添"没有这样的用法。

安徽绩溪(平田昌司1998)的"添"读本调和轻声时的作用有所不同,读本调时,语句重音在"添"字上,表示追加原有的受事数量;读轻声时,语句重音在宾语上,表示追加新的受事数量,如"渠买了两本书,想再买本添[$t^h\tilde{e}i^{31}$]/渠买了两本书,想再买支笔添[$t^h\tilde{e}i^0$]"。这与遂昌话不同。

广东广州(李新魁1995)的"添"字句的动词可以是系动词"系_是",如"你净系知道渠系歌星,知唔知道渠重系个书法家添啊_{你只知道他是个歌星,知不知道他还是个书法家呢}",遂昌话"添"没有类似的用法。

据曹志耘等(2000),在处衢片中,与普通话"你再说一遍"意思相同的说法主要有两种:"你讲一遍添"和"你讲一遍凑"。大致说来,处州片的一些县市,如遂昌、松阳、丽水、云和、缙云、庆元等,说"添"字句,衢州片的一些县市,如开化、常山、玉山等,则是"添"字句和"凑"字句都说。

关于"过"字句,据曹志耘(1998),后置成分"过"分布在吴语(浙江遂昌、汤溪、金华、龙游、常山,江西广丰)、徽语(浙江严州淳安、建德、寿昌)、粤语(广州)、客家话(福建连城)等方言区域,基本用法大同小异。例如广州话和连城话的"过"必须紧跟在动词后,以至数量成分也只能位于"过"之后,例如"再开过一张_{再开一张}"(李新魁1995)、"换过一只_{另换一只}"(项梦冰1997),这与遂昌县城妙高镇话"过"的用法不同。但是,在遂昌县城西北部的一些乡镇,如金竹、柘岱口、西畈、焦滩、龙洋、王村口,既可以说"做件过",也可以说"做过件"。

据曹志耘等(2000),在处衢片中,与普通话"(我没听清,)你重新说一遍"意思相同的说法主要有这么几种:"你讲遍过""你讲遍添""你讲遍凑""你讲转先"。

大致说来,处衢片约有一半的地区用"过"和"添",另有约一半的地区则用"凑"和"添",还有个别用"先"的。遂昌、松阳、丽水、云和、庆元一带以西的地区一般说"过"字句,往东则一般不用"过"字句。龙游话在使用"过"和"添"上最为严格:表示"追加"用"添",表示"重新"用"过"。遂昌、松阳、庆元、丽水、开化、常山、玉山等则是"过"和"添"都用。

关于"起"字句,后置成分"起"主要分布在吴语(浙江遂昌、松阳、温州、汤溪、金华、东阳、龙游、衢州、开化、常山、江西玉山、广丰、上饶)、徽语(安徽徽州各市县,浙江严州淳安、遂安、建德、寿昌)、赣语(江西安义)等方言区域,语法功能基本上相同(曹志耘 1998)。

据曹志耘等(2000),在处衢片中,与普通话"你先去"意思相同的说法主要有这么几种:"你去起""你去先"或"你先去"。从地理上看,"起"字句的分布界限非常清楚:自遂昌、松阳往西、往北经龙游、常山、开化到玉山,都使用"起"字句,而以东、以南的丽水、缙云、云和则不用"起"字句,而用前置的"先"(与普通话句式完全相同),庆元则是用后置的"先"。

参考文献

曹广顺　1995　《近代汉语助词》,语文出版社。

曹志耘　1996　《严州方言研究》,(日本)好文出版。

曹志耘　1998　汉语方言中表动作次序的后置词,《语言教学与研究》第4期。

曹志耘　2002　东南方言里动词的后置成分,《东方语言与文化》潘悟云主编,东方出版中心。

曹志耘　2010　《走过田野——一位方言学者的田野调查笔记》,商务印书馆。

曹志耘、秋谷裕幸、太田斋、赵日新　2000　《吴语处衢方言研究》,(日本)好文出版。

陈保亚　1996　《论语言接触与语言联盟——汉越(侗台)语源关系的解释》,语文出版社。

高本汉　1995　《中国音韵学研究》(赵元任、罗常培、李方桂译),商务印书馆。

龚群虎　2001　南方汉语古越语底层问题新探,《民族语文》第3期。

黄伯荣、廖序东　2011　《现代汉语(下册)增订五版》,高等教育出版社。

L.R.帕默尔　1983　《语言学概论》(李荣等译),商务印书馆。

李　蓝　2003　现代汉语方言差比句的语序类型,《方言》第3期。

李　泉　1992　敦煌变文中的助词系统,《语言研究》第1期。

李如龙　2001　《汉语方言的比较研究》,商务印书馆。

李新魁等　1995　《广州方言研究》,广东人民出版社。

梁　敏、张均如　1996　《侗台语族概论》,中国社会科学出版社。

林宝卿　1998　闽南方言声母白读音的历史语音层次初探,《古汉语研究》第1期。

林华东　1998　《泉州方言文化》,福建人民出版社。

吕叔湘　1980　《现代汉语八百词》,商务印书馆。

罗兆荣　2017　《遂昌话》,浙江古籍出版社。

马贝加　1987　介词"沿、往、望、朝"的产生,《温州师院学报(社会科学版)》第1期。

马庆株　1992　《汉语动词和动词性结构》,北京语言学院出版社。

梅祖麟　1995　方言本字研究的两种方法,《吴语和闽语的比较研究(第一辑)》,上海教育出版社。

梅祖麟　2000　《梅祖麟语言学论文集》,商务印书馆。

平田昌司　1998　《徽州方言研究》,(日本)好文出版。

钱乃荣　1992　《当代吴语研究》,上海教育出版社。

石　林　1997　《侗语汉语语法比较研究》,中央民族大学出版社。

王福堂　2010　《汉语方言论集》,商务印书馆。

王　力　1989　《汉语语法史》,商务印书馆。

王　力　2004　《汉语史稿》,中华书局。

王文胜　2003　吴语遂昌话的后置成分"险",《丽水师范专科学校学报》第1期。

王文胜　2006　浙江遂昌方言的"添",《方言》第2期。

王文胜　2007　鉴别词与吴语处州方言的动态地理分类,《语言研究》第3期。

王文胜　2008　《处州方言的地理语言学研究》,中国社会科学出版社。

王文胜　2012　浙江遂昌话的"着$_{3c}$",《浙江外国语学院学报》第6期。

王文胜　2012　《吴语处州方言的地理比较》,浙江大学出版社。

王文胜　2015　《吴语处州方言的历史比较》,中国社会科学出版社。

王文胜　2016　吴语处州方言的异读与历史层次研究,《中国方言学报》第六期,商务印书馆。

王文胜　　2016　　遂昌方言俗词本字考,《丽水学院学报》第 1 期。

王文胜　　2017　　吴语处州方言历史演变的机制,《龙岩学院学报》第 3 期。

王文胜、尹樟达、尹雪明　2017　《中国语言文化典藏·遂昌》,商务印书馆。

王文胜、程　朝　2019　《浙江方言资源典藏·遂昌》,浙江大学出版社。

王文胜、李金燕　2019　《浙江方言资源典藏·庆元》,浙江大学出版社。

伍铁平　　1993　　《普通语言学概要》,高等教育出版社。

项梦冰　　1997　　《连城客家话语法研究》,语文出版社。

俞光中等　1999　　《近代汉语语法研究》,学林出版社。

袁家骅　　2001　　《汉语方言概要》,语文出版社。

游汝杰　　2001　　吴语地理在历史上的演变,《中国语文研究》第 1 期。

张元生等　1993　　《现代壮汉语比较语法》,中央民族学院出版社。

赵日新　　2001　　形容词带程度补语结构的分析,《语言教学与研究》第 6 期。

郑张尚芳　1995　　浙西南方言的[tɕ]声母脱落现象,《吴语和闽语的比较研究》,上海教育出版社。

志村良治　1995　　《中国中世语法史研究》,江蓝生、白维国译,中华书局。

王文胜　　2002　　《浙江遂昌话的后置成分》,北京语言文化大学硕士论文。

周云汉　　1995　　《遂昌方言考》,遂昌县地方志办公室编。

遂昌县志编纂委员会　1996　《遂昌县志》,浙江人民出版社。

遂昌县地方志编纂委员会　2021　《遂昌县志(1991—2010)》,浙江古籍出版社。

刘长锋　　2012　　沂南方言"着"字用法全解,http://wenku.baidu.com/view/ca90e6dc7f1922791688e894.html

后　记

　　1971年年初,在我只有两周岁多一点的时候,因父亲工作调动,我们一家五口来到了坐落于遂昌县城郊上江村边的国营浙江解放机械厂。从此,遂昌成为我成长的故乡,遂昌话也自然成了我的母语。当时的浙江解放机械厂是一个由来自全国各地的工人所组成的军工厂,人与人之间的交流语言主要是不太标准的普通话。我的遂昌话是从小学同学及当地村民那里学来的,但平时跟工厂的子弟一般都说普通话,在家里跟父母则说带有老家新昌话口音的官话(父亲曾长期在北方工作和生活,跟北方人学着说官话,但带着浓重的新昌话口音)。自1986年到北京语言学院上大学后,我除了寒暑假回遂昌外,大多数时间都在外地,所以,自己的遂昌话已经变得越来越不标准。

　　2000年,我在职攻读北京语言文化大学(原北京语言学院,今北京语言大学,简称"北语")汉语言文字学专业同等学力硕士学位,师从赵日新老师。认识赵老师完全是偶然。有一天,我在北语校园内碰到了我本科时的老师王恩保教授,他还认得我,在了解我来北语的情况后,他介绍我认识了浙江籍的在读硕士研究生黄晓东(后来成了一起攻读博士学位的同门)。来北语攻读硕士学位第一年是修学分,所以并没有选方向。当我得知黄晓东的专业方向是汉语方言学时,我当时就觉得这是一个非常有意思的专业,所以希望他能够给我介绍一位方言学方向的导师。黄晓东未作多想,就给我引见了赵日新老师,于是,赵老师便成了我的方言学引路人。从此,我跟方言学结下了不解之缘。

　　我的硕士论文题目是"浙江遂昌话的后置成分"(赵日新老师指导)。

论文对遂昌话的"险"(天热险_{天很热})、"添"(咥碗添_{再吃一碗})、"过"(做件过_{重新做一件})、"起"(你去起_{你先去})四个后置成分进行了句法和语义分析。在赵老师的指导下,我第一次对自己的母语有了全新的认识,没想到平时习以为常的各类说法中竟隐藏着高深的语言学理论,如果不是进入方言学这个专业学习,我可能永远也不会去做过多的思考,比如"咥"是"吃","㳛"是"水","石头"写作"礧壳","太阳"写作"日头";普普通通的"险、添、过、起"四个词竟然可以写成一篇硕士论文;等等。

后来,在赵老师的推荐下,我考取了北语曹志耘老师的博士研究生,攻读语言学及应用语言学专业(社会语言学方向)博士学位。当时,地理语言学在中国方兴未艾,在曹老师的建议下,我决定以"处州方言的地理语言学研究"为题做我的博士论文。为了完成博士论文,我走访了丽水地区以及金华武义柳城(原属处州)共142个乡镇所在地,其中遂昌共15个乡镇。那次调查让我第一次了解到,面积不到2 600平方公里,人口仅20余万人的遂昌小县,东南西北竟有不同的腔调和说法,真正领略到了"五里不同音"的方言魅力。比如"下午"一词,县城人说"日午",北界人说"昼罢";"事情"一词,县城人说"道路",大柘人说"事干";"天很热"一句,县城人说"天热险",黄沙腰人则说"天恶热";等等。

多年来,我发表了几篇以遂昌话为研究对象的期刊论文:《吴语遂昌话的后置成分"险"》(《丽水师范专科学校学报》2003年第1期)、《浙江遂昌方言的"添"》(《方言》2006年第2期。该文获2007年度丽水市社会科学优秀成果三等奖)、《浙江遂昌话的"着$_{3c}$"》(《浙江外国语学院学报》2012年第6期)、《遂昌方言俗词本字考》(《丽水学院学报》2016年第1期);完成了三个关于遂昌话的省部级科研项目:"处州遂昌方言与文化研究(13NDJC187YB,2013年度浙江省哲学社会科学规划课题)""语言方言文化调查·浙江遂昌(YB1607A002,2016年度教育部、国家语委中国语言资源保护工程专项)""浙江汉语方言调查·遂昌(YB1601A011,2016年度教育部、国家语委中国语言资源保护工程专项)";以上述科研项目为依托,出版了两部反映遂昌方言文化的著作:《中国语言文化典藏·遂昌》(商务印书馆2017年10月)、《浙江方言文化典藏·遂昌》(浙江大学出版社 2019 年 1 月)。

　　季法勤老师是我在上江小学读书时的班主任兼语文老师,为完成 2009 年度浙江省哲学社会科学规划课题"吴语处州方言电子音像地图集(09WHZT028Z)",我邀请他做我的发音人。后来,我的另一个项目 2011 年度教育部人文社会科学规划基金项目"吴语处州方言的历史比较语言学研究(11YJA740090)"也得以立项,我再次调查了季老师。

　　尹樟达老师是我的一个省课题"处州遂昌方言与文化研究(13NDJC187YB)"(后与 2016 年语保项目"语言方言文化调查·浙江遂昌"并题研究)的发音合作人。尹老师是大柘人,大柘话口音与县城略有差别。尹老师一直在乡镇生活和工作,所以,他对乡村事物比较了解。

　　郭雄飞老师是语保项目"浙江汉语方言调查·遂昌"的老男发音人,笔者携调查团队对其进行了详细调查,并对其发音进行了音像摄录。由于尹老师的大柘口音与郭老师的县城口音有差别,所以 2019 年 10 初,笔者将从尹老师那里调查来的词语跟郭老师逐一进行核对,主要核对大柘的说法(词形)跟县城一样不一样,如果说法(词形)一样,则以县城发音为准。

　　2012 年暑期,遂昌县史志办公室拟重修《遂昌县志》,蓝飞鹏主任和县志主编王正明教授委托我对遂昌境内方言分布情况做进一步调查。其间,我对王法彤、陈光水、刘光宁、郑英琦、刘学海、周方荣等人进行了较为详细的调查。感谢在我进行遂昌方言文化调查过程中所遇到的所有热心发音人及协助者!

　　感谢复旦大学陶寰、盛益民两位教授对本书所提的宝贵意见和建议!

　　感谢引导我在方言学领域起步并成长的赵老师和曹老师!

　　感谢在物质、精神、方言、文化等各方面滋养我成长的这片热土——遂昌!

王文胜

记于浙江师范大学丽泽花园

2022 年 1 月 22 日

图书在版编目(CIP)数据

遂昌方言研究/王文胜著. —上海：复旦大学出版社，2023.6
(吴语重点方言研究丛书/陶寰主编)
ISBN 978-7-309-16830-3

Ⅰ.①遂… Ⅱ.①王… Ⅲ.①吴语-方言研究-遂昌县 Ⅳ.①H173

中国国家版本馆 CIP 数据核字(2023)第 083954 号

遂昌方言研究
王文胜 著
责任编辑/杜怡顺

复旦大学出版社有限公司出版发行
上海市国权路 579 号　邮编：200433
网址：fupnet@fudanpress.com　http://www.fudanpress.com
门市零售：86-21-65102580　团体订购：86-21-65104505
出版部电话：86-21-65642845
江苏凤凰数码印务有限公司

开本 787×960　1/16　印张 29.25　字数 394 千
2023 年 6 月第 1 版
2023 年 6 月第 1 版第 1 次印刷

ISBN 978-7-309-16830-3/H·3250
定价：118.00 元

如有印装质量问题,请向复旦大学出版社有限公司出版部调换。
版权所有　侵权必究